本书出版受到国家社科基金项目"合规机制的公司法普适性规则研究"（17CFX071）资助

公司法视域下合规体系基础研究

梁爽 著

上海人民出版社

自　序

当下,合规管理已成为现代企业管理制度的核心之一,"合规"本属舶来词汇,英文是"compliance",从文义解释角度,"合规"中的"合",是指"符合""遵守"和"执行",合规的本意即合乎规定、遵守法律规则,然而按照我国《合规管理体系指南》《中央企业合规管理指引》以及《企业境外经营合规管理指引》等的规定,"规"的范围至少包括:强制性法律法规、规章和监管规定、国际条约和国际规则、公司的自愿性承诺,比如内部的章程,还有包括政策、行规、各类团标标准、习惯乃至于职业操守和道德规范等,都已进入合规的涵摄范围。但从公司法的角度探讨合规,除了讨论"规"本身的含义以外,同时必须明确合规体系本质上是公司为防控合规风险所采取的治理结构和治理体系这一命题的重要性。因此,在公司组织体内对合规体系的构建,以及合规体系构建和运用层面的标准确立以及责任承担是公司法领域研究合规的首要问题。

从合规的起源看,早期的合规制度就在美国的反垄断、证券监管、反海外腐败等刑事和行政监管领域初露端倪,正如许多学者在文章中提到的,将合规纳入执法考量体系可追溯至 20 世纪 90 年代,在跨国企业严重违规事件发生的背景下,美国开始将合规引入其《刑法典》及《联邦量刑指南》,对于已建立或者实施合规体系的犯罪企业,司法机关可以给予宽大的刑事处理,后来又在特拉华州公司法判例中逐渐确立了董事的合规体系构建义务,也就是我们常说的董事合规义务,而日本也在 2005 年公司法修订时引入了相关的体系义务。

无独有偶的是,我国学界和理论界是在中概股事件、域外长臂管辖等事件的推动以及监管部门强化合规要求、司法机关开展的涉案企业合规改革试点之后,才逐渐对"合规"产生了浓厚的兴趣。此次修订的新《公司法》中,第177条明确规定,国家出资企业要加强风险防控,构建合规管理制度。我的第一感受是,为什么仅仅强调国有企业,而不是所有大规模企业都应该构建合规管理制度呢?有一种考虑,因为针对国有企业中监事会职能行使缺位、监督能力受滞等问题,公司法修订将国家出资企业的合规管理提升到制定法层面,但很多公司似乎都存在着类似问题。

从其他部门法的视角看,司法机关正在大力推行的刑事合规不起诉制度改革恰恰将大量中小规模的民营企业作为主要适用对象,而证券法领域也有不少学者和实务专家提出合规理念,即主张可以借鉴"企业合规不起诉"制度,在证券监管领域探索建立上市公司合规不处罚制度。可以说,加强包括上市公司在内的广大股份公司内生合规的一大重要手段是建立公司合规的监管激励机制,将企业的合规意愿和合规成效作为减轻行政处罚或不予行政处罚的考量因素,而在这个问题上,应该说所有公司的需求都是相同或者类似的。理论上,合规不起诉制度将视角集中于合规问题发生之后,相关体系建设注重事后救济,而公司治理项下所关注的合规体系还同时关注风险的前端控制,两者间的联系在于,合规不起诉制度中,由第三方出具合规有效的评估报告,这一报告的内容在很大程度上应该与公司合规治理体系的评价相衔接。当然,刑法或者公法上的合规与公司法上的合规在理念或者制度上还存在不少差异。

同时,就上市公司而言,包括2023年最新的《上市公司独立董事管理办法》,都在尽力明确审计委员会等的职责职权以及成员的专业性和独立性要求,再加上我国法历来重视对国有资产的保护,事实上,2022年我国已经实施《中央企业合规管理办法》,因此公司法修订过程中先规定国家出资公司应当加强风险防控,构建合规管理是有特殊意义和进步性的。

从合规与内部控制(即"内控")、风险控制或风险管理(即"风控")等交叉概念的关系来看,目前管理学、经营学、会计学、法学等领域的学者逐渐达成共识。首先,"风控"主要是指风险管理者采取各种措施和方法,消灭或减少风险事件发生的各种可能性,或者减少风险事件发生时造成的损失,全面风险管理或者"大风控"贯穿于企业经营管理的各个方面。其次,"内控"一般是指上市公司为保证其战略目标的实现,由全体员工共同参与,对公司战略制定和经营活动中存在的风险予以控制和管理的制度或流程安排。所以内控是为"大风控"服务的,换言之,全面风险管理涵盖了内部控制,内部控制系统是全面风险管理体系的一个子系统。而内部控制的三目标即确保"合法合规、资产安全、财务报告及相关信息真实完整,提高经营效率和效果,促进企业实现发展战略",因此可以说,企业内部控制与企业合规之间在制度目的层面很大程度上是相互交叉的。

公司法上还存在着公司"内部治理"的概念,它和合规存在什么样的关系呢?我们认为,其一,两者虽在内容上侧重点不同,内部治理侧重公司机关的权责利的划分,而合规侧重的是整个控制流程,但在防范与遏制公司违法行为,实现股东全体利益的功能上具有一致性。公司治理需要事后责任处置的"内部治理"与事先预防的"合规"的"双轮驱动",两者均能弥补公司组织在契约经济学理论中的"契约不完备性",都能约束因委托代理理论中的"信息不对称造成的机会主义行动倾向"。

其二,公司内部治理与合规在内涵和效果上"彼此交叉,相互影响","合规"是公司治理理论和模式不断演进和改革的新阶段。比如内控和合规是由公司董事会、管理层及全体员工共同参与,旨在合理保证企业经营管理合法合规、资产安全、财务报告及相关信息真实完整,提高经营效率和效果,促进企业实现发展战略。因此可以说,合规模式与各国寻找更为有效的董事会模式以及更好的公司经营监督模式有关。实际上,我国公司法上的公司治理模式也体现出一种明显的"内控型或者合规型治理"。

此外,我国新《公司法》规定要充分发挥企业家精神,就必须鼓励企业家在未知领域进行必要探索,而如果过度要求合规,则可能带来经营效率低下乃至懒政问题,所以合规的最高理想应该是让公司既不丧失商业机会,又控制好经营风险。在这个问题上,要从组织法规则和行为法规则的双重维度对公司合规体系和相关体系的运行及监督展开研究。与此同时,如何从理念和制度层面将公法上的公司合规与公司法上的公司合规衔接起来,一方面防止"形式合规",另一方面避免监管对公司治理的过度侵蚀,其实就是要立足为其他领域的合规提供前置的基础制度的角度,考虑合规问题的公式法"入法形式"。只有这样,才能更好巩固我国现有的合规改革成果,进一步克服合规改革中的障碍,这也是学界需要长期研究的课题。我在日本读博时,师从近藤光男教授,他原是神户大学商事法研究会的会长,同时还是日本法务省亚洲股东代表诉讼研究会的会长,曾多次为涉公司案件、股东代表诉讼案件等撰写专家意见,其中有不少都为大阪、东京的地方法院和高等法院所采纳。我作为教授的关门弟子,深受教诲,也曾受邀在神户大学商事法研究会、日本法务省研究会上发表过案例评述。自我回国从教后,有幸翻译了近藤教授的几乎所有的重要著作,其中包括:《最新日本公司法(第7版)》《日本商法总则、商行为法》《金融商品交易法入门(第3版)》《判例法中的经营判断规则》。其中不少作品已被清华大学、中国人民大学作为商法学教学的教材或重要参考材料。其实,我的创作灵感以及我对公司合规及公司董事的合规责任、董事信义义务等的研究兴趣也与导师的研究志趣和他对我的指导路径有关。

在这里,我还必须感谢华东政法大学国际金融法律学院的创始院长,现任华东政法大学的副校长罗培新教授,以及华东政法大学原副校长,现任锦天城律师事务所的主任顾功耘教授,是他们在我回国后,为我的科研、教学等工作提供了大力支持,让我能在相对宽松的环境中进行感兴趣的研究。同时,北京大学法学院刘燕教授、邓峰教授对我的写作给予了莫大的指导和帮助,我能在包括《中外法学》等期刊上发表了《美、日公司法上的董事合规、内控义务及其对我国的启示》《董事信义义务结构重组及对中国模式的反思》等论文,给予我在公司法领域内持续研究公司合规问题的莫大勇气和坚定信心。2017年后,我有幸承担了国家社科基金资助的全国首个公司法领域内的合规问题研究项目:"合规机制的公司法普适性规则研究",本书就是该项目研究的一项重要成果总结。华东政法大学国际金融法律学院的许多研究生同学包括陈翔宇、崔潇丹、李松洋、俞快、何演、张硕、许泽泉、顾佳等也参与到了本次课题研究过程中,我要对这些同学的辛勤付出表示感谢。

同时,我还要感谢上海人民出版社的夏红梅女士,她为本书出版倾尽心血。夏女士不仅在我的国家社科基金项目结项后第一时间与我联系推进出版一事,而且还为出版经费和周期多次协调,在审稿和校阅时付出了大量时间和心血,她出色的专业能力为本书顺利出版提供了重要条件。

最后,我还要感谢和告慰我的家人。在本课题研究和本书写作过程中,我的父亲2019年12月在东方肝胆医院被诊断为"胰腺恶性肿瘤",且由于肠系膜上动脉包埋无法手术切除,前后经历20次化疗、1次肠胃改道手术、3次腹部穿刺,并伴以中药治疗等各种治疗方案,终因医治无效,于2021年4月27日晚永远地离开了我们。他一生历任多个职务,老部下不下百人,但父亲并不想把病情告诉他们。2021年4月29日下午,原上海社科院院长黄仁伟教授撰写祭文"祭梁亮",其中不仅以同学、兄弟之义祭奠家父,而且以长辈之念勉励我成长。我想,以这本专著的出版作为我对父亲在天之灵的一种告慰。最后我要感谢我的妻子叶曼,她的大气和睿智一直支持着我的研究和教学工作,还要特别感谢我的母亲顾永梅,她任劳任怨背负着照顾大家庭成员的重任。正如公司法领域内的合规问题研究一样,我们的人生何尝不是螺旋式上升和曲折式前进的过程,2024年春后,吾家即将迎来新成员,我也想以此书的出版祝福这一全家幸福时刻的到来。

目　录 | CONTENTS |

第一章　合规的基础理论

一、合规的内涵

（一）合规概念的梳理

从全球来看，不论在刑事法领域，还是经济法领域，"合规"（compliance）都已逐步成为一种共享制度，在"中概股事件"和域外"长臂管辖"等事件的推动，[①]以及监管部门强化合规要求的背景下，[②]我国部分学者主张应在我国《公司法》修订之际，将合规管理的要求嵌入其中。[③]我国新《公司法》虽然在第177条规定"国家出资公司应当依法建立健全内部监督管理和风险控制制度，加强内部合规管理"，但与外国相比，我国企业的合规实践起步较晚，关于合规的概念和范畴的争议至今也仍然存在。关于合规的渊源，一般认为包括如立法机关和监管机构颁布的法律、规范和标准、国际条约、商业习惯、行业自律组织、协会颁布的业务准则及其公司内部行为准则等。由此可知，合规法律和规范不但包含一些具备法定约束力的规则，也包含更为广泛的诚实信用和职业道德的规范。从我国现有与合规相关的规范性文件来看，合规范畴乃至合规义务的定义和内容并未达成共识。

[①]　参见邓峰：《公司合规的源流及中国的制度局限》，载《比较法研究》2020年第1期。

[②]　中国证券监督管理委员会2021年5月工作简讯："上海局探索推动辖区上市公司设立内控合规机构落地实施"，http://www.csrc.gov.cn/shanghai/xxfw/shgzjx/202105/t20210517_397846.htm，2021年9月9日访问；新华社5月13日电："中央企业已全部成立合规委员会"，http://www.sasac.gov.cn/n2588025/n2588139/c18544156/content.html，2021年9月9日访问。

[③]　参见赵万一：《合规制度的公司法设计及其实现路径》，载《中国法学》2020年第2期。

1. 政策法规中对于合规的定义

中国银行业监督管理委员会于 2006 年印发的《商业银行合规风险管理指引》第 3 条中规定，"合规是指使商业银行的经营活动与法律、规则和准则相一致"。①中国保险监督管理委员会于 2016 年印发的《保险公司合规管理办法》第 2 条将合规定义为"保险公司及其保险从业人员的保险经营管理行为应当符合法律法规、监管规定、公司内部管理制度以及诚实守信的道德准则"。②中国证券监督管理委员会于 2020 年修正的《证券公司和证券投资基金管理公司合规管理办法》第 2 条将合规定义为"证券基金经营机构及其工作人员的经营管理和执业行为符合法律、法规、规章及规范性文件、行业规范和自律规则、公司内部规章制度，以及行业普遍遵守的职业道德和行为准则"。③

我国《企业境外经营合规管理指引》中所称的合规是指"企业及其员工的经营管理行为符合有关法律法规、国际条约、监管规定、行业准则、商业惯例、道德规范和企业依法制定的章程及规章制度等要求"。④2022 年 8 月 23 日国务院国有资产监督管理委员会颁布的《中央企业合规管理办法》中的"合规"，是指企业经营管理行为和员工履职行为符合国家法律法规、监管规定、行业准则和国际条约、规则，以及公司章程、相关规章制度等要求。⑤这一定义与国务院国资委于 2018 年 11 月 9 日发布的《中央企业合规管理指引（试行）》中关于"合规"的定义基本无差。

我国《公司法》对公司的社会责任和经营行为的合法性进行了规定，公司从事经营活动，必须遵守法律、行政法规，遵守社会公德、商业道德，诚实守信，接受政府和社会公众的监督，承担社会责任。⑥从某种意义上来说，这一规定已涵盖了合规在积极层面上的内涵，即合规是指一种守法依规的经营方式，2024

---

① 中国银行业监督管理委员会发布的《商业银行合规风险管理指引》，银监发〔2006〕76 号，第 3 条。

② 中国保险监督管理委员会发布的《保险公司合规管理办法》，保监发〔2016〕116 号，第 2 条。

③ 《证券公司和证券投资基金管理公司合规管理办法》（2020 年修正），第 2 条。

④ 国家发改委等七部委联合发布的《企业境外经营合规管理指引》，发改外资〔2018〕1916 号，第 3 条。

⑤ 《中央企业合规管理办法》，2022 年 8 月 23 日，国务院国有资产监督管理委员会发布。

⑥ 新《公司法》第 19、20 条。

年我国新《公司法》第 177 条的规定也体现出合规应该包含符合合规要求的管理体系或治理机制。

2. 学术界对于合规的定义

对于什么是合规，国内学者进行了深入的研究和讨论。陈瑞华认为合规是企业为实现依法依规经营、防控合规风险所建立的一种治理机制。[①]企业合规是指为避免或减轻因违法违规经营可能受到的责任或遭受到的损失而采取的一种公司治理方式，这种特有的公司治理方式要能够防范合规风险、及时应对有关监管部门的调查和处罚、避免公司遭受重大经济或声誉损失。[②]

企业合规不能等同于企业家风险防控，企业合规的本质是通过对企业责任和其他个人责任或被投资并购方的责任进行有效切割，从而最大限度地保证企业避免因上述各方的违法违规行为而产生的法律风险。[③]合规风险是独立于经营风险和财务风险之外的一种公司治理风险，企业合规是属于针对企业合规风险而建立的内部治理体系。换言之，企业合规并不是一般意义上的法律风险防控，而是专门针对行政监管处罚风险、刑事责任风险以及国际组织制裁风险而建立的自我监管、报告、预防和整改的公司治理体系，合规风险防控与一般的法律风险防控具有实质性的区别，是整个法律风险防控的组成部分。将企业合规仅仅归属于道德问题或是法律问题都是有失偏颇的，企业合规既具有依法依规经营、避免遭受损失的道德意义，也具有作为宽大监管处罚或宽大刑事处罚理由的法律意义。

而赵万一则指出合规管理作为概念具有一定的局限性，仅仅是对合规的外在表现形式进行了关注。[④]其指出合规意为做应做或被要求做之事，包含服从、顺从之意。合规既是法律要求，也是道德要求，更是一种企业自律行为和企业文化样态。[⑤]目前合规制度已经成为各国法律制度外溢以及长臂管辖的主要制度依据，从国际竞争的角度，我国应该充分重视合规制度。但是目前我国尚未对合规给予足够重视，没有形成系统的法律体系。需要对合规进行公司

---

①②③　陈瑞华：《论企业合规的性质》，载《浙江工商大学学报》2021 年第 1 期。
④⑤　赵万一：《合规制度的公司法设计及其实现路径》，载《中国法学》2020 年第 2 期。

法化的表达。通过公司法化的表达可以完善公司治理、提高公司社会财富的创造能力、加强诚信建设、降低公司的道德风险、营造宽松的营商环境。

邓峰指出,我国合规基础性条件的缺失,包括公司组织化水平低下、董事义务和责任承担规则不足、民法中的法人制度对公司治理的侵蚀等。①合规制度的建设虽然在我国已经取得了一定进展,但仍存在如下问题:第一,合规的有关规定效力层次低,且内容大多过于宏观,缺乏具体明确的规定。第二,对于合规缺乏集中、系统性的规定,合规大多是作为其他义务的附随而存在。第三,立法价值错位,现有的合规规定大多出于行政监管或者免受国外处罚的目的,没有提高到公司治理和文化建设的程度。第四,缺乏公司法提供的制度支撑。

对此,应该从组织法定位来思考合规的公司法入法路径。②在私法意义上,合规包含行为层面的合规义务与组织层面的合规义务,前者是后者的基础,目前我国前期引入的具体合规制度,体系宏大却又不够具体,有待进一步充实。所有的公司都应当合规,但如果合规义务强制程度过高,会导致只有"大棒"没有"胡萝卜",因而法律应该同时规定,符合合规义务要求的可以事后减轻责任。关于合规主体,应由董事会来构建合规机制,监事会负责监督合规进行,其他管理主体承担其相应的合规治理业务,公司具体的合规机构的设立应当交由公司自治。

其他学者也都指出,近年来公司治理模式已从以高管承担民事赔偿责任为主转变为以法人承担刑事合规责任为主,企业合规的发展也已从改善公司经营上升到保障社会经济环境和国家安全的高度。③我国有需求也有理论制度基础将其尽快上升为明确具体的法律规定,为我国公司治理提供新路径,④而合规进入公司法的路径应当从组织法视角加强阐释,不仅需要确定合规的范围领域,还需明确领导和组织合规的义务。

---

① 邓峰:《公司合规的源流及中国的制度局限》,载《比较法研究》2020 年第 1 期。
② 刘斌:《公司合规的组织法定位与入法路径》,载《荆楚法学》2022 年第 3 期。
③④ 崔文玉:《公司治理的新型机制:商刑交叉视野下的合规制度》,载《法商研究》2020 年第 6 期。

3. 本书对于合规体系的界定

本书认为,从公司法的角度探讨合规,除了讨论"规"本身的含义以外,同时必须明确合规体系本质上是公司为防控合规风险所采取的治理结构和治理体系这一命题的重要性。因此,在公司组织体内对合规体系的构建和运用层面的标准确立以及责任承担是公司法领域研究合规的首要问题。实际上,合规是一种由组织内部遵守且施行内化规范的一种内部监督机制。具体言之,所谓合规,就是企业为了防止违法行为发生而建立的一套机制体系,以确保整体商业行为准则合乎法律、道德及文化规范。①本书认为,明晰企业合规的内涵,明确企业合规与内部控制、企业高管合规、法律事务和道德等关键范畴之间的关联,是当前企业合规正确发展的重要理论基石,因此本书将立足解决上述学者提出的一系列问题,从合规的起源、公司为什么要合规、如何做到合规等,立足公司法与其他部门法及交叉学科,阐述公司法引入合规理念和普适性规则的应然路径,关注世界主要国家公司法领域的合规问题研究,为我国公司法引入合规的相关规则以及公司开展合规工作提供必要的理论支撑和有益的实践参考。

(二) 内部控制与合规的区别和联系

1. 合规与内部控制的概念辨析

虽然我国财政部、商务部、证监会、银监会、保监会五部委于 2008 年颁布了《企业内部控制基本规范》(以下简称《基本规范》),适用于包括上市公司的大中型企业,2010 年 4 月五部委又联合发布了《企业内控基本规范配套指引》,但我国《公司法》等法律未涉及"内控机制"的要求,导致内控机制成为"单立独行"的制度,缺乏法律层面的支持。②内部控制制度系管理过程的一部分,此过程系由经理人设计,审计委员会同意,董事会通过,并由董事会、经理人及其他员工共同执行。内控的目标在于提供可靠的业务报告、有效率及有效果之营运、相关之合规。

---

① Geoffrey Parsons Miller, The Law of Governance, Risk Management, and Compliance 157(3rd ed. 2020).

② 参见缪艳娟:《企业内控规范实施机制的新制度经济学分析》,载《会计研究》2010 年第 11 期。

黄胜忠和刘清通过对内部控制理论和合规管理内涵进行分析,并将二者的区别和共性进行比较,从完善内部控制、改善公司治理和促进内部审计三方面来论证两者整合的必要性,进而提出了将内部控制和合规管理进行整合的具体实现方式。①

美国联邦政府于1985年成立了研究内部控制问题的发起组织委员会,该委员会在1992年发布的《内部控制—整合框架》中指出内部控制是董事会、管理层以及其他员工为公司经营、财务和合规等目标提供合理保证的过程,并将控制环境、风险评估、控制活动、信息与沟通和监督评价列为内部控制的五个要素。该委员会在2004年发布的《全面风险管理框架》又将内部控制的五要素增加为八要素,并将合规风险作为其主要关注点。黄胜忠和刘清通过对内部控制理论的这一发展历程进行分析,指出控制活动的外延已从单一会计控制发展到多要素控制和全面风险控制。但他们认为内部审计和外部审计依旧是最主要的控制手段和工具,这虽然可以有效地保证财务报告的可靠性,但在保证经营效率和有效性、遵循法律法规等合规要求方面却有所不足。

黄胜忠和刘清梳理了《萨班斯—奥克斯利法案》、巴塞尔银行监管委员会发布的《合规与银行内部合规部门》以及我国原银监会发布的《商业银行合规风险管理指引》,阐述了合规管理的产生和内涵,提出合规管理是指对公司遵循外部法律法规以及内部制定的规则或者协定以及市场中的规则的控制活动和流程。②

2. 合规与内部控制的关系

关于合规管理与内部控制的关系,现有的探讨较少。黄胜忠和刘清通过将二者的共性和区别进行比较,指出合规管理与内部控制是从属关系,合规管理是内部控制的一种手段和方法,是内部控制体系的一部分,二者都是公司治理的需要。有关内部控制的法律文件行业分类较为分散,多数是不针对特定行业的综合规定,此外,银行业、证券业、保险业相比于其他类型行业而言,规

---

① ② 黄胜忠、刘清:《企业内部控制与合规管理的整合》,载《财会通讯》2019年第6期。

范其发展的内部控制法律文件数量也较多。同样,在合规领域,也是无针对性行业的法律文件数量占大多数,银行业、证券业、保险业等金融行业紧随其后。这也从侧面反映出,内部控制与合规管理有一定的相似性。

根据笔者初步调研,有关内部控制的法律文件行业分类较为分散,多数是不针对特定行业的综合规定(约占相关法律文件总数的65%),此外,银行业、证券业、保险业相比于其他类型行业而言,规范其发展的内部控制法律文件数量也较多(约占相关法律文件总数的25%)。同样,在合规领域,也是无针对性行业的法律文件数量占大多数(约占相关法律文件总数的35%),银行业、证券业、保险业等金融行业紧随前后(约占相关法律文件总数的38%)。这也从侧面反映出,内部控制与合规管理的规则需求至少在金融领域存在着一定的相似性。

《萨班斯—奥克斯利法案》的实施、《全面风险管理框架》的发布以及美国金融危机的爆发,使得公司治理、内部控制和风险管理的研究被重视。李维安和戴文涛梳理了理论界和实务界对此三者关系的认识。美国联邦储备委员会理事Bies和我国学者杨雄胜认为落实内部控制是公司治理的前提,大多数学者则将公司治理视为内部控制的环境要素之一和前提,而王蕾、李连华等人则认为公司治理与内部控制相互嵌合。COSO委员会以及朱荣恩等少数学者认为内部控制是风险管理的一部分,但谢志华、刘洋等人认为内部控制与风险管理的关系是完全等价的。

在内部控制和风险管理的关系方面,李维安和戴文涛认为内部控制就是控制风险、就是风险管理,二者仅是风险控制的两种不同语义表达形式,并无本质区别。[①]风险管理涉及的行业多数为银行、金融、证券、保险类,且在法规数量上明显多于关于内部控制的规定,这说明我国对资本市场风险管理的重视度较高,相关规定更丰富。

包括上市公司在内的大型公司内部结构复杂,近年来我国已发生中储棉、

---

① 李维安、戴文涛:《公司治理、内部控制、风险管理体系框架——基于战略管理视角》,载《审计与经济研究》2013年第4期。

中航油、中国南车严重亏损案；时空客、南海光华董事公司信用"套现"、挪用资金案；光大证券、三鹿集团风险处置不当等案件。从全球范围来看，为预防公司违法违规行为，防范大型公司出现经营危机及应对资本市场的国际化和提高企业的国际竞争力，很多国家在公司、证券等相关法律中引入了"合规、内控体系（以下简称体系）"或者"风险管理体系"。比如 2002 年美国国会通过的《萨班斯—奥克斯利法案》（Sarbanes-Oxley Act，以下简称《SOX 法案》）的第 404 条即以构筑"合规、内控体系"为前提，要求公司经营者对该机制负责。由于《SOX 法案》均拥有"域外管辖"的效力，[①]又鉴于合规体系的有益性，其他主要国家也相继将"内控机制"法律化。比如德国 1998 年的《有关公司企业领域的控制以及透明度的法案》（Control and Transparency of Enterprises，KonTraG），日本 2006 年的《公司法》和《金融商品交易法》都纷纷规定了公司应当引入"合规、内控体系"。[②]"内控机制"应当包括：信息保存和传递机制、合规机制、风险管理机制（或称风险控制机制）。对于"内控机制"应当如何引入公司法并如何适用，在我国公司治理基础理论重构时对此应当有所回应。

在英国 1992 年的 Cadbury 报告将内控机制作为"公司治理准则"的重要组成部分之前，内控机制一直游离于公司治理讨论范围之外，1998 年经济危机进一步促使各国及经合组织（OECD）等关注内控机制。必须明确的是，"内控"并不是"内部人控制"，其是公司治理理论发展新阶段的新问题，其同"公司内部治理"之间至少存在以下几层关系：

其一，两者虽在内容上侧重点不同，但在防范与遏制公司违法行为、实现股东全体利益的功能上具有一致性。首先，"内部治理"侧重于公司机关设置与机关责任的分配，[③]而内控则强调在"董事会责任"下，全体成员达成"控制目标"。其次，按照 OECD(2004)的定义，公司治理的目标应当能确保有关公司

---

① 《SOX 法案》第 404 条自 2006 年 7 月开始对在美国上市的年销售收入在 5 亿美元以上的外国公司生效，2007 年 7 月开始对年销售收入在 5 亿美元以下的外国小型企业生效。

② 参见梁爽：《内控机制的法律化路径——以日本法上的董事内控义务为视角》，载《金融法苑》2015 年第 1 期。

③ 参见邓峰：《普通公司法》，中国人民大学出版社 2009 年版，第 44 页；施天涛：《公司法论（第 3 版）》，法律出版社 2014 年版，第 296—298 页。

财务状况等信息被准确揭示,这与内控的目标(下文将详细阐述)相一致。再次,公司治理需要事后责任处置的"内部治理"与事先预防的"内控"的"双轮驱动",两者均能弥补公司组织在契约经济学理论中的"契约不完备性",都能约束因委托代理理论中的"信息不对称造成的机会主义行动倾向"。

其二,公司内部治理与内控在内涵和效果上"彼此交叉,相互影响",但"内控责任"当属公司内部治理的下位概念。从域外经验来看,公司内部治理机制包括董事、监事、高管的信义义务,自然也就包括"内控机制构筑义务"中指向的具体内容,从这点看,"内控义务"当属内部治理的下位概念。我国的《基本规范》将公司治理置于内控五大要素中"内部环境"要素的首位,这同管理学或者会计学的研究路径是有关的,这些领域的研究均发现,内控质量受到内部治理结构影响,比如公司治理结构指标越好,内控质量越高,[①]内部治理不良,则内控会流于形式而难以实现目的。[②]虽然在实证研究领域依然存在一些矛盾,比如有学者认为,上市公司的股权集中或者机构投资者持股比例增加可以改善内控质量,[③]也有学者指出,没有证据证明股权集中能促使公司改善内控。[④]我国部分学者认为,企业合规的本质在于"全面风控",不仅包括法律风控,还包括治理结构等维度。[⑤]然而,公司治理结构中的股权结构和董事会结构等并非管理层能够完全控制的因素。

---

① See Krishnan J., Audit Committee Quality and Internal Control: an Empirical Analysis, 80 The Accounting Review, 649—675(2005).中国学者也得出了类似结论,参见程晓陵、王怀明:《公司治理结构对内控有效性的影响》,载《审计研究》2008 年第 4 期;杨有红、胡燕:《试论公司治理与内控的对接》,载《会计研究》2004 年第 10 期。

② See Hoitash U., Hoitash R., Bedard J. Corporate Governance and Internal Control over Financial Reporting: A Comparison of Regulatory Regimes, 84 The Accounting Review, 3, 839—867(2009).

③ 参见高雷、张杰:《公司治理、机构投资者与盈余管理》,载《会计研究》2008 年第 9 期;王奇波:《机构投资者参与的控制权竞争研究》,载《经济科学》2005 年第 6 期;高雷、何少华、黄志忠:《公司治理与掏空》,载《经济学季刊》2006 年第 4 期。See Chung R., Firth M., Kim J. Institutional Monitoring and Opportunistic Earnings Management, 8 Journal of Corporate Finance, 29—48(2002).

④ 参见张龙平、陈作习、宋浩:《美国内控审计的制度变迁及其启示》,载《会计研究》2009 年第 2 期;有研究指出国有控股的股权集中度增加会导致内控质量的下降;张龙平、王军只、张军:《内控鉴证对会计盈余质量的影响研究》,载《审计研究》2010 年第 2 期。

⑤ 参见杨力:《中国企业合规的风险点、变化曲线与挑战应对》,载《政法论丛》2017 年第 2 期。

其三,"内控"是公司治理理论和模式不断演进和改革的新阶段。①全球范围内公司内部治理演进过程的解释论存在"进化论"和"路径依赖(path dependence)理论",而"路径依赖"三个层级中的"顺序决策"又导致了转轨困难。②邓峰教授指出,只有通过竞争使规则发生优化,才能克服上述路径依赖。③有研究认为,全球范围内的公司内部治理正在趋同(convergence),具言之,主要是向美国型(汉斯曼和克拉克曼教授认为的"股东导向的模式")"聚拢",④虽然部分学者对此提出了质疑,⑤但"聚拢"分为制度上的、功能上(不需变更某项制度,仅在功能上进行某些调整)的和合意的"聚拢",⑥法律制度整体的"聚拢"很难发生,但公司治理结构"实质聚拢"已经发生,⑦这种"实质聚拢"的动力不仅源自"选择最优"的全球竞争,同时也来自各国面临公司治理困境所采取的应对措施。

按照《COSO 内部控制整体框架》的定义,内控的目标是:确保财产报告的可靠性、公司经营效率、企业行为合法合规。类似的定义最早出现在 1949 年,⑧COSO 委员会 2003 年版的《企业风险管理框架(ERM)》虽然注重"风险识别和控制",但内控的三个主要目标依然未变。⑨日本的内控机制甚至包含

---

① 参见李维安:《公司治理改革将进入"合规、创新与发展的新阶段"》,载《南开管理评论》2007 年第 5 期。

② See Stephen E. Gargolis and S., J. Liebowitz, Path Dependence, in Peter Newman, ed., P-Z The New Palgrave Dictionary of Economics and the Law, Macmillan Reference Limited, 17(1998).

③ 参见邓峰:《董事会制度的起源、演进与学习》,载《中国社会科学》2011 年第 1 期;邓峰:《中国法上董事会的角色、职能及思想渊源》,载《中国法学》2013 年第 3 期。

④ See Henry Hansmann & Reinier Kraakman, The End of History for Corporate Law, 89 Georgetown Law Journal, 439—468(2001).

⑤ 比如 Gugler(2004)认为,由于国家的经济遗产和政治制度,公司治理的趋同将不可能发生,Bebchuk 和 Roe 认为,一国公司在某个时间节点的股份所有结构,很大程度上依赖于该国之前的股份所有结构,因此,内部治理上的差异也将一直存在,see Lucian A. Bebchuk and Mark J. Roe, A Theory of Path Dependence in Corporate Ownership and Governance, 53 Stan. L. REV. 127(1999)。

⑥ See Ronald J. Gilson, Globalizing Corporate Governance: Convergence of Form or Function, 49 Am. J. Comp. L. 329, 332(2001).

⑦ See John C. Coffee, Jr., The Future as History: The Prospects for Global Convergence in Corporate Governance and Its Implications, 93 Nw. U.L. REV. 641(1999).

⑧ 美国会计师协会审计程序委员会在《内控:一种协调制度要素及其对管理当局和独立注册会计师的重要性》的报告中确定四个主要目标为:(1)保护企业财产;(2)检查会计信息准确性;(3)提高经营效率;(4)推动企业坚持既定的管理政策。

⑨ 该定义为:风险管理是一个过程,旨在实现经营的效率、财务报告的可靠性以及合规合法提供合理保证。

"确保董事执行职务富有效率的机制（日本《公司法实施规则》第 100 条第 1
款第 3 项）"。根据我国《基本规范》第 3 条，我国的公司"内控"目标也包含
上述三大目标。内控引入《公司法》考虑适应公司追求效率的需求并无不
当，但从各领域的研究结论和境外实践来看，内控的"效率"目标并未能够
实现。

公司内部控制之规制，系由经理人所设计，董事会通过，并由董事会、经理
人及其他员工执行之管理过程，且应制定明确的内部组织结构、呈报体系及适
当权责划分。根据内部控制的目标，可将控制种类区分为对营运的控制、对报
告的控制及对合规的控制。①根据国际内部稽核协会与 COSO 委员会于 2015
年 7 月所发布之《运用 COSO 于三道防线》的研究报告，认为企业应该建立内
部控制之三道防线，重新检视如何强化风险管理与内部控制，减少弊端发生，
最重要的是董事会层级应该展现带领内部控制三道防线的决心，除强化本身
董事会运作机制外，落实监督经营管理团队责任，让企业每个角色各司其职，
确保内部监督机制有效发挥。

就此所称之内部控制三道防线：第一道防线强调落实营运管理，对于相关
影响目标导致的重大风险，须明确加以辨识、分析、定义，从而管控风险，高级
管理层对第一道防线的所有活动须负起业务流程的全部职责；第二道防线主
要重视部门（事业部）控制机能，其功能在于负责内部控制和风险管理的持续
监督，因而从防范企业舞弊的角度，亦应建立畅通、安全且独立的举报机制，提
供内外部舞弊案件的通报管道，董事会亦应指定专责单位负责快速建置及落
实运作；第三道防线则为内部稽核，功能在于确保内部控制持续运作。而内部
稽核是否受到重视，董事会扮演着关键角色，尤其稽核主管之任免，依现行规
定为审计委员会及董事会的权限。董事会应切实评估内部稽核运作情形，积
极寻找合适的对象，始能积极协助防弊，甚至兴利。

---

① James Hamilton & Peter Rasmussen，Guide to Internal Controls Under. Section 404 of the
Sarbanes-Oxley Act(2007). Eric Larson，5 Key Elements of Good Internal Controls Beenegarter，https://
beenegarter.com/5-key-elements-of-good-intemal-controls/（last visited Jun.6，2021）.

二、合规的发展历史

(一)合规在美国的发展

1. 合规制度的起源

合规的概念起源于 20 世纪 60 年代美国法上合规管理制度。这一时期,合规管理随着《反托拉斯法》的政策实施进而得到普及。20 世纪 70 年代后,水门事件引出的企业捐款丑闻把合规管理制度推广到了新高度。[1]1977 年《反海外腐败法》将防止企业不正当支出的手段以成文法的形式展现,更加明确了企业的权利与义务。[2]

这个时期企业管理集中体现的问题主要在三个方面:第一,在企业内部普遍不以上述违法行为为耻。[3]第二,缺乏明确的保障董事会与职工行为妥当性和合法性的指导原则。[4]第三,企业内部信息通达度不足。[5]为改善这些不足,证监会在《反海外腐败法》中制定了企业自主纠偏的行动原则,使企业能自行防止违法的企业活动出现,并在实践中不断完善此理论。

到了 20 世纪 90 年代,美国量刑委员会(U.S. Sentencing Committee)将《联邦量刑指南》(Federal Sentencing Guidelines for Organizations)[6]中对组织的规定法

---

① Kathleen F. Brickey, Corporate Criminal Liability § 1:01(2d ed. 1991); John C. Coffee, Jr., Beyond the Shut-Eyed Sentry: Toward a Theoretical View of Corporate Misconduct and an Effective Legal Response, 63 Va. L. Rev. 1099, 1115—16(1977).

② Lynne Baum, Foreign Cormupt Practices Act, 35 Am. Crim. L. Reu. 823, 823—840(1998); Donald R. Curver, Complying with the Foreign Corrupt Practices Act(1994); Don Zarin, Doing Business Under the Foreign Corrupt Practices Act(1995).此外,1997 年《反海外腐败法》相关的日语文献有:中原後明「米企業の海外不正支出をめぐる法規制——その模索と展開の軌跡を追う—(一)—(三)」民商法雑誌 79 巻 2 号(1978)163 頁以下,79 巻 3 号(1978)360 頁以下,79 巻 4 号(1978)522 頁以下,「アメリカの外国腐敗行為防止法の検証——1988 年までの展開」現球法学 48 号(1992)293 頁以下,「会社の政治活動の限界——米国の政治献金規制を中心に」ジュリスト1050 号(1994)121 頁以下参照。

③ John C. Coffee, Jr., Beyond the Shut-Eyed Sentry: Toward a Theoretical View of Corporate Misconduct and an Effective Legal Response, 63 Va. L. Rev. 1099, at 1102—03.

④ Id. at 1130.

⑤ Id. at 1146—47.

⑥ United States Sentencing Commission, U.S. Sentencing Guidelines Manual(hereinafter U.S.S. G.) ch.8(2003).

制化,新法案一方面大大降低了高额罚金的情形,并且确立了组织正确实施合规管理制度(合规体系)的情况下,可对罚金数额进行必要的减免。①该文件中认定可减轻罚金数额的合规管理体系的意义为"能合理进行规划、实施并完成执行,并对一般犯罪行为起到预防与发现作用"。②此外还规定"不能以未能成功发现或阻止犯罪作为实际采用的机制无效的判定依据"。③可以说,为了促进合规管理制度的实施,《联邦量刑指南》采用了主动介入企业活动和管理系统的指导原则。在这个背景下,虽然法院的权限得到扩展,但也受到了相当多的指责。④

在科斯达德案(United States v. Kolstad)中,美国最高法院援引《代理法重述》建立了企业可能会因其代理人行为而承担惩罚性赔偿责任的4种情形:第一,当事人授权了该行为和行为方式;第二,代理人不适合并且当事人在雇用他的时候是不慎重的;第三,该代理人受雇于管理者并在雇用范围内行事;第四,当事人或当事人的管理者批准或许可了该行为。⑤

自科斯达德案之后,许多被告试图通过将他们的内部合规结构(尤其是他们的平等就业政策和多元化的培训计划)作为善意的证据来使自己符合这一辩护条件。尽管在很多案件中法院已经发现了这一程序不足以证明善意,一些被告还是成功地通过他们的内部合规结构规避了惩罚性赔偿。⑥因此,在探索中,企业内部合规结构受到了越来越多的重视。企业法和证券法也为实施

---

① 有关罚金额计算方式与合规管理制度的关系的详述,请参照作者论文「企業犯罪論の現状と展望(二・完)」同志社法学47卷5号(1996)311頁以下参照。

②③ United States Sentencing Commission, U.S. Sentencing Guidelines Manual(hereinafter U.S.S. G.)g 8A1.2 comment.3(k).

④ Richard S. Gruner, Towards an Organizational Jurisprudence: Transforming Corporate Criminal Law through Federal Sentencing Reform, 36 Ariz. L. Rev. 407, 458(1994); Jennifer Arlen, The Potentially Perverse Effects of Corporate Criminal Liability, 23 J. Legal. Stud. 833, 836—37(1994); Huff, supra note 1, at 1269.

⑤ Kolstad v. American Dental Ass'n, 527 U. S. 526, 542—43 (1999) [quoting Restatement (second) of Agency & 217(c)].

⑥ See e.g., Harris v. L & L Wings, Inc., 132 F.3d 978, 983—84(4″ Cir.1997)(在科斯达德案中也引用了该案。该案指出:在一些案件中,基于善意构建的书面化政策的存在已经成为企业惩罚性赔偿责任的障碍;书面化防止性骚扰的政策的存在成为否定原告主张企业恶意或者疏忽的重要事由); Bryant v. Aiken Regional Medical Centers, Inc., 333 F. 3d 536(4 Cir.2003)(该案认为,医院不能对非裔美国员工承担惩罚性损害赔偿,因为该医院已经广泛实施了反歧视的相关举措,这些举措包括覆盖全单位的反歧视政策的实施;举报申诉政策的创设;多元化的培训项目。基于以上原因,医院不能为其管理人员违反单位政策的歧视决定而承担替代责任)。

内部合规结构提供了激励措施。

2. 合规制度的发展

（1）长臂管辖。"长臂管辖"（long-arm jurisdiction）是《反海外腐败法》下的一个法律概念，可被理解为针对腐败贿赂行为的管辖权延伸。总结美国执法机构对外国公司行使"长臂管辖"权的连接点主要有以下 3 种类型：外国公司在美国证券市场发行股票或债券，符合"发行人"的定义；外国公司和/或个人通过银行进行美元电汇，这些转账通常涉及美国银行下的"代理"账户；外国公司和/或个人在美国领土（包括物理和拟制上的领土）上实施促进贿赂计划的辅助行为，常见的包括电话通信、邮件联系、进行国际旅行出入美国边境。

根据《反海外腐败法》，即使子公司在国外违法，在美国经营的公司同样需要承担法律责任。此外，《反海外腐败法》甚至使得组织对其第三方代理的行为负责。司法部和证券交易委员会共同拥有《反海外腐败法》的执行权。《反海外腐败法》涵盖了反贿赂和会计的条款。反贿赂条款禁止向外国官员、党派或候选人行贿以获得或保有业务，或是保护其不正常的有利条件。会计条款要求公司制定和保存准确的账簿和记录，并且设计和维护一个完善的内部会计控制系统。会计条款还禁止个人和企业故意篡改账簿和记录，或是故意避开或不实行内部控制系统。根据《反海外腐败法》的规定，对于每一项违反《反海外腐败法》反贿赂条款的行为，个人会被处以 5 年以下的监禁，或针对特殊情况处以 20 年以下的监禁。[1]对于公司或其他商业实体，每次违法行为可处以最高 200 万美元的罚金，个人是最高 10 万美元罚金。[2]在特殊违法情况下，公司罚金可增至 2500 万美元，个人罚金增至 500 万美元。[3]

（2）"胡萝卜加大棒"政策。2000 年以后司法部和证券交易委员会采取"胡萝卜加大棒"政策（"胡萝卜"指奖励，"大棒"指惩罚）逐步建立"合作机制"，鼓励企业自我调查和主动披露违法行为，以换取《反海外腐败法》下的奖励，包括不起诉、减轻处罚、和解、减免罚金。《反海外腐败法》下最大的奖励

---

① 15 U.S.C. § 78dd-1, § 78 et seq.
② 15 U.S.C. § 78dd-1 et seq.
③ 15 U.S.C. § 78ff(a).

措施就是不起诉,但企业若想不被起诉,需要满足严格的条件,包括主动披露、全力配合、及时采取适当补救措施等。如果企业出于侥幸心理,在发现违法行为之后,并未主动向证券交易委员会或司法部披露,甚至在执法机关发起调查后仍然试图掩盖违法行为,不配合调查,那么执法机关将会"大棒"伺候,严惩不贷。

(3) 司法部/证券交易委员会指南。2012 年 11 月,美国司法部和证券交易委员会发布了《反海外腐败法》关于刑事和民事执行条款的指南。①指南强调司法部和证券交易委员会重视一个强有力的公司合规计划的重要性。该指南列举了如下 10 条"有效合规计划的特征":

- 高级管理层的承诺和表述清楚的反腐败政策。
- 一套行为规范、合规政策和程序。
- 监督合规计划的人应有适当的组织内权利和充足的资源来保证合规计划的实施。
- 风险评估。
- 对整个组织进行《反海外腐败法》政策和程序的培训。
- 惩戒程序和激励机制。
- 第三方尽职调查。
- 不当行为保密报告机制的建立,以及对于指控的内部调查,以引起公司注意。
- 通过定期测试和审查实现持续改进。
- 对于兼并和收购进行的收购前的尽职调查和收购后的整合。

指南指出,采用一个有效的《反海外腐败法》计划并不能保证可以保护公司免受执法行动影响。但政府承诺对自我报告、提供合作和修正的组织提供

① 参见美国《反海外腐败法》的资源指南,来自美国司法部刑事司和美国证券交易委员会的执法部,https://www.justice.gov/sites/default/files/criminal-fraud/legacy/2015/01/16/guide.pdf,2021 年 11 月 14 日访问。

优惠待遇。

(4)《反海外腐败法》试点计划。2016年4月,司法部启动了《反海外腐败法》试点计划,如被调查公司自愿披露《反海外腐败法》中规定的相关不当行为,全力配合政府调查,采取适当补救措施,并且主动缴纳所有从非法行为中获得的利润,被调查公司将视情况被减刑,或根据《联邦量刑指南》适用的罚金幅度获得相应的折扣。《反海外腐败法》试点计划推行后的一年半时间内,有超过30家企业向司法部的《反海外腐败法》小组主动披露涉嫌违法的行为。

根据《反海外腐败法》试点计划,主动披露需要满足以下条件:第一,在"迫切的披露威胁或政府调查"之前作出;第二,在"意识到违法行为后的一段合理及时的时间内"作出;第三,内容涵盖"全部已知晓的相关事实",包括任何牵涉该违法行为中的个人,包括公司的高管、员工及代理人;第四,不因法律、协议或合同要求而为之。对于案件中公司的"配合范围、数量、质量和时间",司法部给出了指标来衡量公司是否对于执法"全面配合",若公司称由于与域外法律冲突导致无法披露相关信息,则公司应承担相应的举证责任。

企业反海外腐败合规并非只是企业被动回应当地监管机构的反腐败贿赂法律法规要求,更是在新的价值观引导下确立的公司治理方式。企业反海外腐败合规已经从监管机构惩罚刑事犯罪的被动制度演变为要求企业主动将反海外腐败合规作为公司的治理方式。2002年的《SOX法案》极大地提高了内部合规结构在证券法中的重要性。另外,根据1996年特拉华州衡平法院的凯马克国际公司派生诉讼案(Caremark)判决,若未实施内部合规结构,企业董事可能会承担民事责任。①

(5)就业歧视领域合规。在美国法上,由于就业歧视领域的合规责任标准比其他领域发展得都快,因此比起其他领域的法律,司法界和学术界就有更多的对合规责任系统防范就业歧视的评价。企业的内部合规结构至少在三方

---

① In re Caremark Ine. Int'l Derivative Litig., 698 A.2d 959, 970(Del. Ch.1996)(为了获得"商业判断规则"的保护,相关主管人员应当认真考虑,企业信息和报告系统在理念和设计上是否足以保证董事会在日常操作中能够及时获得有关信息)。

面和就业歧视有关。①其一,当一位员工声称她被蓄意歧视时,内部合规结构可以作为避免惩罚性赔偿的辩护。其二,当一位员工宣称她受到恶意职场骚扰时,内部合规结构可以作为防止企业责任的积极辩护。其三,企业内部合规结构的存在和有效性,以及其他环境证据可能是判定企业是否有主观歧视意图的因素。

(二) 合规在欧洲的发展

在欧洲,进一步的合规制度同样产生于金融市场监管领域。2004 年的《金融工具市场指令》(MiFID-Richtlinie)针对证券公司规定了遵守相关法律的适当策略和程序。②这一概括性规定是通过 2006 年的实施细则指令以及将"设立合规职能"义务化而得以具体化的。③在衍生产品交易方面,2012 年的《欧洲市场基础设施监管规则》④规定了额外的合规预定目标,尤其体现在金融交易报告、风险降低和清算义务方面。⑤2014 年 5 月,一个新规则(《金融工具市场监管规则》)(MIFIR-Ver-ordnung)和指令(《金融工具市场指令 II》)(MiFID-II-Richtlinie)对《金融工具市场指令》以及《欧洲市场基础设施监管规则》进行了修正。⑥这些立法规定了大规模新的合规预定目标。由此,《金融工具市场指令 II》第 31 条要求交易市场中的运营商必须实现有效的规制并建立预防和发现市场滥用的程序。

与《金融工具市场指令》类似,2009 年新颁布的《欧盟可转让证券集合投资指令》(OGAW-Richtlinie)对投资公司进行一般性的规定,要求它们防止利益

① 对于构成歧视的企业,法院要求其实施行为守则以及培训程序,以此作为一种补救。See e.g. Stair v. Lehigh Valley Carpenters Local Union No.600, 855 F. Supp.90(E.D.Pa.1994)(要求对于性骚扰有责的工会为基层成员构建强制性的年度培训计划);Matt OConnor, Pizza Hut to Fight Bias in Chain, Chi.Trib., Aug.21, 1999, at C1(报道了必胜客同意为那些可能与顾客建立联系的 100000 名职员提供关于种族敏感性的培训,以此作为与那些声称在伊利诺伊州的餐馆内被歧视的非裔美国顾客之间法律解决方案的一部分)。

② See Art.13 Abs.2 der Richtlinie 2004/39/EG v.21.4.2004, ABl.L 145/1 v.30.4.2004.

③ See Art.6 der Richtlinie 2006/73/EG v.10.8.2006, ABl.L.241/26 v.2.9.2006.

④ VO(EU) 648/2012, v.4.7.2012, ABL.L.201/1 v.27.7.2012.

⑤ Litten/Schwenk, DB 2013, 857 和 918。

⑥ VO(EU)600/2014, v.15.5.2014, ABl.L. 173/84;Richtlinie 2014/65/EU v.15.5.2014, ABl.L. 173/349 v.12.6.2014.关于草案,Butlar, BB 2014, 451;Geier/Schmitt, WM 2013, 915。

冲突并以维护投资者的最大利益和市场诚信来遵守已有的法律规定。①作为具体实施方案,该实施指令也对建立一个持久的合规职能进行了规定。②在保险领域,还存在保险监管的偿付能力指令等。

在整个欧盟法范围内,根据法领域的不同,合规扮演着不同的重要角色。欧盟直到现在,既没有一个统一的欧洲刑法或者制裁法,也不存在一个统一的合规方案。而在那些可以通过欧盟进行制定并且付诸实施的原始法规(也包含了制裁)领域内,合规发挥着最为重要的作用。合规对于实践而言也十分重要,甚至是在卡特尔法领域中以及有关避免制裁法上的责任方面,合规也发挥着重大的作用。

三、我国合规制度的总态势

(一) 我国公司面临的长臂管辖合规风险

由于合规在西方各领域的不断推进,合规管理制度在公司商业活动中的重要性随之提升,成为许多部门法的共享制度。

一方面,合规之于公司的经济利益,表现得比法律利益更为多样化。最明显的经济利益无疑是利润最大化。只有在效益大于成本时,合规对于公司而言才具有经济利益。为了追求利润最大化,出现了已经被视为合规之附属功能的诸多公司利益:质量保证、产品创新以及旨在提高公司形象的营销。人们也可以从以下情况中看到另一种利益,即有效的合规措施可以增强公司领导人对公司本身及其员工在劳动保护法和信息保护法方面的认知,并因此也提高了公司管理层的权力和控制。③

另一方面,合规是企业合理规避职务犯罪等风险的有效途径,如果企业不合规,会造成很多的不利后果。刑法学界一般认为,不合规的意思是指企业的成员基于(臆想的)企业的利益而实施的与企业相关的犯罪行为,从域外经验看,公司法等民商法领域的公司不合规是泛指包括公司员工舞弊在内的内部

---

① See Art.12, 14 der Richtlinie 2009/65/EG v.13.7.2009,ABI.1.302/32 v.17.11.2009.

② See Art.10 der Richtlinie 2010/43/EU v.1.7.2010,ABI.L. 176/42 v.10.7.2010.

③ 参见 A. Nieto Martin,Probleme(Fn.14),S.27(28)。

人违反法律、法规、公司章程等的行为,刑法上认为违反上述规范的不利后果会导致每个制裁性规范从根本上都是企业内实际要求合规措施的法律基础。[①]

如果合规能为公司带来减免处罚的法律效果,公司内部就会形成主动合规的动力,如上所述,美国《联邦量刑指南》通过设立一个基础罚款来实现对犯罪企业的经济惩罚,基础罚款接着被扩展成了责任点数。[②]犯罪企业内部的合规结构在减小罪责倍数上至关重要,因为法院将根据减轻或加重量刑的要素来减小或增大倍数,实施有效的内部合规结构使得企业将大大降低罚款倍数并将减少最多60%的罚款。[③]虽然《反海外腐败法》大部分的直接执法对象并非在中国设立的公司,但由于许多外资企业或其在华子公司在中国有相关违法行为,因此自《反海外腐败法》颁布以来,中国企业、个人逐渐成为《反海外腐败法》执法的热点。在2008—2019年的《反海外腐败法》执法案件中,涉及中国的案件最高已超过六成,加快普及和建设公司合规管理制度成为跨国企业的燃眉之急。

(二) 我国公司面临职务犯罪风险

从国内看,"高压反腐"已成新常态。2015年至2017年,我国每年的反腐败执法案件数量均在9000件以上,2016年的数量更是接近15000件,而在2018年,公布的案件数目也已超过5000件。在2015—2018年的贿赂类犯

[①] 孙国祥:《刑事合规的理念、机能和中国的构建》,载《中国刑事法杂志》2019年第2期。

[②] 基准罚款是以下中的最大值:(1)由OSG的"违法罚款表"确定的金额,规定了从5000美元到72500美元不等的基准罚款,(2)从非法行为中获得的金钱利益,或者(3)蓄意、疏忽、明知的违法行为造成的金钱损失。U.S. Sentencing Guidelines Manual $ 8C2.4(a)(d)(2001).

[③] 如同之前讨论的,对OSGs的官方评论定义了企业内部合规结构被认为"有效"所必需的最低限度因素,从而满足减刑的条件。从1994年到2001年,只有两家企业基于有效的内部合规计划而被减刑。See Organizations Sentenced Under Chapter Eight: Culpability Factors, Tables 47—54, available at http://www.use.gov/corp/orgizsp.htm.然而,这不应被理解为证据表明,OSGs未能成功地引导企业采用内部合规结构,或作为证据表明,OSG建议的内部合规结构在减少不正当行为方面取得了很大成功,即很少有采用这种结构的企业违反法律。实际上,调查数据显示《联邦量刑指南》在企业决定实施内部合规结构上起到了重大作用,并且实证证据表明,《联邦量刑指南》推介的内部合规结构和减少企业不当行为之间并没有联系。See 2000 Ethics Officers Association Member Survey(Public Version),available at http://www.eoa.org/Research/survey 2k.html(显示53%的调查对象将"响应《联邦量刑指南》"视为对企业道德承诺有"很大影响"的一个因素)(hereinafter 2000 Ethics Officers Association Member Survey)。

罪案件中,受贿类犯罪所占比例约为 64.36%。①行贿类犯罪所占比例约为 34.78%。这表明执法机关对于贿赂类犯罪的态度是既打击受贿,也打击行贿。②通过研究公开渠道的案例,③2018 年上市公司、相关关联公司及其高管、员工涉嫌职务犯罪④案例超过 300 起,共涉及 106 家上市公司,涉案金额超过 42.96 亿元人民币,可见,职务犯罪是上市公司面临的突出风险。2022 年度,可查范围内上市公司及高管有效涉刑公告案件共计 163 例。其中,共涉嫌罪名 30 种,侵犯财产类犯罪和贪污贿赂型犯罪依然是上市公司及高管犯罪中的重灾区。且从犯罪主体统计数据来看,上市公司及高管犯罪案件大多以自然人犯罪(占比 91%)为主,单位犯罪(占比 5%)居其次。而上市公司控股股东、实际控制人、董事、监事、高级管理人员作为公司治理的“关键少数”,利用其对公司的控制权实施违法犯罪行为,将严重影响公司及资本市场的健康运行。

再以 2018 年为例,上市公司及其关联主体中受贿罪的发案率最高,全年达到 88 起。在这部分案例中,高管人员构成受贿罪的比例达到 47%。这一数据透露出两个信息:第一,具有国资背景的上市公司的高管仍旧是商业贿赂领域犯罪的高发主体。一方面因为大部分的职务犯罪是针对国家工作人员、国有公司人员的相关职务行为进行设置的;另一方面也反映出在监察委设立后,对职务犯罪打击的力度明显增强,国资背景的公司对员工涉及职务犯罪的查处力度更大。第二,针对国资背景上市公司中高管人员的合规培训及严格审查、审计依然是上市公司反商业贿赂制度建设中不容放松的一环。

在已统计的案例中,2018 年上市公司及其关联主体涉嫌侵占类犯罪达到 160 起。与商业贿赂类犯罪不同,侵占类犯罪的实施主体主要是中层管理人员

① 受贿类犯罪包括受贿罪、非国家工作人员受贿罪、单位受贿罪、利用影响力受贿罪。
② 行贿类犯罪包括行贿罪、对非国家工作人员行贿罪、对单位行贿罪、单位行贿罪、对有影响力的人行贿罪、对外国公职人员及国际公共组织官员行贿罪。
③ 本书相关数据系以“股份有限公司(上市公司)+刑事+特定犯罪”为关键词在理脉及威科先行等数据库检索得出,相关情况可能因案例库收录数据有限而存在不全的情况,具体数据仅供参考。
④ 本书所指“职务犯罪”包括贪污罪、职务侵占罪、挪用公款罪、挪用资金罪、受贿罪、单位受贿罪、非国家工作人员受贿罪、行贿罪、单位行贿罪、对单位行贿罪、对非国家工作人员行贿罪、私分国有资产罪、滥用职权罪等。

和公司员工,因而涉案资金规模较小。此类犯罪一般表现为:员工利用虚假凭证报销,伪造材料套取公司款项,利用职务便利转移公司资金等。这打破了此前人们对于高管是职务犯罪高发群体的固有印象。

不合规除了违反刑法的规定以外,也包括对行政秩序的违反。根据行政主管部门的行政执法,企业可以被判处企业罚款。被罚款企业,其内部成员的涉罚行为可以仅仅是一项义务违反,行政机关有时也可以下令直接对企业内部成员实施追缴。还包括其他不利法律后果。根据所实施的行为和不同法律规定,行为人可能会遭受不同的处罚。这里还包括企业内部的人员,主要是违法的员工和直接负责人等会受到罚金和自由刑的处罚。与此同时,公司法领域的不合规能带来公司或公司内部主体承担不合规的民事责任。最后,不合规还会带来公司声誉上的损害,可以说不合规在经济上一个特别重要的不利后果就是会在相当程度上损害企业声誉。德国学者指出,对法律忠诚会使企业的形象得分上升,构成企业的竞争性要素并强化顾客的忠诚度。大企业和国际性的康采恩往往被公众所关注。①

(三)我国不同领域中的合规

根据 2018 年《企业境外经营合规管理指引》,企业可根据发展需要设置权责明晰的合规治理架构,在决策、管理、执行三层级划分相应职责。该指引明确合规管理机构的三大组成部分:合规委员会、合规负责人、合规管理部门,但对于三者具体的职责划分,以及与董事会、监事会、经理层的关系未予说明。②

2022 年 8 月,国务院国有资产监督管理委员会(以下简称国资委)发布《中央企业合规管理办法》,相较于《中央企业合规管理指引(试行)》,该办法更加突出刚性约束,进一步明确合规管理相关主体职责。该办法对中央企业合规管理职责的划分呈现以下特点:其一,明确党委(党组)的领导作用,强调对党内法规的遵守;其二,董事会、经理层在合规职责的分配上基本延续我国《公司法》的分权模式,明确董事会在合规管理体系有效性评价上的主体责任;其三,

---

① Vgl. Bayer AG, Corporate Compliance Policy,abrufbar unter http://www.bayer.de/de/corporatecompliance_de.pdfx,S.7.

② 《企业境外经营合规管理指引》,发改外资〔2018〕1916 号,第 10—11 条。

与传统的公司组织机构相比,增设了合规委员会、首席合规官等机构,中央企业合规管理部门根据董事会授权开展合规管理体系有效性评价工作,实际上分担了经理层在合规管理方面的部分责任;其四,将监督合规要求落实的职责赋予纪检监察机构和审计、巡视、监督追责等部门,充分发挥中央企业特色,以保障合规管理监督机制作用的有效发挥。①

2020年3月,我国证监会修订《证券公司和证券投资基金管理公司合规管理办法》,其中的合规管理模式与中央企业的合规管理模式类似。对董事会、监事会和高级管理人员的权责划分较为明确,规定了董事会负责宏观管理,决定合规目标,审议合规制度,进行有效性评估;监事会承担监督职能,对合规风险发生的主要责任董事、高管提出罢免建议;高管负责合规的具体落实,对日常运营承担责任。证券公司的合规负责人更具独立性,直接向董事会负责。②

1. 我国反海外腐败和反商业贿赂领域

我国央企和国企合规制度的初步建立主要依据2018年发布的两份规范性文件,即国资委发布的《中央企业合规管理指引(试行)》和国家发改委会同有关部门发布的《企业境外经营合规管理指引》。③根据以上文件,反海外腐败、反商业贿赂是国有企业合规的重点领域之一。

对于国有大中型企业,国资委2016年年初发布了《关于全面推进法治央企建设的意见》,并于同年4月印发了《关于在部分中央企业开展合规管理体系建设试点工作的通知》,同时指定中国石油、中国移动、中国中铁、招商局集团和东方电气五家中央企业为首批合规管理试点企业,开始在中央企业层面探索开展合规管理体系建设的实践经验。在《关于全面推进法治央企建设的意见》发布后,各中央企业迅速行动,多措并举落实有关要求,成立了推进法治工作的领导小组,召开了法治工作会议,对法治工作提要求、做部署,同时制定了自己的法治建设实施方案,与其"十三五"规划同步实施、同步推进。上述五

---

① 《中央企业合规管理办法》,国务院国有资产监督管理委员会令第42号,第7—15条。

② 《证券公司和证券投资基金管理公司合规管理办法》(2020年修订),中国证券监督管理委员会令第166号,第7—9条。

③ 《中央企业合规管理指引(试行)》,国资发法规〔2018〕106号;《企业境外经营合规管理指引》,发改外资〔2018〕1916号。

家试点企业均制定了自己的合规管理体系建设方案。

2018年11月2日国资委正式发布了《中央企业合规管理指引(试行)》,成为推动中央企业合规管理乃至中国企业合规管理的里程碑式事件,反海外腐败、反商业贿赂是国有企业合规的重点领域之一。该指引既是指引,也是规范,不仅可以指导企业从各个方面着手建立合规管理体系,而且可以用于评价企业合规管理体系是否健全。

该指引提出了加强对市场交易、安全环保、产品质量、劳动用工、财务税收、知识产权、商业伙伴等一系列重点领域的合规管理,明确了中央企业董事会、监事会、经理层的合规管理职责,提出一系列的合规管理措施。要求中央企业根据本指引并结合实际制定合规管理实施细则;地方国资监管机构则可参照本指引,积极推进所出资企业的合规管理工作。

实际上,中央企业在集团层面皆已完成合规管理组织职能体系建设工作,不少企业也已按照《中央企业合规管理指引(试行)》建立了合规管理体系基础架构,但是在合规管理体系落地及合规管理有效性方面仍处于探索之中。

从国内看,"高压反腐"已成新常态,党的十八大以来,以习近平同志为核心的党中央坚定不移地推进全面从严治党,坚持反腐败无禁区、全覆盖、零容忍,扎实构建"不敢腐、不能腐、不想腐"的有效机制,使我国反腐败斗争形成压倒性态势并巩固发展。据统计,上市公司及其关联主体中受贿罪的发案率最高,2019年全年达到88起。在这部分案例中,高管构成受贿罪的比例达到47%。这一数据透露出两个信息:第一,具有国资背景的上市公司的高管仍旧是商业贿赂领域犯罪的高发主体。一方面因为大部分职务犯罪是针对国家工作人员、国有公司人员相关职务行为而设置的;另一方面也反映出在监察委设立后,对职务犯罪打击的力度明显增强,国资背景的公司对员工涉及职务犯罪的查处力度更大。第二,针对国资背景上市公司中高管的合规培训及严格审查、审计依然是上市公司反商业贿赂制度建设中不容放松的一环。

美国《联邦量刑指南》企图通过内部合规方法来减少企业的不当行为,这一方法很快被其他法律领域所模仿。司法机关也加入了合规的浪潮中,为企业实施内部合规提供了更多的激励措施。如果企业已经设置了预防不当行为的道德准则和表面上可以监察违规行为的合规计划,就可以以此为根据进行辩护。①在民事或刑事和解中,通常企业也会被要求落实内部合规结构。②

2018 年 3 月,十三届全国人大一次会议审议通过《宪法修正案》和《监察法》,从宪法层面确立了监察委员会的国家机构地位,使我国的政治架构从"一府两院"改为"一府一委两院",标志着国家监察体制改革取得重要成效。2015 年 8 月 29 日《刑法修正案(九)》正式生效。《刑法修正案(九)》增加了对有影响力的人行贿这一新罪名。2018 年 1 月 1 日,修订后的《反不正当竞争法》(以下称为 2017 年《反不正当竞争法》)正式施行,亮点之一是对行政法层面上的商业贿赂进行了重新界定。③与 1993 年《反不正当竞争法》相比,2017 年《反不正当竞争法》在明确什么是商业贿赂行为的同时,以列举的方式明确了交易相对方员工、受交易相对方委托办理相关事务的单位或个人、利用职权或影响力影响交易的单位或个人三类商业贿赂受贿主体,有助于企业和执法机关界定什么是商业贿赂。

2018 年 3 月,国务院机构改革方案出台后,国家市场监督管理总局接棒国家工商行政管理总局,成为新的反商业贿赂行政监管主体,执法力量得到有效

---

① See, e.g, U.S. v. Beusch, 596 F.2d.871, 878(4th Cir.1979)(其表明,"企业可能对其员工违反指示和政策的行为负责,但是,在判断员工的行为是否为了企业利益时,可能会考虑这些指示和政策的存在");Lowry's Reports, Inc. v. Legg Mason, Inc., 2003 WL 21635302, at * 6(D.Md.2003)[认为,美盛公司(Legg Mason)的员工违反政策和秩序,侵犯 Lowry 版权的事实无关美盛公司的责任,而是与法定和损害赔偿金额以及律师费的裁定有关];In re Exxon Valdez, 1995 WL 527990, at * 11(D.Al.1995)(坚持陪审团的指示,"在考虑企业对惩罚性损害赔偿责任时,必须考虑员工的行为是否违反被告企业的直接政策");Jeffrey M. Kaplan Et Al., Compliance Programs and the Corporate Sentencing Guidelines 8 20:9(2002)(表明,就错误的员工行为是否为了使企业受益这一决定企业代理责任的必要因素的问题上,合规计划对于陪审团的指示也有影响)。But see U.S. v. Twentieth Century Fox Film Corp.882 F.2d 656, 660(2d Cir.1989)(认为即使内部合规结构是减轻企业刑事责任的一个因素,"尽管 Fox 的合规计划范围很大,但员工在其权限范围内违规时,不能对企业免除责任")。

② See, e.g., John Hechinger, Memill to Pay New Hampshire a $ 500,000 Fine, WALL ST.J., Jul.19, 2002, at C7(披露了美林证券的和解条款,由于一个雇员代理人的行为,美林必须支付 50 万美元罚款并聘请咨询公司审查合规计划);John R. Wilke & Don Clark,"Despite Settlement, Microsoft Faces More Legal Challenges", Wall ST.J., Nov.4, 2002, at A1(关于反垄断解决方案的条款要求微软建立由至少三名外部董事组成的合规委员会,并任命内部合规官)。

③ 《反不正当竞争法》于 1993 年 9 月 2 日正式颁布,2017 年 11 月 4 日修订,2019 年 4 月 23 日第二次修订。

整合。不仅如此,根据2017年《反不正当竞争法》的相关规定,执法机关查处商业贿赂的执法权限也有较大幅度的扩大。

国家市场监督管理总局在2018年5月重磅发布《关于开展反不正当竞争执法重点行动的公告》,在2018年10月以前,对全国范围内医药、教育等领域内的商业贿赂行为进行重点查处。这是国家市场监督管理总局正式挂牌后,以及2017年《反不正当竞争法》正式施行后,执法部门开展的第一次集中执法活动。2019年2月,国家市场监督管理总局发布关于贯彻落实《关于深化市场监管综合行政执法改革的指导意见》的通知,对建立统一、权威、高效的市场监管综合执法体制提出了具体要求,行政执法力度进一步提升。

以某从事制造业、现代服务业的大型央企集团为例。在制度设计上,该企业在董事会、党委会及管委会中加入合规管理决策体系,即董事会下设合规委员会,由合规负责人负责。在机构设置上,合规负责人牵头负责多个合规管理职能部门。在具体执行中,该企业设立"合规管理三道防线":第一道防线是合规管理业务部门负责本领域的日常合规管理工作;第二道防线是合规管理牵头部门负责制定合规管理规定及配套制度,为业务部门提供合规支持。在制度制定中,根据业务运营情况制定符合专门公司的合规义务和风险清单,涉及海外业务尤其是美国业务的专门公司梳理"反海外腐败合规义务/风险清单",明确风险点及合规义务;第三道防线是审计(违规问责)、纪检监察、巡视巡查等监督部门(机构)负责定期对合规管理流程的执行情况和合规管理人员履职情况进行审查。

民营企业方面,我国众多中小企业境外投资运营管理能力偏弱,抗风险能力不强,对反海外腐败法律制度普遍缺乏了解,尤其是"长臂管辖"、处罚与管制、执法流程、规则和惯例。究其原因,一方面,多数中小企业尚未因反海外腐败合规问题受到处罚,管理层对海外合规问题重视程度不够。另一方面,合规需要投入一定的资金成本和人力资源,而中小企业相较大型国企、央企,资源极为有限。对民营企业和中小企业而言,其合规管理整体起步较晚,水平更是参差不齐,且没有专门的法律法规规章等进行规制,小型民营企业合规意识整体薄弱,制度设计不科学,执行力度不足。

由于面临的国内外监管更为复杂,不少企业已在合规方面付出了代价。

比较突出的问题是环保问题、不正当竞争问题等。2015 年之后，为了降低合规风险，这些"走出去"的企业也在逐步建立自己的合规制度和合规管理体系，并针对特定国家、地区或领域的合规问题进行专项研究。

为推动"走出去"的企业增强境外经营合规管理意识，提升境外经营合规管理水平，国家发改委、外交部、商务部、中国人民银行、国资委、外汇局、全国工商联七部委在参考国际规则和国家标准（等同采用 ISO19600）的基础上，于 2018 年 12 月 29 日联合印发了《企业境外经营合规管理指引》。强调 4 个重点合规领域，包括对外货物和服务贸易领域、境外投资领域、境外承包工程领域、境外日常经营领域。综合以上规范性文件的内容，可以看到监管机构已经开始推动企业制订大合规计划，要求特定行业的企业针对重点领域建立合规管理体系，打造"专项合规计划"。

该指引为中资企业在境外投资与运营的合规管理提供了有益的指导。但从整体上看，因缺乏具体操作指南，该指引仅适用于企业搭建合规管理体系的基本框架。

对于已在我国内地或香港上市的民营企业而言，由于上市前需要按照监管部门要求进行梳理和整改，公司治理制度设计和落实均比较成熟，国内合规较为完善。例如，有从事制造业的公司对内设立监察部门，与员工签署"廉洁协议"，监督高风险部门（如采购部门）的贪腐问题，对外要求供应商签署"阳光协议"，禁止供应商的行贿行为。但对于在海外业务中处理合规问题，民营企业尚在探索中。在此过程中，无论是发展较为顺利的上市企业还是中小企业均面临一些共同问题：首先，企业如何平衡长期构建合规管理体系与短期开拓业务之间的冲突；其次，企业在海外成立子公司均需遵守当地法律法规，通常还会面临对当地员工和第三方的管控问题，合规制度的建立本身并不能完全避免所有风险，但却可以将企业责任与员工及第三方责任切割；最后，民营企业合规制度的建立和落实的核心节点在于领导层的重视和决心。

2. 我国刑事法中的合规

企业开始着手进行合规体系建设有两个比较直接和重要的原因。一是国资委自 2014 年开始明确要求中央企业大力加强企业合规管理体系建设；二是

2017年新《反不正当竞争法》公布,要求企业制定完善的合规管理制度,企业合规成为区分商业贿赂企业责任和员工责任的重要举措。其他刑法领域比如在环境犯罪领域、虚开增值税发票领域也都有合规的适用案例。

(1)广西陆川县23家矿山企业非法采矿案。[①]2019年至2020年期间,Y公司等23家涉案矿山企业在各自矿区内超深度或超范围越界开采建筑用花岗岩、高岭土等原矿,涉案价值人民币21.69万元至1447.68万元不等。2021年5月,陆川县公安局对该23家矿山企业以涉嫌非法采矿罪立案侦查,陆川县检察院派员提前介入引导侦查。2021年8月开始,陆川县公安局陆续将该系列案件移送陆川县检察院审查起诉。案发后,涉案矿山企业陆续主动退缴违法所得、缴纳罚金,相关责任人也主动投案、认罪认罚、主动提出合规意愿。2021年10月,陆川县检察院对Y公司等第一批6家涉案矿山企业启动合规工作,经第三方组织对6家涉案矿山企业合规整改情况进行评估合格后,依法对Y公司等2家矿山企业及其责任人、L石场等4家矿山企业责任人作出不起诉决定。

(2)张家港市L公司、张某甲等人污染环境案。[②]2018年下半年,L公司在未取得生态环境部门环境评价的情况下建设酸洗池,并于2019年2月私设暗管,将含有镍、铬等重金属的酸洗废水排放至生活污水管,造成严重环境污染。苏州市张家港生态环境局现场检测,L公司排放井内积存水样中总镍浓度为29.4 mg/L、总铬浓度为29.2 mg/L,分别超过《污水综合排放标准》的29.4倍和19.5倍。2020年6月,张某甲、张某乙、陆某某主动向张家港市公安局投案,如实供述犯罪事实,自愿认罪认罚。

2020年8月,张家港市公安局以L公司及张某甲等人涉嫌污染环境罪向张家港市检察院移送审查起诉。张家港市检察院进行办案影响评估并听取L公司合规意愿后,指导该公司开展合规建设。

(3)上海市A公司、B公司、关某某虚开增值税专用发票案。2016年至

---

① 参见最高人民检察院"涉案企业合规典型案例(第三批)",https://www.spp.gov.cn/wsfbt/202208/t20220810_570413.shtml#2,2022年11月22日访问。

② 参见最高人民检察院:"最高检发布企业合规改革试点典型案例",https://www.spp.gov.cn/spp/xwfbh/wsfbh/202106/t20210603_520232.shtml,2022年11月22日访问。

2018 年间,关某某在经营 A 公司、B 公司业务期间,在无真实货物交易的情况下,通过他人介绍,采用支付开票费的方式,让他人为两家公司虚开增值税专用发票共 219 份,价税合计 2887 余万元,其中税款 419 余万元已申报抵扣。2019 年 10 月,关某某到案后如实供述上述犯罪事实并补缴涉案税款。

2020 年 6 月,公安机关以 A 公司、B 公司、关某某涉嫌虚开增值税专用发票罪移送检察机关审查起诉。上海市宝山区检察院受理案件后,走访涉案企业及有关方面了解情况,督促企业作出合规承诺并开展合规建设。

对于表现为刑事犯罪的企业不合规行为,直接在北大法宝和威科先行平台上搜索难以查找到符合样态的案例,因此本次检索的结果都是来自最高人民检察院发布的"企业合规指导案例"中的案例。触犯刑法的企业不合规行为主要表现为以下几类:知识产权犯罪;经济类犯罪;个人信息犯罪;环境犯罪。其中个人信息犯罪和知识产权犯罪在实践中较为多见,原因可能是部分经营者对于这两个方面的法律规范知之甚少,且个人信息保护与知识产权方面的立法在近年来也有着较为明显的变化。

3. 我国金融立法领域中的合规

将金融保险单独列出,是因为该行业需要满足特殊的监管部门要求。比如中国银行保险监督管理委员会(以下简称银保监会)和国资委分别针对金融保险领域和国有企业制定和发布了具有指导意义的合规管理指引。

金融和保险行业的合规指引主要遵循 2006 年原中国银行业监督管理委员会发布的《商业银行合规风险管理指引》和 2007 年原中国保险监督管理委员会发布的《保险公司合规管理办法》。基本目标是引入合规制度,使金融和保险行业的经营活动与法律、规则和准则相一致。以银行业为例,早在 2002 年,中国银行就已经参考其香港分行的合规管理制度,改革其"法律事务部"为"法律合规部",设立首席合规官员;并按照巴塞尔咨询文件的相关内容,结合自身实际,起草完成了《中国银行合规政策》,明确了与新公司治理结构相配套的法律合规风险控制框架。为加强商业银行合规风险管理,维护商业银行安全稳健运行,原中国银行业监督管理委员会于 2006 年发布了《商业银行合规风险管理指引》,这是我国首个专门针对合规管理发布的文件。该指引明确提出,合规风险是指商业银行因没有遵循适用于银行业经营活动的法律、行政法规、部门规章及其他规范性文件、经营规则、自律性组织的行业准则、行为守则和职业操守可能遭受法律制裁、监管处罚、重大财务损失和声誉损失的风险。

该指引指出合规管理是商业银行一项核心的风险管理活动,合规是商业银行所有员工的共同责任,并应从商业银行高层做起。同时,要求商业银行加强合规文化建设,建立与其经营范围、组织结构和业务规模相适应的合规风险管理体系,并建立《合规绩效考核制度》《合规问责制度》和《诚信举报制度》三项基本制度。指引规定了商业银行董事会、监事会、高级管理层的合规管理职责,要求合规管理部门在合规负责人的管理下,协助高级管理层有效识别和管理商业银行所面临的合规风险,并规定了合规管理部门的基本职责。要求商业银行的合规管理职能应与其内部审计职能分离,合规管理职能的履行情况应受到内部审计部门定期的独立评价,并要求内部审计部门负责商业银行各项经营活动的合规性审计。与此同时还规定了商业银行合规政策、合规管理程序和合规指南等内部制度的报备要求,《合规风险管理计划》和《合规风险评估报告》的报送要求,以及重大违规事件的报告要求,还明确了监管部门对商业银行合规风险管理进行非现场监管和现场检查的重点。

监管机构将合规管理视作核心风险管理活动,要求建立与经营范围、组织结构和业务规模相适应的合规风险管理体系。一个完整的合规风险管理体系至少需要包括以下 5 项基本要素:(1)合规政策;(2)合规管理部门的组织结构和资源;(3)合规风险管理计划;(4)合规风险识别和管理流程;(5)合规培训与教育制度。

舒金春认为,随着近年来经济的快速发展,传统监管模式难以适应需求,合规监管提供了新的监管方案。企业借助互联网,经营范围空前增大,掌握大量数据,利用算法的隐蔽性和不可识别性躲避监管,合规监管应运而生。企业不像过去那样被动遵守规则,在违法后接受处罚,而是主动与监管部门合作,故合规监管是一种从事前到事后的全流程监管。①

---

① 舒金春:《论合规监管的路径选择与制度建构》,载《浙大法律评论》2022 年第 8 期。

2005 年 4 月，巴塞尔银行监管委员会（Basel Committee on Banking Supervision，BCBS）发布文件《合规与银行内部合规部门》（Compliance and the Compliance Function in Banks），对银行的合规风险、合规原则、合规职责和标准等基本内容作出界定。该文件认为合规不仅仅是专业人士的义务，而且是银行文化的重要组成部分，强调银行高级管理人员的合规责任。

根据该文件，"合规风险"是指银行由于未能遵守政策法规、监管要求、行业自律组织的相关规定等要求，而遭遇司法制裁或行政处罚等法律风险，或者承担严重财政损失以及信誉降低等经营风险。

关于银行董事会和高级管理人员在合规领域的职责，该文件主张二者分别承担监督职责和管理职责，并列举了具体行为规范。董事会应当审议和批准银行的合规基本制度，这意味着需要有常设的、有效的合规部门的规章性文件。董事会或其下设委员会必须对银行有效管控合规风险的运营每年至少开展一次评价。对于高级管理人员而言，具体工作为：（1）建立并传达合规制度，保证该合规制度得到执行，同时向董事会报告银行合规风险管理；（2）提出书面的合规措施，该合规措施包括管理者和雇员必须遵循的主要准则，同时还要说明用以辨识和控制合规风险的程序流程；（3）保证规范措施得到执行，在出现违法情况后采取合理的补救办法或者处罚手段；（4）建立常设而高效的银行内部合规风险部门。并在合规部门的帮助下，高级管理人员每年至少进行一次识别并评估银行中可能存在的合规风险状况及控制这些合规风险的方案，并将银行的合规风险管理情况向董事会或其下设的委员会报告，定时向董事会或其下设的委员会报告严重违法情形。

4. 我国资本市场中的合规

在上市公司方面，中国证监会、上交所和深交所等也陆续颁布了一些公司层面的合规指引及专项业务方面的合规指引，指导相关企业合法经营、合规操作某项具体业务，由于证券交易所对合规和信息披露的重视，许多上市公司也在上市过程中和上市之初便开始了合规管理体系的建设工作。对于一些大规模上市企业，行政主管部门也开始试点、推广督促企业开展自主合规。资本市场中不合规现象主要表现为虚假陈述、公司信息披露不真实、内幕交易、操纵市场等。目前我国学者针对资本市场不合规现象的研究大部分集中在虚假陈述案件,包括虚假陈述案件中证券服务机构责任、董事责任、独立董事责任的认定标准和具体责任承担问题。郭雳和吴韵凯(2022)①研究了虚假陈述案件中证券服务机构的责任承担问题,在证券市场虚假陈述案件中,不同法院对证券服务机构的民事责任主要存在三类处理办法:全部连带责任、补充赔偿责任和比例连带责任。处理方式不统一很容易导致同案不同判的现象发生,对司法实践有害无益。

赵旭东(2022)②结合《最高人民法院关于审理证券市场虚假陈述侵权民事赔偿案件的若干规定》(以下简称《规定》)中的最新相关规定,反思了虚假陈述案件中董事责任的过错认定问题。认为董事对披露信息的真实准确完整性做出的保证或声明的性质不过是法定信息披露制度为董事强加的程序性义务,董事碍于身份和所负义务不得不做出此类信息披露的担保,董事审阅、同意和确认行为并不能当然推定董事对虚假信息知情。

过错推定责任背景下,被诉董事的反证抗辩的重点大多集中于对过失的抗辩,而判断是否存在过失的基本标准在于判断其是否履行了注意义务,被诉董事需要提供其不存在过失的证据同样困难重重,这也解释了实践中董事责任几乎已经演变成"无过错责任"。为解决实践中的认定标准难题,作者提出将注意义务的判断进一步拆分成董事是否达到了适任标准和是否尽到了应有注意,适任标准主要是在一般管理者标准上结合管理者专业背景的个体差异和信息披露文件所涉专业内容情况再提出更高要求。作者详细解读了《规定》在董事过错审查方面给予的具有操作性的裁判规范。

就证券市场中介机构和董监高勤勉尽责标准的设定问题,邢会强(2021)③主张以平衡融资效率和投资者保护为原则,对我国合理勤勉抗辩的相关规定参考域外经验进行改善和调整。合理勤勉义务实际上来自法律的强制性规

---

① 郭雳、吴韵凯:《虚假陈述案件中证券服务机构民事责任承担再审视》,载《法律适用》2022 年第8 期。

② 赵旭东:《论虚假陈述董事责任的过错认定——兼〈虚假陈述侵权赔偿若干规定〉评析》,载《国家检察官学院学报》2022 年第 2 期。

③ 邢会强:《证券市场虚假陈述中的勤勉尽责标准与抗辩》,载《清华法学》2021 年第 5 期。

定,中介机构因接受投资者合理信赖而负有职业上的勤勉和尽责注意义务,这种勤勉尽责义务在我国的《证券法》新增第 160 条上有相应体现。在厘清合理勤勉抗辩的正当性基础后,作者首先讨论了"合理人"标准问题,虚假陈述作为一类特殊侵权,其中的过失判断是核心问题,为获得客观可操作的行为评价标准,需要虚构一个"标准人",即"合理人"标准。曹兴权等(2021)[①]研究了虚假陈述案件中监事的民事责任,《证券法》第 85 条一刀切地要求董监高承担过错推定的连带责任,然而监事的能力地位与其所应担负职责之间存在巨大落差,很容易导致权责不一现象,对此作者建议区分内部人责任,实现精准问责。

就近年来证券市场上发生的司法判例来看,法院针对公司内部人员的责任存在三种判决方式,连带责任、补充赔偿责任或者在一定的比例(金额)内承担连带责任。在责任区分情形中,也有法院根据董事、独立董事、监事等民事主体的职责不同,对公司事务参与情况不同,对公司虚假陈述知情程度不同,认定不同主体主观过错程度不同。法院在释法过程中认为《证券法》第 85 条规定的连带责任应以共同侵权为其法理基础,需要行为人具有意思联络和共同故意,而独立董事在职能定位、履职方式、信息获取等方面存在先天不足,过错仅体现在未勤勉尽责地履行核实义务,与公司不存在共同侵权意思联络,因此法官本着公平原则,在综合考量各种因素基础上酌定独立董事分别在 5% 范围内承担补充赔偿责任。

值得注意的是,在众和股份案[②]中,法官还考虑了独立董事在知悉公司虚假陈述后的反应以及在较长时间未领取薪酬仍继续履职的表现,考虑因素全面,对以后的司法实践具有借鉴价值。与前述情况类似,康美药业案中,法院也根据公司内部人员的职责和分工不同,最终根据《证券法》(2014 年修正)第 69 条判令各类主体承担与其过错程度相适应的责任,其中直接责任董事承担

[①] 曹兴权、洪喜琪:《证券虚假陈述中监事民事责任研究——兼论〈证券法〉第 85 条的适用》,载《北方法学》2021 年第 5 期。

[②] 福建省福州市中级人民法院(2019)闽 01 民初 1972 号民事判决书;福建省福州市中级人民法院(2019)闽 01 民初 1973 号民事判决书;福建省福州市中级人民法院(2020)闽 01 民初 1751 号民事判决书。

连带责任,分管部分业务的董事、监事和高管在 20% 范围内承担连带赔偿责任,独立董事则进一步根据其职责和过失大小分别判令在 10% 或 5% 范围内承担连带赔偿责任。①

梁爽、吴术豪等则从合规角度针对上市公司问询监管提出了预警机制的设计方案。②其认为,在我国监管资源紧张的背景下,将自律监管与政府监管进行有机结合,建立功能完善的市场监管体系的需要十分迫切。③交易所的问询监管作为一种非处罚性监管方式,是交易所以发送问询函的方式对上市公司信息披露中存在的疑点做出问询。从域外经验看,美国的意见函制度(Comment Letters)起源于 2002 年颁布的《SOX 法案》,当证券交易委员会发现公司文件存在重大缺陷或需要进一步澄清时,就会发出意见函,公司必须在规定时间内回复。我国的问询监管制度存在已久,④自 2014 年 12 月起,交易所开始公开其向上市公司发送的问询函件以及上市公司的回函内容,这表示对上市公司问询函的全面公开化。

(1)广东雪莱特光电科技股份有限公司违规担保案。⑤广东雪莱特光电科技股份有限公司(以下简称雪莱特公司)于 2019 年 5 月 31 日收到关于 2018 年年报的问询函。其中对违规担保问题提出了问询。⑥雪莱特公司尽管存在延迟回函的行为,但其及时进行自查。雪莱特公司于同年 7 月 25 日披露《关于子公司违规担保解除的公告》,其中声明通过《和解协议书》《民事调解书》已解除违规担保。深圳证券交易所发出监管函,认为雪莱特公司存在违规担保行为,对责任人员和公司提出了整改要求。⑦该案中,雪莱特公司和相关人员确实

---

① 广东省广州市中级人民法院(2020)粤 01 民初 2171 号民事判决书。
② 参见吴术豪、梁爽:《上市公司问询监管的预警机制设计》,载《证券法苑》2021 年总第 35 卷。
③ 参见黄爱学:《论证券市场自律监管的地位》,载《学术交流》2012 年第 12 期。
④ 1998 年深交所和上交所发布的《深圳证券交易所股票上市规则》和《上海证券交易所股票上市规则》、证监会发布的《上市公司信息披露管理办法》(2007 年版)、深交所的《深圳证券交易所上市公司信息披露工作考核办法》以及上交所的《上海证券交易所上市公司信息披露工作评价办法》均对问询监管制度的完善提供了基础。
⑤ 广东雪莱特光电科技股份有限公司于 A 股市场代码为 002076。
⑥ 深圳证券交易所中小板年报问询函【2019】第 277 号。
⑦ 深圳证券交易所中小板监管函【2019】第 163、164 号。

存在违规担保行为,雪莱特公司倒查违规事件并积极处理,尽管最终收到了整改意见,但保护了公司财产和股东利益,并降低了处理的严苛程度。

(2) 荣科科技股份有限公司推迟披露案。①荣科科技股份有限公司(以下简称荣科公司)于 2019 年 5 月 10 日收到关于 2018 年年报的问询函,荣科公司按时回复。问询函中指出政府补助的项目内容、金额、到账时间等事项并未披露,存在未履行信息披露义务的可能。荣科公司回函称:每笔补助未达到披露标准。深圳证券交易所于 2019 年 7 月 29 日发布相关监管函,认为荣科公司应计补助为 1239.98 万元,以及在 2018 年 3 月 21 日至 6 月 30 日间,应计补助已达 564.9 万元,属于应当披露的情形,违反了相关规定。②在该案中,合规负责人对规则的形式标准把握并不到位,认为政府补助是否应当披露的标准是以"每笔"为单位。

(3) 哈药集团人民同泰医药股份有限公司案。③哈药集团人民同泰医药股份有限公司(以下简称人民同泰)于 2018 年 2 月 14 日收到关于其终止重大资产重组相关事项的问询函,人民同泰按时回复。其中问询函对相关人员是否勤勉尽责等事项提出了说明要求。④人民同泰回函称:相关工作人员在本次重组的决策过程中履职是勤勉尽责的。独立财务顾问经核查后做出同样结论。但是上交所发布了相关《纪律处分决定》以及《公监函》,其认为:公司未能审慎决策,公司作为交易主体的资质存在重大不确定性,并可能对重组后续工作产生重大影响,公司办理重组停牌事项不审慎。并且资金不足属于长期存在的客观事实,公司应当对该事项进行风险提示。⑤最终对人民同泰通报批评并对相关责任人员给予处理。在该案中,公司相关人员并未以客观的态度看待自身的经营行为,自我判断和财务顾问的核查并不影响对其行为"不审慎"的认定,公司相关人员需要增强风险意识,以更客观的视角来履行审慎义务,合规责任人也需精准把握规则的实质认定标准。

---

① 荣科科技股份有限公司于 A 股市场代码为 300290。
② 深圳证券交易所创业板监管函【2019】第 102 号。
③ 哈药集团人民同泰医药股份有限公司于 A 股市场代码为 600829。
④ 上海证券交易所上证公函【2018】0184 号。
⑤ 上海证券交易所纪律处分决定书【2018】86 号、上证公监函【2018】0113 号。

因此,问询函能够成为有效的预警指标:一方面,问询函反馈了公司的可能违规事实,上市公司对于问询函的有效应对能够减免公司的合规风险以及处理可能;另一方面,问询函通过对上市公司信息披露、真实盈余管理、审计质量、公司治理等方面产生影响,有效应对问询能促进相关指标的质量改善。首先通过实证数据的检验,发现问询函的监督效应是明显的,[①]这也从侧面证实了交易所非处罚性监管的效力。与此同时,我们结合了三个实例进一步佐证了问询函能够充分对上市公司的违规处理产生预警的功能。

根据现有的公司治理体系,为解决问询监管所带来的合规预警,需要设立合规责任人来打破现存的职能困境,但是直接设立合规部门这一措施过于激进,目前通过设置合规委员会或者由法务部门暂领相关职能更加合适。公司合规负责人需按照以下机制安排合理应对问询函预警:第一,在事前识别合规风险,从根源上整治违规行为,采取合理行动调查并识别上市公司违规类型和违规事由,把握规范的形式标准和实质标准,并在信息披露时保证信息披露的合规;第二,在被提出问询后,通常回函的时间要求非常短,考虑到问询函可能产生的负面影响,合规官应及时自查。若存在违规行为,及时披露回函,并对违规行为进行纠正、处理;第三,做好合规事件后的纠察工作,对相关负责人员采取适当的惩戒措施,修整内部相关规则。并且合规官需要做好相关的合规教育工作,形成合规文化。

陈景善等(2022)[②]认为在所有权与经营权一致的公司,无须提高监督成本去强化董事会监督权。但在所有权、经营权相分离,尤其是监事会功能发挥较弱的公司,有必要强化董事监督权,但对于董事会的监督,需要区分是权力配置型监督还是自我监督,避免监督功能的重复。

作者建议在立法上对公开与非公开公司以及大型公司的标准进行明确。对于利害关系人众多、业务内容较为复杂的公司,可以根据公司自身的实际情

---

① 如果相关解释变量并不显著、系数为负、系数接近甚至与 0 相等时,问询函的监督效应并不明显,因为在这些情况下,它并不能说明违规事实的存在。

② 陈景善:《董事合规义务体系——以董事会监督机制为路径依赖》,载《中国法律评论》2022 年第 3 期。

况,如规模、治理模式等,自主选择是否构建合规机制。新《公司法》第 177 条并未明确合规主体,合规的主体应该是董事会,因为比起没有经营决策权的监事会,更适合通过董事会来构建公司的合规机制。并且合规机制的自我监督功能与监事会的监督并不矛盾,在公司治理中可以很好地结合起来。

通过内控机制可以监督董事、高管的行为是否合规。此外,陈景善还指出须建立配套的追责机制,确保能对集团公司进行有效追责,使合规机制有效运行。为解决该问题,新《公司法》设立了双重代表诉讼制度。因此,需要将合规体系和内控体系结合起来,把合规纳入董事的勤勉义务中,即董事未履行合规义务,不能保证公司的业务和性质合规,则违反了勤勉义务,并提出选择审计委员会治理模式的公司,尤其是上市公司,合规机制应当是强制性规定,其他公司可自主选择设置。

关于董事建立合规机制的法定义务范围,董事应当以合规机制为基础,建立获得信息和报告的内控机制。同时作者还指出,在合规成本过高,且带来的收益不高的时候,是否建立合规、建立怎样的合规,以及何时建立,经营者可以在强行性法律规定框架下自行抉择。作者建议将董事的合规义务法定化。原因在于,新《公司法》进一步明确了董事会的监督义务,董事会已经具备合规机制的制度基础,有必要将该条文进一步充实,而不是仅基于信义义务来推导合规义务。

新《公司法》规定了董事的第三人责任,因此,合规机制不仅要管理公司自身的风险,也要保护社会利益。可以参考日本司法实践,以"懈怠任务"作为董事主观重大过失的认定标准。[1]此外,对于该条中规定董事要与公司承担连带责任,这对董事过于苛责,应改为损害赔偿责任,这样就已经足够救济第三人的利益。

5. 数据立法领域的合规

毛逸潇(2022)[2]提出数据保护合规体系的基本原则。具体包括:第一,有

---

① 田中亘『会社法』(東京大学出版会,2018 年)351 頁以下。
② 毛逸潇:《数据保护合规体系研究》,载《国家检察官学院学报》2022 年第 2 期。

效数据合规原则,在设计、执行和效果三个环节上强调合规政策的有效性,避免管理流程流于形式;第二,行政合规与刑事合规一体化建设原则,二者的组织和流程具有兼容性,将其合并建设后可实现合规风险的一体化预防;第三,对外合规与对内合规相分离原则,这主要是因为国内外数据保护法律规定的合规政策性和流程性条款存在差异;第四,全流程数据合规原则,数据保护合规体系不仅要涵盖数据的全生命周期,也要贯彻业务的全流程;第五,数据合规技术规则,数据保护合规体系具有显著的技术依赖性,必须重视技术在合规中的作用。对如何搭建数据合规体系的构想,作者首先指出了目前数据保护合规体系搭建的几个主要问题,即合规政策没有针对性、合规流程缺乏体系性、合规组织不具备专业性、合规体系流于形式等。基于此,作者提出了自己的完善构想:(1)在政策方面,不仅要穷尽数据保护法律的禁止性和义务性条款,还要与特定业务场景相结合,实行"风险导向";(2)在管理流程方面,纵向上建立直属于总裁的四级合规架构,深入业务部门,横向上建立由合规风险评估、合规尽职调查、合规培训三大板块构成的综合体系,在时间轴上包含全流程合规监控、合规审计、违规举报、合规报告四项流程;(3)建立内部的专业反应机制,从而快速、有效地面对违规行为发生后的外部监管和调查。

孙跃(2022)[1]认为企业合规建设具有以下功能:(1)降低因侵害个人信息及数据权益引发的民事诉讼风险;(2)防止上述个体诉讼向群体诉讼乃至公益诉讼转化;(3)通过替代性的纠纷解决方案控制诉讼数量,降低争议解决成本;(4)对于难以避免的诉讼风险,数据合规还能起到证据固定的作用,避免企业在诉讼中处于不利地位。作者建议企业应当建立一个独立于法务部的专门的数据合规机构,任命至少一名"数据保护官",赋予其独立履行企业数据合规监管职权的地位。

裴炜(2022)[2]认为,程序法层面的"刑事合规"持工具论立场,既能作为实体法工具起到规避刑罚风险或减免刑罚的效果,也能作为合规工具起到

---

[1]　孙跃:《数字经济时代企业数据合规及其构建》,载《广东社会科学》2022年第8期。

[2]　裴炜:《刑事数字合规困境:类型化及成因探析》,载《东方法学》2022年第2期。

协助、监督企业落实合规计划的效果。但我国当前的相关研究集中于刑事实体法作为合规对象,缺乏对刑事程序法作为合规对象这一视角的研究。刑事程序法语境下"刑事合规"面临的挑战在于规则缺位导致企业面临合规义务冲突。

商浩文、叶威(2020)①指出洗钱的风险来源包括内部风险和外部风险。内部风险主要来源于内部制度,即反洗钱内控制度的缺失和不完善,例如对公司董监高的行为监督缺位。国际上反洗钱的主要制度包括大额和可疑交易报告制度、客户尽职调查制度、资料保存制度。

王诚、魏雅雪(2022)②认为企业合规治理相较于反垄断执法具有以下优势:(1)企业合规治理体系能够在严惩企业违法行为与避免重大经济损失之间找到一个平衡点;(2)可以大大简化调查程序,缩短案件处理周期,从而提高监管效率;(3)合规治理在企业做出相应的合规承诺后即告终止,能够极大节省执法资源;(4)企业合规机制能够激励企业主动与监管者进行合作,共同推进市场建设。同时提出建议:构建多元的外部监督审查方式,在行政和解协议中确立企业合规治理的考验期,从第三方中选任合规监督官。

6. 环境立法领域的合规

李传轩(2022)③提出对于企业而言,刑事制裁的严厉后果很可能会对企业的生存与发展造成严重打击,这种巨大的潜在风险倒逼企业建立相应的环境合规机制。对于国家与社会而言,罚不如防,环境刑事合规相较于刑事处罚效果更好,还能节约大量司法资源。企业是环境刑事合规的核心,必须在其内部建立环境刑事合规制度,该制度应当涵盖以下内容:(1)基本规则;(2)合规组织;(3)合规支持与监督。

闫雨(2022)④认为,生态合规是激励机制下企业对环境违法犯罪的积极一

① 商浩文、叶威:《论中国企业反洗钱刑事合规风险及其防控》,载《河南社会科学》2020 年第 5 期。

② 王诚、魏雅雪:《企业合规治理:平台经济反垄断行政执法新视角》,载《东岳论丛》2022 年第 4 期。

③ 李传轩:《绿色治理视角下企业环境刑事合规制度的构建》,载《法学》2022 年第 3 期。

④ 闫雨:《生态合规与企业环境违法犯罪预防》,载《广东社会科学》2022 年第 5 期。

般预防,注重从源头上消除企业环境违法犯罪的诱因。由于企业污染环境的行为大多源于员工的业务活动,能够真正认定为单位意志的情况极少,这就决定了环境犯罪方面企业因内部员工而承担行政或刑事责任的风险远高于企业自身实施的行为。生态合规为企业免责提供了一个重要的抗辩依据,企业可以根据生态合规中规定的员工行为范围、生态合规的常规培训记录等证明企业不存在故意追求和放任的心态,并对可能的环境违法犯罪行为进行有效的预防,从而实现企业与员工责任的切割。

我国在环境法律制度方面,对董事、监事和高级管理人员的责任追究往往是通过行政或刑事途径解决的,缺乏英美法国家由政府直接主张民事赔偿的法律机制。从未来的发展趋势看,借鉴发达国家的先进经验,推广深化公司合规体系与合规责任,在一定条件下追究法人背后的董事、高管的合规责任,能够更好地实现公平正义,对我国环境法在内的整个法律领域都具有重要的借鉴意义。

7. 行政立法领域的合规

2021 年,市场监管总局依法对阿里巴巴集团控股有限公司在中国境内网络零售平台服务市场实施"二选一"垄断行为作出行政处罚。[①]调查表明,阿里巴巴集团实施"二选一"行为事实上排除、限制了中国境内网络零售平台服务市场的竞争,妨碍了商品服务和资源要素自由流通,影响了平台经济创新发展,侵害了平台内商家的合法权益,损害了消费者利益,构成《反垄断法》第 17 条第 1 款第 4 项禁止"没有正当理由,限定交易相对人只能与其进行交易"的滥用市场支配地位行为。市场监管总局最终根据《反垄断法》第 47 条、第 49 条规定,责令其停止违法行为,并处以 2019 年中国境内销售额 4557.12 亿元的 4%的罚款,计 182.28 亿元。同时,按照《行政处罚法》坚持处罚与教育相结合的原则,向阿里巴巴集团发出《行政指导书》,要求其围绕严格落实平台企业主体责任、加强内控合规管理、维护公平竞争、保护平台内商家和消费者合法权益等方面进行全面整改,并连续三年向市场监管总局提交自查合规报告。

---

① 参见国家市场监督管理总局行政处罚决定书,https://www.samr.gov.cn/xw/zj/202104/t20210410_327702.html,2022 年 11 月 22 日访问。

同年 4 月,市场监管总局对美团在中国境内网络餐饮外卖平台服务市场滥用市场支配地位行为立案调查。[①]经查,2018 年以来,美团滥用在中国境内网络餐饮外卖平台服务市场的支配地位,以实施差别费率、拖延商家上线等方式,促使平台内商家与其签订独家合作协议,并通过收取独家合作保证金和数据、算法等技术手段,采取多种惩罚性措施,保障"二选一"行为实施,排除、限制了相关市场竞争,妨碍了市场资源要素自由流动,削弱平台创新动力和发展活力,损害平台内商家和消费者的合法权益,构成《反垄断法》第 17 条第 1 款第 4 项所禁止的"没有正当理由,限定交易相对人只能与其进行交易"的滥用市场支配地位行为。最终,根据《反垄断法》第 47 条、第 49 条规定,责令美团停止违法行为,全额退还独家合作保证金 12.89 亿元,并处以其 2020 年中国境内销售额 1147.48 亿元 3%的罚款,计 34.42 亿元。同时,向美团发出《行政指导书》,要求其围绕完善平台佣金收费机制和算法规则、维护平台内中小餐饮商家合法利益、加强外卖骑手合法权益保护等进行全面整改,并连续三年向市场监管总局提交自查合规报告,确保整改到位,实现规范创新健康持续发展。

崔瑜(2021)[②]指出,由于合规建设需要持续且高昂的费用投入,企业追逐利润最大化的固有本质使得其很有可能放松合规管理或使其流于形式。这种天然的缺陷要求政府作为外部力量对企业的自我合规行为进行再监管,鼓励或倒逼企业形成有效的自我规制机制,这也与我国"放管服"改革理念一致。作者对企业合规管理政府监控进行了检视,总结出政府监管实践存在的一些深层次问题:第一,过度依赖行政主导,导致企业内生合规动力不足,企业的自主性和能动性受到抑制;第二,制度供给不足,我国目前涉及企业合规管理的规范散见于部门规章及规范性文件,缺乏专门法律法规的规定,可能导致监管权泛化;第三,我国政府监管的一个明显趋势是处罚愈加严厉,尤其是罚款数额越来越高,虽然违法成本超过合规管理成本能让企业倾向于合规治理,但这

---

① 参见新华网:《市场监管总局依法对美团在中国境内网络餐饮外卖平台服务市场实施"二选一"垄断行为作出行政处罚》,http://www.news.cn/2021-10/08/c_1127937541.htm,2022 年 11 月 22 日访问。

② 崔瑜:《论企业合规管理的政府监管》,载《行政法学研究》2021 年第 4 期。

种巨大的责任对于大多数企业来说都是不可承受的打击;第四,尚未摆脱传统制裁理念的束缚,我国的政府监管缺乏系统观念,仅着眼于制裁违规行为,缺乏与合规监管的衔接。

陈瑞华(2021)①指出,我国行政监管部门发布的合规指引可以分为两个类型:综合性合规指引与专门性合规管理指引。我国目前已经发布了两个综合性管理指引,即《中央企业合规管理指引(试行)》与《企业境外经营合规管理指引》。我国现有的专门性合规指引既包括对银行业、证券业、保险业等特定金融行业的合规监管,也包括对反垄断和出口管制两个专门领域的合规指引。上述两类合规指引在行政部门督促和指引企业实施合规管理体系方面都发挥着积极的作用。但仍存在一定问题:综合性合规指引过于笼统抽象,在企业建立专项合规体系方面难以起到具体的指导作用。而专项合规的发布范围目前仅限于金融、反垄断、出口管制等少数领域,对于那些对国计民生有更广泛影响的监管领域,缺少针对性的指引。此外,对于已经发布的合规指引,监管部门没有建立配套的合规认证制度,使得企业各行其是,激励机制的作用受到限制。行政指导制度在督促企业建立合规管理体系方面具有较大的灵活性和可操作性,能够对企业建立专项合规计划起到有效的指导作用。但行政指导制度的约束力同样存在流于形式和处罚机制不明的问题。

与刑事法主动对违法企业的事后惩罚不同,行政立法领域越来越注重防控违法风险,在合规领域也相应形成了"预防性监管方式"。这种方式以特定的合规风险为导向,以设立合规管理义务为方式,可以将行政机关的外部监管压力转换为企业自我监管的动力。同时,企业通过合规管控还能与员工、子公司、第三方实现责任切割,有效管控风险。但是目前真正确立这种监管方式的行政立法还不多,只有网络安全、数据安全和个人信息保护等几个前沿领域,对那些更多涉及国计民生的领域,如税收、出口、知识产权、反垄断等仍然以传统的"惩罚性监管方式"为主。

作者指出企业合规作为无责任抗辩事由首先在 2017 年修订的《反不正当

① 陈瑞华:《论企业合规在行政监管中的地位》,载《上海政法学院学报(法治论丛)》2021 年第 6 期。

竞争法》中被引入,而合规从宽处罚机制则是在 2017 年发布的《证券公司和证券投资基金管理公司合规管理办法》中被第一次采用。上述两种规定都具有合规激励的意义,但总体而言我国立法中关于企业合规的宽大处理制度仍然较为稀缺。而且我国行政法只是在很少领域内确立了合规免责与合规从宽的实体激励机制,且该机制在实践中也缺乏成熟的案例,行政部门在接受这种制度方面显得过于保守。此外,我国并没有引入在欧美国家普遍施行的程序激励制度。

对于法人承担法律责任后其内部的责任分配问题,目前尚未有文献进行研究。结合案例检索的结果,目前因公司不合规而受处罚的案例中,公司与自然人(一般是法定代表人)往往一同受罚,无法得知法人承担责任后具体是如何在内部进行分配的。

我国新《公司法》第 177 条规定:"国家出资公司应当依法建立健全内部监督管理和风险控制制度,加强内部合规管理。"首次以立法的方式要求国有企业进行合规管理,意味着合规管理执行力度更强,使用范围更加广泛。

第二章　合规制度对公司治理的影响

一、公司治理理念之嬗变

(一) 股东、公司与利益相关者

1932 年,《哈佛法律评论》(Harvard Law Review)刊登了两位杰出的公司法学者关于公众公司正当目的的辩论。

1. 股东至上理论

阿道夫·伯利(Adolph A. Berle)主张公司的存在只是为了让股东赚钱。该观点后来被归结为"shareholder primacy",我国学者将其译为"股东至上",将其内涵界定为:第一,公司法的目的是谋求股东利益最大化;第二,股东与非股东发生利益冲突时,应当首先考虑股东利益;第三,对非股东利益相关者权益的保护,不应当体现在公司法之内,而应当依靠劳工法、契约法等外部法律加以保护。[1]"股东至上"是美国公司法的基本原则。

从历史脉络来看,公司目的的理念最初与"公共利益"紧密相连。当时多数为供水、收费公路、运河等提供公共服务的企业,仅有少数为制造业、农业或商业公司。因此,当时认为公司只有为公益而经营,其存在才具有正当目的。直到 1919 年的道奇案(Dodge v. Ford Motor Company)颠覆上述见解,法院认为公司经营的首要考量为股东利益,即"股东利益优先原则"。[2]自该案之后,股

---

① 赵玲:《股东至上主义再思考》,载《法学杂志》2009 年第 8 期。
② 204 Mich. 459, 170 N.W. 668(Mich. 1919).

东利益优先原则成为公司目的的主流见解。

2. 利益相关者理论

哈佛大学法学院教授梅里克·多德强烈反对股东至上主义论,认为公众公司兼具盈利功能和社会服务功能,"除股东利益外,企业财产的运行深受公共利益影响"。①对于利益相关者的范围,有人主张是消费者、股东、雇员、政府和社区五大利益集团,②另有观点认为劳动者和债权人才是最重要的利益相关者。在现代社会,利益相关者问题备受重视,除了公司结构变动因素外,公司外部各种力量的日益增强也是其中的重要原因,主要包括:第一,社会正义;第二,自我约束,包括公司章程和实践的各项宗旨;第三,国家干预,如对能源、银行、基础建设等垄断性行业的特别约束;第四,道德及宗教约束;第五,相对人约束和各种习惯法。

初步的研究结论是,现代社会及古代社会都没有单一的价值,利益多元化自古有之。公司在实现股东利益的同时,要兼顾其他利益的存在;兼顾其他利益则是为了实现股东长期利益的最大化。早期公司采用所有者管理模式,投资者在成立公司后,不仅成为公司股东,也往往兼任公司董事或经理,公司治理是公司内部决策权的分配;20世纪后,随着资本市场发展,公司开始面向公众投资者融入资本,股东不直接参与公司事务,内部结构转向董事会或经理主导模式,此时涉及董事或经理如何享有并行使经营权、股东如何控制和监督公司等问题,公司治理实际上是公司内部治理;在现代社会,公司成为社会财富的主要创造者和拥有者,企业所有和经营相分离的命题初步奠定现代公司治理的分析框架。③

利益相关者理论在我国影响甚大。管理学研究者提出"共同治理"主张,④以"公司社会"为现实基础,以"利益相关者合作"为治理逻辑,相较于基于资本社会"股权至上"逻辑形成的传统"资本雇用劳动"或"股东主权"式单边治理,

---

① 卢代富:《企业社会责任的经济学与法学分析》,法律出版社2002年版,第47页。
② [美]乔治·斯蒂纳等:《企业、政府与社会》,张志强译,华夏出版社2002年版,第137页。
③ [美]阿道夫·A.伯利、加德纳·C.米恩斯:《现代公司与私有财产》,甘华鸣等译,商务印书馆2007年版,第56页。
④ 李云峰:《公司的共同治理及理论分析》,载《天津师范大学学报(社会科学版)》2003年第3期。

共同治理是双边或多边合作治理理念。

3. 对两种理论的评析

极端的股东至上主义和利益相关者理论，既需要契合商业实践的需求，又必须在理论上自圆其说。发展至今的关于公司治理的讨论，要么是在两种极端观点之间的选择，要么是对于两种极端观点的修正。

首先，两种理论的自身局限性。股东的"至上"（primacy）一词诱发学术分歧，并非鼓励董事只对股东负责、无须关注其他人利益的结论。而利益相关者理论却持另一个立场，它更多考虑公司生存环境，不以股东利益作为唯一考量因素。

其次，抽象理论与现实的冲突。理性的股东当然知道，如果无法与他人建立良好关系，不仅无法实现自身利益，还可能牺牲既得利益，因此不能将股东至上极致化。利益相关者理论容易使经营者在决策时有限度地偏离股东利益，而股东掌握经营者的选举和罢免，可能导致经营者决策障碍，或者扩大经营者自由裁量权，必然增大代理成本，甚至损害股东利益。

最后，表述的不周延性。不仅股东之间存在差异，利益相关者之间也存在差异。公司利益而非股东利益的词语，或许可以弥合或缓和股东至上主义与利益相关者理论的尖锐对立。

我们在股东至上主义和利益相关者理论之间，无法作出非此即彼的选择，股东至上主义使判断董事义务简便易行，利益相关者理论更合乎社会观感，但会诱发经营者决策困境。传统公司法以股东利益最大化为目的，但从未以漠视或牺牲其他利益相关者的权利为代价。一方面，这表达的是经营者不得从中牟利或不得损害股东利益的规则，而不是处理利益相关者之间的关系；另一方面，按照辩证唯物论的观点，"股东利益最大化"并非"股东利益唯一化"。

公司从未以保护股东利益作为自己的单一价值，而是追求多重价值并存。英国历史上的东印度公司在设立之初，就被赋予推行殖民政策的政治职能。①现代公司已成为促进国家经济发展、增进社会福利、稳固国家政治和民主制度

---

① 英国东印度公司在 1609 年续领特许状时，取得了五项特权：掠地铸币、筑城养兵、缔结盟约、宣战媾和及审理刑事民事案件（http://www.not190.com/news/ReadNews.asp?NewsID=1267）。

的重要力量,这些都有助于对利益相关者的保护。股东利益最大化是相对于既存的其他利益而言的,即在多种利益并存的结构中,股东利益更具优先性,包含了对其他利益的容忍,而非否定其他利益的存在。无论法学或是经济学假设,都没有将股东利益唯一化当作公司法的价值目标。区别在于,就某个特殊时点或事项而言,哪个利益受到法律的优先保护,这涉及非常复杂的利益衡量。

公司治理出现在1962年,Richard Eells在《公司政府》第一章中使用公司治理的研究标题。①20世纪七八十年代,大量公司恶意并购事件掀起西方公司治理研究的高潮,为了对抗恶意并购,经理人员采取以牺牲股东利益为特征的反收购措施,因此股东利益保护成为该阶段的研究核心。最近三四十年,公司治理的传统含义加入更多因素和价值,日渐成为相对独立的学术领域。

关于当今公司治理的问题,克拉克曼(Kraakman)和汉斯曼(Hansman)教授列示了公司治理中的三大代理问题,揭示公司治理中的三大利益冲突:第一种利益冲突是公司所有者与其雇用的经营人员的利益冲突,难点在于如何确保经营人员关心所有者的利益,而不是仅追求个人利益;第二种利益冲突是控股股东(拥有绝大多数或控制利益的股东)与少数股东的利益冲突,关键在于少数股东②如何免受控股股东的侵害;第三种利益冲突是公司及股东与缔约伙伴(债权人、雇员和客户)的利益冲突,难点在于确保公司不对缔约伙伴实施机会主义,如压榨债权人、剥削雇员或误导消费者。③

一方面,汉斯曼和克拉克曼注意到,尽管各国股权模式、资本市场以及商业文化不尽相同,但就公司组织形式的基本法律制度却是高度一致的。④甚至他们认为"股东至上"理论可以击败任何竞争对手,包括受到公司社会责任和伦理资本主义提倡者支持的"利益相关者"理论,成为全球公司的通用准则。

---

① 邓峰:《普通公司法》,中国人民大学出版社2009年版,第45页。

② "少数股股东"或"少数派股东"译自英文"minority stockholders",与我国公司实务中所说的"中小股东"大致相当。

③ [美]莱纳·克拉克曼、亨利·汉斯曼:《公司法剖析:比较与功能的视角》,罗培新译,法律出版社2012年版,第37页;黄辉:《现代公司法比较研究》,清华大学出版社2019年版,第147页。

④ H. Hansman, R. Kraakman, The End of History for Corporate Law(2001). 89, Georgetown Law Journal 439.

另一方面,有的学者奋声疾呼,称"股东至上"理论并不具有令人信服的道德基础,单个股东也不应享受比公司其他股东更多的关照和保护,而到了应寻求一种旨在保护公司所有利益相关者之共同利益的新理论模型的时候了。①他们称,既然主导公司经济活动的力量并不是来自这些股东的能力和努力,他们又凭什么要求公司一心一意为了他们的利益而运转? 在股权投资成为社会经济发展的一大动力的背景下,采纳"股东至上"理论存在现实必然性。固然,"利益相关者"理论的目的在于向一种传统的思维模式提出挑战,即一种将公司及其目标视为法律、经济及社会性机构的思维模式。然而美国学者 David Million 指出,长久以来因公司行为而受到牵连或影响的非股东与公司股东之间的权利之争的问题,至今仍未得到解答。那些更为全面的考虑固然十分重要,但"股东至上"理论却被证明更具灵活性与变通性。②"股东至上"理论本身是十分灵活的,可对其进行修补完善,且不必绝对排斥非股东利益因素。"股东至上"理论的任务应是力图发掘一个新的契机,使股东能更多地参与公司事务从而改变以往股东与公司之间投资与被投资的单一关系。所以,对"股东至上"理论进行微调并不会根本改变既有的公司结构和运作方式,相反,它还能激发出原本已存在于公司法、公司组织中的一些潜在可能性,"股东至上"理论使公司轻视或忽视了一些原本十分重要的问题,比如人权、环境、健康及安全问题。③

"股东至上"通常表述为公司董事须以公司之最佳利益行事这样一种责

① P. Ireland, Company Law and the Myth of Shareholder Ownership(1999) 62, Modern Law Review 32; D. Wood, Whom Should Business Serve? (2002) 14, Australian Journal of Corporation Law 1; L. Stout, Bad and Not-So-Bad Arguments for Shareholder Primacy(2002) 75, Southern California Law Review 1189 以及 Blair, Stout 主张的"团队生产"理论:M. Blair and L. Stout, A Team Production Theory of Corporation Law(1999) 86, Virginia Law Review 247; M. Blair and L. Stout, Director Accountability and the Mediating Role of the Corporate Board(2001) 79, Washington University Lw Quarterly 403。

② 理由之一即"路径依赖"理论。See L. Bebchuk and M. Roe, A Theory of Path Dependence in Corporate Ownership and Governance(1999) 52, Stanford Law Review 127.

③ 对健康与安全产生不利影响的一个明显例子,即詹士哈迪实业有限公司试图证明公司一般经营活动不应对导致石棉相关疾病的结果承担责任。参见 Report of the Special Commission of Inquiry Into the Medical Research and Compensation Foundation (2004 年 9 月)〈http://www.cabinet.nsw.gov.au/hardie/PartA.pdf〉2005 年 3 月 6 日。

任,此时,公司被视为股东整体利益的集合体。①然而,这种模糊的法律定义导致了董事的极大自由裁量权,董事们可以选择采取短期策略来抬高公司股价,暂时迎合某些或者许多股东的利益,而弃整个公司的长远利益于不顾。②这种行为是十分危险的,这是因为,一来"股东至上"到头来可能仅仅意味着短期的股价上升;③二来股东在公司决策制定过程中的地位会逐渐边缘化。

(二) 公司契约论与公司治理

1. 公司契约论的含义

关于公司本质的理论在不断嬗变,包括 19 世纪初的特许权理论(或公司法人拟制论)和 20 世纪初的自然实体理论(或公司法人实在论),自 20 世纪中叶开始,美国崛起了法经济学学派,提出了公司契约论。科斯最早在《企业的性质》中提出,包括公司形式在内的企业本质上是一个高度专业化的替代市场,之所以选择通过企业形式进行生产,是因为企业的内部交易比普通的市场交易节省交易成本。④后续的经济学家,如信息成本理论的领军者阿尔钦和德姆塞茨、⑤委托代理理论的领军者詹森和马克林、⑥交易成本理论的领军者威廉姆森等,⑦进一步研究了企业内部交易的契约机制,认为契约关系是企业的基础,最终形成了企业契约理论——认为公司不是一个独立的实体,它可以被看作内部各种参与人之间的明示和默示契约所组成的一个契约联结网。

近年来,法经济学的公司模型以"合同"的概念载体被引入我国法学界后,

---

① 对比两种不同的看法:一种是 Greenhalgh v. Arderne Cinemas Ltd. [1951] Ch 286, 291 per Evershed MR("'公司整体'的说法并不意味着公司即独立于其公司成员的商业实体");另一种是 Darvall v. North Sydney Brick & Tile Co. Ltd.(1988) 6 ACLC 154 per Hodgson J("在考虑公司利益时,应将其视为一个商业实体")。

② L. Mitchell, Corporate Irresponsibility, America's Newest Export, 2001.

③ D. Millon, Why is Corporate Management Obsessed with Quarterly Earnings and What Should be Done About It? (2002) 70, George Washington Law Review 890, 900—902.

④ Ronald H. Coase, The Nature of the Firm, (1937) 4 Economica 386.

⑤ Armen A. Alchain and Harold Demsetz, Production, Information Costs, and Economic Organization(1972) 62 American Economic Review 777.

⑥ Michael C. Jensen and William H. Meckling, Theory of the Firm: Managerial Behavior, Agency Costs and Ownership Structure(1976) 3 Journal of Financial Economics 305.

⑦ Oliver E. Williamson, The Economic Institutions of Capitalism, Firms, Markets, Relational Contracting(1985, Free Press).

一个疑问自然产生：既然公司本质上就是一组合同关系，为何不直接适用合同法？一种解释是所谓的"标准契约"理论，即公司法提供了一套标准的契约条款范本，公司参与人可以直接采用，从而节省缔约成本。①但是，这个解释存在不周全之处：如果公司法能够被看作一个标准契约范本，则其在本质上仍属于契约法的范畴。那么《合同法》为何就不能再增加一个"公司合同"？实际上，法学和经济学对"契约"一词的理解存在相当分歧。经济学上的"契约"概念，是指广义上基于当事人意思自治达成的任何安排，并不限于双方利益交换行为。而法学上的"契约"更加狭义，严格界定其构成要素，强调合意和对价且具有法律的约束力。以威廉姆森为代表的制度经济学学者采用了"关系契约"概念，强调公司缔约方之间关系的重要性。②与注重交换行为的离散市场契约不同，根据关系契约理论的观点，公司契约本质上是缔约方之间复杂且长期的协作关系，强调交易的效率和安全，并非只是交易的公平和对价。由于公司契约的特殊性，商法上的公司规则在很多方面不同于民法上的合同规则，这就决定了无法在我国的合同法层面去规制公司契约，必须单独制定公司法。③

在通常情况下，契约的核心是磋商和协议或合意。应当注意到，"企业关系中存在着一些真实合同和一些非真实合同"。④股东或投资者认缴出资可以被视为一项真实的合同。在公司内部，至少存在两次授权，第一次授权是公司或股东将公司权力授予董事会，第二次授权是董事会再将公司权力授予公司经理。这两次授权要同时符合民法上的委任、代理或信托规则，因而呈现鲜明的合同属性。

---

① Frank H. Eastebrook and Daniel R. Fischel, The Economic Structure of Corporate Law(1991).

② 关系契约是现代契约理论的一个新发展，其代表人物是美国的社会法学家麦克尼尔，see Ian R. Macneil, Contracts: Adjustment of Long-Term Economic Relations Under Classical, Neoclassical and Relational. Contract Law(977—978) 78 Northwestern University Law Review 854, Ian R. Macneil and Paul J. Gudel, Contracts Exchange, Transactions and Relations, Cases and Materials(3rd, 2001)。

③ 为了避免这种概念上的混乱，法经济学上的 contract 翻译成"契约"为宜，以区别于法学上传统的"合同"，事实上，我国经济学界在翻译相关文献时几乎都是采用"契约"一词，如果法学界翻译时采用"合同"一词，可能不但增加法经济学中法学与经济学两派学者的概念冲突和交流困难，而且易让人将公司"契约"误解为法学上的"合同"，以至于生搬硬套民法上的合同规则进行商法上的公司研究。

④ ［美］弗兰克·伊斯特布鲁克、丹尼尔·费希尔：《公司法的经济结构》，罗培新、张建伟译，北京大学出版社 2005 年版，第 17 页。

关于公司关系是否带有契约属性,学术界存在不同解释。在公司关系中,由于遵循集中管理原则,不能由股东分别管理公司事务,因而"授权"反倒成为契约关系的核心。不同于民法对于一般授权采用私法自治原则,在公司法语境下,授权带有浓厚的法定色彩。一方面,现代公司在原则上排除了股东直接管理公司,否则将动摇股东承担有限责任的法理基础;另一方面,每一次的授权范围是法定的,公司法规定了董事会和经理的职权范围,若对董事会和经理职权的限制实质性剥夺职权,股东将面临失去有限责任保护的危险。

根据公司契约论的观点,公司是参与人通过契约联结在一起成为一个集合,但缺少公司作为一个整体的理念,以此推演将得出"公司参与人各自追求自己的最大利益,而不会去追求整体的公司利益"的结论。在这些参与人中,由于股东是享有剩余控制权和索取权的人,其个人利益最大化便自然而然成为公司的总体目标;作为标准契约条款,公司法应当是任意性而非强制性的,国家也不应干预公司事务。这种理论范式与现代公司和公司法的发展趋势已经产生抵牾,近年来颇受诟病。

2. 公司契约论的缺憾

契约论存在的第一个缺憾在于契约范式倾向于将许多人之间的复杂关系简化为单个的法律主体或者说经济主体之间的双方协议。这一局限在经济学契约模型上反映得尤为明显,因为该模型的哲学基础是方法论个人主义。方法论上的个人主义认为只有个人才能承担责任,因此所谓的公司行为或者公司责任不过是个人行为或者个人责任的集合。[①]在这里,公司本身实际上已经被弱化为一个抽象概念,公司并非一个事实存在,至多是为了方便而被使用。那么我们也无法解释,立法者、法官、监管者为什么要监管公司行为,为什么不能让市场自由运行。

第二个缺憾在于,契约模型普遍倾向于排他性地使用经济分析方法来研究公司治理问题。一方面依赖经济分析方法对公司的评价标准,仅仅在于是

---

① B. Fisse and J. Braithwaite, Corporations, Crime, and Accountability(1993) 18. See also S. Lukes, Essays in Social Theory(1977) chapter 9.

否实现了其所设定的经济目标,而忽略了"合规"的视角。另一方面只要公司行为和决议符合公司设立协议,我们就根据"是否实现预期目的"而不是"对牵涉公司中的人的权利和利益的影响"来评判公司和公司决议。

因此,把公司关系全部或直接归入合同关系是不适当的。合同是伴随商品交换而出现的法律形式,公司是伴随有组织化的生产活动而产生的。在公司关系中存在着众多难以用合同加以解释的现象。有学者宣称公司中既有真实合同,也有不真实合同。甚至有学者宣称,与其把公司看成一套合同,还不如把它看成一个共和政府。①企业契约、民法上的契约和共和政府之间,遵循不同的逻辑和规则。

3. 公司宪治论与公司契约论的对比

公司具有公共性的一面。在社会生活中公司有时能以一种中介组织的身份运行于个体公民与国家之间。依此,公司获得的这种新角色为我们更好地解释那些超越公司参与者个人私利的各种经济现象及其他现象提供了一种"出路"。②在股权分散的大型公众公司中,股东不可能直接管理公司所有事务,但又需要让他们尽可能地参与其中,公司治理结构在本质上必然是代议制,代议制的政治理论为董事会权力正当性提供了基础。

包括"公司宪治论"在内的理论框架揭示了一个实体中成员个人与组织整体之间关系的变迁性和复杂性,对于成员身份的"公共"和"私人"属性都予以关注,从本质上讲,认可公司具有公共性,其目标就是将公司看作一个同时包含公共利益和私人利益的组织机构,这既体现在公司参与人相互协作的内部关系中,也体现在公司与国家和社会之间的外部关系中,从而映射出公司兼具"公"和"私"的双重特征,而与之相对应的,公司法也必然是公法与私法的统一体。

公司合规问题决不能完全基于"公司宪治论"。首先,"合规"理念并不能排

---

① [美]弗兰克·伊斯特布鲁克、丹尼尔·费希尔:《公司法的经济结构》,罗培新、张建伟译,北京大学出版社 2005 年版,第 17 页。

② 该词取自 C. Sunstein, Beyond the Republican Revival (1988) 97, Yale Law Journal 1539, 1573。

他性地倡导一种模型或框架是有帮助的。因为公司既能被归类为政治组织，同样也能被归类为经济组织，所以既能用经济分析方法也能用政治分析方法来研究它们。Gareth Morgan 提醒道，公司在同一时间具备多种属性，因而对于研究公司组织的复杂性来说，不存在一个优先的或者说最终的分析模型。①其次，在对公司及其规则进行研究时，也不能直接适用政治理论。在艾森伯格（Eisenberg）看来，那种认为"所有的政治机构都应当用政治原则来管理，其决策会对社会产生重大影响的机构都是政治机构"的观点忽略了国家与公司之间的关键区别。

合规问题不可避免地要与经济学上的公司契约论联系，因为合规既要关注合规的结果，同时也关注预期经济目标是否实现、交易成本是否节约、经济效率是否提升。同时，合规与宪治理论不仅关注决策的结果，更希望通过程序正义来实现实质正义。公司契约论的一个重大缺陷就在于否认公司作为一个实体的存在，从而无法妥善解决很多关于公司人格的问题。但合规却是从法人本体出发，合规问题首先是法人的责任。但是随着公司形式的演进和商业实践的创新，民法上的法人理论在适用于公司时也日益显得捉襟见肘。

正如本书阐述的一个观点，公司合规首先立足公司的法人独立和法人治理结构，因此合规除了关注合规效果以外，由于同时关注公司作为组织法上独立主体的价值，而后关注公司在内部运作时存在的复杂层级结构和权力运行机制，从而解释为何公司不合规行为不仅仅要使法人作为独立主体承担责任，还要追究其背后主体的责任。合规关注公司生活中个人与集体之间的相互影响，以及个人成员的利益关切与公司整体的利益关切之间的协调，其主要涉及公司结构和程序问题，同时还对合规责任的落实进行实质性思考。

首先，合规不同于契约论，后者认为，公司各参与人之间就像自由市场上的主体一样相互平等，不存在上下层级关系，也没有真正意义上的"权力"和"命令"，显然并不符合公司的现实情况。②

① G. Morgan, Images of Organisation(1986), p.321.
② 对于企业内部是否存在等级和权威的问题，科斯在《企业的性质》一文中的立场比较模糊，在论述企业契约机制的同时也提到了企业内的权威指挥，但很多后续者，比如阿尔钦和德姆塞茨等，明确地将企业视为一堆平等关系的契约，认为企业内部不存在权威要素。

其次,合规理论和责任追究的核心不同于宪治论。后者仅强调形式上公司决策结构和程序,而不关注实质上决策质量和价值标准。这种政治上的民主理念未必完全适合经济上的公司运营,对于面临激烈市场竞争的公司而言,效率就是生命,结果往往比过程重要。合规问题既看中结果,同时关注效率,更加关注法人合规责任的承担和分担问题,公司合规问题研究是一个依托公司法学科的理论,无须再依附于传统民法的框架,其区别于经济学上的效率标准,将效率作为合规目标的一大要素,同时在对决策过程进行应然性的评价时,避免政治学上的宪治标准,既关注"公司整体利益"的概念,同时关注"公司的公共身份"。公司合规无法推翻或者否定公司契约论的"股东至上"原则,而是选择与其合作,对其进行灵活性解读,认为股东利益不限于狭隘的金钱利益,还包括非金钱的利益,并寄希望于股东在决策时会综合考虑自己的短期和长期利益,包括公司的社会责任问题,最终达到提升公司整体利益的目的。合规也并不完全支持"董事、经理对非股东利益相关者负有义务"的主张。用"合规"的观点来评价公司的运作过程,也应当考虑保护与增强什么价值,而不是排他性地只关注公司的结果。

(三) 公司治理与公司合规

1. 合规可以取得更好的公司治理效果

公司主动合规的目的是更好地实现公司利益,即达到更好的公司治理效果。而关于公司治理制度,一般认为公司治理的主要目的是实现股东利益最大化,通过公司内部机关的权、责、利等方面的合理分配,实现降低代理成本的效果。然而,英国凯伯理委员会(Cadbury Committee)提出自 1992 年以来被各国参考使用的公司治理财务报告,指出公司治理"就是指导与管理公司的一套体系"以减少公司治理的风险与失败。简单地说,就是设计一套适当的机制,避免企业发生弊端,并能充分发挥经营效能。

实际上,公司治理制度是为了解决股东与经营团队间信任问题而产生,至于所谓信任问题,其实就是"代理成本"。欲以一种内部监督机制降低代理成本,需要透明的信息。信息的透明虽然重要,但如果想要完善的公司治理状态,除信息透明以外,还有其他重要的机制。从 1997 年亚洲金融危机及国内外企业弊案造成的冲击来看,完善的公司治理还需要检视企业内外部的机制,因此,政府关注经营团队的行为准则,包含公司法、证券交易法与相关法规都是形成完整公司治理制度的焦点,主管机关也凭借这些法规来引导企业经营者所应有的行为。

2. 合规符合 OECD 提倡的公司治理原则

1999 年 OECD 发布第一版公司治理原则,逐渐成为世界各国发展公司治理的参考依据,随后于 2004 年发布修订版本,虽无实际法律拘束力,但已成为国际上高度权威性文件。其中对公司治理的定义为"涉及管理当局、董事会、股东与其他利害关系人的整套关系"。公司治理也为公司提供了一套组织结构,并通过此种结构来让企业订定目标,执行确保达成这些目标及绩效的监督方法。

2015 年 OECD 因应国际经济环境变化而调整,又修订发布《公司治理原则》,①重新阐释公司治理的内涵,包括:为优质公司治理架构奠定完整基础、实现股东权益保障、重视利害关系人(包含员工、消费者、债权人及社区)等,同时董事会应善尽职责,对公司及股东负责,并兼顾利害关系人的利益。

当公司规模较小时,以股东利益为最终依归的公司目的固然可行。然而,现代公司规模庞大,所造成的经济、政治及社会影响不容小觑,故有人开始主张"企业社会责任原则"与"利害关系人原则",要求公司经营者进行商业决策时应将利害关系人(如员工、消费者、供应商、所在地社区)之利益纳入决策因素中,股东已不再是公司经营者唯一的效忠对象。"合规"理念不断普及的另一个现象就是 ESG 理念逐渐深入人心。

世界经济论坛(WEF)及商业圆桌会议等组织,公开发表宣言倡议"环境、社会与治理"(ESG)理念,此公开声明备受企业界瞩目,不仅因世界经济论坛为重要国际组织,更是因为商业圆桌会议的与会者所代表的公司,总市值超过 13 兆美元,占据美国股市超过三分之一的交易量。ESG 原则要求公司应秉持

---

① OECD, G20/OECD Principles of Corporate Governance, https://www.oecd.org/daf7 caZCorporate-GoveEance-Principles-ENG.pdf(last visited Jun. 6, 2021).

"环境永续""社会参与"之理念,不应"唯利是图",商业决策背后的着眼点不再如传统般仅以股东为中心,应将所有可能因企业决策行为而受到影响之"利害关系人"(stakeholders)[1]之利益皆纳入考量。道琼斯可持续发展指数(DJSI)借由 ESG 三大面向的调查,检视企业在营运面的风险与机会,并每年公布入选 DJSI 的成分股,作为全球投资人在衡量企业非财务面绩效的重要参考指标,企图透过资本市场的力量,推动企业落实社会责任(Corporate Social Responsibility,CSR)及利害关系人利益的健全。

3. 合规是公司治理的核心从内部转至外部的体现

企业必须遵守合规要求是一个具有全球性特点的制度设计,也是公司治理的核心从内部转至外部的体现。[2]正如前文所述,公司治理起初的目的是实现股东利益最大化而在公司内部进行权、责、利的划分。[3]随着公司丑闻和经营风险剧增,尤其美国公司制度曾被认为最能激发人的创造力,但自安然以来一连串的会计丑闻所引发的诚信危机震撼着美国及国际社会,使人们开始反思美国企业制度和会计监管体制。

企业合规之"规"的理解归纳为刑事、民事、行政法等实体法的规定,企业所属的行业的规约规范以及企业内部的规章制度。[4]他们指出国外的企业合规一般包括合规组织体系、合规工作领域和合规体系构成。从某种程度上说企业合规本身就是优化营商环境需求的产物,因为企业合规强调从内、外部并用企业治理与社会治理两种手段,有着更大更灵活的可发挥作用的空间。[5]从遏制企业违法违规的角度来看,近年来社会共识失灵、道德伦

---

① Lucian A. Bcbchuk & Roberto Tallarita,The Illusory Promise of Stakeholder Governance,106,Cornell Law Review(2020),https://cornelllawreview.org/2020/12/01/the-illusory-promise-of-stakeholder-governance-2/(last visited Jun. 6. 2021).

② 崔文玉:《公司治理的新型机制:商刑交叉视野下的合规制度》,载《法商研究》2020 年第 6 期。

③ Geoffrey Parsons Miller The Law of Governance,Risk Management,and Compliance 9—12(3rd ed.,2020).

④ 谭世贵、陆怡坤:《优化营商环境视角下的企业合规问题研究》,载《华南师范大学学报(社会科学版)》2022 年第 4 期。

⑤ 谭世贵、陆怡坤:《优化营商环境视角下的企业合规问题研究》,载《华南师范大学学报(社会科学版)》2022 年第 4 期。

理失范、法律制度失守、社会秩序失控等现象愈演愈烈,①合规制度的外部奖励机制为企业进行合规体系建设提供了动力,从长远来看有利于从根本上堵住企业违法违规的制度漏洞,从而遏制企业违法违规行为的发生。建立企业合规体系、营造企业合规文化、加强企业自律不仅能够有效管理合规风险,还能提升企业内部治理能力,从而保障企业持续健康发展。

从企业角度而言,保护自身境外资产安全和运营稳健,避免因违反所在国合规要求而遭到西方国家的"长臂执法",要建立完备的合规制度,使自身的行为于法有据。从国家角度而言,企业的合规行为还直接关系到国家安全和国家的国际影响,因为在某种程度上企业的合规行为已经上升到国家的外交行为和司法战略,企业间的竞争行为也被扩张到国家层面的政治竞争行为和战略竞争行为。②

从维护企业自身利益角度来看,在经济全球化背景下,企业合规制度的建设是中国企业成功走出去、走得远的重要基石。近年来中国企业在走出去过程中因违反所在国合规要求而被外国或国际组织制裁的事件时有发生。2020年5月,辽宁易发式电气设备有限公司因世界银行在赞比亚出资的一个电力项目未能披露利益冲突并虚报了过去的合同经历,被世界银行进行长达20个月的制裁。2020年10月,中国电力工程有限公司作为中国电气设计研究院有限公司的控股公司,因未能监督其子公司不披露利益冲突、提供虚假文件的欺诈行为,而受到世界银行制裁。为了使中国企业的涉外经营活动正常开展,建立既符合中国国情又与国际公司治理模式相接轨的企业合规制度,避免西方国家以违反合规要求对中国涉外业务企业进行长臂执法迫在眉睫。从参与国际竞争和维护国家安全的角度来看,企业的合规行为不仅关系到企业境外资产的安全和运营的稳健,而且还直接关系到国家安全和国家的国际影响。因此,实践需要推动了企业合规在我国的发展。在加强企业合规的制度建设过程中,公司法作为市场经济法律制度的核心内容,对此毫无回应显然是不合理的。

---

① 赵万一:《合规制度的公司法设计及其实现路径》,载《中国法学》2020年第2期。
② 崔文玉:《公司治理的新型机制:商刑交叉视野下的合规制度》,载《法商研究》2020年第6期。

合规引入公司法是实践的需要,也具有法理上的可行性。我国以公有制为主体,国有企业是国家和人民的重要物质基础。近年来国有企业在走出去的过程中因不符合合规要求而遭受重大经济损失、声誉损失甚至监管处罚的事件时有发生。因此,为了增强国有企业防范和化解风险能力,国有企业合规制度建设迫在眉睫。合规制度建设要在顶层设计层面构建合规制度管理体系,需要多个法律部门共同调整形成完善的配套制度,在合规职权的分配上要实现与公司治理机制的有效衔接,因此有必要将其纳入公司法。

(四) 合规语境下道德风险和代理成本问题

古典企业①中,出资者享有相关的企业资产的所有权等全部权力,同时享有企业经营的全部收益和承担全部责任,道德不会成为企业管理中的内部风险。随着生产规模扩大,所有权与控制权的分离是任何股份公司都不能避免的,因此,在企业经营中采取委托经营的方式就不可避免。公司制度是基于出资者有限责任之上的两权分离模式,公司的所有权与经营权相分离,真正左右公司事务的是那些职业经理人。因此,公司经营者和控股股东的道德就成为两权分离下企业模式的内部风险。

经济人本性会促使人不断增进自身利益,但同时可能损及他人,由此产生了所谓的道德风险。当管理者自身利益与股东利益不一致的时候,经营者就面临着一种取舍,经济人的自利本性往往会诱使其作出损害公司和股东利益的选择。现代社会极为重视对公司企业的外部监督,为此设计出非常完善的制度体系。但无论这些制度多么周详,终究还有无法克服的空缺结构。②正是制度的这种不周延性为道德风险的存在提供了宽广的空间。英美公司的典型特征是股权高度分散和经营者持股较小,这种情况极有可能诱发经营者的道

①　西方经济学上将古典企业称为"企业主企业",参见张军:《现代产权经济学》,上海三联书店1991年版,第219页。美国著名经济学家哈罗德·德姆塞茨教授认为:"一个由既是所有者又是管理者掌管的内部组织或许被称为'古典的'企业。"参见[美]哈罗德·德姆塞茨:《竞争的经济、法律和政治维度》,陈郁译,上海三联书店1992年版,第21页。

②　哈特认为:"任何选择用来传递行为标准的工具——判例或立法,无论他们怎样顺利地适用于大多数普通案件,都会在某一点上发生适用上的问题,将表现出不确定性;他们将具有人们称之为空缺结构的特征。"参见[英]哈特:《法律的概念》,中国大百科全书出版社1996年版,第127页。

德风险。为此,英美法充分重视公司运作的高度透明和法制体系的完善,建立会计、外部独立审计和内部监督三位一体,互为补充的公司监控制度。但安然等层出不穷的公司丑闻,暴露出美国的公司监管依然存在重大疏漏,特别是对违规行为的惩处力度还显不足。

代理问题的本质是当一方仰赖他方从事特定行为,而此行为将影响本人的利益。代理问题之核心在于信息不对等,真正从事特定行为的代理人(即公司中之经营阶层)就相关事实通常比本人(即股东)掌握更全面的信息,因此代理人可能投机取巧导致履行职务的质量有所不足,进而损及本人利益。商业公司存在三种类型之代理问题,第一种涉及股东及所聘任经理人间的冲突,核心在于如何确保经理人放弃追求个人利益而忠实于股东利益;第二种涉及多数股东及少数股东间的利益冲突,重点在于避免拥有少数股权者遭到拥有过半数股权或控制权之股东剥削;第三种牵涉股东及其他和公司缔约的他方,如债权人、受雇员工、客户等之间的冲突,可能发生债权人及员工权益遭侵害或消费者被误导等情形。

采用手段解决代理问题,都须付出代价,这就是代理成本(agency costs)之一环,代理成本则由所有者与经营者共同承担,因此双方皆有诱因设计出平衡双方利益之机制,借以削减代理成本。目前我国公司治理内部监督机制不健全,既助长了道德风险,也增加了合规风险。公司内部监督在防范道德风险方面能够做到事前防范,而且监督范围极为广泛,监督成本较小。然而,在公司内部监督的组织成本和监督的实际效益之间进行磨合是一个问题。在股东层,国有股股东是国有资产管理机构委派的代表,这些代表们本身也是代理人,我国对股东滥用权利的问题规制略显不足,公司内、外部监督又极不完善,公司的经营层往往无视信义义务,追逐私利的倾向极度膨胀,从而更容易引发传统意义上的代理成本,更会引发合规风险。因此,我国有必要进一步完善监事会制度、董事会制度,完善保障监事会、董事会以及独立董事制度的有效运行,加强控股股东的责任,在此基础上,吸取国外公司在合规体系构筑问题上的经验和教训,并在我国公司法中逐步引入合规体系的相关规则。

二、公司治理中的传统问题

(一) 公司治理的合规适应性架构

合规语境下,问责体系要求管理人员与决策人员对其管理和权力行使作出有效陈述,要求其行为符合相关原则和标准,但同时它必须构建一个框架,以防止权力的不正当行使,达到分散公司决策权力的目的,同时利用制衡机制确保其承担相应责任。在公司中通过对决策权的分工与分权,可以实现这一目的。而公司治理中的公司权力机关、执行机关和监督机关的职权划分,根据公司组织发展需求以及不同国家的法律规定而确定,公司各机关配合良好,才能提升公司的整体效益,也只有公司治理架构与合规框架相互适应,才能达到更好的合规效果。

第一,在董事会与股东大会之间应当正式地进行决策权力分工。公司决策是一个双层结构。经济理论主张对决策与风险承担职能的分离有利于降低股东的交易成本和机会成本。[①]管理理论主张这种划分可以使有经验的专业管理者经营公司,为股东利益服务。[②]这些观点都有一定道理,但是我们要强调的是分权的更深层次原因,即公司的主要功能是为其成员的共同利益服务。共和主义理论认为在特定时间、特定情形下,定义共同利益要求决策者抛开个人私利作出公平的判断。股东可能可以做到无偏私,但却无法保证绝对。因此,我们要求将决策者与股东分离开来,决策者由股东选举并对股东负责,对公司事务进行决策。因此,董事的首要义务即作出无偏私决策,为股东整体利益服务。董事须对此负责,因而公司章程的一个重要功能就是规定两个相互独立的决策机构,赋予他们特定的决策权,规制其权力的执行,并保障他们彼此互不侵犯。如果没有别的原因,这种双层结构对现实责任至关重要,因为股东会有权决定公司董事的任免。

[①] E. Fama and M. Jensen, Separation of Ownership and Control(1983), 26 Journal of Law and Economics, 301.

[②] W. Bratton, The "Nexus of Contracts" Corporation, A Critical Appraisal(1989), 74 Cornell Law Review, 407, 413—414.

第二,在公司内部应该实行分权制。公司决策并不仅仅局限于董事会与股东会之间的正式分工,因此分权制也不仅仅限于决策权的正式方面,它含有涉及权力种类的广泛意义。因此,第四章将阐述在公司背景下分权制(或者精确一点说是股东会和董事会的各自分权制度)要求我们关注无执行权的独立董事、独立主席、公司内部和外部审计员、机构股东以及其他相关的公司组成部分。问责原则自身并不能成为一个公司中将决策权力进行分工与分权的充分基础理论。它只是公司宪治论的一部分,一方面,如果只有问责原则就可以满足上述要求,那么实际召集会议将可有可无;另一方面,问责原则自身也存在一些缺陷(如不完善的审计实务),需要通过在公司会议中设定协商程序或公司成员争议公司决策等方式对其进行补充和修正。

刘斌指出在私法意义上,合规包含行为层面的合规义务与组织层面的合规义务,前者是后者的基础。[①]合规的重点包括合规管理与合规治理,并非单纯的合法性义务。并且合规义务的要求比公司法上的合法性要求更为宽泛,存在着严重泛化的情况。总而言之,目前我国前期引入的具体合规制度,体系宏大但又不够具体,有待进一步充实。

所有的公司都应当合规,但各个公司的合规治理义务的标准不同。基于公司类型与合规成本考量,应当对上市公司与非上市的公众公司引入组织法上的合规义务,对于其他公司仅规定一般性的合规义务。引入合规体系需要考虑到中国的法律情况与合规成本和收益问题。作者以上市公司为例进行了分析。从收益来看,完备的合规体系可以起到保护中小股东免受欺诈、降低交易成本、维护良好的市场秩序等作用,但是过于严格的合规要求,会造成成本过高,抑制证券市场活力。

合规义务建立在监督义务或者注意义务的基础上,但却不等同于监督义务或注意义务。如前述所言,合规的涉及范围很广,既包含治理层面,也涉及具体的合规管理程序、流程等,而董事会的监督义务并非如此全面。我国合规制度缺乏的是对注意义务进行进一步具体化,应当将注意义务区分为决策义

---

① 刘斌:《公司合规的组织法定位与入法路径》,载《荆楚法学》2022年第3期。

务与监督义务。关于合规主体,由董事会来构建合规机制,监事会负责监督合规进行,其他管理主体承担其相应的合规治理义务。立法上应该仅对合规的有效性作出规定,但具体的体系构建应当交由公司自治,因为合规的主要职责在于董事会,合规机构的设立属于董事会的裁定事项,立法不应代为之。立法不应设立强制性的合规机构要求和职权划分方式,合规机构的设立应当交由公司自治,但合规机构的职权划分应当受公司法治理结构和权力分配的整体限制。

(二) 公司内部监督机制之辩

我国公司治理主要存在三大类问题。第一类问题是公司法规则的虚置,公司真实运行与规定模式之间不一致;第二类问题是公司治理失灵,公司治理机构繁多、臃肿,有体系、无功能,股东会、董事会和监事会虚置现象严重;第三类问题是公司治理中的监督机制失效,监事和独立董事无法发挥作用。监事与独立董事之间的关系是最难解释的公司法难题之一。1993 年《公司法》规定了监事会制度,2005 年《公司法》予以延续并增加独立董事的规定。监事会作为源自大陆法国家的一种做法,与源自英美法的独立董事原本就相互隔离。

我国引入独立董事制度的原因,可归结为市场驱动。随着对外开放战略的实施,境内公司开始转向我国香港地区和美国的资本市场进行股票融资。独立董事是英美市场投资者熟知的公司机关或成员,境内公司设置独立董事,有助于提高境外融资的便利度。证监会首创上市公司独立董事规则,目的首先在于满足境内公司到境外直接融资上市的需求,消除或缓和境外投资者的担心和顾虑。与此同时,1993 年《公司法》设立监事会制度,但在实际运行中,存在监事会职权不明、运行不畅、效果不彰的问题。引入独立董事制度,有助于缓和监事会制度存在的实务问题。自 2005 年《公司法》引入独立董事制度至今,境内学者也开始反思独立董事与监事会的关系,部分学者建议采用选择制模式,允许公司在独立董事和监事会之间作出选择。然而,实务界对此似乎有不同意见。[①]

---

① 中信证券股份有限公司在证监会网站上发表《深圳上市公司独立董事最佳实践案例——中信证券》,总结性指出:"独立董事和监事会制度是我国上市公司治理实践的重要特色之一。作为现代公司治理机制的重要组成部分,独立董事制度和监事会制度有效提高了董事会的独立性和效率,为公司科学决策提供了一套有效的保障机制,对完善公司治理机制和现代公司法律制度意义重大。"http://www.csrc.gov.cn/shenzhen/xxfw/tzzsyd/zqtz/201307/t20130724_231738.htm.

1. 董事会与独立董事

公司董事会是公司权力的核心,拥有公司的实质权力,决定是否将公司经营权授予公司管理层,这被称为"董事会权力中心主义"。为了保护股东利益,英美公司法赋予股东事后救济性或保护性措施。需要指出在个人主义哲学影响下,美国学界很少讨论董事会的地位。在董事会权力弱化的基础上,公司采取内部董事与外部董事并存的董事会设立机制。董事会是公司民主的重要实现方式,是由股东会选举产生的董事所组成的会议体。通过设置董事会,实现了股东会层面上的"资本多数决"向董事会层面上的人头主义的转变。在人头主义语境下,董事由股东会而非股东选举产生,由此,不仅实现了董事地位的平等,也有助于实现董事会的中立性,同时奠定了公司董事分别和共同地对公司整体利益负责的理论基础。由股东选任董事组成董事会,负责选任执行长与经理人,决定公司重大决策,并监督经理部门执行公司业务。董事会成员包含同时兼任行政职的内部董事,与不兼任行政职的外部董事,前者负责公司经营,后者职司经营的监督。

而美国上市公司更多借助外部董事参与公司决策,被视为美国公司制度的新特点之一。公开公司的董事分为管理董事和非管理董事,其中非管理董事在董事会中的席位通常占比为三分之二,原因在于公开公司股权分散程度较高,很少存在控股股东,实际控制公司的人恰恰是管理董事,引入非管理董事或独立董事有助于改善公司治理。为何产生独立董事制度?依美国《示范商业公司法》规定,公司业务应由董事会经营,或在其主导之下经营,但董事会开会次数及时间都很有限,董事所能掌握的信息非常少,导致公司内部监督机制形同虚设。为强化单轨制监督机制的有效性,有学者提出董事会的功能应从主导经营转为监督经营,其必须独立于经营者的影响之外,因此,董事会应有过半数的独立董事,并且在董事会之下设置各种功能委员会,并均由独立董事主导。

独立董事的特点:(1)独立董事是董事会成员。英美国家上市公司董事会有内部董事与外部董事之分,独立董事应当是外部董事的一部分。(2)独立董事主要行使公司内部监督权。独立董事是在董事会内部强行嵌入监督机制,由专人来监督经营者。(3)独立董事实行事先监督和过程监督。独立董事通过参加董事会,参与表决、发表独立意见等,对公司的决策过程形成有效监督。(4)独立董事具有独立性。其独立性主要体现在两个方面:一是独立于公司的经营者,二是独立于公司的大股东。

独立董事执行职务所遇到的最大困难就是"信息不对称"。虽然股东会是名义上公司的最高决策机关,然而公司实质上多由董事会负责定夺绝大多数经营上的重大决策,重大决策通常先由董事长与执行长讨论规划后才送到董事会决议。独立董事碍于独立性的要求,并不属于经营团队的一员,平常也不会经常到公司,对于公司内部运作的了解不如经营团队,往往在讨论重大决策时存在信息不对等的情形,经营团队所掌握的信息远高于独立董事。当然,在决议过程中经营团队会提供各项信息便于决策者审酌,但如果经营团队故意掩盖重要信息甚至捏造,独立董事通常难以发觉因而同意经营团队所提出的议案。

然而,独立董事数量越多,董事会实施管理的效率越低,在此意义上,董事会更像是公司战略方向的决定者和监督者,而不是实施者。

(1)独立董事制度的优点。主要在于:独立董事与公司没有利益联系,可以独立、客观、公正地作出有关决策判断;独立董事一般都是具有财务、法律、管理等方面专长的专家,能够为公司提供专业知识和信息,能为公司的发展提供建议,对董事会的决策提供参考意见;独立董事的独立性能够在更换管理人员方面发挥重要作用,对不胜任的管理人员产生威慑;独立董事能制约大股东的操纵行为,保护中小股东和整个公司利益,有助于公司法人治理结构的完善。

独立董事制度首创于美国。[1]20世纪早期,在美国,由于公司高层管理人员和大股东长期占据公司要职,控制权越来越集中,公司被少数的内部人员所操纵,董事会职能减弱。针对这一情况,美国遂引入外部董事制度,力图通过独立于公司的外部人员的参与,制衡内部人员的职权,从而改变董事会失灵的

---

[1]　张开平:《英美公司董事法律制度研究》,法律出版社1998年版。

局面,在这一背景下产生了独立董事。独立董事的作用主要为更能体现公平。独立董事不拥有公司股份,不代表特定群体的利益,其立场较少受到公司内部利益集团的影响,有利于防止大股东的合谋行为,保护中小投资者及为公司提供专业意见。从实证研究的资料看,有学者发现独立董事可以提高上市公司信息披露的质量,减少虚假陈述行为。比如 Beasley 研究了董事会构成与财务报表欺诈的关系,发现独立董事比例与财务报表欺诈的概率有显著的负相关关系。不过 Kesner 发现企业的违法行为与董事会构成之间没有显著关系。①

(2) 独立董事的局限性。②独立董事本身就是个矛盾的词汇。既要独立,又要"懂事"。各种制度之间的平衡取舍主要包括两个方面:独立董事必须具备独立性。但人们无法制定一个完备的独立性标准;即使制定出一个完备的标准,也难以用它衡量一个人是否全部符合这些标准;即使能够找到最初符合独立性标准的独立董事,又无法保证其上任后能永远独立。为保证监督与决策的质量和有效性,独立董事必须充分了解公司,了解所监督与决策的内容。而在信息获取程序上,为了防止独立董事深入公司而丧失独立性,信息主要由管理层提供。因此,独立董事必须与管理者,或者内部董事进行足够的交流和博弈,在不知不觉中丧失自己的独立性。

独立董事存在时间、信息与知识结构的局限,独立董事相对于公司的执行董事,关注公司事务的时间非常有限。另外,管理者还可以在材料中适用复杂的财务计量,使独立董事不能迅速准确掌握公司信息,从而导致信息质量大打折扣。另外,由于专业化分工的深入,独立董事往往具有某一个领域的特长,不能对需要监督和表决的事项形成深入、合理的理解。这也可以理解,为什么

---

① Kesner,I.F. & Johnson,R.B. (1990),An Investigation of the Relationship Between Board Composition and Stock-holder Suits,Strategic Management Journal,II;327—336.

② "独立董事"一词源于美国的 independent directors,在英国被称为"非执行董事"(non-executive directors)。美国公司法中的董事分内部董事(inside director)与外部董事(outside director)。若采两分法,外部董事与独立董事可互换使用。如采三分法,董事可分内部董事(inside director)、有关联关系的外部董事(affiliated outside director)与无关联关系的外部董事(unaffiliated outside director),即独立董事。美国传统公司治理结构中并不存在独立董事制度,最早引入独立董事制度的联邦公司立法为1940年《投资公司法》。参见刘俊海:《我国〈公司法〉移植独立董事制度的思考》,载《政法论坛》2003年第3期。

多数情况下,独立董事都保持着沉默,因为他们根本不懂。在我国当前一股独大的股权结构下,不少独立董事"心知肚明",面对控制股东的影响,一般都习惯于明哲保身,甘作陪衬。有调查表明,2%的独立董事承认自己是"花瓶";39%的独立董事含蓄地指出自己只是顾问角色;认为自己是名副其实的独立董事的有37%。独立董事的精力和能力有限,即无法对公司所处的行业有深入的了解;独立董事保持独立性处于两难困境,独立董事的提名不彻底导致其难以完全独立,支付报酬与独立性也存在着矛盾,"结构性偏见"会导致独立董事不自觉地偏向管理层。[①]

2. 因独立董事独立的现实性问题所产生的法律风险

我国独立董事制度与国外的独立董事制度设计思路是相同的,即要求独立董事具有较高的独立性。然而,从实际情况看,由于缺乏强有力的制度保障,独立董事目前是难以独立的。造成这种情况的现实障碍主要有:

(1)信息的不对称性。基于独立董事的性质,独立董事往往要花费大量的业余时间和精力,才能胜任其工作。然而,现实情况是多数独立董事难以投入大量的时间和精力去关注公司事务,又不熟悉公司事务的运作情况,其作出执业判断的信息来源多由公司管理层提供。但由于道德风险和逆向选择问题以及大股东、内部董事受切身利益的驱动,使独立董事获得的往往是不完全信息。这就导致独立董事难以有效地判断公司行为对各方利益的影响程度并作出及时的回应。

(2)独立董事易与内部人员同化。公司在选聘独立董事时,往往受制于大股东的意愿,这样上市公司最终聘用的独立董事很可能从表面上看符合《独立董事管理办法》的条件,但实际上与大股东有着千丝万缕的联系,这就可能导致那些愿意真正为全体股东谋求利益的人难以当上独立董事。同时,独立董事一旦进入董事会,也极易被内部人员同化,丧失独立性。

(3)激励机制的缺失。独立董事的薪酬实际上建立在单纯道德约束的基

---

① 朱慈蕴:《中国引入独立董事制度应注意的若干问题》,载滨田道代、吴志攀主编:《公司治理与资本市场监管》,北京大学出版社 2003 年版,第 244—261 页。

础之上,是一种软约束。同时独立董事不负责公司的日常经营管理,与公司的经营业绩无关,如果要求他们承担监督不力或决策失误等风险,独立董事必然为了规避风险而过分保守,难以有效地维护全体股东的利益。

(4) 因制度设计缺陷导致独立董事的法律风险。独立董事的法律责任与非独立董事的法律责任并未作出任何区分。在独立董事和非独立董事承担同等责任的情况下,独立董事就有可能因惧怕承担责任而规避风险,不能及时有效地进行决策。在法律责任上,独立董事与非独立董事所应承担的责任应当有所区分。非独立董事是公司经营决策的具体制定者和实施者,直接对经营效果负责,薪酬和奖励机制方面的条件比独立董事更为优越,所获利益更多,因此理应承担更严格的责任。

3. 监事会制度的优势与不足

监事会的优势有:(1)监事会的成员一般均来自公司内部,对公司的整体情况比较了解,有利于对管理者的行为作出正确的判断;(2)其本身作为公司的一员,日常的工作就是专门行使监督权,公司经营好坏也关系其切身利益,因而不仅在监督时间上有保障,监督动力也较独立董事大;(3)监事会制度也更加有利于职工参与公司管理。

归纳起来,大陆法系公司的监事会制度也普遍存在以下问题:(1)对监事会成员的资格要求不严格,不十分强调成员的独立性;(2)监事会可能会像董事会一样被大股东控制;(3)多数国家(地区)公司法对交叉任职的监事未作规定;(4)监事行使监督职权的保障手段不足;(5)缺乏评估监事业绩的机制等。

典型的是美国公司内部监督实践。在美国公司实践中,董事会成员由内部董事和外部董事共同组成。董事会将业务执行中的指挥权分别赋予由内部董事组成的执行委员会和财务委员会,由外部董事组成的监察委员会则起着监督其他委员会的决定及高级职员的业务执行活动的作用。另外,公司的审计委员会、提名委员会、报酬决定委员会等基本上由独立董事组成,这些委员会实际上控制着公司执行董事的提名和经理层的任命,这实际上已经显现出德国公司法中的"双层制"的某些特点。

4. 国内外监事会制度

日本既没有照搬德国的垂直式二元制模式，也不是完全美国式的监督式董事会模式，而是采用董事会和监事会并存的平行式二元制模式。虽然理论上日本董事会和监事会为平起平坐的机构，但由于监事会没有任免董事的权限，监事成为一种闲职和摆设。①江头宪治郎教授指出，日本法对于股份公司是以所有与经营相分离的上市公司等为原则、对全部已发行股份的转让进行限制的公司是例外，这一迄今为止的观念进行了转变，确立了公司法是以关于非公开公司的规定为基础的新理念。②随着现代公司发展，主要对应于股份有限公司和有限责任公司的大公司和小公司的假设不复存在，日本 2005 年公司法在将原股份有限公司和有限责任公司的相关规则一并纳入其中，并对董事会和监事会的关系进行改造。可以说，2005 年日本修改公司法，尽量考虑到不同类型公司的需求，分别制定尽可能适合复杂生活的多种模型，有助于提高公司与机关设置的适应性。

关于监督机制的公司法规定及其实施，在理论和实务层面屡遭指责。然而更大的问题是，人们更愿意把监事会等同于监督机制，形成了机关监督的观念，这与公司监督机制是一种功能的概念相悖。另外，监督应当是监督者对被监督者实施的一种外部力量，不能自己监督自己是监督制度的一项基本原则。③遵循这一理念，德国公司法律制度在执行董事会之上设立独立的监督董事会作为专门的公司内部核心监督机关。英美公司法构建的独立董事体系，其实质也是采用监督董事独立于执行董事之外的方式。

2005 年《公司法》的修订在一定程度上完善了监事会的监督职能，提高了监事会的监督能力。④但总体上，监事会的权利义务及责任配置仍旧不完善、与独立董事的监督冲突问题仍未引起立法者重视、司法实践上的违法违规案件

① 周剑龙：《公司治理结构的完善和独立董事制度》，载王保树主编：《全球竞争体制下的公司法改革》，社会科学文献出版社 2003 年版，第 529 页。
② ［日］相泽哲：《最新日本公司法》，于敏、杨东译，法律出版社 2006 年版，第 3 页。
③ 赵震江、付子堂：《现代法理学》，北京大学出版社 1999 年版，第 496—501 页。
④ 参见王彦明、赵大伟：《论中国上市公司监事会制度的改革》，载《社会科学研究》2016 年第 1 期。

频发,监事会的角色在公司治理中无所适从,其监督功能尚未发挥出其价值。以往研究针对此问题的解决方案主要集中于监事会本身的问题以及与其他制度的兼容问题两方面:一方面,从立法层面完善监事会的制度设计,即内生性问题;另一方面,明确监事会和独立董事的职能定位,作好两方协调,降低成本,即兼容性问题。①通过梳理立法经验,监督方式(工作模式)对工作质量影响较大。应当改革监事会的监督方式,促进其与董事会更好分工、合作以维护公司利益。

郭雳在《中国式监事会:安于何处,去向何方?——国际比较视野下的再审思》中,将中国监事会制度与德国(Aftsichtsrat)、②日本(监查役会)③的类似机制及其最新发展作对比,着重关注上市公司监事会,分析该制度在中国的失败之处。总的来说,我国学界对监事会的评价较低,也有实证研究表明,其几乎没有起到作用。其原因有:监事会地位较低,法律未赋予监事会足够的权力进行监查,④在实践中,监事也少有独立的常驻办公室;职工监事徒有其表,由于存在上下级关系,监督者反成被监督者,或因同为内部人,难以监督(国有企业更甚);难以用统一标准(如发现问题数量等)衡量监事会的业绩及监督效率,因此难以对其工作进行激励;与独立董事职能界限不清,职能冲突,实践中也难以落实事前、事中、事后的合作,反而容易造成资源浪费或互相推诿;董事、股东过于强势,尤其是控股股东(这也是中国式公司治理难以有效运转的

---

① 参见罗礼平:《监事会与独立董事:并存还是合一——中国上市公司内部监督机制的冲突与完善研究》,载《比较法研究》2009 年第 3 期;彭真明、陆剑:《德国公司治理立法的最新进展及其借鉴》,载《法商研究》2007 年第 3 期;龙卫球、李清池:《公司内部治理机制的改进:"董事会—监事会"二元结构模式的调整》,载《比较法研究》2005 年第 6 期;李开甫:《简论我国公司监事会制度的不足与完善》,载《法学评论》2005 年第 2 期;李建伟:《论我国上市公司监事会制度的完善——兼及独立董事与监事会的关系》,载《法学》2004 年第 2 期。

② 德国《股份法》(Aktiengesetz)第 95 条规定,"监事会由三名成员组成。章程可增加成员人数。该人数应为三的倍数",并以资本金为标准具体规定了不同规模公司所设监事的最大人数。Aftsichtsrat 在德语中译为"公司监事"之意。

③ 日本《公司法》(株式会社法)第 390 条规定:"监事会由全体监事组成。"为方便起见,日文中的"监查役"常被译为监事。

④ See Jun Zhao, Comparative Study of US and German Corporate Governance:Suggestions on the Relationship between Independent Directors and the Supervisory Board of Listed Companies in China, 18 Mich.St.U.Coll L.J.Int'l L.495,506(2010).

根本问题所在),监事会似成为其"下属"。

(三) 我国特殊的公司治理难题

1. 职工参与的监督

(1) 职工董事和监事。职工董事和监事,是由职工所选举的代表担任的公司董事和监事。因为职工董事和监事是职工以民主形式选举产生的,许多人将职工董事和监事视为我国职工参与的重要形式。严格地说,职工董(监)事以职工代表身份进入公司董事会或者监事会,属于职工间接参与公司事务,而不是直接参与。

在职工董事和监事问题上,学术界大致循着以下几个角度展开研究:一是,从我国关于职工董事和监事的具体规定着手,分析职工董事和监事的选任、解聘、职权和责任;二是,从不同国家的规定着手,对比得出我国职工董事和监事在功能上的强弱结论;三是,从抽象角度主张落实职工董事和监事制度,强化职工董事和监事的职权,甚至主张所有公司必须设置一定比例的职工董事和监事,以落实公司民主管理或者职工参与。有的学者从公司的"资本"属性出发,反对给予职工董事或者监事以过多关注。

(2) 我国法律规定。我国公司法关于职工董事和监事的规定,呈现以下四个特点:第一,区别对待职工董事和职工监事在公司中的地位,职工监事的适用范围更为广泛;第二,职工董事和监事在董事会和监事会中所占比例一般为三分之一以上,职工董事和监事的实际作用有限;第三,职工董事和监事在"国有独资公司"以及"两个以上的国有企业或者两个以上的国有投资主体设立的有限责任公司"中的参与程度最高,此类公司较少遇到股东之间的利益平衡,反倒存在国家与职工之间的利益关系问题;第四,我国原《公司法》在借鉴德国公司体制时,没有斟酌公司职工的人数,虽然提升了职工参与公司事务的空间,却难以展现监事会在保护职工利益方面的制度价值。此次新《公司法》修订引入了职工数量的要求,实际上是要求中型和大型民营企业也必须引入职工董事。

与主要承认职工监事的德国法相比,我国同时采纳了职工董事和职工监事制度,但职工董事参与程度却很难与西方国家相比:一方面,我国公司董事会权限较少,公司权力集中于股东会;另一方面,实践中几乎没有出现公司主动设置超过三分之一以上职工董事或者监事的事例,由股东代表担任的董事和监事容易形成统一战线。我国公司遵循了公司集中管理的原则,却未采取构架于董事会职权基础上的公司集中管理,而是采取构架在控制股东或者法定代表人基础上的集中管理。公司董事会或者监事会不是公司的权力中心,更接近于一种议会式组织。在这种议会式董事会功能支配下,无论是否允许职工选任职工董事或者监事,都无法改变控制股东和法定代表人在公司中的实际控制地位。

有学者已发现我国职工董事和监事地位虚弱的现象,全国总工会等机关也发布了相关文件,强化职工董事和监事的职权。相关措施难以奏效的原因可归纳为:一是,公司集中管理是公司制度发展中形成的规律性规则,难以通过相关文件加以改变;我国《公司法》规定公司实行民主管理,但却不能牺牲长期形成的公司集中管理原则,不能在根本上重新分配公司的管理权结构。二是,职工在适当范围内参与公司事务的做法是合理和可能的,然而,通过职工董事和职工监事分配公司管理权,实际上是在限制、剥夺公司控制股东和管理层的权力,这种目的几乎难以实现。

(3)职工董事和监事的结构性分析。职工董事和监事的地位取决于董事会或者监事会的地位,考察职工董事或者监事的地位,必须斟酌董事会和监事会的法律地位。在公司关系中,公司决策机关究竟是指股东会还是指董事会,这是存在争议的重要问题。在美国法上,学者通常认为董事会是公司的决策机构,股东会只保留很少的权力,这种状况与美国多数公司股权分散程度较高的状况直接相关。

另一种可能是,董事会只是执行机构而不是决策机构。公司董事会丧失了决策机构的地位,必然掠夺经理或者总裁的职权,进而形成了董事会权力的向下移动并渗入公司管理层的职权范围。这种状况可能导致董事会与公司管理层的职权重叠,也可能削弱经理或者总裁的管理地位。架空经理或者总裁的职权,在我国表现得比较明显,公司经理的职权范围相当狭窄。

提高投资效率、确保投资安全,乃是公司最重要的任务。然而,何种公司内部分权结构有助于达成公司上述目标,既有赖于制定法上的一般规定,又要尊重投资者的选择。在股权分散程度较高的公司中,减少股东会职权并扩大董事会职权,有助于减少股东的纷争,提高公司运行效率。而在我国,公司股权集中度相对较高,外部融资比例相对较低,控制股东在公司中的行为模式直接影响相关者利益,董事会的作用相对较低,因此,关注公司控制人行为模式,应该成为我国立法者设定公司法模型的重要出发点。

(4)职工董事和监事地位的我国法分析。在我国,公司决策权分布在股东大会和法定代表人两个层面。即使公司法规定职工代表担任公司董事和监事,也不能说明职工董事和监事拥有巨大职权。与股东会职权相比,我国公司董事会地位相对较低:一方面,董事会仅在召集股东会会议、执行股东会决议、聘任或者解聘公司经理等执行业务方面享有相对独立职权,且股东会有权通过制定章程的方式限制董事会的职权。另一方面,在董事会和监事会的报告、公司增减注册资本等方面,董事会只享有方案制定权,股东会享有审议和批准权,股东会有权摆脱董事会自主作出决定。

从法定职权范围来看,我国监事会的地位同样较低。在我国,监事主要采用事后监督的方式,很难主动展开事先监督和控制。加之董事会职权相对较少,监事会也很难深度监督董事的活动。无论从股东会、董事会、监事会和管理层的关系来看,还是从我国新《公司法》规定来看,董事会和监事会的职权相对较小,公司权力中心集中于股东会和法定代表人。若要实现公司内部的合理分权,必须首先考虑限缩股东会的职权,否则,董事会和监事会只能作为股东会的附属物,无法摆脱职权虚置的现象。

董事会和监事会职权虚置是我国公司制定法和公司实践中的独特现象,在这种情况下,即使要求所有的公司必须设置职工董事和职工监事,即使要求董事会或者监事会中职工代表达到一定比例,只要职工代表不超过董事会和监事会人数的半数,就无法改变董事会和监事会的地位,也无法提升职工在公司中的受保护程度。我国《公司法》应当改进的不是职工董事或者监事的强制设置问题,也不是职工董事或者监事是否应该更多地代表职工利益的问题,而是公司权力的结构性分配问题。

（5）质疑职工董（监）事的特殊职权与地位。有学者认为，职工董事和监事必须代表职工利益。然而，在制度上，董（监）事无论其选任方式如何，都应站在公司立场上作出职业判断，不能只充当自己"选民"的代理人，不能漠视公司中其他群体的利益。担任董事的职工代表和股东代表应否具有相同的地位和职权？我国《公司法》主要描述了董（监）事的选任方式，而不意味着职工董（监）事的职权有别于股东董（监）事，职工董（监）事和股东董（监）事在法律上具有相同职权。我国以往法律法规表达了不同董（监）事享有不同职权的观念，目前，这一观念正在逐步转变。

在以往的规定中，①无论是股东代表和董事"应当按照国有资产监督管理机构的指示发表意见、行使表决权"，还是职工董（监）事"表达和维护职工的合法权利""向公司职工代表大会负责""认真执行职工代表大会的有关决议""按照职工代表大会的相关决定发表意见"等，都反映出在规章层面上股东代表和董事与职工董（监）事在职权上的差异。2009 年 5 月 30 日，国资委发布《董事会试点中央企业职工董事履行职责管理办法》，从该《管理办法》第 6、7 条关于

---

① 国资委于 2003 年发布的《企业国有资产监督管理条例》第 22 条规定，国有资产监督管理机构依照公司法的规定，派出股东代表、董事，参加国有控股的公司、国有参股的公司的股东会、董事会。国有控股的公司、国有参股的公司的股东会、董事会决定公司的分立、合并、破产、解散、增减资本、发行公司债券、任免企业负责人等重大事项时，国有资产监督管理机构派出的股东代表、董事，应当按照国有资产监督管理机构的指示发表意见、行使表决权。国有资产监督管理机构派出的股东代表、董事，应当将其履行职责的有关情况及时向国有资产监督管理机构报告。

2007 年 7 月 22 日，国资委党委和国资委发布《关于建立和完善中央企业职工代表大会制度的指导意见》（国资党委群工〔2007〕120 号），分别规定了职工董事和职工监事的地位。该指导意见指出，职工董事是职代会与董事会联系的纽带，代表职工参与企业决策；职工监事是职代会与监事会联系的纽带，代表职工参与企业监督。

中华全国总工会《关于进一步推行职工董事、职工监事制度的意见》在"二、进一步规范职工董事、职工监事制度"之"（三）职工董事、职工监事的职责"指出，职工董事、职工监事应经常或定期深入职工群众中听取意见和建议。职工董事、职工监事在董事会、监事会研究决定公司重大问题时，应认真履行职责，代表职工行使权利，充分发表意见。职工董事在董事会讨论涉及职工切身利益的重要决策时，应如实反映职工要求，表达和维护职工的合法权益；在董事会研究确定公司高级管理人员时，要如实反映职工代表大会民主评议公司管理人员的情况。职工监事要定期监督检查职工各项保险基金的提取、缴纳，以及职工工资、劳动保护、社会保险、福利等制度的执行情况。职工董事、职工监事有权向上级工会，有关部门和机构反映有关情况。职工董事、职工监事要向公司职工代表大会负责。应积极参加职工代表大会的有关活动，认真执行职工代表大会的有关决议，在董事会、监事会会议上按照职工代表大会的相关决定发表意见。应定期向职工代表大会报告工作，接受职工代表大会的质询。职工代表大会每年对职工董事、职工监事履行职责情况进行民主评议，对民主评议不称职的予以罢免。

"特别职责"和"履行特别职责的基本方法"的规定来看,原有规定中赋予职工董(监)事特殊职权的规则已有所改变。据此变化,我国职工董(监)事的职责正在逐步走向中立化。

新《公司法》第 68 条、第 120 条将职工董事的适用范围扩大到职工人数300 人以上的所有公司,且明确了职工董事可以成为公司审计委员会的成员,进一步增强了职工董事的地位,保障了职工的民主监督权。应该指出,我国公司法没有对职工董(监)事的职责作出特别规定,在立法层面上,职工董事和职工监事的职权与作为股东代表的董事和监事是相同的,他们都是公司利益的代表,而不是推荐方的代理人或者代表人。职工董(监)事了解职工利益诉求,在决议公司事务时可能更多地顾及职工利益,是职工董(监)事的内心活动,而不是衡量职工董(监)事是否尽责的法定标准。

2. 控股股东、实际控制人

一股独大的反思。学术界和实务界一直存在关于"一股独大"的讨论,这种指责未必言过其实,但却有失公允。"一股独大"是一种现象,旨在描述那种稳定的股权结构下的股东地位。这种现象不仅存在于我国,也存在于德国、日本、东南亚国家。学者似乎隐约存在一种内心评判,即分散程度较高的股权结构是一种理想结构。然而,控股股东地位是依据法律形成的事实状态。股权分散程度,主要取决于公司对资本市场的依赖程度。公司对证券市场的依赖程度越高,股权分散程度越高;对于非上市公司来说,其股权分散程度主要取决于股东之间的协议安排。"一股独大"沉淀了诸多复杂社会、经济、政治因素,很难通过法律规范的强制予以解决。

我国面临的问题是,《公司法》赋予股东会太多权力,又因控股现象普遍,原本归属于股东会的权力在事实上转化为控股股东的控制地位,可能诱发对少数股东利益的损害。但是,"一股独大"只带来了损害他人利益的风险,却并非当然损害他人利益,如果能够合理削弱股东会权力,自然就减少了控股股东滥用权利的机会。因此,公司法从股东会中心主义转向董事会中心主义,是重新配置公司中权利义务关系的基本方式。与此同时,在不改变控股结构的前提下,通过赋予少数股东某些特权,或向控股股东苛加某些特殊义务,也可以降低控股股东滥用权利的风险。与命令式分散股权的意见相比,重新安排公司中股东权利义务关系的做法,不仅更具合理性,也更为稳妥。

第一,新《公司法》第 21 条的出台背景。在 1993 年《公司法》出台后,学术界就存在关于控股股东的争论。朱慈蕴教授合作撰文指出:我国当前股市上大量存在控股股东滥用控制权损害投资者利益的现象。控股股东应当承担比普通股东更多的义务,包括对公司出资的义务、对中小股东的诚信义务和尊重公司独立人格的义务。为了保障控制股东履行义务,还应确立相应的保障措施。[①]针对控股股东应否承担法定义务问题,学者之间产生严重分歧:一种观点认为,股东除了出资义务以外,不承担其他义务。另一种观点认为,股东义务不限于出资义务,控制股东具有优势地位,应当承担更多义务。

第二,证券市场监管规则。证监会作为上市公司的主要监管者,长期关注上市公司治理问题,尤其重视对控股股东的监管,从以下方面开展了约束控股股东、保护少数股东的制度建设:

一是推动公司法和证券法修改,夯实监管依据。2019 年《证券法》专章规定投资者保护,并在其他条款中,强化控股股东、实际控制人及经营者的义务和责任。[②]二是制定部门规章和规范性文件,落实法律实施。例如证监会 2004 年《关于加强社会公众股股东权益保护的若干规定》,明确规定"上市公司控股股东及实际控制人对上市公司和社会公众股股东负有诚信义务"。三是发布指引性文件、细化行为规范。证监会从 1997 年开始制定《上市公司章程指引》,随后经 2006 年、2014 年、2016 年和 2019 年修改《上市公司治理准则》,第六章专门规定"控股股东及其关联方与上市公司",其第 1 节是"控股股东及其关联方行为规范"。

证监会制定的规章或规范性文件,是公司法规范的细化,主要属于行为规范,不是法院裁判的直接依据,却是证监会作出行政处罚或实施监管措施的重要依据。同时,对于证监会发布的规章和规范性文件,人民法院在实践中普遍

---

① 朱慈蕴、郑博恩:《论控制股东的义务》,载《政治与法律》2002 年第 2 期。
② 参见《证券法》第 24 条、第 36 条、第 80 条等。

认可,往往将其作为重要的裁判说理依据。

依照公司法通行学说,公司董事和监事皆应承担忠实、勤勉义务。即使在接受职工参与制的国家,公司法也未就职工董事职责作出与普通董事不同的规定。职工董(监)事作为公司机关成员,应以公司利益为重;若要求其同时代表职工利益,职工董(监)事的双重身份必然发生冲突。如果要求职工董(监)事专门承担保护职工利益的职责,必然带来众多难以逾越的法律问题:一是,职工董事和监事是否应对公司承担忠实和勤勉义务;二是,职工董事或者监事承担保护职工利益的职责,在相反方面也就印证了股东代表承担保护股东利益的职责,这种状况将架空董事会和监事会的职权;三是,职工代表和股东代表同处于公司之中,必然生成董事会和监事会的内部矛盾,必将与公司集中管理原则发生冲突。只代表推荐方利益的做法,将使自己代表的利益群体孤立化,还将诱发公司中各群体之间的利益冲突,最终必然损害任职推荐方的利益。

独立董事和监事会的叠加,必然提高公司运行成本,甚至造成独立董事和监事会职责的重叠,容易在公司中诱发更多利益冲突,且并存模式的理论依据有失充分。与此同时,监事会制度运行不畅是规则实施的问题,而不是缺少独立董事引起的,应当首先落实公司监督机制,而不是任由监事会机制落空。独立董事在董事会中所占席位不得超过半数,这使得独立董事始终是董事会中的少数派,也是独立董事难以发挥作用的制度原因。因此,在其他制度要素和环境没有根本改变的前提下,允许公司在监事会模式和独立董事模式之间作出二择其一的选择,是比较理想的。按照这种做法,不仅可以延续监事会制度,维持职工在监事会层面上的参与,还可淡化欧陆法系与英美法系在公司权力配置上的分歧,减少我国公司海外融资遇到的阻力。保留监事会并将其定位于股东会的常设机构,在法律修改上最为便利,只要作出有效的法律解释,即可实现这样的目标。

如果公司股东人数较少,股东会足以监督董事或者经理的活动,通常无须再设置监事会作为股东大会的常设机构。如果公司股东人数较多,为了有效监督董事和高级管理人员的活动,才有设置股东会常设机构的需求。

三、合规引入公司法的法理依据

(一) 合规引入公司法的基本问题

赵万一认为,对于合规在公司法中的具体制度设计,包括:首先,在董事会内部设立由外部董事或者独立董事组成的"合规委员会";其次,公司董事会承担制定合规制度和监督合规执行的义务,且特定股东也应承担合规义务;再次,遵守合规要求是包括董监高以及从业人员在内的基本义务;最后,上市公司的董监高和控股股东在从事特定行为时须遵守合规要求。施天涛认为,我国的公司治理机制,从理论上来说是三机关"三权分立":股东会、董事会、监事会,[①]体现分权制衡的宪制思想。[②]然而实际中,公司治理虽"分三权",但却未达到"制衡"目的,导致公司问题频出。其中尤为重要的原因就在于监事会形同虚设,监督机制失灵。

我们也认为,首先,公司推行合规必须建立在良好的公司内部治理环境的基础上,在这个意义上,公司法上有关的内部治理规则应对合规体系入法进行必要的"适应性调整";其次,问题的要点仍在于责任。要正确追究企业的不合规责任,有必要开辟对企业系统本身的不完善以及企业组织结构的缺陷进行法律惩罚的新道路。在这种问题意识的前提下,承认法人主体依法经营是一种法律性义务。再次,制定合规计划最大的意义在于企业可以用来预防违法行为。当制定与实施合规计划的法效果明显时,企业制定合规计划的刺激效果也会增强。因此,对于合规计划的确定而言,必须的前提是法效果的明确性。关于合规问责的原则,"可问责性"要求在法定期间内提供准确公司运作信息(包括财务信息),进一步来讲,需为行为提供解释或正当性。问责原则的更深一层含义,则是行为人对其行为负责。除考虑责任的不同模式外,还应考

---

① 根据我国《公司法》的规定,有限责任公司称股东会,股份有限公司称股东大会;股东人数较少或者规模较小的有限责任公司可以设一名执行董事,不设董事会;可以设一至二名监事,不设监事会。为行文简洁,除非情形需要特别指明,一概称为股东会、董事会和监事会,以此代称股东会或股东大会、董事会或执行董事、监事会或不设监事会的有限责任公司的监事。讨论也将以监事会为中心而展开。

② 参见施天涛:《让监事会的腰杆硬起来——关于强化我国监事会制度功能的随想》,载《中国法律评论》2020 年第 3 期;施天涛:《公司治理中的宪制主义》,载《中国法律评论》2018 年第 4 期。

虑承担责任的时间限制、承担责任的不同场合,以及问责的不同方式。

企业是一定的组织,人在组织中活动。过去的做法只追究"一定的人"的个人责任。与之相对,问题在于能否对"一定的组织"进行"非难"。当该组织中存在缺陷时,便可能引发企业违法。那么,什么样的缺陷才是应当受到非难的缺陷呢?如果企业根据设立的宗旨实施合法的企业活动的话,是不可能发生违法行为的。即企业活动中当然隐含着"遵守法令义务"这一行为。违反该义务时便会产生违法行为。"遵守法令"(compliance)这一思考方法提供了重要的指示。

(二) 合规对我国传统公司内部治理的补强

从一定意义上讲,可以说公司就是缩小了的社会。①公司的所有权与经营权分离的经营模式,具备了实行"分权"宪制体制的基础。如公司全体股东制定公司章程,并将其作为公司自治的"宪章";公司股东以公司的所有者身份组成股东会,集体行使重大事项的决策权,类似宪制国家的代议机关;董事会及经理层行使公司事务管理执行权,是公司的行政机关。在这种分权模式下,权力监督就显得尤为重要。德、日的二元制公司治理结构受到它们自己国家的政治结构的影响,是与政治结构具有同质性的。②而按照权力分立与制衡理论,在公司制度中由股东会来行使监督权有其内在的缺陷,因而需要建立像监事会、独立董事这样的专门监督机构来行使公司内部的监督权。

股东作为公司的所有人,对公司行为的后果有切身利益,是最合适的监督者。但现代公司的股东不适宜作为监督者。原因主要是:(1)随着公司股权的逐渐分散,股东内部也产生了冲突。(2)大股东可以控制公司获得不正当收益,中小股东只专注于通过资本市场的炒作赚取投机收入,对公司经营漠不关心。

公司职工也不适于作为监督者。原因有:(1)由于公司职工和公司之间只是一种劳动合同关系,因而管理者和公司职工之间是行政性的管理和被管理关系。(2)在职工并非公司股东的情况下,职工不是公司的所有者,因而在公

---

① [英]伊凡·亚历山大:《真正的资本主义》,杨新鹏等译,新华出版社 2000 年版,第 111 页。

② 文艺、徐阳光、蒋安:《论我国独立董事与监事会关煞的冲突与协调》,载《财经理论与实践》2003 年第 1 期。

司职工和公司管理者之间不存在信托义务和委托—代理关系。(3)职工的监督缺乏监督本身所必需的约束力和救济手段,法律对这种监督的规定大多表现为任意性条款,有限的强行性规定一般只涉及对职工自身利益或者最基本权利的保护。

监事和独立董事无法发挥作用的主要原因是,公司法没有提供落实监事和独立董事职责的制度工具。例如,公司法虽然规定了监事和独立董事的地位,却没有提供监事和独立董事履行职责的条件。同公司治理一样,合规的自主实施是有意义的,将实施公司治理规则和合规的职责分配给董事,将遵守法律作为董事义务的当然组成部分,公司治理规则实施才更有可能。大型公司可以设置专门人员岗位,拨付必要经费,辅助董事履行义务。同时,董事必须遵守公司档案文件的管理职责,以此作为检验实施效果的证据资料。新《公司法》第 78 条规定的监事会职权相对抽象,监事会无法据此直接约束董事会行为。在此场合,唯有公司股东会才能处理董事会和监事会之间的纷争。然而,这种体制在客观上提高了股东或者股东会对公司事务的干预能力,有损于公司的效率;股东会介入董事会和监事会的纷争,可能带来较高成本,容易变成控股股东单方决定的机制。

(三)公司法下的合规应该是有框架的强制性规范

公司治理规则到底是强制性规范还是任意性规范,是学术界争论的热点。汤欣教授主张"应区分有限责任公司和股份有限公司,对于股份有限公司区分初次公司发行前和上市后的存续期间两个时期"。[1]赵旭东教授认为"公司治理规范原则上应是任意性规范,但一些涉及公司组织机构存在和运行所必需的要求应具有强制性"。[2]"公司法中的强制性规范是自动适用于相关当事人的,这是它的本质。所谓当事人违反公司法主要是指当事人违反强制性规范。"[3]如果从功能角度入手,必然存在相对强制或变相强制规范。

---

[1] 汤欣:《论公司法的性格——强行法抑或任意法?》,载《中国法学》2001 年第 1 期;汤欣:《公司治理与资本市场法制》,法律出版社 2015 年版,第 2 页。

[2] 赵旭东:《公司法修订中的公司治理制度革新》,载《中国法律评论》2020 年第 3 期。

[3] 王保树:《从法条的公司法到实践的公司法》,载《法学研究》2006 年第 6 期。

例如,我国证监会强力推荐采用《上市公司章程指引》,并采用"遵守或解释"(comply or explain)的适用模式,这种规范的结果就是使相关规范成为一种通常需要遵守的治理规范,不属于强制规范,却具有变相强制规范的功能。在有限责任公司的场合,既要遵守公司治理的强制性规范,不得违反公司法关于资本条款、名称条款等强制性规范,同时也要考虑股东会决议的外部性。由此可以看到,国家强制是一种重要的公司外部治理手段。一方面,公司是法律拟制的存在,必然要遵守法律规定;另一方面,按照平等思想,任何人都要受到法律的约束,自由的设立与受到管制总是并存的。至于国家管制的强度,往往与立法者对公司属性的认知相关。

首先,公司机关是一种组织机构意义上的概念。公司机关是实现公司治理的机制和手段,公司治理本质是一种权责利的平衡关系。其次,公司机关是公司法上的法定概念。公司机关是法律术语,含义相对清晰,公司治理是公司法文本之外的概念,虽然极其重要,但内涵迄今未达成共识。再次,公司治理的首要任务是协调利益关系。公司机关只是发挥利益调整功能的其中一种机构。最后,公司治理强调的是管理公司的一整套规则及其运行。公司治理是一种有目的的动态行为过程,不同于单个静态的公司机关。

然而,合规并不能完全违背公司治理初衷,想要在公司治理中推进合规,就必须一边解决股东与经营团队之间的代理成本问题,一边促进合规。如何更好地减少和防止道德风险?公司内部治理和合规都重视并着力解决这一问题。不同的是,公司合规比公司内部治理更加关注企业舞弊,尤其是组织管理不善等原因造成员工等共同引发的不合规事件,因此,比起权、责、利的划分,合规更看重一套适合公司组织管理的管理体系,然而两者的关系并不是割裂的,而是水乳交融的,两者之间最大的交叉便是公司组织的监督机制。比如,降低股东与经营者之间的代理成本也好,完善合规体系也罢,都需要相对流畅、透明的信息和信息传递,除此以外,合规和内部治理都要关注各国公司治理各自的特点。包含公司法、证券交易法与相关法规都是形成完整公司治理制度的焦点,而主管机关也凭借这些法规来引导企业经营者所应有的行为,合规也理应投向这些领域,而公司法、证券法也应当予以必要的回应。

(四) 域外法上的合规治理与公司组织过错

域外法上的合规经验将在第五章中重点讨论,美国作为合规管理制度最先进的国家,在制度与法人责任的关联性研究方面取得了很多成果。概括而言有以下三个要点:

第一,应对"合理注意义务"抗辩时应考虑的项目("合理注意义务"抗辩与合规管理制度的关系);第二,判断法人的违法行为是属于"职权范围内"这一替代责任的判定要件,还是属于"法人谋利"的行为(替代责任的成立要件与合规管理制度的联系);第三,判定民事责任比例时应考虑的项目(民事责任与合规管理制度的联系)。着眼于企业法人固有的性质,如"构成系统"与"组织结构"的定责模式又有出现的苗头。如果"替代责任法理"无限制地被运用的现象得到控制,我们就有充分的理由在"合理注意义务"抗辩中考虑合规管理制度。

企业责任理论是让受害人在无须证明企业或雇员存在过错的情况下,直接向企业请求赔偿。比起替代责任,它的构成更加简单,且对企业的要求更加严格。这一理论减轻了受害人的负担,但也引起了普通法学界对其适用以及与替代责任关系的激烈争论。而将企业责任理论与组织过错理论进行对比,便发现组织过错理论显得更加具有优势。企业责任理论过于强调保护受害人,忽视了对企业注重监督管理义务的激励;而组织过错理论能更好地平衡有关主体之间的利益冲突,体现在轻过失的雇员可以免于承担责任、受害人的证明义务被减轻,以及企业的免责事由。

刑法上的"同一视"理论是指,为了处罚单位,一般以法人的实在性为基础,但还需要以自然人的行为、意思为基础来探讨处罚法人的问题。尤其需要考虑单位内部的领导层的行为(决定单位方向性)与其成员参与度之间的关系问题。同一视理论正是以此为出发点,借用侵权责任的分析,主张"单位是领导层(the directing mind)的分身(alter ego)"。有批评意见指出,根据同一视理论,可以视同为单位的人员(例如,代表董事)的违法行为便是单位自身的行为,而单位则无法免除责任,在该意义上,领导层是引发单位行为的人员,可以视同为该单位。

然而,虽然可以预见某行为将引发违法结果,但在单位已经采取了充分的避免措施时，即使该行为依然引发了违法结果，也可以否定单位的刑事责任。根据同一视理论，如果代表董事采纳了董事会和监事的异议，采用了可以防止违法结果的妥当措施但依然造成违法结果时，被视同为单位的人员（例如，代表董事、董事、监事）不存在过失，单位的责任也会被免除。原因在于，为了避免可预见的违法结果而采用了充分措施的单位采取的是不会引发违法结果的行为，所以便可否定该单位对结果的预见可能性乃至过失性。[①]这个理论在公司法范畴内同样适用。

从域外经验看，推进合规进入公司法的主要是美国、日本以及德国等国家。比如在私法领域，合规管理制度在认定企业雇主责任时发挥巨大作用。以美国最高法院认定职场歧视（可见雇佣行为骚扰和敌意环境骚扰）的案件为例，[②]法院表明，"设计企业防范法令是为了鼓励反骚扰政策和有效申诉机制的实施。企业是否需要负责部分取决于企业是否努力创设这种程序，这将使国会在第7条的背景下推动和解而不是诉讼"。[③]在三种不同的标准下，企业因敌意环境骚扰需要对他们的雇员负责：[④]

---

① 因为实施了合适的合规计划，所以可以否定预见可能性的问题也是出于同样的理由。关于这一点，将与旧过失论合并论述。

② 可见雇佣行为（tangible employment actions）主要涉及雇佣状况的显著变化，例如雇佣、解雇、晋升未果、显著不同的职责的重新分配或者民权法案第7条任一权利种类基础上的利益的显著改变。敌意环境性骚扰（hostile environment harassment）主要是指企业行为过于严苛或渗透性过强，以至于尽管没有可见伤害（如失业或者薪金的降低），但是仍违背民权法案第7条的要求，改变了雇佣关系或状况。Burlington Industries, Inc. v. Ellerth, 524 U.S. 742, 761—62(1998).对于可见雇佣行为，企业面临严厉的替代责任，因而企业实施的内部程序与可见雇佣行为并不相关，除非其可以阻止骚扰行为的存在或者被用以作为惩罚性损害赔偿的辩护事由。Burlington Industries, 524 U.S. at 762—63.(出于维护民权法案第7条旨意的目的，监督管理人员所实施的可见雇佣行为被归属于企业……在这种情况下，通过闻释代理原则（agency principle）使企业逃脱责任的做法是匪夷所思的)。然而，企业的内部程序可能会以一种或者另外一种形式与敌意环境主张（hostile environment claims）发生关联。

③ Burlington Industries, 524 U.S. at 764.

④ B. Glenn George, If You're Not Part of the Solution, You're Part of the Problem: Employer Liability for Sexual Harassment, 13 Yale J. L. & Feminism 133, 142(2001). 尽管最高法院根据不同标准区分了"企业明知的监督治理者故意环境性骚扰"与"企业不知道的监督管理者故意环境性骚扰"，然而，大多数的巡回法庭并未接受这种区分，并对于所有的监督治理者敌意环境主张均采取了双管齐下式的积极抗辩（two-pronged affirmative defense）, Id. at 143, 根据 B. Glenn George 教授的说法，第三、第五、第六、第七、第八、第九巡回法庭均在如下案件中对于替代责任错误地采取了上述双管齐下式的积极抗辩，即企业明知骚扰行为，因此过失标准（negligence standard）本应得到采用。Id. at 145.

（1）对于同事敌意环境骚扰，此时根据疏忽的程度来对企业进行判断，企业对所有知道（或应当知道）并因忽视而未纠正的骚扰负责。

（2）对于企业知情的上级敌意环境骚扰，根据疏忽程度来认定企业行为，企业只对因其疏忽而未能妥善应对的骚扰负责。

（3）对于企业不知情的上级敌意环境骚扰，企业要对其承担间接责任，除非以下两部分积极抗辩成立：其一，"企业对防止和及时纠正性骚扰行为投入合理的精力"；其二，原告雇员没有利用雇主提供的防止和纠正机会或避免伤害，却无正当理由。①

联邦最高法院确实强调过反骚扰政策和内部合规程序在第一层辩护中的重要性："尽管企业是否声明其采取了包含投诉程序的反骚扰政策在法律上并非在所有案件中都是必要的，但是当进行第一层辩护时，对公布适宜工作环境政策的需求应当被合理处理。"②然而，很多下级法院似乎比最高法院更进一步，已经将为杜绝骚扰而设计的内部合规结构视为免责的必要充分条件。

尽管仅凭经验就反骚扰合规结构在何种程度上减轻了企业责任做了部分回答，③但法律合规专业人士早已提前巧妙地重新包装了这些下级法院判决，将合规包装为企业希望规避巨大责任的绝对必需品。④结果就是反骚扰合规结构的扩张，但很少有法院、评论家或法律同行去探究合规防止骚扰的有效性的证据。至于歧视意图，宣称蓄意歧视的原告越来越难指出公然歧视的直接证据了。⑤今天的企业已经不可能给原告留下能证明歧视的确切证据了。⑥因此，

---

① Faragher v. City of Boca Raton，524 U.S. 775，807(1998). See also Burlington Industries，524 U.S. at 764(1998)（采取同样标准）。

② Burlington Industries，524 U.S. at 745. See also Faragher，524 U.S. at 807.

③ See infra notes 167—87 and accompanying text(讨论了被告企业针对职场的骚扰行为而设置的投诉程序对于企业层面的责任的影响)。

④ See e.g. Ellen Melaughlin & Carol Merchasin，Training Becomes Important Step to Avoid Liability，NAT'L.L.J.，29，2001，at B10(素质培训连同好的成文政策很可能被认为满足了 Kolstad 案中的善意抗辩)。

⑤ 一位评论人员称，诸如如下的现象已经成为过去：在门上贴上印有"爱尔兰人勿申请"的标志；对于女性的职位申请予以拒绝，并解释称该岗位不招女性。

⑥ Rosen v. Thomburgh, 928 F.2d 528, 533(2d Cir.1991)（企业不可能为自己的歧视行为留下任何确凿证据，例如在员工档案中留下印迹，从而证明自己存在对员工的歧视意图）。

受歧视的人有可能转而采用间接证据。①于是，大多数差别对待案件遵循着联邦最高法院在麦道公司诉格林案（McDonnell Douglas v. Green）②中建立的三方框架，即原告和被告都可以援引企业内部合规结构来寻求间接证据，证明企业是否因为其弱势地位而故意歧视原告。③

　　而在伯林顿工业公司案中，合规管理首先可作为民事诉讼被告的抗辩要点之一，同时还发挥了限制原告诉求、在一定程度上否定原告诉求的作用。1998 年伯林顿工业公司案④中，一审、二审及终审法院对雇主责任的界定皆不相同。一审法院伊利诺伊州东部联邦地方法院持雇主责任属过错责任，否定原告诉求；二审法院第七联邦巡回上诉法院则认为雇主责任属无过错责任，公司应承担侵权责任；最后美国最高法院认为应将雇主责任看作替代责任，在此前提下，如果上级对下级作出如性骚扰、无理由阻碍升职等行为时，企业作为雇主需要承担侵权责任。该判决的意义在于，促进了企业建立防止伤害行为发生的合理对策。⑤该

---

①　歧视受害人很少能直接证明其主张，通常只能被迫依靠间接证据链。

②　McDonnell Douglas v. Green, 411 U.S. 792(1973).在 McDonnell Douglas 案中，原告最初承担着第一位的歧视证明责任，例如，其必须证明自己属于受保护的范畴；其有资格申请作为争论焦点的工作；其遭受了不利的职业歧视。Id. at 802,一旦原告完成了自己的证明责任，证明责任则将转移到被告方，其必须对针对原告的不利职业行为作出合理解释，证明不存在歧视。St.Mary's Honor Center v. Hicks, 509 U.S. 502, 506(1993).如果被告提供证据证明，相关职业行为是合理、非歧视的，那么证明责任再次转移到原告方，其必须提供优势证据，证明被告方所谓的合理原因仅是职业歧视的托辞。Texas Dept. of Community Affairs v. Burdine, 450 U.S. 248, 253(1981).

③　Vicki Schultz, Telling Stories About Women and Work: Judicial Interpretations of Sex Segregation in the Workplace in Title VII Cases Raising the Lack of Interest Argument, 103 Haru. L.Rev. 1749, 1782—92(1990).[讨论了审判实践中，内部合规结构（尤其是反优先雇佣政策）如何被运用，进而确立了所谓的女性兴趣缺少的辩护意见不能否定性别歧视的成立]与之类似，企业的内部合规结构可能与差别性影响歧视案件(disparate impact cases)中决定相关联。

④　Burlington Industries, Ine, v. Ellerth, 524 U.S. 724(1998).关于本案的更多日文文献:中窒裕也「アメリカにおけるセクシャル・ハラスメント法理の新展開」ジュリスト1147 号(1998)10 頁以下,キャロライン・ウェルチ(木村仁訳)「アメリカにおけるセクシャル・ハラスメント」近機大学法学 47 巻 2 号(1999)72 頁以下,竹川雅治「アメリカにおけるセクシャル・ハラスメントに対する使用者責任の新しい動向」札幌法学 10 巻 1・2 号(1999)163 頁以下。林弘子「アメリカにおけるセクシャル・ハラスメント法理の再検討—最近の連邦最高裁判決を中心に一」日本労働法学会誌 94 号(1999)37 頁以下,山川龍一「Burlington Industries, Inc.v.Ellerth, U.S., S. Ct.2257(1998),—セクシャルハラスメントと使用者責任の判断基準」[2000]アメリカ法 140 頁以下。

⑤　Id. See also, Richard S. Gruner, Refining Complace Program Standards: New Compliance Targets and Methods, in Advanced Corporate Compliance Workshop 2003, at 163, 187(co-chairs Carole L. Basri et al. 2003).

判决引导企业设立并明确自身关于防止性骚扰行为发生的合规管理机制,以及在该机制试点运行的过程中完善被害人可运用的申诉程序与对伤害行为有效的纠正措施。这一判决被认为很大程度上促进了合理注意义务的发展。[①]

此外,在环境法层面,加拿大联邦法包含授权政府发布命令的条款,基于该授权,政府可要求个人采取救济措施或履行其他遵守法律的行为。基于董事和高级管理人员对环境事务的"管理或控制",政府可对董事和高级管理人员直接发布有关命令。安大略省环境申诉委员会归纳了发布"行政命令"[②]要求个人承担责任时所考虑的因素,这些因素包括:(1)合理的勤勉,如有关人员影响或控制产生风险因素的程度,在多大程度上促成环境风险的发生,是否采取有效措施转移风险;(2)该人员是否与他人进行合作;(3)该人员是否并在多大程度上与其他人员共同促使污染,监管机关是否对其他责任人员采取救济措施;(4)公司的支付能力以及类似因素;(5)该人员是否从非法行为中获利。[③]

美国立法与加拿大立法极其相似,联邦和大部分州的环境保护法都授权监管机构通过民事诉讼或刑事诉讼追究个人的法律责任。在 U.S v. Northeastern Pharmaceutical and Chemical Co.案中,法院认为公司的某些高级管理人员基于在公司的地位而对排放污染物具有控制力,故应当承担清除污染的费用。[④]在考虑个人赔偿责任时,法院通常采取两种认定标准:(1)传统的个人参与标准,如果董事和高级管理人员参与公司的非法行为,则应当承担个人责任;(2)防止标准,如果董事和高级管理人员本应采取措施防止或者减轻污染,但未采取措施或者采取措施不当,则应该承担个人责任。

通过这些研究,我们在讨论美国法人责任的同时,可以明确将合规管理制

---

① Mark R. Attwood, Crossing the Line; When Co-Worker Romance Turns to Conflict, in Advanced Corporate Compliance Workshop 2003, at 1189, 1195 (co-chairs Carole L. Basri et al. 2003). 此外,クネスJ・ローズ《セクシャル・ハラスメントによる訴鈴のために経営者がなすべきこと》国際法務戦略 11 巻 6 号(2002)25 頁以下。ポール・サルバトーレ・キャサリン・H・パーカー「セクハラ等差別訴訟防止のためのオンライン・トレーニング実際」国際法務戦略 11 巻 6 号(2002)35 頁以下も参照。

② 行政命令的种类主要包括:(1)控制令(control orders);(2)预防令(preventive orders);(3)清除令(clean-up orders);(4)排除废物令(orders for removal of wastes)。

③ Re 724597, Ontario, Ltd. (1994), 13 C.E.L.R.S.7257.

④ 579, F. Supp. 823(W.D.MO. 1984).

度运用在以合理注意义务为基础的抗辩中时,怎样才能创造出有效率的法人定责模式(合规管理模式),并了解模式实行的依据。同时,我们也将着眼于企业过失责任问题,对企业注意义务进行合规管理范式的研究,并研究注意义务与合规管理之间的关系。而公司法上的合规研究也将推进其他领域的合规问题研究。

第三章　合规体系建设的目标与效果的审视

一、合规体系建设的目标

合规管理的目的在于有效防控合规风险,避免企业内部人员包括其员工在经营管理过程中因违规行为引发法律责任而造成企业经济或者声誉损失以及其他负面影响。①内部控制的目的在于"合理保证企业经营管理合法合规、资产安全、财务报告及相关信息真实完整,提高经营效率和效果,促进企业实现发展战略"。②关于两者间的关系,现有的探讨较少。合规管理侧重于对公司人员行为的管理,主要职能和目的在于防范贿赂、腐败、舞弊等行为以及保证符合外部监管。内部控制更强调规章制度的建立、执行与评价,涉及的领域大于合规管理,涵盖全业务流程,包括事前、事中和事后控制等措施。③合规管理是内部控制在具体领域的深化,因此合规也是内部控制的目标之一,是一种新兴的公司内部治理方式。

(一)合规体系的概念与追求效率的目标

有关"合规体系"较早的规定出现在美国 1934 年的《证券交易法》(Securities Exchange Act of 1934)第 13 条(b)款(2)项,规定证券发行公司有义务进行"内部的会计控制"。然而,内部控制的概念和目标不断扩张,例如"水门事件"发生后,美国于 1977 年颁布《反海外腐败法》,第 102 条与前述条

---

① 《中央企业合规管理办法》,国务院国有资产监督管理委员会令第 42 号,第 3 条。
② 《企业内部控制基本规范》,财会〔2008〕7 号,第 3 条。
③ 黄胜忠、刘清:《企业内部控制与合规管理的整合》,载《财会通讯》2019 年第 17 期。

款相互呼应,①虽然仍侧重"会计控制",但《反海外腐败法》中的"内控、合规"主要是为了解决"海外腐败"问题。如今学界所称的"内部控制"早已突破上述"会计控制"的范畴。COSO 委员会(全美反舞弊性财务报告委员会发起组织,Committee of Sponsoring Organizations of the Treadway Commission)在《内部控制整体框架》(Internal Control-Integrated Framework)(以下简称《COSO 内部控制整体框架》)中将风险管理界定为内部控制在整个公司的应用,旨在合理保障经营效率、财务报告的真实性、合规合法等目标。《COSO 内部控制整体框架》对内部控制确定的基本制度和《反海外腐败法》的基本理念被 2002 年美国《SOX 法案》所吸收,从而对各国产生一定影响。

我国也曾出台许多有关内控的办法、指引乃至规章。②2006 年《上海证券交易所上市公司内部控制指引》强调内控是为了"保证上市公司战略目标的实现"。③同年的《深圳证券交易所上市公司内部控制指引》首次将内控的目标明确概括为"合法合规、公司经营效率、公司资产安全、公司信息披露"四个方面。④2008 年《企业内部控制基本规范》将上交所、深交所对内控的定义表述进行结合,内部控制的目标更接近 COSO-REM 框架(《COSO 全面风险管理框架》)。⑤值得提出的是,公司法引入"合规体系"是否应当将"促进公司经营效率"作为主要目标?

学界对于"公司经营效率"有诸多不同理解:其一,"资本成本率和资产管理比率体"等财务指标或指经营结果与预期目标进行比较而得出的预期目标实现程度;其二,包括会计质量、财务稳健性上升在内的"经营业绩";其三,董事等业务执行机关在执行职务时的效率。

---

① 就合规体系的构建问题,公司经营者的义务存在两个方面:合理且公正地制作账本等记录的义务;整备并保持一个为确保公司交易以及资产处理在经营者的承认(许可)下执行的内部会计控制机制。

② 例如 2005 年 10 月,证监会发布《关于提高上市公司质量意见》;2006 年 5 月证监会发布的《首次公开发行股票并上市管理办法》第 29 条。

③ 《上海证券交易所上市公司内部控制指引》(已失效),上证上字〔2006〕460 号,第 2 条。

④ 《深圳证券交易所上市公司内部控制指引》(已失效),深证上字〔2006〕118 号,第 2 条。

⑤ 《企业内部控制基本规范》,财会〔2008〕7 号,第 3 条。

关于第一点，如果从资本成本角度看，有国内外学者认为内控及相关信息披露在长远的角度上可以一定程度降低公司的资本成本，从而"有利于"提高公司"经营效率"，[①]国外学者则认为，内控良好会带来公司声誉的增加及资本成本的降低；[②]另一部分学者则持有不同意见，比如 Cormier & Magnan 就指出，[③]内控及相关的信息披露会给公司带来巨额的直接成本和间接成本；[④]Beneish 等通过实证研究发现，披露了内控缺陷的公司，其融资成本普遍较高，且这些成本会随着内控机制的内容和信息披露数量（包括自愿性信披）的增加而增加。[⑤]如今，这一观点被越来越多的学者所赞同。[⑥]

此外，Engel、[⑦]Ashbaugh-Skaife(2009)等[⑧]对机制实施本身所耗费成本的诟病也为众人所熟知。Roberta Romano 教授指出，内控机制法定化后，年收入超过50亿美元的公司平均每年被迫多支付数百万美元，某些上市公司初期的机制建设费用高达数十亿美元，以至于部分上市公司考虑退市。[⑨]在日本，这笔费用同样高达数十亿日元。虽然美国财务管理师协会（AFP）曾指出，"初期成本"会在之后的会计年度下降，但法案要求公司必须保证"机制的持续有效"，

---

① 参见陈丽蓉：《内控效率对经营业绩影响的实证研究——来自中国证券市场的经验证据》，载《财会通讯》2011年第1期；章添香、张春海：《我国银行业公司治理——经营效率与内控》，载《经济管理》2015年第12期。

② See Bushman Smith A.J., Financial Accounting Information and Corporate Governance, 32 Journal of Accounting and Economics, 237—333(2001).

③ See Cormier D., Magnan M., Environmental Reporting Management: A Continental European Perspective, 22 Journal of Accounting and Public Policy, 1, 43—62(2003).

④ 因其要求企业建立围绕财务报表、信息披露、公司机关行为以及业务流程的整体监督机制，同时需要对公司全体职工就业务流程等进行再教育和再确认，甚至举办同生产活动并没有关联的活动。

⑤ See Beneish D., Billings M., Hodder L. Internal Control Weaknesses and Information Uncertainty. 83 Accounting Review, 665—703(2008).

⑥ See Bertomeu, BEYER, DYE., Capital Structure, Cost of Capital, and Voluntary Disclosure. Working Paper, The Financial Reporting Environment: Review of the Recent Literature. 50 Journal of Accounting and Economics, 296—343(2010).

⑦ See Engel E., Hayes R., Wang X., The Sarbanes-Oxley Act and Firm's Going-private Decisions, 44 Journal of Accounting and Economics, 116—145(2007).

⑧ See Ashbaugh-Skaife H., Collins D., Kinney W., LaFond R., The Effect of Internal Control Deficiencies on Firm Risk and the Cost of Capital, 47 Journal of Accomting Research, 7—43(2009).

⑨ See Roberta Romano, The Sarbanes-Oxley Act and the Making of Quack Corporate Governance, 5 Yale Law Journal, 1533—1537(2005).

因而很难认为成本会持续稳定地下降。

对于第二点，同样存在实证研究结论相互矛盾的一面。国内经济学、会计学研究比较常用的域外文献，如：Doyle（2007）、①Ashbaugh（2008）②的研究结论均证明内控机制的改善有助于提高会计应计质量的假设。同期国内学者如张龙平等对2006—2008年沪市A股公司进行研究后的结论也支持上述观点。③但之后甚至出现了结论完全相反的研究，比如王美英与张伟华（2010）发现应计质量并不随内控质量提高而提高，④原因之一可能是对于某些地方政府控制的上市公司来说，其承担了较重的"政策性负担"。⑤

除此以外还存在以下疑点，首先是法经济学成本收益的分析方法无法得出令人信服的结论。因为相对于"成本"，内控带来的"收益"无法准确测量，而且有会计法律的研究者认为，这类分析本身也不是真正意义上的会计法律的经济效率分析。⑥同时，有学者认为有效的内控带来较高的会计信息质量可以确保"流动性"从而提升公司股价，但也有学者指出，公司的股票价格是按"公允价值"进行的，该种增长和公司的盈利水平、业绩等无关。⑦

对于第三点，如果从内控要求建立"IT化管理"和"信息传递渠道"等要素来看，或许可以达到"提升经营效率"的效果，但这一目标并不适合"法律化"。早在20世纪40年代，内控就被理解为一种"内部牵制"（internal check），即通过职责明晰、岗位分离、交叉牵制等流程化作业来防范公司组织内部的错误和舞弊，要求一个职能由复数的人来管理和担当，并由独立部门（内部监督部门）

① See Doyle, Weili and McVay, Accruals Quality and Internal Control over Financial Reporting, 82 The Accounting Review, 1141—1170（2007）.

② See Ashbaugh-Skaife, Collins, Kinney and LaFond, The Effect of SOX Internal Control Deficiencies and Their Remediation on Accrual Quality, 83 The Accounting Review, 217—250（2008）.

③ 参见张龙平、王军只、张军：《内控鉴证对会计盈余质量的影响研究》，载《审计研究》2010年第2期。

④ 参见王美英、张伟华：《盈余质量与自愿披露的内控审计报告》，载第五届"五校"会计青年学者论坛论文集，厦门大学管理学院2010年，第134—142页。

⑤ 参见孙文娟：《内控信息披露与盈余质量的关系研究》，载《财会月刊》2011年第15期。

⑥ 参见张华林：《会计法制建设法理基础研究》，法律出版社2009年版，第15页。

⑦ See Easley O'Hara, Information and the Cost of Capital. 59 Journal of Finance, 1553—1583 （2004）.

定期对内控实行"事后验证"。然而制衡越多,就越可能出现协调困难和决策效率低的情形。

如果将"效率"目标"法律化",还会带来许多隐患。比如,如何处置企业为提高"效率"(业绩)而出现的不合规。新《公司法》第188条规定:董监高人员执行公司职务时违反法律、行政法规或者公司章程的规定,给公司造成损失的,应当承担赔偿责任。如果职务执行行为给公司带来(比受到处罚)更多的业绩,董事是否就此免除承担公司法上的责任?因为"效率"而不建设内控机制的行为当作何评价?如果经营者在内控机制的建设上较多地投入成本,是否属于违反"效率"?再比如,如果从人力资源的角度看,允许"能者多劳"而增加主要岗位的"兼职兼任",可以节省人力成本和提高效率。但如果公司"业务部"的业务被细分到若干部门,可能出于节省人力成本、提高效率的原因,该公司业务部和下属经营部的部长为同一人,实际上减损了"控制效果",反而增加了内部风险。

从国内众多经济学、会计学实证研究成果看,内部控制及相关信息披露在长远的角度上是有利于提高公司"经营效率"的。[1]然而 Ashbaugh-Skaife et al.(2007)通过实证研究发现并指出,[2]实施合规体系的公司要比不实施的公司资本成本高出许多。[3]事实上,早在美国《反海外腐败法》实施的年代,很多公司每年动辄支付上千万美元的合规项目费用,仅仅是为帮助公司确定海外交易中存在商业贿赂这一类风险。内控机制被联邦法法定化后,年收入超过50亿美元的公司被迫在外部咨询、购买软件和额外审计方面多支付290万美元。同

---

① 刘怡芳、黄政、吴国萍:《上市公司内部控制信息披露对经营效率与效果的影响》,载《税务与经济》2013年第3期;陈丽蓉、周曙光:《内部控制效率对经营业绩影响的实证研究——来自中国证券市场的经验证据》,载《财会通讯》2011年第3期;章添香、张春海:《我国银行业公司治理、经营效率与企业内部控制》,载《经济管理》2015年第12期。

② Ashbaugh-Skaife, H., D. W. Collins, W. R. Kinney, Jr, The Discovery and Reporting of Internal Control Deficiencies Prior to SOX-mandated Audits. Journal of Accounting Research. 44(1—2),166—192(2007).

③ 因其要求企业建立围绕财务报表、信息披露、公司机关行为以及业务流程的整体监察和监督机制,这需要公司投入大量的财力和劳力,同时需要对公司全体职工就业务流程等进行再教育和再确认,有时为了树立良好的企业文化还需要举办一系列同生产活动并没有直接关联的活动。

样在日本,上市公司推行该机制也需要花费数十亿日元的初期费用以及大量时间。由此看来,"合规体系"在一定时期内甚至会与"经营效率"产生矛盾。

此外,日本《公司法实施规则》规定合规体系的具体内容包括确保董事执行职务具有效率的机制(《公司法实施规则》第 100 条第 1 款第 3 项)。如果从内部控制要求建立"IT 化管理"和"信息传递渠道"等要素来看,或许可以达到"提升经营效率"的效果,但这一目标并不适合"法律化"。内部控制要求董事或董事会在各自职权的划分(权限分配)和相互制衡上做出细化。要求一个职能由复数的人来管理和担当,并由独立组织和部门(内部监督部门)定期对内部控制实行"事后验证"。然而制衡越多,董事执行职务的效率越有可能会下降。

同时,如果将"效率"目标"法律化",也会带来另一个问题。从人力资源的角度,允许"能者多劳"而增加主要岗位"兼职"的情况来看,可以"节省人力成本和提高效率",但同时也会增加内部控制风险。比如日本的"日本系统技术公司案",[①]该案中虽然公司"业务部"的业务被细分到若干部门,但可能出于"节省(人力)成本,提高效率"的原因,该公司业务部和下属经营部的部长为同一人,实际上减损了"控制效果",增加了内部风险。[②]"效率"是一个相对概念,其衡量标准具有多元性,绝不能从简单维度去考察,有鉴于此,日本首倡在公司法框架下要求公司建立合规体系的学者,神户大学法学院的神崎克郎教授在其论文中并没有提出将"提高企业经营效率"这一内部控制目标法律化。[③]诚如科斯所言,激烈的竞争会迫使企业提高效率,"效率"的问题对于公司和企业来说属于"私人目的",本身应该由经营者自由裁量。

合规是所有公司均要合规,合规是人人合规。但企业是否均需要将合规管理予以组织化,是否适合通过强制性规定将合规管理组织化规定为特定类型企业的法定义务等问题还需要进一步探讨。我国公司数量众多,大型公开

---

① 日本最高法院平成 21 年(2009 年)7 月 9 日判决,载《金融商事判例》第 1330 号(2009)。

② 梁爽:《内部控制机制的法律化路径——以日本法上董事内部控制义务为视角》,载《金融法苑》2015 年第 1 期。

③ [日]神崎克郎:《会社の法令遵守と取締役の責任》,载《法曹時報》第 34 卷第 4 号第 14 页(1982)。

型公司、小型封闭型公司以及二者之间的中间型公司所面临的合规风险不同，因此在合规管理体系建设的要求上也不能完全等同，要从规模、结构、性质和复杂性等多方面进行考虑，注重差异化设计。我国公司的治理实践和组织化的合规管理体系建设的成本与收益应是重要考量因素。

我国新《公司法》第 177 条仅概括规定了国家出资公司应当依法建立健全内部监督管理和风险控制制度，加强内部合规管理。上市公司和非上市公众公司由于其公众性和所涉经济利益的巨大性，存在将该义务扩张至此类公司的可能性和正当性。此外，金融类公司基于其行业特殊性，也有必要建立合规管理体系，加强内部合规管理作为其法定义务。除此之外，并不适合通过强制性规定将上述义务赋予其他类型企业，应由公司在实践中综合考虑各方面因素进行自主选择。

（二）合规体系的类型

一套完整的合规体系，大致可包含合规计划的拟定、适当执行人员之选任及训练、合规计划的落实、对组织内部不法行为的调查以及对外部监管和对合作方的合规管理等。根据 ISO37301/19600 等的定义，合规也指为保证企业、企业机关成员及其近亲属、员工面对法律的诫命和禁令实施合法行为而采取措施的总和。以观察企业内部的管理程序为主，其目标是记录式确保任何时候都遵守所有对企业而言重要的法律规定，就保护法益而言，合规应为确保遵守法律而创设法律上的手段。在这个意义上，往往也包括那些迄今没有被称为合规的手段。

合规的手段、方式因各企业性质不同，有赖各企业依据其性质，制定出符合其运作之合规体系。能否设计出一套通则，要求各个企业提出对其企业经营管理真正有效的合规计划，是公司法可以选择的做法，同时也应配合违反规定时的应对方式，从而达到促使公司合规的制度目的。从企业治理方式来说，在企业内部通过建立合规管理体系从而改进和完善公司治理方式，在风险管理概念下，与企业传统的业务运营和财务管理不同，合规还要求对风险的预防、识别和应对，要求企业在传统的架构上引入自上而下的合规机制，平衡企业盈利最大化与法律风险最小化，这已经成为一种全球性的公司治理趋势。

可以说合规已经是公司为顺应时代的要求,实现公司事业目的而必须具备的体系,同时也是为使公司行为符合法律法规等规范并实施有效的经营活动而应当具备的体系。

可以将公司的合规计划分为以下类型:

第一,从经营学观点出发的合规计划。该合规计划的目的是维持单位成员的道德或者单位的存在根据。这种合规计划的内容过广,缺乏明确性,也很难因违反该计划而推导出相应的法律效果。①

第二,限定民事责任的合规计划。这种合规计划的目的在于限定单位或董事的损害赔偿责任。根据日本新《公司法》的规定,董事或董事会应当建立确保董事会遵守法令以及规章执行职务的体制或者法务省令规定的其他用于确保公司业务正常进行的体制。②

第三,限定行政责任的合规计划。这种合规计划的目的在于避免或者限定对于单位的行政制裁。例如,日本在独占禁止法中规定的合规计划。以此为基础,修正后的独占禁止法中采用了"Leniency"(宽恕)制度,③自2006年1月4日开始施行。不过,该制度将从宽处罚(lenient treatment)仅限于免除或者减轻罚款(课征金),而没有预定刑事责任的减轻。

第四,限定刑事责任的合规计划。该合规计划的目的在于限定单位的刑事责任或者防止单位实施犯罪行为。

(三) 合规体系有效性的反思

合规的"有效性"是指实现策划的活动并完成策划结果的程度。"有效性"是 ISO 37301:2021《合规管理体系要求及使用指南》(Compliance Management Systems—Requirements with Guidance for Use)新增的术语。"有效性"与"绩

---

① 制定、实施合规计划可以降低单位的诉讼风险。由此,该单位的市场评价会变高,其负担的保险费会下降,经营效果会更好。

② 关于董事,请参照日本《公司法》第348条第3款第4项、同条第4款(大公司时),关于董事会,请参照日本《公司法》第362条第4款第6项、同条第5款(大公司时)、第416条第1款第1项(公司设置委员会时)。

③ 根据日本《独占禁止法》第7条之二第8—10款的规定,实施了串通投标后,率先向公正交易委员会交代的前三个企业可以免除或者减轻罚款(课征金)。

效"相近,都能表达实际结果与策划结果之间的实现程度。但绩效仅指"可测量的结果",有效性则侧重"活动的效果",既包括达成策划结果的程度,也包括策划的活动被实现的程度。二者的共性是可测量,因此在合规实践中,在阐述合规绩效和合规有效性时,要尽可能量化,用事实和结果说话。

那么,"合规体系"能够有效防止公司违法行为的发生吗?很多先例研究给出一些验证结论:Krishnan et al.(2008)对2003年至2005年间的美国境内172家公司进行调查后发现,小规模公司中的合规体系随着投入成本的增加,确实对防范公司违法有着正相关作用。[1]Doyle et al.(2007)对2002年至2005年间美国境内披露内部控制问题的779家公司和没有披露问题的5047家公司进行研究后发现,公司合规、内控的问题大多发生在(1)小规模公司;(2)公司设立时间不长;(3)公司经营内容复杂、成长迅速或者正要进行公司组织形态变更等情形。[2]而日本研究者通过对日本境内600余家采用合规体系的大中型公司实施实证分析后认为:合规体系对于"及时发现不正当行为"的效果并不明显,因此无法证明合规体系对防止大型公司违法行为有着直接的正相关关系。[3]

上述研究结论令人喜忧参半,证明公司在经营活动的某些关键时刻确实需要合规体系,但同时表现出合规体系适用范围和对象应当有所区分。从美国学者的实证研究结果来看,合规体系应该是有效的。但因为企业经营规模越大,包括母子公司结构在内的集团经营活动就越复杂,纠正合规体系中存在的问题就会越困难。而对于小公司来说,合规体系对提升经营效率和防止违法有着正面作用,但很少有公司愿意投入巨大成本,故小规模公司更容易发生因内部控制缺失而导致的公司违法行为。同时,日本学者的实证研究表明,在不同国家的公司治理模式乃至公司经营模式下,合规体系发挥的效果可能是极其有限的。

---

① Krishnan, J., D. Rama, and Y. Zhang, Costs to Comply with SOX Section 404. AUDITING: A Journal of Practice & Theory. 27(1), 168—186(2008).

② Doyle, J.T., W. Ge, S. McVay, Accrual Quality and Internal Control over Financial Reporting. The Accounting Review. 82(5), 1141—1170(2007).

③ 高田敏文、内山峰男、小倉親子、兼田克幸、中村元彦、藤原秀賢、町田祥弘:《内部統制報告制度の効果に関する実態調査と実証研究》,《内部統制》,第2号,第114—115页(2010)。

另一项证据是合规文化的建设需要企业进行培训，而多元化的培训正成为美国企业日益普遍的内部合规结构。例如，人力资源管理协会1998年的一项研究发现，75%的世界500强企业和36%的非500强企业具有多元化培训方案。①然而，大多数多元化培训方案未经有序评估。很多实证研究反映多元化培训后参与者多元化意识的提升，②但这些研究未能提供实证证据证明多元化培训有利于态度和行为变化。③

应当注意的是，合规的实际控制效果并没有获得实证研究的确证，对于有效性的证据迄今仍缺乏终局性的澄清。④而表象化的合规和协商治理的失败却越发明显，通过对关于内部合规结构在预防犯罪行为中有效性的实证证据的审查，可以得出结论，现有的实证证据并不支持法律制度对这种结构的热情拥护。实际上，规模最大和方法最为健全的研究都无法提供证据证明内部合规结构可以减少企业内违法行为。相反，现有研究仅能证明内部合规结构主要是公司管理人员所采取的用来减少责任并为公司利益相关者和市场创造合理形式的粉饰制度。

例如，有研究发现三个系统性检验《联邦量刑指南》建议中所提出的假设

---

① Richard S. Allen & Kendyl A. Montgomery, Applying an Organizational Development Approach to Creating Diversity, 30(2)Org. Dynamics 149, 149(2002).

② See Heidi Tarr Henson, Gauging the Outcomes of Organizational Diversity Implementations: The Intersection of Attitudes, Awareness, and Behavior, 60(7-A) Dissertation Abstracts Int'L2, 325 (2000)(多元化培训可以促进多元化认知，但并不一定导致态度的转变); Dick Wallace Kracht, Diversity Training Among Manufacturing Companies: Reaction and Leaming in a For-Profit and Not-for-Profit Work Environment, 59(7-A) Dissertation Abstracts Int'L 2, 345(1999)(经过多元化培训后，141名员工的感知学习能力提高了); David L. Tan et al., Changes in Attitude After Diversity Training, 50(9) Training & Development 54(1996)(经过多元化培训，739名管理者的多元化认知水平显著提高)。

③ Compare Taylor Cox, Ir., The Multicultural Organization, 5(2) Academy of Mgmt R.34 (1991)("种族关系能力工作小组"在针对非裔美国人的态度上产生了积极影响，组内参加者之间的种族关系也得到改善)with Sara Rynes & Benson Rosen, What Makes Diversity Programs Work?, 39(10) H.R. Magazine 67(1994)(针对785名美国人力资源管理协会成员进行了调查研究，发现多元化培训对于态度会产生短期的积极作用，但长期效果不明显); Diane Marie Govem, The Effect of Diversity Awareness Training on Oral Presentation Ratings, 58(10-B) Dissertation Abstract Int'L5, 681(1998)(黑人与白人警察候选人的口头报告评级与多元化培训并没有关联性)。

④ D. Krause[D. Krause, Compliance(Fn.4), S.437(439 F.)]运用大量的证据对 D. Bock[D. Bock, Criminal Compliance(Fn.4), S.222ff.]的合规控制理论的预设前提进行了批判。

性的大规模研究。①研究者发现的实证证据表明,《联邦量刑指南》建议的内部合规结构,在很大程度上只是表象化的。②且《联邦量刑指南》建议的内部合规结构与蓄意反复的职业安全与卫生条例违规行为之间呈现正相关。企业可能使用《联邦量刑指南》建议的内部合规结构来掩饰管理层参与故意违法行为或者减轻企业责任。

此外,美国执法机构往往在掌握了一些证据后进行针对性调查和指控,而企业出于多方面原因通常不愿意进入庭审,希望尽快与执法部门达成和解,导致司法部和证券交易委员会的激进执法行为。在美国司法部和美国证券交易委员会实施的《反海外腐败法》执法历史上,2008年对德国西门子公司的罚款创下最高纪录。该公司最终与美国政府的和解金额是8亿美元,与德国政府的和解金额也是8亿美元。此外,西门子公司为应对政府执法花费的会计咨询、律师服务等费用高达8.5亿美元。但事件最终导致西门子建立了世界上最完善的合规体系。

二、合规目标与企业社会责任的契合

(一)我国公司社会责任的学理研究

1. 公司社会责任的含义与演进

邓峰梳理了合规的起源以及理论演变,指出公司社会责任包含在公司合

---

① 三项研究分别为:M. Cash Mathews, Codes of Ethics: Organizational Behavior and Misbehavior, in Research in Corporate Social Performance 107, 125(W. Fredrick ed., 1987)(检验了4个联邦监管机构自1973年至1980年以来,针对485个企业所采取的行政以及民事行动的影响,并得出结论:行为守则以及执行机制与企业违规行为仅具有很小的关联);Marie McKendall & John A. Wegner, III, Motive, Opportunity, Choice, and Corporate Illegality, 8(16) Org.Sci.624(1997)。

② Id. at 380. M.Cash Mathews 也发现,行为守则的部分内容(例如,要求员工做出的合规宣誓,或者维护企业声誉的相关要求)与违规数量存在正相关,这一点是始料未及的。对此,可能的解释是,在守法的企业内,管理人员可能认为并没有必要让别人承认其良好声誉。Mathews, id. at 125. See also Richard A. Barker, An Evaluation of the Ethics Program at General Dynamics, 12 J. Bus. Ethics 165, 175—177(1993)(通用动力的道德计划意在使自己区别于竞争者,而不是为了发现违法行为);Dove Izraeli & Mark Schwartz, What Can We Learn From the U.S. Federal Sentencing Guidelines for Organizational Ethics?, 17 J. Bus. Ethics 1045(1998)(内部合规体系的首要目的是减轻自身损害,而不是发现违法行为);Gary R. Weaver et al., Corporate Ethics Practices in the Mid-1990's: An Empirical Study of the Fortune 1000, 18(3) J. Bus. Ethics 283, 283(1999)(绝大多数企业致力于低成本,仅具有象征意义的道德活动)(hereinafter Weaver et al.)。

规的制度范围之内。我国公司法仅宣誓性规定了公司社会责任条款。而美国通过利益相关者条款的发展和对董事会的授权,从法律上确认了公司履行社会责任的方式。尽管我国实践存在问题,但采纳包含社会责任在内的合规仍然是法律制度的演化方向。①施天涛从股东投票和提案机制、独立董事和委员会制度、职工参与民主管理这三方面考察我国公司治理结构中对社会责任的实践,认为改革公司治理结构以加强公司社会责任,在法技术上是可行的,且已取得很大成就,但应当有节制地改革。②赵万一、王鹏指出,对于合规制度在公司法上的目标和要求,要坚持个体效益与公共利益的统一。公司虽然以追求盈利为目的,但公司并非单纯的经济体,而是一个担负着诸多功能的社会组织,也要考虑公共利益。但公司仍要坚持效益优先原则,避免过度道德化。因此,合规制度是实现这一目的的最佳载体,合规可以对公司的不当逐利行为进行限制,给予公司经营以理性的约束。③杨力指出,公司合规的根本在于全面风控,并不只是法律风控,还包括管理架构、内控体系、责任价值三个层面。责任价值所要求的公司社会责任,一般包含强制性社会责任、引导性社会责任,以及纯粹道德性社会责任,前两项应当纳入公司合规的范畴。④

公司社会责任的利益相关者理论冲击了传统的股东中心主义。对此,刘俊海重新检视了股东中心主义,认为公司社会责任与股东中心主义和而不同、相辅相成,重新认识并坚持发展股东中心主义有助于促进公司可持续发展。建议公司法专章规定股权保护,股东会仍然应当是公司的权力机关,司法应确立股东中心主义的裁判理念。为防范董事、监事、高管既不对股东负责,也不对利益相关者负责的双重道德风险,上市公司可引入法定强制分红及审计制度。⑤陈景善认为,当公司社会责任与股东自益权相一致时,二者可起到相乘效

① 邓峰:《公司合规的源流及中国的制度局限》,载《比较法研究》2020 年第 1 期。
② 施天涛:《〈公司法〉第 5 条的理想与现实:公司社会责任何以实施?》,载《清华法学》2019 年第 5 期。
③ 赵万一、王鹏:《论我国公司合规行为综合协同调整的法律实现路径》,载《河北法学》2021 年第 7 期。
④ 杨力:《中国企业合规的风险点、变化曲线与挑战应对》,载《政法论丛》2017 年第 2 期。
⑤ 刘俊海:《股东中心主义的再认识》,载《政法论坛》2021 年第 5 期。

应,相冲突时则需要通过股东共益权予以救济。然而,我国学界在理论上尚未充分认识到股东共益权的此种制度性功能。因此,需要重新检视法人本质、股权性质的传统理论,分析股东共益权的内涵和外延,进而论证其防范公司社会责任制度滥觞的功能。同时,利用法技术手段建立公司社会责任的可诉性规则。①

赵旭东、辛海平认为,在目前我国公司社会责任实践水平较低的背景下,以激励惩戒机制为核心的软法规制体系能够满足道德责任的各方面需求,具有推行的必要性。行业组织层面,通过标准管理委员会进行标准认证,赋予公司更佳声誉。同时,应有相应的配套措施保障制度实施,例如公司社会责任公示制度、监管联动制度。②

2. 个人责任与公司法人责任的平衡

在公司治理中,必须考虑的一个问题是当公司治理出现问题时所导致的责任承担问题——即法人责任。在我国的法律体系下,除了控股股东、董事等公司内部治理结构不当引发公司不合规(不法行为主要由公司上层引起)的情形以外,还有因为公司员工舞弊造成公司不合规(不法行为在公司下层实施),甚至因执行业务而对第三人造成损害的情形。这些都涉及公司的法人责任问题。关于法人民事责任的相关法律,最早在原《民法通则》第43条对职务代理制度进行了规定,③由于其规定过于笼统而在学术界引起争论,后在《民法典》第170条对该制度进行了重新规定。④

杨代雄对越权代表中的法人责任进行了研究,研究的重点放在了学界较少讨论的因为法定代表人实施的行为对法人无效,相对人因此遭受损失时能否向法人索赔。⑤其在此对法人拟制说与法人实在说在各自理论体系下对法人行为能力的构建进行论证,指出法人拟制说存在的众多瑕疵与逻辑障碍,作者

---

① 陈景善:《公司社会责任的股东共益权实现路径》,载《政法论坛》2020年第1期。
② 赵旭东、辛海平:《试论道德性企业社会责任的激励惩戒机制》,载《法学杂志》2021年第9期。
③ 《民法通则》第43条:企业法人对它的法定代表人和其他工作人员的经营活动,承担民事责任。
④ 《民法典》第170条第1款:执行法人或者非法人组织工作任务的人员,就其职权范围内的事项,以法人或者非法人组织的名义实施的民事法律行为,对法人或者非法人组织发生效力。第2款:法人或者非法人组织对执行其工作任务的人员职权范围的限制,不得对抗善意相对人。
⑤ 杨代雄:《越权代表中的法人责任》,载《比较法研究》2020年第4期。

认同法人实在说,因为法人实在说符合我国的民法规范体系,且在法人实在说下,关于法人的诸多问题都能够得到解释。接下来以德国法上的相似问题进行比较研究,引出研究的核心问题:在不构成表见代表、法律行为对法人没有效力的情况下,能否以法人存在过错为由让法人承担责任? 通过论证《民法典》第 171 条的规定和无权代理制度之间的立法目的具有同样的价值取向,以及越权代表情形下,过错不仅限于法定代表人,还可能是其他机关,得出结论在前文所述情形下,法人仍需要根据其过错向相对人承担责任。

在对目前《民法典》中关于法人责任承担的相关制度的研究中,不难发现法人责任承担与用人单位侵权责任承担息息相关,虽然《侵权责任法》已被《民法典》所吸收,但对用人单位侵权责任的研究可以成为法人侵权责任理论的补充。

因为原《侵权责任法》本身的不周延,景春兰对雇主责任的理论基础——"替代责任说"进行了批判。[1]目前对"替代责任说"的共识性认识有以下几点:第一,雇主责任属于间接责任,雇主之所以要承担责任,是因为他与雇员之间存在控制关系,雇主本身并无过错;第二,雇主责任应当是严格责任,这可以看作是雇主责任属间接责任的逻辑推演所得来的;第三,雇主承担责任的前提是雇员侵权行为的成立,这又涉及雇员侵权行为的构成要件,如必须有违法行为存在、造成了确实的损害事实、损害事实与违法行为间有因果关系、有主观过错,这些要件的达成本身对雇主承担侵权责任造成损害;第四,雇主可以追偿雇员,因为雇主承担责任是出于保护被害人的利益。

且"替代责任说"存在着种种弊端:首先,在"替代责任说"下,雇主难以积极履行注意义务。因为不管雇主是否有过错,在"替代责任说"下他需要承担严格责任,即他必须对雇员的侵权行为承担责任。这就导致在实践中,当雇主雇用的雇员实施侵权行为,而雇主替其承担责任,雇主不会认为是自己的管理或者监督出现问题,只是觉得因为法律如此要求自己才需要承担责任,因此在事后往往会选择解雇该雇员。要提高雇主的积极履行注意义务,需要让雇主

---

① 景春兰:《对雇主"替代责任说"的反思与批判》,载《政法论丛》2016 年第 4 期。

认识到只有自己积极预防侵权行为的发生,他才有可能不需要承担雇员的侵权责任。

其次,在"替代责任说"下,被害人可能无法得到赔偿。因为"替代责任说"要求雇员的侵权行为成立在先。但如果雇员行为无法构成侵权或者被害人无法确定谁是具体的加害者时,被害人是无法向雇主要求赔偿的。随着企业现代化发展,生产分工不断细分,一个损害事实可能是由多方原因共同造成的,此种情形下被害人更加无从锁定具体的加害者。

综上所述,对雇主责任制度的完善可以从两方面出发。首先是对"替代责任"规则进行改进,主要有以下几个要点:一是在某些特殊情形下,雇主承担责任不需要以雇员侵权行为成立作为前提;二是对"替代责任"的适用范围进行缩小,如前文所述,"替代责任"无法解决现代化企业中的雇主责任承担,"替代责任"应当适用于简单的雇佣关系;三是明确"雇佣关系"的外延,减少司法实践中的争议。

其次是通过引入"组织过错"理论。民商法视角下的合规体系更适合在"组织过错"的理论框架下探讨。组织过错指的是,企业经营者对于企业的监督与管理需要让其保持在一个稳定的水平来使企业处于有序的状态,如果不能,那么经营者就要承担因为监管不当引起的损害赔偿责任。"组织过错"理论比起"替代责任"理论的优势是:其一,雇员的轻微过失直接被组织吸收,不用在事后再承担赔偿责任;其二,被害人只需要证明损害来源于该组织即可;其三,企业可以通过证明自己的管理监督没有缺陷来免于承担侵权责任。

但引入"组织过错"理论时仍需注意以下几点:首先要对"组织"的内涵予以明确并限制其外延,此处的"组织"应为具有较大规模、具有高风险性、科层化明显的企业或公司;其次要确定组织的"注意义务标准";最后要将"组织过错"责任与产品责任划清界限,防止发生混淆。

关于引入"组织过错"理论来完善《侵权责任法》,郑晓剑也提出了相似的观点。①替代责任源于普通法,在普通法上的替代责任主要有以下三个本质特

---

① 参见郑晓剑:《揭开雇主"替代责任"的面纱——兼论〈侵权责任法〉第34条之解释论基础》,载《比较法研究》2014年第2期。

征;第一,替代责任是因为责任人与他人有着特定的关系,从而替他人承担侵权行为的责任;第二,替代责任性质上并不是简单的过失责任或者严格责任,是二者的竞合;第三,替代责任在适用上受到法律的明确限制,只有法律规定的特定关系的行为人与责任人间才能产生替代责任。

替代责任如今在实践和理论中也存在着相当的问题:首先,替代责任原理不能有效保护受害人,因为替代责任要求受害人确定具体的加害人并证明其具有过错,这种要求本身就阻碍了受害人向雇主求偿;其次,替代责任原理不能激励雇主积极履行监督管理义务,因为即使雇主已经尽到监督管理义务,其仍有可能承担替代责任;再次,替代责任并不利于保护仅具有轻过失的雇员,这是由于根据普通法的规则,即使雇主替代雇员承担责任,受害者也可以选择单独对雇员进行起诉,且雇主承担责任后,还能够向雇员进行追偿;最后,替代责任原理并不能够增进社会福利和保证有效赔偿。

总之,《民法典》第 1171 条的理论基础不应当是替代责任理论。首先,替代责任理论源于英美法系,大陆法系中关于雇主责任往往认定为过错推定责任,如果按照替代责任理论去解释《民法典》第 1171 条,那么受害人必须证明雇员的侵害行为同时具备四个要件,在实践中受害人往往很难承担如此程度的证明责任。归根结底,替代责任理论是出于适应近代手工业社会时期的简单雇佣关系而出现的,无法适应现代社会下雇佣关系的巨大变化。

3. 社会责任单独立法的质疑

对于我国 2005 年《公司法》第 5 条(新《公司法》第 19、20 条)增设公司社会责任的条款,除了个别学者研究实现机制,[①]或者主张单独立法,[②]多数学者在认可公司社会责任的同时,表现出谨慎态度。

(1) 何以重视公司社会责任? 对于公司社会责任条款的讨论引起各方关注,即使不将其载入公司法,也未必阻碍公司社会责任的践行。公司法明确规

---

① 参见施天涛:《〈公司法〉第 5 条的理想与现实:公司社会责任何以实施》,载《清华法学》2019 年第 5 期。

② 参见雷兴虎、刘斌:《〈企业社会责任法〉:企业践行社会责任的法制保障》,载《法治研究》2010 年第 4 期。

定公司应当履行社会责任,却没有创造将公司社会责任嵌入公司法规制的有效途径,呈现原则性规定与技术性规范之间的脱节。

社会各界热衷于公司社会责任,立法者接受民意,与我国当时的市场状况有关。在当时,部分公司违反商业道德、损人利己的事件时有发生。面对这些现实的问题,要求公司承担社会责任已成为社会各界的呼声,公司社会责任成为弥补现有法律缺陷、解决法律运行不畅的替代工具。但迄今为止,没有证据表明公司社会责任条款能够担此重任。只规定公司社会责任,不仅无法解决实证法存在的缺陷,甚至将实证法的缺陷掩盖起来。公司立法要尊重公司作为投资工具的基本功能,引导公司关注长期利益和相关者的利益,使公司成为我国经济长期健康发展的支柱。

(2)是否需要制定社会责任法?我国公司法面临的现实问题很多,但绝不是制定社会责任法所能解决的,公司社会责任立法必须小心谨慎,公司法立法应当缓和而非加剧公司与社会公众之间的冲突和对立。

公司社会责任要求公司按照商业和社会伦理开展经营活动,公司社会责任必然辐射多个部门法,如果制定一部凌驾于各法律之上的公司社会责任法,有违现有的部门法划分传统。各国法制发展的经验业已证明,必须针对不同性质的社会关系,分别制定不同的法律,才能有效调整现实社会关系。我国与其制定公司社会责任法,不如有针对性地清理相关具体规定,形成体现公司社会责任观念的、内容充实的市场经济法律体系。

因改革时代的创新思维惯性所致,法律政策与法律技术容易相混淆。就科学和技术而言,即使它难以完全应用于当下社会,仍有鼓励创新的必要。对于法律体系和规范来说,必须以十分谨慎的态度对待创新。

4. ESG 理念的兴起

环境信息披露义务法律化的优点在于以较低成本拓展现行的证券法和公司法规则,但弊大于利。上市公司环境信息披露的构建基础与证券法投资者保护的立法目的在本质上互不兼容,且易引发董事信义务履行对象冲突,即保护股东还是保护利益相关者的问题。而自愿性环境信息披露由市场利益驱动,该机制可作为未来制度构建的主要考量。有学者认为,ESG 理念的兴起与现代公司法在追求可持续发展方面具有内在一致性。从全球资本市场的发展来看,公司治理核心从过去的有限责任与股东至上主义,演进为重视利益相关者的两权分离,如今发展为倡导 ESG 的"公司公民"(corporate citizen),对传统的公司目的、信义义务提出新要求。因此,我国公司法也应在基本原则、上市公司信息披露规则等方面对 ESG 的制度化作出能动回应。

2018 年,证监会修订《上市公司治理准则》,确立 ESG 信息披露框架。①对此,究竟是将 ESG 信息披露作为一项硬法的强制性义务,纳入现行证券法和公司法关于信息披露的规制体系之中,还是从软法层面,利用市场机制和奖惩手段温和地引导公司自愿履行信息披露义务,学界展开讨论。朱慈蕴、吕成龙认为有必要构建声誉机制下 ESG 信息披露制度:(1)分行业制定差异化的信息披露报告框架;(2)披露的强制性仍有讨论的空间,但无论是采用法定强制性义务,还是其他更为灵活的方案,至少应当要求上市公司全面履行 ESG 信息披露。②

大部分学者认为应当从软法层面构建 ESG 信息披露的社会责任。有学者反对将环境信息披露作为法定强制性规则嵌入现有的证券法、公司法运行体系之中,原因在于:(1)证券法与环境法的制定目标——投资者保护与社会公共利益——无法兼容,同时也难以协调证券信息披露的完整性要求与环境信息披露的及时性要求之间的优位顺序;(2)将利益相关者导入董事信义义务可能引发与股东利益的冲突,违背董事对股东信义义务的承担。③

在环境保护领域,有学者认为,对董事课以个人责任是环境法的一项重要发展。董事和其他有关人员承担个人责任被视为一种有效的方式,可以确保掌握公司权力的人员妥当地制定和执行相关政策,使公司更加关注环境问题,驱动上述人员以一种对环境负责的态度经营管理公司。从各国环境立法看,要求董事承担个人责任的方式主要有:(1)追究当事人的刑事责任,判处罚金

① 《上市公司治理准则》(2018 年修订),中国证券监督管理委员会公告〔2018〕29 号,第 95—96 条。
② 朱慈蕴、吕成龙:《ESG 的兴起与现代公司法的能动回应》,载《中外法学》2022 年第 5 期。
③ 黄韬、乐清月:《我国上市公司环境信息披露规则研究——企业社会责任法律化的视角》,载《法律科学(西北政法大学学报)》2017 年第 2 期。

或监禁;(2)由行政机关责令个人支付因防范污染或恢复受污染的环境所支出的费用;(3)受害人利用民事救济方式要求控制或拥有污染物并致环境污染的人员承担侵权责任,或支付一定的补偿;(4)社会公众以公益诉讼的方式追究责任人的法律责任。然而我国现行立法更强调企业组织的责任,对公司经营者的个人赔偿责任则没有规定,少数关于公司经营者个人责任的条款,也只规定直接责任人的行政和刑事责任,欠缺民事赔偿责任。

展望未来,公司追求可持续发展是一个循序渐进的过程。短期内,法律只能调和而非颠覆,在目前的治理框架下,公司目的暂以股东利益为主,以其他利害关系人利益为辅。在未来的漫长进程中,信息披露、评级等各项软性机制将起到推波助澜的作用,实务运作也将继续向落实企业社会责任及保障利害关系人利益的方向前进。

(二) 企业合规与社会责任的关系

从我国学界对公司合规的研究来看,许多学者都强调社会责任是合规的重要组成部分。比如将公司社会责任定义为"公司除了对股东和员工承担责任外,还对与公司发生各种联系的其他利益群体和政府代表的公共利益负有一定的责任,即维护公司债权人、雇员、供应商、消费者、当地居民的利益以及政府代表的税收利益和环保利益"。[①]杨力指出企业社会责任是合规的重要组成部分。当下,公司合规界由三方面组成:(1)国家制定的法律法规;(2)公司章程或协议的规定;(3)商事交易习惯中的诚实信用原则。相应地,企业合规体系可从以下三方面进行完善:(1)优化公司治理结构,这是合规的逻辑起点;(2)健全公司内控体系,这是合规的内部保障;(3)履行企业社会责任,这是合规的目的所在。[②]

邓峰认为,公司社会责任的演化路线可以总结为:两权分立—公司的社会性—公司独立于股东—公司对所在社区的责任—公司成为社会的善良公民。[③]朱慈蕴、吕成龙肯定了上述演化主线:如何降低代理成本成为此阶段公司治理

---

① 杨峰、秦靓:《我国绿色信贷责任实施模式的构建》,载《政法论丛》2019 年第 6 期。
② 杨力:《中国企业合规的风险点、变化曲线与挑战应对》,载《政法论丛》2017 年第 2 期。
③ 邓峰:《公司合规的源流及中国的制度局限》,载《比较法研究》2020 年第 1 期。

的关键问题,利益共享而非股东至上越来越成为共识。随着管理层的信义义务逐渐深化,现代公司本质正在向公司公民跃迁,而 ESG 实践正在有力回应和支持着这种变化。①施天涛回顾历史指出:不完全排斥企业契约理论,公司公民理论也具有重要意义;公司社会责任对现代公司法产生影响,司法实践也在逐渐突破股东至上的传统经典判例原则。②

应当看到,现代公司的本质确实是人们实现自身利益的投资工具,现代公司制度使投资者将其投资财产移交给公司,而法人享有独立的法人财产权;同时,投资者获得对公司债务负有限责任的超然法律地位。这种制度在最大程度上克服了人性的弱点和人的能力的局限性,实现了企业经营机制的根本革新。③然而当世界范围的经济危机爆发,社会本位观念也日益为人们所接受,并直接反映到了公司立法过程中。人们越来越体会到,公司是多元利益冲突的汇合点,如何使公司制度平衡协调实现相关利益主体之间合理的利益均衡一直是立法者所关注的问题。为实现公司利益均衡的目的,立法者首先确认了公司的独立人格,使公司免受来自股东和第三人的非法干预,使公司超然于各原始利益主体之上。在现代市场经济社会,公司能够将资本、劳动力、经营者和其他生产要素结合在一起,并以最有效的方式对社会经济资源进行配置,还具有促进社会整合和精神文明建设的社会功能。

但是随着社会经济的发展,公司在追逐利润的同时也带来各种各样的问题,如虚报出资、抽逃公司资产、恶意损害债权人利益等。在这种情况下,企业的社会责任问题得到重视。企业的社会责任是指企业在追求股东利润最大化之外应当承担的改善社会利益的义务。企业的社会责任是对股东利润最大化这一传统原则的修正。一般而言,企业的社会责任包括但不限于以下几项:(1)对雇员的责任;(2)对消费者的责任;(3)对债权人的责任;(4)对环境、资源的保护与合理利用的责任;(5)对所在社区经济社会发展的责任;(6)对社会福

---

① 朱慈蕴、吕成龙:《ESG 的兴起与现代公司法的能动回应》,载《中外法学》2022 年第 5 期。
② 施天涛:《〈公司法〉第 5 条的理想与现实:公司社会责任何以实施?》,载《清华法学》2019 年第 5 期。
③ 贾登勋、王勇:《现代公司制度的法理基础》,载《兰州大学学报社科版》1999 年第 1 期。

利和社会公益事业的责任。①

不可否认,在关于合规的争论中,对伦理和道德所作的积极言论与消极言论旗鼓相当。积极的言论诸如,以行为准则或道德准则为内容的合规规则作为公司方针时也应当表达公司的道德原则。与此相适应,合规也被称为商业道德的基本问题,而遵守社会公德和承担社会责任也被认为属于商业道德范畴。相反,合规讨论中的消极言论则有"合规卫道士"甚或是"道德恐怖"等说辞。但我们必须看到,自 20 世纪 80 年代开始,哪怕是在公司契约论和坚持公司拟制论的美国,也不再坚持单一的股东利益最大化的传统观念,而在公司法中加入公司经营管理人员应对非股东利害关系人负责的条款。

但如果基于"法人拟制说",则公司作为一种工具,或者说是一种无生命的客体,自然无法承担社会责任。法人拟制说,是指法人只是"想象的共同体",而非实际存在,创设条件完全取决于法律,不具有意思能力和行为能力,行为必须由自然人代为实施。拟制说根源于国家集权传统和国家对法人的怵惕。拟制说在适用公司的社会责任时可能出现困难,因为根据该学说,公司不存在于现实社会之中,而是由法律创设,且公司本身没有意思能力和行为能力,只能通过其成员作为自然人代为实施行为。

那么,在合规层面,我们是否应当坚持"法人实在说"?"法人实在说"是指法人和自然人同为实际存在,法律并没有创设法人,而是发现或确认法人,法人具有全面的法律能力。20 世纪初期以来,随着公司的强盛和非营利组织的兴起,实在说逐渐被广泛接受。在实在说项下,法人得以独立承担社会责任,因为该学说将法人视为法律上的主体,不仅仅是客体或者工具,法人与自然人享有同等的意思能力和行为能力。而且法人人格独立于自然人,自然人不承担社会责任并不会对法人承担社会责任造成影响,法律完全可以分别对两者的权利义务进行规定。可见,公司社会责任的承担将法人与其内部成员区分开来,强化了法人人格的独立性。②

---

① 卢代富:《企业社会责任的经济学与法学分析》,法律出版社 2002 年版,第 101—104 页。

② 谢鸿飞:《论民法典法人性质的定位:法律历史社会学与法教义学分析》,载《中外法学》2016 年第 6 期。

同时,也不应将利益相关者理论与股东中心主义割裂看待,二者的核心目标在于促进公司的生存和发展,提高公司竞争能力和盈利能力,提升股东和非股东成员的福祉。若彻底抛弃股东中心主义,必会重挫投资信心,导致资本外流;而若彻底否定利益相关者理论,公司也会寸步难行。公司社会责任不仅是我国公司法的制度特色,也代表着现代公司文明的全球变革趋势,我国应全面升级改版公司社会责任制度,落实新发展理念,确保股东和其他利益相关者在公司可持续健康发展的基础上共享公司发展成果。①

(三) 公司法引入社会责任的路径

公司社会责任嵌入公司法的路径不精确,可考虑将公司社会责任与董事义务相连接。同时,应当根据公司性质和规模、行业特征和行业地位等条件分类制定实现机制。良好的公司社会责任制度框架有赖于立法者的智慧和审时度势。在未来发展中,立法者和政府更应当鼓励市场竞争,尊重市场运行规律,减少对市场机制的过度限制。

例如,根据《彭博商业周刊》(Bloomberg Businessweek)报道,以贝莱德(Black Rock)为首的三大资产管理公司,合计管理 15.5 兆美元资产,占全球总资产管理规模的 6%。这些公司不但决定投资标的,而且积极行使表决权影响公司决策。例如面对气候变迁,贝莱德宣布对于净收入在燃料煤中占比超过25%的企业进行撤资,以行动支持低碳经济。此外,贝莱德等公司决定投资标的时将 ESG 相关因子纳入考量,促使公司重视利害关系人利益。

有学者建议应当加强引导性和强制性社会责任的规制体系,而不是纯粹道德性的社会责任规范。当下中国企业社会责任走向"合规化",需要自下而上地结合已推出的责任评估标准并加以整合、修正和完善:(1)结合大数据和云计算分析,扩大抽样实证调研的样本规模,总结其中的规律,呈现我国企业社会责任履行的实际情况,总结其中的主要矛盾;(2)构建国际合规体系话语权,发展"引领性"合规;(3)聚焦供给侧改革,优化产业结构,深入探讨新兴经济体的可持续发展社会责任与合规议题;(4)借鉴域外经验,以我国实际情况

---

① 刘俊海:《论公司社会责任的制度创新》,载《比较法研究》2021 年第 4 期。

为基础,完善社会责任合规的本土化实践。①施天涛则认为,公司法可以在公司守法、治理结构、商业决策、社会披露四方面落实社会责任:(1)公司应当遵守法律,包括公司法以外的关于社会责任强制性规定的外部法律;(2)完善治理结构,发挥独立董事和董事专门委员会的社会责任功能,职工适度参与经营管理和决策;(3)在公司一般性经营活动中,原则上董事、高管无须对债权人非股东成员承担信义义务,在特殊情形(如破产或收购)例外地承担信义义务。此外,公益捐赠是公司践履社会责任典型行为,应受信义义务审查;(4)上市公司应履行社会责任披露义务,这是政府和社会监督公司经营重要且有效的方式。②

刘俊海认为我国公司法应从以下几点进行完善:(1)扩大参与公司治理的利益相关者范围,鼓励职工持股计划;(2)引入商业判断规则,授权董事会和管理层善待利益相关者,寻求利益相关者最大利益公约数;(3)赋予利益相关者直接诉权;(4)构建差异化的公司社会责任体系;(5)运用软法,利用市场机制鼓励公司自愿性承担社会责任;(6)确立公司社会责任的法定信息披露义务,授权中介机构对公司履行社会责任进行信用评级。③

---

① 杨力:《中国企业合规的风险点、变化曲线与挑战应对》,载《政法论丛》2017 年第 2 期。
② 施天涛:《〈公司法〉第 5 条的理想与现实:公司社会责任何以实施?》,载《清华法学》2019 年第 5 期。
③ 刘俊海:《论公司社会责任的制度创新》,载《比较法研究》2021 年第 4 期。

第四章　合规的主体及合规责任的承担

一、合规体系的问责机制概述

(一) 与公司合规追责有关的规定

ISO 标准认为,有责必究是一个在组织内部建立和保持合规的关键要素。一方面,如果员工出现不道德行为或行为不端,公司需要对他们问责;另一方面,也必须明确公司出现合规问题后,责任究竟应该由谁承担。我国新《公司法》第 177 条对国家出资公司的合规管理义务进行了规定,这个规定与原《公司法》第 5 条(新《公司法》第 19 条)对合法性义务的规定不同,不仅要求公司的行为合法,还要求公司通过一系列组织化措施来积极努力地避免公司及其公司人员的行为违法。《企业境外经营合规管理指引》第 21 条规定:"企业应建立全面有效的合规问责制度,明晰合规责任范围,细化违规惩处标准,严格认定和追究违规行为责任。"这一条文对合规问责制度仅作了原则性规定,并未对违反合规义务的责任承担主体作具体规定。

《中央企业合规管理办法》以专门一章对监督问责进行了规定,既规定了国资委对中央企业的责任追究,也规定了中央企业对给企业造成损失或者不良影响的单位和人员的责任追究,即国资委可以约谈因合规管理不到位引发违规行为的中央企业,并对造成损失或者不良影响的企业开展责任追究。但该规定也同样并未具体化规定公司内部人员违反合规义务的责任承担问题。

与《中央企业合规管理办法》和《企业境外经营合规管理指引》相比,《证券公司合规办法》对违反合规要求的法律责任的追究规定得相对详细,但对法律责任追究的规定主要集中在证监会从外部监管视角采取行政监管措施。包括对公司出具警示函、责令改造、监管谈话、警告、罚款等。对直接负责的董监高、其他直接责任人员、合规负责人责任的追究主要是依据《证券公司监督管理条例》《证券投资基金法》《证券法》的相关规定进行。①《证券公司合规办法》第 36 条对合规奖励机制进行了规定,新《公司法》第 180 条、第 181 条、第 188 条分别规定了董事、监事和高级管理人员的合法性义务及违法的损害赔偿责任。这并非对合规义务的直接规定,但可能构成董事违反合规义务的法理基础。

(二)高管针对内部管理体制的赔偿责任

公司治理包括内部管理体制及内部控制体系。前者主要是指股东监督董事、监事等经营层的管理体制,后者主要是董监高履行职务的风险管理及合规体系。因而我国《公司法》上的忠实义务、注意义务和董事、监事的损害赔偿责任都是为了应对公司治理结构。

过去,公司治理模式通常是由高管承担民事赔偿责任,但近年来已经逐渐转变为以法人承担刑事合规责任为主,企业合规的发展也已从改善公司经营上升到保障社会经济环境和国家安全的高度。②以环境保护领域为例,有学者认为,让董事和其他有关人员承担个人责任被视为一种有效的方式,它可以使公司更加关注环境问题,并有足够的动力确保公司以一种对环境负责的态度去经营管理公司。③但在我国现行立法中,仅强调企业组织的责任,对公司经营者的个人赔偿责任则没有规定。少数关于公司经营者个人责任的条款,也只是规定了直接责任人的行政和刑事责任。我国在环境法律制度方面,对董事、

---

① 根据《证券公司合规办法》第 36 条:"证券基金经营机构通过有效的合规管理,主动发现违法违规行为或合规风险隐患,积极妥善处理,落实责任追究,完善内部控制制度和业务流程并及时向中国证监会或其派出机构报告的,依法从轻、减轻处理;情节轻微并及时纠正违法违规行为或避免合规风险,没有造成危害后果的,不予追究责任。对于证券基金经营机构的违法违规行为,合规负责人已经按照本办法的规定尽职履行审查、监督、检查和报告职责的,不予追究责任。"

② 参见崔文玉:《公司治理的新型机制:商刑交叉视野下的合规制度》,载《法商研究》2020 年第 6 期。

③ McCarthy Tetrault, Directors and Officers' Duties and Liabilities in Canada, Butterworths, 1997, p.129.

监事和高级管理人员的责任往往是通过行政或刑事途径解决的,缺乏类似于英美法国家由政府直接主张民事赔偿的法律机制。但从未来的发展趋势来看,借鉴发达国家的先进经验,要求董事和高级管理人员在一定的情况下承担个人赔偿责任,对我国的环境保护立法具有重要的借鉴意义。

目前,股东或证券投资者对公司的董事和高级管理人员提出民事诉讼,要求予以赔偿的案例逐渐增多。除了来自国内的职业责任风险外,对一些跨国经营或海外上市公司的董事和高级管理人员而言,他们还面临着来自海外的职业责任风险。新制度经济学认为制度是依照相应的惩罚措施而有效制定,问责制作为一种惩戒机制,能保证内部控制制度的有效实施。①监管部门近年提出上市公司"抓首恶"等,初步展现问责制的价值取向。

(三) 追责时应当注意的问题

首先,协调行政监管与民事问责的关系。监管机关更多精力用于查处大案要案,故需要重视柔性规则的价值;其次,协调个别责任和连带责任的关系,连带责任的好处是形成内部监督,但容易偏离责罚相当的理念,从而远离过错责任和个人责任的基本原理;再次,协调公司集体决议模式与个人责任的关系。在追究董事责任时,应当根据董事会成员参加会议的情况、决议的情况、董事掌握信息的情况、董事履行职责的具体情形加以判断,不能轻易得出全体董事承担连带责任的结论;最后,尊重公司机关的地位。公司治理规则是一种结构性规范,立法者只是提供一套包括强制和非强制规范的规则框架,如何利用则交给公司治理主体自主决定。因此,立法者和法官必须尊重公司机关的地位,认可管理层和董事会等决策和执行机关在公司事务中的自由裁量权和商业判断,不宜简单将决策风险归责于管理层和董事会。

二、企业作为合规主体的义务及责任承担

(一) 法人的注意义务与合规计划

考虑到合规计划的性质与效果,将合规计划作为评价的对象,用以判断法

---

① 陈志斌:《问责机制与内部控制制度的有效实施》,载《会计研究》2004 年第 7 期。

人是否履行了自己应尽的注意义务,是有可能的。在美国,由于采用的是代位责任的法理,即虽然法人没有过失,但也要将代理人或从业人员违法行为的责任转嫁给法人,所以,即便法人适正地运用了合规计划,也并不能因无过失而免责。可是在我国,是将法人的刑事责任理解为对从业人员的选任、监督上的过失责任,所以将合规计划作为法人注意义务的内容来予以评价,应该不存在障碍。尤其是考虑到"组织构造""管理系统"等法人固有的性质。

在日本一直以来有关企业刑事责任的讨论中,也有人对将合规计划作为企业注意义务来对待的做法提出疑问。

第一,有学者一方面指出,"存在有效的、遵守法令的合规计划即表明企业尽到了选任监督上的义务,这样的见解在理论上是可能的";另一方面又有学者指出,"不能仅以是否实施了遵守法令的合规计划来判断是否可以免责"。①的确,即便形式上和外观上确立了合规体制,但如果在从业人员实施了轻视该体制的活动时仍然赋予免责的效果,是不妥当的。因此,从实施了合规计划这一事实出发,评价企业已经尽到注意义务时,不仅要具有形式的一面,还需兼备实质的一面,即"如果实施了合规计划,通常能够防止违法行为的发生"。

第二,还有见解提出,适正地实施合规计划是法人的代表人等自然人的义务,不是法人自身的义务。②这是因为,从如前所述的美国凯马克公司派生诉讼案与日本的大和银行股东代表诉讼一审判决来看,这样的结论很有说服力。但是在此应当留意的是,上述两个判决都是有关损害赔偿责任归属的民事上的判断,在决定要将发生的损害归属于哪一方时,董事等法人的机关被课以了超出个人能力的"贵族义务"(noblesse oblige);与此相对,在判断是否存在刑事责任时却是以个人的能力作为前提,所以二者的判断构造完全不同。倘若在确保其实效性的前提下将运用合规计划作为注意义务的内容来把握,以是否存在合规计划来追究选任监督上的过失责任,那么这样的注意义务是不可能

---

① 川演昇「独禁法遵守プログラムの法的位置づけ」『川又良也先生還暦記念・商法・経済法の諸問題」(商事法務研究会、1994)576 頁以下。此外,今井猛嘉「法人処罰」法学教室 260 号(2002)75 頁以下、高山佳奈子「法人処罰」ジュリスト1228 号(2002)73 頁以下。
② 神例康博「法人処罰における過失責任法理の限界(1)」松山大学論集 13 巻 2 号(2001)11 頁以下。

从单个人身上推导出来的。在与代表人的性格及能力无关的情况下,承认企业负有构建系统的义务,使得能够在不违反法令的前提下开展企业活动。因此,将合规计划的适正实施理解为与法人的代表人等自然人分离的法人固有的注意义务,是妥当的。

第三,另有见解指出,即便实施了合规计划,也不能因此就说明企业尽到了注意义务。如果将该批判的内容理解为,仅凭形式上引入合规计划还不能评价为对预见法益侵害与基于该预见回避结果尽到了充分的注意,那么该批判与第一种批判就没有区别了。与此相对,如果将该批判的内容理解为,尽管实施了具有实效性的合规计划,但与企业活动相关且发生法益侵害(或者与法益侵害联系在一起的从业人员的违法行为)时,仍然要肯定其预见可能性。此时设想的情形应当是,同样组织规模的企业即便实施了相同或者类似合规计划也不能预见或者回避法益侵害,仍然以应该预见或应该回避结果为由给予刑法上的非难。

关于过失犯的构造可能存在不同的理解,但不能超出合规计划的内容,来要求对认定企业过失责任而言必要的注意义务的质与量。

(二) 企业中的委托与注意义务

企业中委托可以包括委托给第三人的垂直委托以及决策机构内部进行授权的水平委托。

1. 垂直委托

业务执行等可以给第三人,但委托人需要承担一般监管义务,特别是组织义务、指示义务和监督义务,而这些义务是不能完全被转移的。

具体而言,这些监督义务包括:第一,选任被委托人时的谨慎义务。如果企业主打算进行授权委托,那么他自己有义务谨慎地选任被委托人。该义务内容包括必须依据知识和能力挑选被委托人等。第二,监督和领导委托人时的谨慎义务。授权委托生效的前提是存在一个明示的合意。但是,即使在有效的授权委托下义务先由任务的执行人承担时,企业主仍必须监督并纠正被委托人,甚至在必要时暂时对其停职。

监督义务的范围和程度由每个企业中的具体情况决定,特别是企业的结构、规模、业务范围,而最重要的决定因素是该企业的首要义务,对该义务的遵守必须受到监督。当企业规模达到一定程度之后,企业主或公司经理往往也不用亲自承担抽查监管的义务,他只需要把监管事务委托给有能力且可以独立负责的员工即可。由此,他只需要承担以抽查方式对监管人员进行监督的义务。上级主管所要承担的更高的注意和控制义务,这与其指令权是对应的。鉴于此,对他的注意和控制义务有更高的期待。

2. 水平委托

此外,在集体决策机构内部以水平授权的方式将任务和权能分配给具体的个人,是被允许的,其结果是领导机构整体责任的减少和机构内成员个人责任的产生。

如果企业领导层不愿意继续以集体决策机构的形式承担责任,先可以考虑在领导层内部进行职能划分。由此,就可以减轻董事或经理的负担,因为对于可以授权给其他成员的任务,他们只需要承担抽查监督的义务即可。主管特定职能的董事,应当向其余的董事会成员告知其主管职能中的事务。就组织层面而言,应该在董事会或者领导层会议中建立定期报告的机制。每个董事或经理都应监督和管控其余的董事或经理,并且在有具体线索指向不谨慎或者违规的经营管理行为时介入。

这种责任的减轻也是有边界的,即重要的任务和风险源头是不能委派给他人完成的,而对企业存在的威胁则适用企业领导层的普遍管辖权,此时会再度涉及所有的机构而无关事务的分配。

3. 垂直委托授权对于领导责任的降低

(1)垂直委托授权的边界范围。垂直授权委托的边界产生于企业领导任务的核心领域。该领域内的任务,既不能在领导小组内部委托,也不能委托给下级雇员或企业外部的第三人。将任务垂直授权给雇员,会产生选任义务、指示义务和监督义务。指示义务的含义是,必须对被挑选出的员工给予执行任务的指导,并向他们阐明任务的内容。监督义务包含伴随着工作进程的检查和独立于工作进程的复审。监督的范围和强度由企业的种类和规模、委托任务的种类和意义以及涉及员工的经验和素质决定。如果出现了疑似违法行为和不端行为,必须对有嫌疑的行为进行调查。此外,还应公布组织和工作守则,如责任范围的确定和界分。

(2) 专门委员会成员的责任。在将个别任务委托给专门委员会的成员筹备或完成这一原则容许的范围内,同时必须遵守的是,出现错误行为时应当先由委员会成员负责。建立专门委员会并将特定任务委托给他们并不会影响监事会对董事会进行监督的一般义务,但是也可以将对特定领域或个别事务的监督义务[1]以及谨慎选任委员会成员的义务[2]委托给一个专门委员会履行。

对专门委员会的授权委托,会在一定程度上减轻不属于该专门委员会的其他监事的责任。[3]在经营事务一切正常时,这些监事可以信赖其他专门委员会的成员都在以符合规范的方式完成其任务,但是他们仍必须履行对其他专门委员会监督和管控的义务,[4]特别是以接收报告的形式。只有在一些特殊的情形下,比如非常规的经营或经济危机下的决策时,才可能要求整个监事会承担义务。在这些情形下,监事会每个成员也都具有普遍职权。

(三) 公司作为组织概念的合规及问责

授权委托作为一个组织概念,其含义是将职责和决定权在委员会内部委托给个别成员(水平授权委托)或者由主管部门委托给其下属的部门或职位(垂直授权委托)。但是领导责任仍然由授权人承担。

1. 公司的组织结构

公司为了能履行其负担的所有义务,一般需要较高程度的组织运作,为了实现大型公司的经营,不得不采用一种授权委托结构。授权委托的结构有各种不同的形式,可以归为"自上而下"(Top-down)的传统等级模式和"自下而上"(Bottom-up)的现代结构这两种理想模型。其中后者会导致权力更加分散,因为在这种结构中很多人都拥有决策权。虽然纯粹的集权和分权是一对

---

① KölnKomm/AktG-Mertens, 3. Aufl.2012, 107 Rn.129 f.; Gittermann, in: Semler/v. Schenck, Arbeitshandbuch für Aufsichtsratsmitglieder, 86 Rn.133 ff.

② MüKo/AktG-Habersack, 107 Rn.135.

③ KölnKomm/AktG-Mertens, 107 Rn.161; MuKo/AktG-Habersack, 107 Rn.101 ff.; Gittermann, in: Semler/v. Schenck, Arbeitshandbuch für Aufsichtsratsmitglieder, 6 Rn.119 ff.

④ BGHSt 46, 30(35); KölnKomm/AktG-Mertens/Cahn, & 107 Rn.179; Hopt/Wiemann-Hopt/Roth, AktG, 107 Rn.449 f.; Habersack, ZSR 124(2005)II, 533(554); Rellermeyer, S.33 ff.

相互排斥的概念,通过集中目标和策略方面的决策权,同时分散在具体措施方面决策权的方式将两种策略结合起来。公司可以自由决定,采取哪种特定的组织形式。这会影响到企业领导层和其他雇员承担责任。

同时,通常也只有较大的企业才有可能建立有效的风险预防机制,因为只有这样的企业才具备必要的物力、资金和人力资源。但是,企业依然可能会对企业外部的法益造成特殊危险。比如德国《秩序违反法》第130条违反监督义务(Aufsichtspflicht)的秩序违反性构成要件之中(要求公司各个机构承担的特别管控和监督义务)。

2. 企业的责任承担

对现代企业而言,通过企业领导层对所有企业活动实现全方位的掌控是不切实际的,而且企业领导层通常也并不具备向下级决策者发出准确对应每一种情形的行为指令的能力。因此,企业领导层有必要以授权委托的方式,在让渡自己决策权限的条件之下,将任务委派给下级员工完成。

企业主首先有义务遵守适用于其行业的法律规范、经验规律和交往习惯。他必须对其责任范围内的危险源负责,并确保它不会对他人的法益产生危险。随着参与人数的增多、设备和机器的复杂化,对企业内部流程计划、协调和控制的要求也越来越高。每一次扩展、增加和深化专门知识,反过来也隐藏着特殊的危险,都要求相应的预防措施,而由此产生的损害则会导致违反谨慎义务的责任。因此,有必要根据企业具体的情况,通过个案判断来确定该企业应当承担的义务。企业的对外义务原则上由企业领导层承担,但是企业领导层也可以将这些义务委派给下级雇员。[1]这意味着,接受领导层委派的任务的承接者,所承担义务的性质和范围由委派者即企业所承担义务的性质和范围确定,并且不会超过领导层本应承担责任的界限。

司法判例中肯定一般企业主责任的论据则是:企业营运的情境会创造更高的实施违法甚至犯罪的风险,而作为企业领导机构经营自由的反面,对这种

---

[1] 部分文献将这种义务委派从规范上置于德国《刑法典》第14条之下;持此观点 Kuhlen, in: Maschmann, S.11(17);亦见 Ransiek, AG 2010, 147(151)。

风险的控制也应由领导机构承担。司法判例还认为，即使合规官对企业下级雇员没有指令权，他们一般也有义务阻止来源于企业的违法犯罪行为，与之相反，司法判例认为内部审计员没有相应的义务，因为这些岗位原则上仅仅为企业利益而设立。[①]对法务部门主管的要求也是一样，他们的任务也同样着眼于实现企业利益，而不是实现企业管理。将任务委托给雇员或第三人并不当然排除企业领导层的企业主责任。在特定情况下委托人可能在委任第三人之后仍然是义务的承担者。

3. 企业过失行为不法性的依据

仅仅造成结果的发生不足以体现过失犯罪的不法性。但有争议的是，是应该根据行为人的违背谨慎义务的行为判断对待法益的过失，还是说过失所涉及的问题为是否制造了法所不容许的危险。[②]

成立过失行为的前提条件是谨慎义务的违反。违反谨慎义务的情况下结果发生的可预见性，以及遵守谨慎义务时该结果的可避免性。确定是否违反谨慎义务根据的是客观的一般人标准，即以行为人所属交往圈中一个认真且理智的成员的交往习惯为依据进行判断。因此谨慎义务的基础是我们对人们在其所任职的角色中的合理期待，这种合理期待建立在对社会的相当性、法所容许之风险以及信赖原则的考量之上。

这样的规则可以是，行为人的表现必须符合相关交往圈中谨慎且认真的成员，处于他身处的情景时会做出的行为。他也有义务采取预防措施，认识到可能发生的危险并做好准备可以有效地进行应对，这样来源于相关交往圈中社会角色的谨慎义务就对来源于个体知识的义务形成了补充。

企业中的过失行为之所以会产生一些特殊问题，首先是因为对谨慎义务而言，不再考虑相关交往圈中谨慎并认真负责的独立执业的成员的能力和可能性，而是要建立对企业的要求。这其实是一个更高的要求，因为机构中有众多雇员，尤其是可以任用各个领域的专业人士，而且企业还必须对危险来源有

---

① BGH JZ 2010, 1018(1020).

② Schmidhäuser, in: Schafistein-FS, S.131 ff.; LK-Vogel, 15 Rn.169 f. 持此观点；参见 Jakobs, 9/1 ff., 5 ff.i.V.m.7/35 ff.

全面的监督和控制;当存在大量可能出现错误的源头且无法仅由一个人监督,则必须安排更多人以共同完成监督和控制任务。

(四) 企业合规程序的制定

按照 ISO 标准,公司合规必须建立一个有效的政策及程序,构建有效的政策和程序对于保障公司遵守监管当局规定及道德规范至关重要。这些政策和程序必须被谨慎地制定,以确保它们与公司需求及目标的一致性。政策和程序必须易于理解,应避免使用术语及复杂的词汇,政策在多数情况下要以积极的态度进行书写,避免专注于禁例以及什么样的事情是员工不能做的。在政策和程序最终起草前,制定者需要思考为什么这个政策如此重要,阐明特定政策的受众群体,指出该政策要达到怎样的目标。

有必要建立一个总体框架以整体地阐述问题以及完成这些任务的具体程序。在建立政策及程序的过程中,制定者应记住两个目标:(1)设定更大的战略目标;(2)提供具体特性。制定者应确保政策之间的一致性,否则员工会将它们视作不合法的并直接忽略它们。政策和程序也应具备灵活性,允许合理情况下存在特例。此外,一个易于理解的条例修改机制也是必须的,从而允许政策不断更新完善,调整修改政策的程序不应太官僚主义。

在最后完成政策和程序时,需要来自高级管理人员和员工的两方面支持。这两类人员都需要机会来仔细查阅草案、提出建议并提供反馈,从而使得政策和程序得以完善。仅仅让员工在一张说明他们已经阅读了政策和程序的纸上签字是不够的,要保证员工们能够持续了解政策和程序。

三、董事作为合规主体的义务及责任承担

(一) 董事义务的内涵

美国法上的董事义务规则包含了忠实义务、勤勉义务、合规义务和"诚信"(good faith)等诸多重要概念。作为上位概念的"董事信义义务"理论的发展和变迁与商业判断规则在美国司法实践中的具体适用密切相关。我国学者指出应该在商业判断规则的语境下探讨董事的信义义务,但从我国主张"三分法"学者的论证过程来看,不免对"商业判断规则具体适用"这一分析理路有些忽视。

此外，我国学界一直以来的通说是董事的忠实义务和注意义务"两者相互独立但又统一构成董事信义义务的全部内容"，针对"三分法"的观点，部分学者指出，就目前来看，"good faith"在定义、内容、操作标准等层面均仍然十分模糊。且我国早有不承认诚信义务为独立信义义务的学说：如"合同义务说"①"信义义务替代说"②等。美国学者曾经历过一段长达14年的围绕"诚信"路径地位的董事信义义务重构的争论。如今美国学界已经达成多数共识，认为"忠实义务"包括了"诚信"的要素。③美国学界和实务界争论的"诚信"路径，主要产生于对商业判断规则的适用条件的理解和把握的分歧，但其又在一定程度上干扰了对董事信义义务架构的正确认知。

而将"有意识地或者故意使公司违法"归入董事忠实义务的范畴对我国有着重要借鉴意义。"三鹿奶粉案""上海福喜案"④都涉及高层指使或者事先知情，这些案件中的董事决策时并非为自身利益，而是希望借此增加公司的销售及利润，如果使用传统的"忠实义务"理论，援引我国《公司法》的规定难以对其追究责任。然而如果将"故意违法"纳入董事忠实义务，则追究相关责任人的经济责任将变得更容易。

邓峰分析了美国利益相关者法律对董事会权力的扩充：(1)董事会作为公司的最高权力机关得到强化，利益相关者条款和独立董事的引入，使得董事会拥有自行判断公司长期利益而对抗股东的权力；(2)管理层趋向于集中管理公司日常经营，董事会趋向于监督职能；(3)董事的注意义务，逐渐从积极作为向监督职责转化；(4)董事的善意义务(duty of good faith)逐步成为诚信义务的

---

① 参见罗培新：《公司法的合同路径与公司法规则的正当性》，载《法学研究》2004年第2期。该说认为合同的不完备性决定了义务概念的模糊性。

② 该说主要认为，诚信义务就是信义义务，两者内涵无差，只是名称不同。从这个意义上说，信义义务是忠实义务的上位概念。参见张勇健：《公司管理层诚信义务的几个问题》，载王保树主编：《实践中的公司法》，社会科学文献出版社2008年版。

③ 当然，在满足一定要件情况下，董事的竞业行为(抢夺公司商业机会)是被许可的。参见Furash & Co. v. McClave, 130 F.Supp.2d D.D.C(2001)，pp.48, 53。

④ 2014年7月20日，媒体曝光了麦当劳、肯德基等外国品牌快餐使用过期肉制造鸡翅、汉堡食品，并出售给消费者的新闻，引发社会热议。8月29日，上海市人民检察院第二分院以涉嫌生产、销售伪劣产品罪依法批准逮捕了涉案公司高管胡某等6人。

组成部分,作为免责事由的商业判断规则在此过程中解释扩大。①

(二) 董事合规义务与信义义务的关系

在法理上,很多学者对于将合规义务纳入董事义务体系进入公司法的路径进行了探讨。有的学者主张通过解释扩大董事忠实义务或者勤勉义务的内涵以涵盖合规义务来实现;有的学者主张将现有的二元信义义务结构扩张为包含忠实、勤勉、合规的三元结构;有的学者主张将合规义务作为独立于信义义务引入董事义务体系。尽管在具体引入路径上尚未达成共识,但毋庸置疑通过将合规义务纳入董事义务体系引入公司法具有理论上的支撑。

1. 合规义务独立于信义义务

汪青松和宋朗认为,目前我国董事合规义务欠缺,鉴于董事会在现代公司经营活动中的中心地位,理应由董事承担合规义务。但我国公司法目前尚没有关于董事合规义务的规定,为此他们指出将合规义务纳入董事义务体系是我国《公司法》新一轮修订亟须完成的一项重要任务。目前董事合规义务进入董事义务体系的路径有二:第一,通过信义义务引入;第二,独立于信义义务引入。他们认为,合规义务应当独立于信义义务。②

合规义务和信义义务在法理上的区分理由包括:第一,产生的来源不同。董事的信义义务源自董事与股东的代理委托关系和利益冲突,目的在于减少代理成本。合规义务则源于公司的合法性要求从组织层面落实到个人,目的在于减少公司经营的社会成本;第二,价值位阶不同。董事的忠实和勤勉仅是服从法律的某一个方面,更多是为公司自身利益服务,而合规则是服务于社会公共利益与秩序。二者的分离源自公司从一元化的盈利目的到二元化的私利与公益并重的产物;第三,主体范围不同。在公司法上,信义义务的主体是董事。然而,合规义务的主体不仅限于董事。首先,发起人、创始股东应当承担合规义务。其次,实际控制人或者控股股东应该承担合规义务。最后,中低层管理者和普通员工也应当承担合规义务。综上,合规是公司整体合规,合规并

---

① 邓峰:《公司合规的源流及中国的制度局限》,载《比较法研究》2020 年第 1 期。
② 汪青松、宋朗:《合规义务进入董事义务体系的公司法路径》,载《北方法学》2021 年第 4 期。

非专属于董事;第四,具体内容不同。信义义务是指董事对公司具有忠实与勤勉义务。而关于合规义务的内容,目前我国法律还没有统一法律制度。过于强调将合规义务纳入信义义务,会给将来的公司法研究带来诸多难题。

而合规义务独立于信义义务的实践价值则包括:第一,有助于体现合规义务的回应性性质。当合规义务纳入信义义务中,董事勤勉、忠实与否,都是非此即彼的,且不具备激励性和免责性手段;第二,有助于发挥合规义务的守法内化功能;第三,有助于为追责机制预留立法空间。对于违反信义义务的董事,追责手段比较有限,且股东追责动机较小,几乎只能依赖股东派生诉讼追责。因此,将合规义务独立出来可以预留一定的制度灵活性。

学者指出,我国应确立合规义务独立于信义义务,在维持原有二元信义义务的前提下,以独立于信义义务的方式将合规义务纳入董事义务体系,构建一种勤勉+忠实+合规的董事义务体系。

首先,要在总则部分明确全员合规。其次,要对董事合规义务进行差异化设计。所有公司董事均应遵守合规要求,上市公司、国有独资公司和金融类公司董事会应建立充分、适当的合规管理体系并监督其执行,使公司的相关责任人能够及时发现公司本身或者其工作人员的违规行为,或者合规体系存在的管理漏洞。最后,要建立完善的法律责任机制来保障董事合规义务的履行,将违反合规义务作为董事对外、对公司承担责任的依据,将董事已遵守合规要求作为减轻或豁免其责任承担的法定事由,将董事履行合规义务作为豁免其违反信义义务之责任的法定事由。[1]此外,还应当规定董事责任的豁免机制:一是将合规作为董事的法定责任减轻或免除;二是将合规作为董事信义责任的减轻或免除事由。

2. 董事合规义务以注意(勤勉)义务为基础,以德国合规制度为参照

鉴于德国《股份法》和《有限责任公司法》都没有明文规定公司机关的合规职责。有学者认为,《股份法》中的领导义务、谨慎义务以及董事会设立监督制度的义务是德国股份公司合规制度的法律基础;《有限责任公司法》中的谨慎

---

[1]　汪青松、宋朗:《合规义务进入董事义务体系的公司法路径》,载《北方法学》2021 年第 4 期。

义务是德国有限责任公司合规制度的法律基础。[1]董事会成员的合规义务既包括合法性义务,也包括合法性管控义务。董事违反合规义务可能面临着民事责任、行政责任或是刑事责任的追究。在认定董事违反合规义务的责任时,应充分平衡公司利益和个人责任风险,只有达到"近乎确定"的可能性这一标准才能足以使法官支持公司的损害赔偿请求。德国在追究董事的民事赔偿责任时,还需要考虑公司损害的来源、承担民事赔偿责任的对象以及董事对于违法性和过错的举证责任。进而指出在我国公司法并没有对公司机关的合规组织义务进行规定的立法背景下,借鉴德国经验将合规组织义务纳入勤勉义务进行解释是目前公司法律框架下的唯一可能,同时,完善的合规制度体系除了要有违反合规义务的责任约束,还要有对忠实履行合规义务的正向激励。

3. 董事合规义务的厘定

在市场经济条件下,随着企业所有与控制权能的分离,企业的日常经营管理由股东之外的专业人士负责,"董事会中心主义"应运而生。在"董事会中心主义"的框架下,董事和董事会享有高度集中的权力,这意味着作为少数人的董事有可能拿多数人(股东)的财产进行冒险。但在现代公司制度中,所有者支配集中体现为大股东支配,"董事会中心主义"即"大股东中心主义"。拥有大多数股权的大股东享有董事会大多数席位的提名权,可以将符合自己期待的人安插进董事会,从而达到控制董事会的目的。在一些情况下,董事会甚至会成为大股东为自己谋取私利、掏空公司财产的工具。

为了保证公司真正为股东谋取福利,法律对公司高级管理人员义务的要求日趋严格,一方面,董事及董事会的职权必须受到限制;另一方面,董事会内部的权力也需要一种能够将少数人的利益在特定情况下进行放大的制度安排。

董事的合规义务往往与其监督义务相联系,为了善尽"监督义务",董事应当建立适当的内部控制与合规体系,并确保这些制度能在公司得到有效实施。若公司因员工违法而受到惩罚,股东就此寻求董事赔偿时,董事只要举证公司

---

[1] 王东光:《组织法视角下的公司合规:理论基础与制度解释——德国法上的考察及对我国的启示》,载《法治研究》2021 年第 6 期。

已建立起有效运行的监控通报系统,举证责任便转移至公司股东一侧;若董事未能证明该系统存在或其具备实效,则应负损害赔偿责任。

对于建立合规体系所需的成本,从理论上来说,由于国家会对违法行为做出高额惩罚,这促使公司将其违法行为所造成的外部成本内部化,从而做出相应的合规计划以避免违法行为的发生。然而,尽管健全的合规体系能够降低公司因违法而遭受惩罚的风险,但是当违法行为被合规部门发现后,如果管理层在评估后认为该违法行为被发现并惩罚的可能性不高时,为避免对公司股价造成负面影响,管理层往往倾向于选择掩盖此信息。这种行为不仅与合规的目的相违背,甚至可能引发更严重的损失。故合规部门若知悉前述经营阶层之不当掩饰行为,应积极地进行揭露,使损害不致扩大。

(三) 董事监督义务的证成

相比美国董事信义义务"三分论"和"二分论"之争的一些案例,大多发生在董事违反"内部控制机制构建义务"的案例中,在美国法上,董事及董事会的"建设防止不正当和违法行为发生的合法合规体制"基本都与"monitoring"也就是董事相互"监视"的义务相关联,[1]包括 Caremark 案[2]以及 Stone 案[3]中,法院均指出:"董事如果完全没有在公司内构建一个信息收集以及上下传达的机制,没有注意把握有关公司风险的信息,或者在得到信息后有意识地放弃了对于公司业务的监督监视职务,这就能构成了对自身职责的有意识地漠不关心,从而构成违反忠实义务。"这对我国也有一定借鉴意义。[4]

吕成龙认为应当对董事监督义务进行构建并且将内控体系等义务作为监督义务的重要内容。[5]作者总结了实践中我国董事监督义务的经验与问题。

1. 我国目前董事监督义务的问题

第一,监督义务的内涵外延并不明确。证监会即使是在"南京中北"案中

---

① Regina F. Burch, Director Oversight and Monitoring: The Standard of Care and the Standard of Liability Post-Enron, 6 WYO. L. REV(2006), pp.481, 498.

② In re Caremark Intl Inc. Derivative Litig, 698 A.2d 959, pp.961—962, 967(Del. Ch. 1996).

③ Stone v. Ritter, 911 A.2d 362(2006).

④ 参见梁爽:《内部控制机制的法律化路径》,载《金融法苑》2015年第1期。

⑤ 吕成龙:《上市公司董事监督义务的制度构建》,载《环球法律论》2021年第2期。

也未对监督义务划定明确边界,①并且实务中对于监督义务的界定也没有明显的规律。

第二,监督义务的法律规范依据不明。证监会的《上市公司披露管理办法》第42条中对董事义务的规定难以与公司法的规定进行关联,无法明确董事监督义务的定位,到底是应当定位于公司法中的守法义务还是勤勉义务?

第三,监督义务的构成要件模糊。首先,作者指出证监会没有确切表明董事的监督义务在何种情况下适用。多数情况下,如上述提到的"南京中北"案中,监督义务在董事以不知情、未参与为由进行抗辩的情形下适用。其次,没有明确监督义务的免责事由。证监会掌握着对免责事由的解释权,但却未做出系统的解释。

第四,监督义务的要求过高,有时强人所难。董事内部存在多种分类,如执行董事与非业务执行董事。但综合证监会的执法情况,尽管有对董事类别进行一定区分,但在总体上对于董事的要求是同质化的。这会带来三个问题:其一,上市公司的经营内容复杂,并非所有董事都具备相应监督能力。其二,独立董事与其他非执行董事相对于执行董事,不一定能达成监督要求。其三,监督义务属于信义义务,要求董事在公司拒不改正的情况下向监管部门举报,可能会造成对信义义务的根本否定。

2. 监督义务相对于勤勉义务的区别

第一个方面是,监督义务的责任认定需要考虑具体董事不同的职权、身份。独立董事与其他非执行董事的监督义务履职标准可以适当放宽,因为现行归责对其的履职期待并不高,并且这两类董事在公司治理中能够发挥的作用较为有限;第二个方面是,对于监督义务应当设定免责事由。现代上市公司往往结构、业务内容都很复杂,董事难以面面俱到,因此应当设计相应的免责事由。免责事由分为事前免责事由与事后免责事由。事前免责基于董事的日常监督上,事后免责基于董事的调查行动。②

---

① 《中国证监会行政处罚决定书(南京中北、郭某平等 7 名责任人员)》(〔2010〕10 号)。

② See Anne Nees, Who's the Boss? Unmasking Oversight Liability Within the Corporate Power Puzzle, 35 Delaware Journal of Corporate Law 199, 258(2010).

3. 董事会监督职能的发挥

1982 年《民事诉讼法(试行)》首先提出了"法定代表人"这一术语,并在 1986 年《民法通则》中得到了沿用,但其内涵是企业法人的管理者或负责人,与公司治理或者公司内部分权无涉。我国在 20 世纪 90 年代初期开始推行传统企业的公司制改革,1992 年《有限责任公司规范意见》和 1993 年《股份有限公司规范意见》将新出现的公司制度与传统的法定代表人制度进行嫁接,并最终于 1993 年《公司法》中再次被确认。1993 年《公司法》在引入股东会、董事会和监事会架构的同时,将其与当时国内的实践相结合,将实践中广泛存在的法定代表人制度植入公司法中,规定公司的法定代表人由董事长担任。

然而,如果缺乏相应的限制,现行法中董事长担任法定代表人这一设计使得公司中形成了一个庞大权力的中心。徐彦冰从效果角度进行分析,他认为法定代表人的"独任代表制"会导致董事会和其他董事的权利被架空。一旦出现董事长专权,决策的科学、民主就难以得到保证。[1]袁碧华提出,公司代表的法定单一制容易导致公司利益受损,不但与公司自治的理念相悖,而且增大了法定代表人的道德风险。[2]

依据我国公司法关于董事长职权的规定,董事长无法当然取得对内管理公司、对外代表公司的权利。但是,董事会可否选举产生某个董事,并将管理权和代表权一概授予该董事? 这在理论上是可行的,但授权与否应当基于公司自愿而非强制,而且公司在作出授权时必须辅之以与之配套的监督机制,否则可能被认为偏离忠实和勤勉义务,使得董事长无需其他董事的协助就可以全面控制公司,从而导致董事会集体决策被架空,董事会决策在某种程度上变成了董事长决策,容易诱发或放大公司风险。

在董事长拥有庞大的权力之后,董事会就从民主机制降格为一个咨询机构或者议事机构。所谓的咨询机构,是指董事会在事实上已不再是一个决策

---

① 徐彦冰:《法定代表人制度的弊端及其完善》,载《法学》2004 年第 7 期。
② 袁碧华:《法定代表人制度的困境和自治理念下的革新》,载《政法论坛》2020 年第 6 期。

机构,而是为董事长决定出谋划策、提供建设性意见的机构。即使董事长的决定存在错误,其他董事在董事会上也很难投票反对。所谓议事机构,是指董事会只是商议事务的机构。

当监管机构对董事会成员作出处罚时,常常遇到来自除董事长之外的董事会其他成员的抱怨,原因在于这些董事认为他们在公司中的角色只是议事机构或咨询机构的成员,并没有决策的权力。董事承担个别和共同责任,有利于公司利益和股东利益,但这必须建立在废除法定代表人制度的基础之上。如果在立法上继续保留法定代表人制度,对于决策上的问题,董事长和负责该事项的董事应当承担主要责任,其他董事最多承担次要责任。

针对董事之间的关系,一种主张认为公司董事应当分别和共同地对公司承担义务和责任。该主张带来的首要问题是:董事究竟是一个个体属性的人,还是董事会的成员?某一董事违反忠实或勤勉义务,其他董事应否承担连带责任?在国内,董事通常被看作是董事会成员。但过分关注董事会的会议体特征,容易把董事个人的判断和履责混同于董事会其他成员。另一种意见是,应当首先把董事视为独立的受托人,在原则上首先独立承担个人责任。根据新《公司法》第 125 条,①董事承担连带责任是基本规则,异议董事被豁免责任仅为例外规则。由此可见,我国董事主要是董事会成员,不带有显著的个人受托人色彩。

个体说和会议体说各有优劣。在董事会成员间存在不同意见时,如果坚持个体说,有可能出现董事各自为政、使得董事会工作陷入僵局;而会议说无法清晰划分各董事的义务、职责和责任,而且在法定代表人体制下,采会议体说容易弱化其他董事的地位。

在个体说和会议体说之间进行选择时,还应当考虑到不同董事之间的监督机制。董事除了董事会成员的身份之外,还是股东会选举产生的受托人。每位董事应当履行其作为公司受托人的义务,并接受来自其他董事的监督。

---

① "董事应当对董事会的决议承担责任。董事会的决议违反法律、行政法规或者公司章程、股东大会决议,致使公司遭受严重损失的,参与决议的董事对公司负赔偿责任。但经证明在表决时曾表明异议并记载于会议记录的,该董事可以免除责任。"

此外，董事通常是经营、管理等领域的专家，而且熟悉公司内部事务，相互监督是一种成本最低的方式。有主张认为董事会的存在本身即构成对董事的监督，但抽象的公司机关在实践中根本无法起到实际监督的作用。

4. 我国董事监督义务具体的制度构建

第一，监督义务的实施条件。上市公司董事监督义务出现预想与实践的偏差，不能完全归责于履职环境，更多原因仍在于制度设计。对于追究董事民事责任机制的缺失是重要原因之一。新《公司法》第189条规定的股东派生诉讼，对股东有持股时间、数量的要求，但目前我国上市公司的股权具有分散化特性，股东很难满足要求。但有进步的是，证券法修订中已经豁免了对投资者保护机构提起代表诉讼的持股时间和数量要求。

第二，监督义务的内涵构造。监督义务的构造包含内容构建与程序构建。内容构建上，可以将监督义务分为事前性义务与事后性义务。事前机制包括三项内容：其一，督促上市公司建立日常信息搜集机制；其二，促进合规机制的健全；其三，督促建立风险管理的内部机制。事后性义务要求董事在发现公司有重大异常后，应主动调查，尽到监督义务。①

参照美国、日本公司法上的董事监督义务，应重构董事会职能并确立董事监督义务。

我国现行《公司法》对于股份公司的董事并未直接涉及其监督义务。但公司实践中，业务监督实际上是董事会工作的应有之义。因此应当首先明确董事会的业务监督职能，并在此基础上明确董事承担经营监督义务。即便在董事会下设"合规委员会"，其法律地位、履职条件也需要重构董事会职能并在确立董事监督义务的基础上实现。

以日本经验为参照，监事会列为非必须设置的公司机关，而股东大会无法承担业务监督职能，因而合规监督职能只能由董事会承担。因而日本新《公司法》修订时，董事会的监督职权不能进行授权、委托。美国、日本的董事会存在

---

① 参见叶林：《少点奇葩甩锅　多点勤勉尽责》，载《证券日报》2020年4月27日A2版；Jeremy S. Piccini, Director Liability, the Duty of Oversight, and the Need to Investigate, 2011 MAR Business Law Today 1(2011)。

"监督型"和执行＋监督的"双责型"两种模式。相对于美国的"监督型"董事会，与我国公司现状更为类似的日本的"双责型"董事会更易被我国接受，但要对业务执行董事与非执行董事做出区分。

在逻辑上或可认为董事会成员对董事长、总经理的业务执行实施监督。但我国公司存在突出的董事长、法定代表人，乃至业务执行人之间的关系不明问题。一方面，我国公司内部治理时常出现集权化的特征，集权化会导致监督的有效性、合规体系的实效性降低。[①]因此，可以限制董事长的权限，以实现更好的监督。同时，必须增强董事会获得业务信息的渠道。[②]另一方面，我国公司的业务执行并不当然来自董事身份。董事会成员乃至全体业务执行者之间的关系不明，则监督的效果也会受损。在这个意义上，日本规定董事（包括提名、监查等委员会中的董事）不得兼任公司的支配人及其他商业使用人（日本《公司法》第331条），以及在设置专门委员会的公司中，如公司存在2人以上的执行董事，则董事会应就各执行董事分管的职务及上下指挥命令等其他和执行董事相互之间关系有关的事项进行决定（日本《公司法》第416条第1款）等规定值得借鉴。

（四）董事勤勉义务及其标准

董事信义义务[③]规则是公司法律关系中的核心规则之一，[④]但我国对董事追责案件的数量仍然较少。实证研究表明，我国对董事追责案件中违反忠实义务的案件和违反注意义务的案件比例大约是5∶1。绝对数量上，违反忠实

---

① 已有不少实证研究表明，两职兼任现象与内部控制失效呈显著正相关。

② 例如日本《公司法》规定：执行董事须每3个月1次以上就自身职务执行情况向董事会进行报告（日本《公司法》第417条第4款）；专门委员会从其委员中选定的人必须毫无迟延地就该委员会职务执行的情况向董事会进行报告（日本《公司法》第417条第3款）；同时，监查委员会中的委员均享有广泛的调查权以及征收报告的权限（日本《公司法》第405条第1款）。

③ 课题组中的"信义义务"分别对应美国法上"fiduciary duty"以及日本法上的"信认义务"；"诚信"分别对应美国法上的"in good faith"和日本法上的"诚实"；"注意义务"分别对应美国法上的"duty of care"和日本法上的"善管注意义务"；"忠实义务"分别对应美国法上的"duty of loyalty"和日本法上的"忠实义务"。对此，邓峰教授将"fiduciary duty"译为"诚信义务"，而将"good faith"译作"善意"，参见邓峰：《普通公司法》，中国人民大学出版社2012年版，第438、450页；邓峰：《业务判断规则的进化和理性》，载《法学》2008年第2期。

④ 参见朱慈蕴：《公司法原论》，清华大学出版社2011年版，第283页。

义务的案件数量也不高,董事注意义务审查标准不明是重要原因。①

关于董事与公司和股东之间的关系,存在"信托关系说""合同关系说""代理说""委任说"。其中前三种都存在各种问题,在我国公司法的语境下,注重受任人对委托人权利义务关系的"代理说"成为我国董事与公司关系的多数学说。②

上述学说虽各有不同,但一致认为公司的管理者对公司负有"注意义务"和"忠实义务",即信义义务"二分法"。但我国现行《公司法》关于董事义务的直接规定过于原则性和简略,更多的学者主张我国应该引进商业判断规则等一些具体的、更具操作性的规则。③我国原《公司法》第 147 条仅提及勤勉义务这一词语,未界定勤勉义务的内涵,也未给出违反勤勉义务的认定标准。这给公司实践和司法实践带来较大困扰。新《公司法》第 180 条虽然规定了"董事等执行职务应当为公司的最大利益尽到管理者通常应有的合理注意",明确了勤勉义务应该是一种积极义务,要求董事等在履职过程中尽到合理注意,但依然存在标准难以厘定的问题,且并没有引入商业判断规则。

1. 董事催缴股东出资义务

丘某良、黄某贵与福建福日电子股份有限公司、诸葛某远股东损害公司债权人利益责任纠纷案(以下简称福日电子案)、斯曼特微显示科技(深圳)有限公司、胡某生损害公司利益责任纠纷案(以下简称斯曼特案),均是公司债权人以原告身份而不是公司作为原告向董事提起的赔偿诉讼。对比这两个案件,应当首先解释董事催缴股东出资是否属于勤勉义务;其次,在催缴义务不属于董事勤勉义务的解释下,债权人、公司有无损失,以及应否由董事承担责任;最

---

① 罗培新及楼建波等研究发现,我国法院一般采用"正常经营行为标准",即仅看董事行为是否获得公司授权,是否在职权范围内等,而不对经营决策的合理性进行实质审查。参见罗培新等:《我国公司高管勤勉义务之司法裁量的实证分析》,载《证券法苑》2010 年第 3 卷;亦可参见楼建波等:《公司法中董事、监事、高管人员信义义务的法律适用研究——以北京市法院 2005—2007 年间的相关案例为样本的实证研究》,载《商事法论集》2012 年第 1 期。

② 参见范健、蒋大兴:《论公司董事之义务——从比较法视角考察》,载《南京大学法律评论》1998年春季号。

③ 参见任自力:《美国公司董事诚信义务研究》,载《比较法研究》2007 年第 2 期;李燕:《美国公司法上的商业判断规则和董事义务剖析》,载《法学》2006 年第 5 期。

后,在催缴义务系勤勉义务的解释下,董事未予催缴,是否造成公司损失,以及应否承担补充赔偿责任。

(1) 催缴出资是否属于董事义务? 我国公司法 2013 年修订时在法定资本制项下引入"完全认缴制",后逐渐产生让董事对股东出资进行催缴的想法并已入法,2024 年的新公司法虽然在完全认缴制的层面有所回归,但由于不是完全的实缴制,仍然保留了董事催缴条款。所谓催缴出资,在本质上是董事以公司名义要求欠缴出资的股东向公司缴纳出资。为了确保公司资本充实,董事应当向欠缴出资的股东催缴出资,具体催缴方式的选择牵涉董事在履行勤勉义务时的商业判断,但应当认可董事在特殊情形下可不以提起诉讼方式催缴。

(2) 董事催缴出资属于何种义务? 应将催缴出资义务归入董事勤勉义务。原因在于,忠实义务主要是为了解决董事与公司之间的利益冲突问题,只要董事在履行职责时并未从中受益或谋取私利,就不属于忠实义务规制范畴。因此,在该两分法下,按照排除的方式,应当认定催缴出资系董事勤勉义务的组成部分。

(3) 该催缴义务的性质如何? 催缴义务系行为义务,而非结果义务,更非担保义务。当董事采用了合理措施而公司无法受领股东的出资时,公司所受损失相当于公司遭遇的风险损失,不可归咎于董事的行为。在此前提下,依据《最高人民法院关于适用〈中华人民共和国公司法〉若干问题的规定(三)》(以下简称《公司法司法解释(三)》)第 13 条第 4 款的规定,[①]在文义上失之过宽,应当予以限缩解释,将董事的责任局限于因未催缴而导致的公司损失或债权人损失。

由此可见,在福日电子案中,法院驳回公司债权人关于董事承担赔偿责任的请求,在结果上是正确的,但其驳回的理由(即无法表明催缴系董事勤勉义务)是不正确的;在斯曼特案中,法院认定催缴出资是董事的勤勉义务的认定是正确的,但其裁判结果却在实务界受到批评。最高人民法院在斯曼特案的

---

① "股东在公司增资时未履行或者未全面履行出资义务,依照本条第一款或者第二款提起诉讼的原告,请求未尽公司法第一百四十七条第一款规定的义务而使出资未缴足的董事、高级管理人员承担相应责任的,人民法院应予支持;董事、高级管理人员承担责任后,可以向被告股东追偿。"

判决书中特别指出关键事实,六名董事实乃斯曼特公司及其母公司的股东或控制人,让六名董事承担补充赔偿责任并非不当,但再审判决书在列明上述关键事实后,未就六名董事承担责任的依据作出充分论证,从而诱发实务界的批评。

2. 董事勤勉义务标准的规定

原《公司法》中唯一提及勤勉义务的条款是第 147 条第 1 款(新《公司法》第 180 条),但未就勤勉义务的构成、标准和后果等作出规定。除此以外,《证券法》第 142 条针对证券公司董事、监事和高级管理人员的勤勉义务作出特别规定。①《企业破产法》和《个人独资企业法》中亦有勤勉义务的表述。证监会曾陆续出台多项部门规章和规范性文件,提及或规定上市公司董事的勤勉义务。其中,《上市公司章程指引》第 98 条作出的规定更为具体。②此外,《上市公司信息披露管理办法》(2021 年修订)第 51 条第 1 款提及勤勉义务及其举证责任,将董事履行勤勉义务作为免除董事承担信息披露违法责任的事由。

3. 勤勉义务在国内的实践

从裁判文书来看,由于《公司法》未规定勤勉义务的含义及认定标准,法官在裁判时,不得不同时寻求公司法以外的依据,试图在个案中作出解释。

(1) 依据公司法原理的裁判。深圳市中级人民法院在审理丘某良、黄某贵与福建福日电子股份有限公司、诸葛某远股东损害公司债权人利益责任纠纷案,③江苏省泰州市中级人民法院在姜堰宾馆有限公司与殷某损害公司利益

---

① "证券公司的董事、监事、高级管理人员未能勤勉尽责,致使证券公司存在重大违法违规行为或者重大风险的,国务院证券监督管理机构可以责令证券公司予以更换。"

② "董事应当遵守法律、行政法规和本章程,对公司负有下列勤勉义务:(一)应谨慎、认真、勤勉地行使公司赋予的权利,以保证公司的商业行为符合国家法律、行政法规以及国家各项经济政策的要求,商业活动不超过营业执照规定的业务范围;(二)应公平对待所有股东;(三)及时了解公司业务经营管理状况;(四)应当对公司定期报告签署书面确认意见。保证公司所披露的信息真实、准确、完整;(五)应当如实向监事会提供有关情况和资料,不得妨碍监事会或者监事行使职权;(六)法律、行政法规、部门规章及本章程规定的其他勤勉义务。"

③ 深圳市中级人民法院(2014)深中法涉外终字第 36 号民事判决书:"所谓董事勤勉义务,是各国公司法普遍规定的董事必须履行的一项积极义务,是指董事负有以善良管理人的注意来处理公司事务的义务。勤勉义务要求公司董事在行使职权时应当以一定的标准尽职尽责管理公司的业务,违反该义务的董事应当承担相应的法律责任。现在由于经济活动的复杂性,难以判断董事在经营决策时是否尽到了合理、谨慎的注意义务,同时董事的勤勉义务具有主观性,所谓'合理''勤勉'的含义并不明确。经营活动具有风险性,决定了不能把所有的经营不利后果,都归结于董事未尽勤勉义务。"

责任纠纷案①的裁判意见中,除在提及"各国公司法"上存在疑问外,还使用了"善良管理人""一定的标准""主观性""经济活动具有风险性""合理"等抽象词语,但在总体上试图依据公司法理论作出解释和裁判。

(2)依据侵权行为法的裁判。浙江省慈溪市人民法院在审理慈溪富盛化纤有限公司等诉施某平损害股东利益责任纠纷案②时,未采用善良管理人的标准,而采用"正常谨慎之人"的标准,同时将管理者注意义务视同侵权行为法上的注意义务。侵权行为法更像是规范陌生人社会的一般法规则,此与管理者受托管理公司事务的熟人社会有较大不同,不宜将管理者的勤勉义务降低至一般人的注意义务。但该裁判意见又强调管理者"为公司的最大利益工作""符合公司的最佳利益""搜集足够的信息""诚实而且有正当理由"等,说明法官试图赋予管理者以更高的注意义务。

(3)对免责事由的裁判思路。最高人民法院在杨某雄诉证监会案③中,涉及董事应否就其在信息披露文件上的签字负责。该案裁判意见不仅将董事履行勤勉义务作为董事免除责任的理由,还提出了董事勤勉义务系过程性义务和积极义务的新问题。过程性义务是指董事应当在签字前核实信息或事项的真伪,而不应只是负责签字。这种认识与前述其他裁判意见所提及的"搜集足够的信息""诚实而且有正当理由"等理由大致一致。

(4)行政案件中的认识思路。有学者在分析行政处罚和行政诉讼案件后

---

① 江苏省泰州市中级人民法院(2019)苏12民终1011号民事判决书。《公司法》第147条"明确规定了董事负有勤勉义务。所谓勤勉义务,通行的含义是指董事应当诚信履行对公司的职责","以合理的技能水准、合理的谨慎和注意程度去处理公司的事务"。

② 浙江省慈溪市人民法院(2007)慈民二初字第519号民事判决书:"勤勉义务的含义和内容,法律并没有具体界定。一般认为,公司法中的勤勉义务与侵权法中的注意义务相似,指董事、监事、高级管理人员必须像一个正常谨慎之人在类似处境下应有的谨慎那样履行义务,为实现公司的最大利益努力工作。据此,管理者在作出某一经营判断前,应当收集足够的信息,诚实而且有正当的理由相信该判断符合公司的最佳利益。"

③ 最高人民法院(2019)最高法行申12736号行政裁定书:"勤勉尽责是董事免责的抗辩理由。当上市公司发生违法行为时,作为公司的决策层成员,董事即应当为自己签字的公司行为承担法律责任,除非董事能够提出自己已经勤勉尽责的抗辩事由。董事勤勉尽责不能停留于履行一般职责,而是要在审慎、全面调查的基础上,对公司的重要事项进行确认。董事的勤勉义务是一种过程性义务和积极的注意义务,不以其履责行为必然防范违法行为的发生为要件,也不以其明知违法行为为要件。"

注意到,我国在上市公司和非上市公司中执行的董事勤勉义务不同。该学者指出,"我国司法实践中上市公司董事勤勉义务的范围是董事的职责,一方面包括法律规范和公司章程规定的其职位所要求的职责,另一方面包括社会公认的应当采取的防止公司利益遭受损失合理的措施"。[①]

4. 不同类型董事的勤勉义务

《公司法》统一采用了公司董事的概念,并将董事长和执行董事作为例外情形。除此以外,《证券法》以及企业国有资产管理法律和部门规章中,公司董事存在多种实际类别。应当关注不同类别董事之勤勉义务的差异。

(1)作为法定代表人的董事。法定代表人具有对内管理公司、对外代表公司的权力,形成与其他董事的重要差异。董事会采用会议体模式,极大限制其他董事的履职,因此,要求其他董事承担与董事长相同或相似的勤勉义务,有失公允。

(2)具有管理职责的董事。在实践中,兼任管理层职务的董事被称为经营董事,通常最先获得公司信息。而非经营董事存在明显的信息劣势,在裁量时容易受到经营董事和管理层的影响,甚至出现经营董事不全面提供信息而诱发决策错误的情形。此时,要求非经营董事与经营董事承担同样程度的勤勉义务,也有失公允。

(3)作为股东派出董事的董事。我国国有出资公司派出董事的地位更为特殊。[②]派出董事与委派方之间关系密切,甚至存在劳动关系。在此情形下,至少存在两个问题:一是,该派出董事必然受到与集团公司的劳动关系的约束,甚至必须遵守集团公司的指令;二是,董事的薪酬来自集团公司而非其担任董事的公司,派出董事难免优先考虑集团公司的利益,降低对公司利益本身的关注。应当谨慎确定"派出董事"或类似董事的勤勉义务,不宜将其混同于其他董事。

(4)关注中小股东的独立董事。自《关于在上市公司中建立独立董事制

---

① 张红、石一峰:《上市公司董事勤勉义务的司法裁判标准》,载《东方法学》2013年第1期。

② 白慧林、王治宇:《论董事的劳动关系——以企业集团国有控股公司派出的董事为视角》,载《法律适用》2009年第4期。

度的指导意见》发布以来,上市公司已普遍设置独立董事。该指导意见特别规定,独立董事"尤其要关注中小股东的合法权益不受损害",是独立董事承担的特别职责。

独立董事应当承担何种程度的勤勉义务,在实践中有不同对待。例如,在朱某兰等与福建众和股份有限公司、许某成证券虚假陈述责任纠纷案①中,反映出福州市中级人民法院的两点关切:一是独立董事有无过错,二是应当合理限制独立董事的赔偿责任。然而,在杨某胜诉证监会案②中,最高人民法院再审观点有所不同。如何协调两类案件的处理结果,是值得关注的重要问题。

实践中对于独立董事责任承担的判断几乎采用的是结果标准,只要披露的文件中存在错误即判定独立董事承担责任。但独立董事作为外部董事,其不具备行使其职权的客观条件。独立董事多为兼职,往往由大学教授、专家学者等兼任。许多专业人士繁忙的本质工作已经使其自顾不暇,再增加额外的独立董事事务,客观上已无可能对独立董事工作进行必要和足够的投入。③且《独立董事指导意见》规定,独立董事可以兼任五家上市公司的独立董事,若同时兼任多家上市公司的独立董事,其工作时间将会被进一步压缩。被压缩的工作时间又导致了独立董事并不能深入调查公司内部的生产经营事项或者财务状况,其兼职性本身带来的问题就是异地尽职调查需要花费更多的时间,而

---

① 福建省高级人民法院(2019)闽 01 民初 1972 号民事判决书:"本案中,并无证据证明上述三独立董事参与了财务报告造假的行为或明知该财务报告内容虚假而仍然审议通过,其仅是未尽到勤勉义务,未采取必要合理的调查措施以核实财务报告的真伪,故本院在综合考量三独立董事的职能定位、工作方式、知情程度和主观态度的基础上,尤其是三独立董事仅是对部分虚假陈述行为存在轻微过失,而且其在知悉财务报告存在虚假记载后,还多次督促公司采取解决措施,在较长时间未领取报酬的情况下仍能继续履职……"

② 最高人民法院(2019)最高法行申 12736 号行政判决书:"再审申请人杨某胜确实在推动上市、完善相关财务制度方面作出了一定的努力。再审申请人杨某胜作为审计委员会主任委员,虽然履行了一般职责,但并未做到勤勉尽责。再审申请人杨某胜未穷尽其应当采取的合理措施主动调查、获取决策所需要的信息,并在此基础上作出审慎决策,且未能就已发现的重大事项予以实质性应对,原审法院据此认定再审申请人杨某胜未尽到勤勉尽责义务,并无不当。同时,被申请人证监会考虑到再审申请人杨某胜任职期间亦有积极履职行为,且存在信息披露违法行为被发现前主动向证券监管机构报告等从轻情节,对再审申请人杨某胜处以 3 万元的罚款,亦无不当。"

③ 赵旭东:《中国公司治理制度的困境与出路》,载《现代法学》2021 年第 3 期。

独董并没有充足的时间保证。兼职性带来的另一个问题是,独立董事只有在需要召开董事会的时候才会出现在公司,其无法像其他内部董事一样日常参与公司的生产经营,因此也无法获得相应的一手信息来作为自己在董事会上判断的依据,只能依据其他董事提供的二手信息作出判断,这种二手信息很容易对其决议的做出形成具有倾向性的引导。寄托于信息的获取者监督信息的提供者,外部、兼职人士监督内部、专职人员的职务行为,这是有违常理的现象,是独立董事不堪承受的重负。①

(五) 董事注意义务

1. 董事注意义务的标准

注意义务要求董事像普通谨慎人在相似的情况下给予合理的注意一样,须机智慎重地、恪尽勤勉地管理公司事务。所谓"合理的注意"是依董事个人的知识和经验以及公司的性质和内部分工、公司章程等因素而言,对于注意的程度,大多数国家和地区是通过司法实践而定。②

(1) 美国法上的注意义务。在美国法上,公司负责人对公司的义务统称为受托义务(fiduciary duty),按"fiduciary"词乃源于信托关系中受托人与委托人之间所存在之信赖关系,英美法将信托义务用于公司负责人同公司的关系上。英美法的受托义务可以分为注意义务和忠实义务。

依据美国商业公司法判断董事之注意标准时,主要有几个要件,分别为:合理地相信为适当;在相同职位上;在相类似之情形下。以下从示范公司法之评释中对各要件分别说明之:

---

① 郭富清:《我国独立董事的制度悖论、缺陷与解决途径——对"康美药业案"引发的独立董事辞职潮的思考》,载《学术论坛》2022年第1期。

② 传统判例法对董事注意义务的要求比较低。1925年英国大法官罗默(Romer)在审理城市火灾保险公司上诉案中,将董事的注意义务归结为以下三个经典命题:(1)一个董事在履行其职务时,他的技能水平应合理地从他的知识和经验来判断,而不必展示比此更高的水平。(2)一个董事不必对公司事务给予持续的注意。他的职责是定期地参加董事会会议以及在偶尔有安排时,参加董事会下属委员会的会议,其职责具有间歇性质。然而他不必参加所有的这些会议,尽管他应斟酌情况尽可能参加会议。(3)董事的所有职责,考虑到业务需要以及章程细则之规定,可以适当地下放给其他高级管理人员。不存在可疑的根据时,一个董事长有权利信任该高级管理人员会诚实地履行其职责。转引自 A. Hicks & S.H. Goo, Cases and Materials on Company Law, Blackstone Press, 1994, pp.305—307。参见张开平:《英美公司董事法律制度研究》,法律出版社1998年版,第182页。

其一,合理地相信为适当。当有多种选择可行时,最后所采取的决定,必须是具备一般知识、实务经验及能做明智判断之基本董事,所具备之适当注意程度,其所采取的注意是否恰当,涉及其所选择的范围,而且任何决定只要在合理范围内即为适当之决定。若该决定偏离合理范围,或是其决定不合理之程度已逾越了可允许的裁量范围,则不符合标准;其二,在相同职位上。注意必须基于某人为特定公司之董事时之考量;其三,在相类似之情况下。此要件必须和"在相同职位上"一起考量,这是基于:第一,责任的性质及范围会因事件大小、复杂性、紧急性而有所不同;第二,该决定必须基于董事所已知之信息;第三,个别董事之特殊背景、资格及经营管理能力对于评价董事之注意标准亦有相关。

总而言之,美国《示范商业公司法》对于董事注意标准之规定方式以"处于相同职位之人在相类似之情况下,依其合理之确信为适当应尽之注意"。

(2) 英国董事义务的规定。英国议会于 2005 年修订《公司法》时,在第170 至 177 条中首次对董事义务进行成文法处理,主要规定董事的四项积极义务:一是董事"在权力范围内行事的义务"(duty to act within powers)。董事在行使裁量权以前,需要首先澄清其权力范围;二是董事"促进公司成功的义务"(duty to promote the success of the company),董事应当始终以促进公司成功为己任;三是董事"作出独立的判断义务"(duty to exercise independent judgment),董事在作出经营判断时不受其他可能因素的干扰,包括不受股东的不当干扰;四是"施以合理的注意、才能及勤勉的义务"(duty to exercise reasonable care, skill and diligence),董事在作出独立判断的时候,具备作为公司董事的合理的一般性知识、才能及经验。

(3) 大陆法系国家的董事注意义务。大陆法系国家的立法与英美法系国家并无显著不同。例如德国《股份法》第 93 条①同样确定了董事注意义务的客

---

① 例如德国《股份法》第 93 条第 1 款规定:(1)董事会的成员应在其执行业务时,尽通常及认真的业务执行人之注意。对于其在董事会内的活动所知悉的机密事项和秘密,特别是营业或业务秘密,其应保持缄默。(2)对于由此而发生的损害,违背其义务的董事会成员,作为连带债务人对公司负有赔偿责任。对其是否已尽通常及认真的业务执行人之注意有争议的,其应负担举证责任。

观判断标准,要求董事满足前述条款中所确定的董事注意义务显然采纳了客观性判断标准,要求董事满足股东对董事在履行职责方面的合理期望。该条的标题是"董事的注意义务和责任"。

有学者认为,德国《股份法》未将董事义务分为勤勉义务和忠实义务,而是采用了广义的"谨慎义务"概念。但在学术上,狭义的谨慎义务与英美法之勤勉义务相当,广义的谨慎义务则包含忠实义务。①日本《公司法》未就勤勉义务作出更具体的规定,主要依据日本《民法典》第644条。②

2. 董事注意义务违反之司法认定规则——经营判断准则的演进

经营判断准则是董事对于公司事项作出的决定存在过失时,判断其是否承担责任的标准。经营判断准则的意义在于鼓励经营者作出更有效率的决策。由于商业知识的专业性,使法官对商业判断的介入往往被认为是不明智的而备受非议。基于公司自治的传统,司法实践中形成了董事注意义务的判断法规则——经营判断准则(business judgement rule)。

(1)美国。英美法国家的经营判断准则是通过判例法确定的。最常见的因违反经营判断准则而承担个人责任的情况为:实施明知是错误的行为;严重失职或其他重大过失行为。目前,美国司法界并未试图尝试将该规则成文法化,其重要原因在于该规则的复杂性,在判例法框架内发展可以使该规则保持足够的发展空间,有利于其进一步发展和完善。美国法学研究所在该规则的成文化方面进行了一些尝试。③

(2)中国。我国现行立法中并无有关商业判断规则的规定。按照我国学

---

① 刘敬伟:《董事勤勉义务判断标准比较研究》,载《当代法学》2007年第5期。

② 根据日本《公司法》第644条:用"善良管理人的注意"的判断标准:(1)在执行委托事务时,必须要尽到注意义务;(2)作为受托人的董事与善良管理人同样承担注意义务,董事要有高度的注意处理事务;(3)善良管理人注意义务是受托人处理事务时应尽的义务。委托人是为了自己的利益或第三人的利益,委托自己的财产或事务的行为者。从保护委托人的角度,也必须赋予受托人注意义务。参见宫本仁:《试论董事的注意义务》,载《亚太经济》1997年第2期。

③ 例如,该研究所起草的《公司管理项目》第4.01条(C)中给经营判断原则下的定义是:如果作出经营判断的董事或高级职员符合下列三项条件,他就被认为诚实地履行了其义务:(1)他与该项交易无利害关系;(2)他有正当理由相信其所掌握的有关经营判断的信息,在当时情况下是妥当的;(3)他有理由认为他的经营判断符合公司的最佳利益。

者的理解,董事要得到商业判断规则的保护,应当具备一些条件。①在我国公司发展过程中,立法上逐渐加强对经营者的制度约束,强化其在法律上的义务和责任,这无疑是正确的。但风险转移机制的缺乏,使得忠实、清白的经营者负担起了过重的法律责任,对其履职也会产生负面影响。经营者会因此陷入两难境地,经营者的责任要求其积极行使职权为公司谋取利益,但行使权利可能会造成他人损害而因此承担赔偿责任;而经营者不参与公司的经营管理,本身就是对其义务的违反。

我国在引入"商业判断规则"时,至少也存在两条路径:第一,排除该规则的司法裁量,对于其标准作出更具体明确的规定。对注意义务采用"商业判断规则",对"good faith"采用"合理性"标准。②但是"合理性标准"仍然无法排除主观因素,这种审查标准的主观性就会导致实践中审查标准不清以及可诉性不强,最终造成董事追责困难。

我国 2009 年 8 月 25 日发布的《上海证券交易所上市公司董事选任与行为指引》第四章第 26 条规定了董事注意义务的标准。③如果将该规定理解为注意义务的标准则有些过于严格。④但如果在确立董事违反信义义务的司法审查的先后顺序后,将上述标准纳入"扩张了的忠实义务"的审查标准中,则更容易理解和把握。而且可以使原先忠实义务审查标准中的"公平标准"同部分学者主张的诚信路径的"合理标准"得到有机统一。

对于第二条路径,将其作为法院介入的一个选择。法院在一般情形下认

① 参见刘俊海:《股东权法律保护概论》,人民法院出版社 1995 年版,第 150 页。条件有:(1)董事的行为只限于经营判断的场合;(2)董事遵守了忠实义务,经营判断中不含有其个人利益与公司利益之间的冲突;(3)董事获取的据以作出经营判断的信息在当时有理由被其认为是充分和准确的;(4)董事有充分理由认为其经营判断符合公司最佳利益;(5)董事在作出经营判断时不存在重大过失。
② 参见朱羿锟:《董事问责标准的重构》,北京大学出版社 2011 年版,第 29—30 页。具体理由如下:其一,造出一个合理性标准正好和公平标准、商业判断标准相结合,且正好对应"三分法"中的三个义务;其二,确立合理性审查标准符合现代法治国家由形式主义转向实质主义法治的理念,并可依此对董事会经营决策进行实体审查。
③ 比如第 26 条规定,董事应积极履行对公司的勤勉义务,从公司和全体股东最佳利益出发,对上市公司待决策事项可能产生的风险和收益作出审慎判断和决策,不得仅以对公司业务不熟悉或者对相关事项不了解为由主张免除责任。
④ 参见马一德:《公司治理与董事勤勉义务的联结机制》,载《法学评论》2013 年第 6 期。

可董事在经营事项上享有自主裁量权。法院有权根据具体案件的事实情况，对其经营判断的事项进行司法审查。但因为对信息的收集审查不存在量化标准，因此须制定一套方法，来对专家鉴定、会计师评估报告、法律意见书的运用作出规定。

这里还必须明确，规则与标准是存在区别的。粗略地说，规则与标准均尝试直接规范代理关系的具体内容，要求代理人不得采取可能造成损及本人利益的行为，但是"规则"是具体针对某些特定行为，以保护股东及债权人，如股利分配的限制与最低注册资本的要求；而标准是保留给裁判者事后判断代理人是否遵循该等规则的抽象依据，例如"诚信"（good faith）或"完全公平"（entirely faith）。标准通常应用于公司内部事务关系，如内部人自我交易等问题，因为此类情形过于复杂，规则难以周全，时常出现漏洞需要立法填补，故不如保留由裁判者认定。规则与标准之成效多半取决于执行力度，原则上，规则较能机械性地执行，但需要其制定机关事前投入大量心力，因此规则设计应当精确妥当，而标准要求法院事后深度介入评估，透过判决数量的累积，逐步建构一套行为指引。

（六）董事的虚假陈述责任与第三人责任

1. 上市公司虚假陈述

董事是否应该对其所任职的上市公司发表的年度报告承担责任？现实中存在这样的案例：上市公司发布的尽管经董监高同意的年度报告，但董监高却均表示其无法保证年度报告的真实性和完整性。甚至表明其不会对年度报告承担个别责任和连带责任。

（1）上市公司董事的重要义务之一便是审议并发布企业年报，属于勤勉义务。需要指出的是，勤勉义务是董事的法定义务，不是依据董事与公司及其股东的约定，也不是董事对公司及其股东的单方允诺而产生，因此不能以合意或单方声明方式豁免。审议和发布年度报告不仅仅是董事履行义务的形式，更是董事向公司以及股东汇报工作的重要形式。董事仅在形式上审议和发布上市公司年度报告，却不保证其真实性、准确性、完整性，是在实质上承认自己未履行勤勉义务。

（2）董事在履行勤勉义务时，必须采用合理的积极行动而不能消极表态。董事会受到股东的委托行使职权，因此其在审议议案时，应当为股东的利益对议案的合法性和适当性进行审查。无论面对多么难以发表意见的议案，都不能推卸责任。面对此类复杂的议案，可以延长披露的期限，但是不得以特殊的理由不披露年度报告，这是违法失职的表现。另外，按照我国新《公司法》第78条和第131条的规定，①监事会负有检查公司财务与监督董事和经理等法定职责。监事应当在董事和经理未依法履行职责时，启动监督程序，要求董事、管理人员纠正或者对其提起诉讼等。

（3）含义"不保真"声明的年度报告，是未经董事会决议通过的。若董事会无法就情况形成统一的决议，上市公司一般采取的做法是采用董事会公告的形式对外披露相关事项并且说明其中的原因及风险，并非以董事会决议的形式发布"不保真"年度报告。未经过董事会决议通过的年度报告被冠以董事会决议的做法会给市场及投资者带来更大的模糊性和误解。尽管董事有权对于年度报告提出异议，但仍然应当在董事会通过决议的情况下才能做出异议，并非仅仅发布一个"不保真"声明。

2. 董事对第三人的责任

王长华（2020）②同样从新的视角研究公司法人责任——董事对第三人的责任。首先他指出，目前我国学界通说对董事对第三人承担民事责任持否定态度，因为与法人机关理论发生冲突。这种"二选一"的责任承担理论是在我国民法体系长久发展中被不断强化并最后形成绝对化。作者指出法人机关理论本身并不排斥法人机关成员对第三人承担民事责任，但我国绝对化的法人机关理论造成了障碍，必须重新认识最初的法人机关理论。

---

① 新《公司法》第78条规定："监事会行使下列职权：（一）检查公司财务；（二）对董事、高级管理人员执行职务的行为进行监督，对违反法律、行政法规、公司章程或者股东会决议的董事、高级管理人员提出解任的建议；（三）当董事、高级管理人员的行为损害公司的利益时，要求董事、高级管理人员予以纠正；（四）提议召开临时股东会会议，在董事会不履行本法规定的召集和主持股东会会议职责时召集和主持股东会会议；（五）向股东会会议提出提案；（六）依照本法第一百八十九条的规定，对董事、高级管理人员提起诉讼；（七）公司章程规定的其他职权。"

② 王长华：《公司法人机关理论的再认识——以董事对第三人的责任为视角》，载《法学杂志》2020年第6期。

随后,其指出法人机关理论的内涵是法人需要通过机关成员的行为来开展民事活动,并对他们的职务行为承担法律责任。其最初功能是解决法人的行为活动问题和责任承担问题。其对法人机关理论并不排除董事对第三人的民事责任展开论述。董事在代表法人实施行为时具有双重身份,他有自己的个人意志,也是代表了法人的组织意志,所以他实施的行为本身具有双重含义,一方面是本人的个人行为,另一方面则构成了法人行为。在实施行为的过程中,董事是具备独立人格的,如果一味强调董事的行为被法人行为所吸收,免除董事的责任,那么董事必然会利用这一点谋求私利。只有让董事个人也承担责任,才能更好地保护受害人。我国新公司法就规定了董事对第三人的责任。

(七) 董事责任保险制度

1. 制度的普及

董事责任保险是一项渊源于英美法国家的制度。其中全称为董事和高级职员责任保险,大陆法国家在引入该项制度时,仍沿用了该名称。

20 世纪 80 年代,在美国以及其他判例法国家,曾经爆发过一场董事责任保险危机。这一危机是两方面的原因共同造成的。其一,这一时期出现了多种新的证券交易形式,从而导致董事和高管面临的诉讼风险增加,保险公司也更加难以估量保险事故发生的概率,从而提高保险费率;其二,这一以董事、高管为被告的诉讼案件激增,保险公司赔偿的保险费用迅速增长。

20 世纪 90 年代,美国证券投资者滥诉行为再次增多。只要股票价格下跌,他们就会提起诉讼要求公司及其董事、高级管理人员进行赔偿,并且要求的赔偿数额巨大。为了防止滥诉行为对上市公司及其董事、高管、注册会计师等带来负面影响,美国国会于 1995 年制定了《美国私人证券诉讼改革法案》,规定了更加严格的起诉条件,使得投资者不能随意起诉。

此后,美国的董事责任保险呈现下降趋势:非营利组织对董事责任保险的需求增大;在公司首次发行股份领域需求增长很快,为满足公司融资的需求,许多公司对外发行股份时,其招股说明书对公司相关信息的说明中往往会出现错误与遗漏,从而引发投资者对公司董事提起的诉讼。生物科技、计算机等领域公司董事对于董事责任有更大的需求,因为这一类公司具有很大的发展潜力,发展速度和规模远远超过其他公司,遭受诉讼的风险也远远大于其他企业。①

董事责任保险承保范围主要是经营者的过失责任,即因被保险人的任何疏忽或过失行为而违反法律规定的义务或违背社会公共生活准则而致他人人身或财产损害的赔偿责任,只有尽到了合理的注意义务但仍然致人损害的过失行为才能纳入保险责任范围。

我国第一个针对董监高的责任保险单,是在 1996 年由美国美亚保险公司上海分公司签订。此后,董事责任保险开始在中国发展。2002 年 1 月 7 日,中国证监会和国家经贸委发布《上市公司治理准则》,其中第 39 条规定:"经股东大会批准,上市公司可以为董事购买责任保险。"2002 年 1 月 15 日,最高人民法院发布《关于受理证券市场因虚假陈述引发的民事侵权纠纷案件有关问题的通知》,正式确立了人民法院对于证券市场侵权纠纷的管辖权,而作为证券侵权案件赔偿主体的董事等高管从此开始面对巨大的诉讼风险和赔偿责任。此后,平安保险等多家财产保险和意外险公司推出了董事责任保险,责任限额也不断提高。

2. 责任保险的除外责任

(1)除外责任的基本概念。除外责任是保单明确列举的,不负赔偿责任的范围或事项。除外责任规定的方式有两种,一般可以在保单中列举承担赔偿责任以外的事项;②另外,也可以以概括的方式加以约定,例如约定未纳入承保范围的事故均为除外责任。除外责任可以分为法定和约定两种类型。

(2)有关道德风险的除外责任。道德风险是指被保险人因受保险之保护而滥用其权利,并故意创造了某种风险或责任。③我国现行《保险法》对此类除外责任予以肯定。④在董事责任保险中,有关道德风险的除外责任主要包括:

---

① 蔡元庆:《美国的董事责任保险制度》,载《西南政法大学学报》2003 年第 4 期。

② 例如,典型的董事责任保险除外责任大体包括:(1)道德风险除外责任;(2)被保险人互诉除外责任;(3)应由其他类型保险单赔偿的事项;(4)因期内索赔式保险性质的除外责任;(5)保险人不愿承保的其他事项等。

③ 王伟、李艳:《论董事责任保险制度》,载《保险研究》2002 年第 1 期。

④ 我国《保险法》第 27 条明确规定,未发生保险事故,被保险人或者受益人谎称发生了保险事故,向保险人提出赔偿或者给付保险金请求的,保险人有权解除合同,并不退还保险费。投保人、被保险人故意制造保险事故的,保险人有权解除合同,不承担赔偿或者给付保险金的责任;除《保险法》第 43 条规定外,不退还保险费。保险人可以采取的前述救济措施,是典型的因道德风险产生的除外责任。

第一，不诚实行为。所谓不诚实行为，是指因被保险人的不诚实行为导致的保险事故，包括被保险人故意，甚至犯罪等。且由于不诚实这一术语内涵的含糊性以及外延的不确定性，除非司法机关对被保险的董事和高级管理人员的不诚实行为予以明确认定，保险人不得引用不诚实除外规定排除保险责任。

第二，忠实义务的违反。在董事责任保险中，通常将对忠实义务的违反均作为保险的除外责任，以此来避免道德风险，促进董监高严格遵守忠实义务。忠实义务的违反，主要包括自我交易、滥用公司资产、竞业禁止三种情形。

第三，罚金、罚款。责任保险的目的在于，补偿被保险人对第三人损害的民事赔偿责任。而罚款和罚金是对责任人的一种制裁措施，并非为了保护第三人的利益，故法律将其作为董事责任保险的除外事项。

3. 董事责任保险对董事履职的影响

董事和高级管理人员责任保险（D&O保险）是最有争议和最不被理解的治理工具之一。利用收集的中国上市公司所有董事类型的投票数据，证明了D&O保险对董事投票决定的影响以及随后对公司治理和财务业绩的影响。当与同一公司的同行就同一提案进行比较时，购买了D&O保险的公司独立董事更有可能提出异议。除此以外还确定了D&O保险的激励效应是通过哪些渠道运作的。而且D&O保险对独立董事异议的积极影响与更好的公司业绩和监督结果有关，包括更少的诉讼和更低的索赔价值、更少的投资不足、更好的内部控制质量，以及更好的CEO薪酬和营业额—业绩敏感度。[1]

对于董事责任保险是否会对董事的履职情况产生积极影响，我国学界有两种不同的意见。赞成论认为董事责任保险制度通过填补董事面对诉讼风险时的损害赔偿责任而转嫁董事和高级管理人员经营管理风险，为董事和高级管理人员在公司的正常经营活动提供较大的经济保障。同时，公司应赔偿的费用和高额的诉讼费用也能在保险公司获得赔偿，降低公司的风险。而且随着管理认识的提高、监管力度的加强和相关法律的逐渐完善，中国公司面临来

---

[1] Li Tianshi, Yang Tina, Zhu Jigao, Directors' and Officers' Liability Insurance: Evidence from Independent Directors' Voting, Journal of Banking and Finance, 2022, 138.

自股东、客户、雇员及竞争的诉讼风险越来越高,面对索赔情况也越来越多,此种情形下,责任保险将会发挥出更多的缓冲作用。

反对论认为,我国目前的资本市场以及公司内部治理的结构仍不够完善,因此应当强化董事和高级管理人员的责任,而董事责任保险可能会减损民事赔偿所起到的效果。也有论者认为,董事责任保险对董事和高级管理人员提供保护,会增加经营管理者的道德风险,成为上市公司董事推卸责任、转移风险的一种工具,将损害公司股东和广大投资者的利益。

客观上讲,虽然董事责任保险可以帮助填补受害第三人的损害赔偿,分散董事和高管的经营风险。但是由于董事责任保险把对加害人的损害赔偿责任部分转移给保险公司承担,在一定程度上削弱了法律对董事的制裁和威慑作用。公司、董事、高级管理人员通过支付保险费而转嫁其潜在的经济赔偿责任,也会带来一定的"道德风险"问题,例如,内部风险控制可能会松弛,监督机制的实际功效可能下降,从而导致不当行为的发生概率上升。因此,在设计董事责任保险制度时,应当对其可能导致的负面作用有清醒的认识,以便因势利导,充分发挥董事责任保险的积极作用。同时,董事责任保险是一项舶来品,与之相配套的其他制度,如公司补偿制度等,也需要我们加以借鉴和学习。

四、股东作为合规主体的义务及责任承担

(一)股东信义义务评述

股东虽然无法改变公司权力分配规则,却可通过提名董事和投票选举等方式控制董事会,影响乃至操纵董事。核心问题是:在股东直接或间接控制公司事务时,股东应否对公司承担信义义务? 股东对公司承担信义义务、忠实义务的法理基础何在?

我国自 1993 年《公司法》实施之后,就存在股权集中型公司带来的众多现实问题,2005 年《公司法》是首部规范控股股东行为的重要法律,有学者将原《公司法》第 20 条定位于"公司人格否认"。从原《公司法》第 20 条的出台和发展来说,该定位过于局限,应该考察该条的历史意义和规范作用。股东不承担义务只是一般原理,而不是各国实定法的整体面貌。在该基本原理之外,股东

也要承担实体和程序义务。在程序方面,股东承担法律和章程规定的义务。在实体方面,股东地位系依股份平等和一票一权原则确立的,股东基本义务是向公司缴纳所承诺的出资。

在"资本多数决"规则支配下,股东持股比例越高,其对公司事务的影响力和控制力越大,无端指责控股股东的影响力和控制力,不仅产生歧视有产者的畸形观念,还会损害整体公司秩序,损害国家的投资环境和社会环境。然而,持股数量多寡既然实际影响着股东现实地位,难免出现少数股东利益受损的情况。

国内外公司实践验证了控股股东承担诚信义务的合理性。域外公司实践已出现突破股份平等和一股一票原则的先例。美国马萨诸塞州最高法院曾在1975年的一份判决中指出,公司股东"即使持有表决权的多数也不必然带来义务,除非持有人实际控制公司"。韩国当时修订的公司法规定控制股东的诚信义务,①有些日本学者提出控制股东承担特殊的诚信义务的主张。②德国学者也认为股东应对公司承担诚信义务。③

因此,要求控股股东承担诚信义务具有理论和实践上的合理性,应当根据控股股东行使控制权的主观态度,甄别滥用控制权和误用控制权的差异。控股股东和实控人对公司负有诚信义务,诚信义务是股东在道德基础上最基本、最低层次的义务,在内容上低于注意义务,但严格责任在程度上高于注意义务。④傅穹(2021)主张应当重构我国原《公司法》第20条(新《公司法》第21条),引入股东诚信义务的具体要求,从而充分保护受损股东的利益。⑤李建伟(2019)提出资本多数决原则和公司的封闭性造成股东压制,成为公司治理的一大难题,公司法目前应对这一问题没有提供强有力的救济手段,他认为可否

---

① [韩]崔埈璿:《韩国公司法》(上册),王延川、崔嫱燕译,中国政法大学出版社2020年版,第186页。

② 朱大明、行冈睦彦:《控制股东滥用影响力的法律规制——以中日公司法的比较为视角》,载《清华法学》2019年第2期。

③ [德]托马斯·莱塞尔、吕迪格·法伊尔:《德国资合公司法》(上册),高旭军等译,上海人民出版社2019年版,第145—151页。

④ 王华杰:《公司控制股东诚信义务及其民事赔偿责任》,载《法律适用》2004年第10期。

⑤ 傅穹:《公司利益理念下控制股东诚信义务的本土治理与重构》,载《学术论坛》2021年第4期。

将股东长期复合利益纳入该条是构建我国股东压制救济的关键所在。[①]陈洁(2022)认为公司法目前对于实际控制人滥用控制权行为尚未作出明确规范,应当构建实控人概念、义务、责任框架,明确其诚信义务及权利滥用的追责机制,以提升公司法规定的体系效益。[②]

自 2005 年《公司法》修订将法人人格否认制度编入第 20 条以来,理论界和实务界对该条文下股东责任给予极大关注。刘建功(2008)提出法条中"股东"应扩张解释为实际控制人和隐名股东,且应当避免该条文成为普遍适用的兜底性条款。[③]楼秋然(2016)认为应当完善"股东滥用权利"在司法实践中的界定,使其更有利于小股东的救济。[④]张雅萍(2016)认为原《公司法》第 20 条过于宽泛和原则性,缺少对具体举证责任、主体行为的规定,导致债权人难以得到保护。[⑤]虞政平、王朝辉、吴飞飞(2021)认为公司人格否认本质是对公司独立责任能力的否认,并责令"权利滥用者"承担连带责任,应借助"目的论扩张"方法,将非公司股东的实际控制人纳入第 20 条规制范围。[⑥]

司法案例的实证研究表明,法院在审理原《公司法》第 20 条(新《公司法》第 21 条)相关案件时大致可以分为两种审理方式,一是根据"股东行权未通过法定程序"判定股东是否滥用其权利,有部分法院认为只要符合法定或章程约定的程序,法院就无权对"股东自治"做出干涉。二是认为即使符合相关程序,如果超越股东权利的外部边界则仍然构成"权力滥用",如违反"不得抽逃出资义务"等。

而法院采取的救济方式绝大多数是"赔偿损失",也即新《公司法》第 21 条

① 李建伟:《股东压制的公司法救济:英国经验与中国实践》,载《环球法律评论》2019 年第 3 期。
② 陈洁:《实际控制人公司法规制的体系性思考》,载《北京理工大学学报(社会科学版)》2022 年第 5 期。
③ 刘建功:《〈公司法〉第 20 条的适用空间》,载《法律适用》2008 年第 Z1 期。
④ 楼秋然:《〈公司法〉第 20 条中"滥用股东权利"规定的理论与实践》,载《西部法学评论》2016 年第 3 期。
⑤ 张雅萍:《公司侵权股东个人责任制度研究——关于我国〈公司法〉第 20 条的思考》,载《法学论坛》2016 年第 6 期。
⑥ 虞政平、王朝辉、吴飞飞:《论公司人格否认规则对实际控制人的适用》,载《法律适用》2021 年第 2 期。

所规定的救济,此外也进行了"有限制的突破",如撤销决议、宣告决议无效、派发股利等。但这种突破也受到请求权基础的限制。我国司法实践中对"股东滥用权利"的界定有如下两种缺陷:一是不足以遏制控股股东对中小股东的锁定和压迫行为,根据过往判例,大股东只要保证其行为的程序合规性即可得到法院支持,很有可能将一些法律并未予以明文规定的权力滥用行为正当化;二是一些法院从权利的外部界限对股东行为进行考察,与"权利滥用"的法学通说相悖,即如果权利行使的主要目的在于损害他人则即使仍属于权利界限内,也应当被视为权利的滥用。

我国司法实践中采取"有限制的突破"的救济方式也存在两方面缺陷:一是导致法院更多去探寻权利的"外部界限",寻求其他的请求权基础;二是难以回应个案需求,中小股东获得救济更加困难,由于新《公司法》第21条规定的救济途径单一,在缺少其他请求权基础条件下,法院难以支持中小股东其他诉讼请求。美国从20世纪30年代起就开始为受压迫的少数股东提供救济,法院主要通过三种方式:一是通过修订法律增加更多的救济方式,如解散公司、出售股份等;二是通过法律解释方法扩张法律条文含义;三是借助"衡平法"提供额外的救济。

因此,我国司法实践上应明确股东滥用权力的内涵,使其符合法学通说,更好保障少数股东利益。同时通过立法和解释扩大对少数股东的救济方式。

傅穹认为保护公司、股东和债权人的利益,促进公司良性发展是公司治理的首要目标,然而控股股东和少数股东的矛盾是普遍存在的问题,多数股东的权利应当受到制约。法律不应当只从反面遏制大股东滥用权利,正向赋予控股股东诚信义务也是权责机制的要害,其蕴含更丰富的行为和价值导向。

1. 董事与股东利益代表者

董事要对公司整体利益负责并向公司承担信义义务,而不是对个别股东承担信义义务。然而,该等普遍现象和基本假设时常出现例外情形,从而难以将该基本规则作为唯一规则。董事选举机制意味着董事与特定股东之间存在紧密联系。董事在法律上系由股东会多数决定或选举产生,在事实上则与股东行使提名权、股东持股比例或股东协议等相关。经股东提名或分配席位而产生的董事，与提名股东之间存在密切关系，但深受股东提名、股东表决和股东协议的实质影响，存在一种法律规范以外的事实状态。

不同于西方股权分散模式下股东和董事之间的代理冲突，我国股权集中模式下，代理冲突更多发生于大股东和小股东之间。在认缴制降低股东掌握控制权的财务成本、股权回购改革激励控股股东不当牟利、股东利益差异化及冲突加剧的背景下，我国亟须通过法律对股东之间的利益冲突进行矫正。企业凝聚力要求实现股东平等，而股东平等对待则依靠股东诚信义务。我国控股股东诚信义务的概念包含了"禁止股东权利滥用"和"股东公平对待"两个义务。

我国对于控股股东诚信义务相关规制呈现强烈本土特色。一是我国《公司法》对股东诚信义务规定鲜少，仅有三个相关条款，而上市公司、证券法领域对股东诚信义务行为作出详尽系统的规范，二者呈现规范密度的倒置。二是虽有大量对于股东"信义义务"的学理研究，但很难对应到法律文本和司法实践中，《公司法》更是对该义务缺乏明确表述，只能求助于新《公司法》第 21 条的"股东权利滥用"加以规制，证券领域虽规范详细但法律层级较低，且表述未能达成一致。三是立法者对于股东和董事的诚信义务有不同的认识，前者是基于股权投资关系，后者是基于委托代理关系，对于控制股东的诚信义务规定不应当只停留在宏观架构，而是应当做进一步细化。

我国应当通过如下方式全面引入控制股东的"诚信义务"。一是出于举证责任的困难，结合我国已有相关法律规定，应采用直接规制模式明确规定诚信义务；二是不可直接扩张董事义务来形成股东义务，二者义务来源不同，股东诚信义务源于公司整体利益和股东平等地位，不能要求控制股东的绝对忠诚，且相较于董事的积极义务，股东义务更偏向于规避违法行为的消极义务，故应当在董事诚信义务之外另设股东诚信义务；三是在控制股东行为的评价中引入"公司利益"考量，不应仅仅关注债权人利益保护，由此可以为股东行为提供正确的价值导向；四是应当运用本土化"诚信原则"重构我国新《公司法》第 21 条，将控制股东"诚信义务"由上市公司法律规定推广为普遍的公司法准则。同时注重用"控制股东"一词代替"控股股东"，用以约束实质上对公司有重大影响力的控制人。

2. 禁止权利滥用规则——规制合规语境下我国新《公司法》第 21 条之新义

多数学者存在规范或规制股东的意愿,[①]但在具体规范方案上存在较多分歧。部分学者主张采用"信义义务"理论,[②]部分学者主张创设"控股股东代行股东会职权的职权代行机制"。[③]我国立法机关对于公司关系仅作出原则性规定,起草具体规范的任务主要交给部门规章制定者,或者借助公司起草或修改章程予以完成。无论国务院在贯彻执行公司法中颁布的行政法规,还是证监会发布的部门规章和规范性文件,其所规定的股东或控股股东承担"诚信"义务等表述,都是禁止股东滥用权利之公司法规定的延伸,新《公司法》第 21 条已成为行政法规、部门规章和规范性文件的上位法依据,也为法院处理公司纠纷提供了论证裁判依据。

(1)公司法与民法中的禁止权利滥用的区别。禁止股东滥用权利,是禁止权利滥用之民法原则的具体化。然而,禁止权利滥用的民法和公司法规范在内容上存在差异。禁止权利滥用的民法原则旨在调整民事主体与其他社会组织和成员的相互关系,而禁止股东滥用权利的公司法规则主要适用于公司关系中,旨在规范股东与公司内部成员之间的关系,仅在公司人格否认等特殊情况下,才用以规范股东与公司债权人之间的关系。

(2)禁止股东滥用权利不同于限制股东权利。禁止股东滥用权利,主要是对股东行使权利的方式施加限制,不是对股东权利的内容施加限制。其中,所谓的"限制权利"是指对权利内容的消减,"限制权利行使"是指在尊重权利存在的前提下,对权利人行使权利的方式予以规范。凡是能够通过限制权利行使而予以解决的问题,就不宜采用减损权利的解决方式。这种思路和解释

---

① 多数学者采用"规制"而非"规范"的词语。"规制"的含义复杂,包括自我约束,但主要指外部约束,呈现较强的外部干预和管理色彩。"规范"一词较为平和,在承认控股地位正当性的前提下,"规范"一词更适于表达法律的中立立场,不至于将控股视为一种不正当的存在,主要采用"规范"这一词语。

② 姚金海、潘榕芳:《上市公司控股股东受信义务的引入》,载《证券市场导报》2009 年第 6 期。

③ 赵旭东:《公司治理中的控股股东及其法律规制》,载《法学研究》2020 年第 4 期。

有助于捍卫股东在公司中的权利。

（3）在解释公司法禁止股东滥用权利条款的内涵时,应当坚持两项基本原则:第一个原则是,尽力保护而非减损股东权利。仅在充分正当情形下,才能对股东权利施加限制。公司内部结构复杂精巧,多元利益重叠,立法者应当引导、鼓励股东积极参与公司事务,借助公司自治管理的方式,这将有助于提升投资者的热情和信心;第二个原则是,秉持对股东权利的"最小伤害"原则。在不得不对股东权利施加限制时,凡能最小限度限制其权利行使的,就不采用高强度的权利限制,凡是能够采用限制权利行使的,就不采用限制权利措施。

（4）禁止滥用权利与忠实义务的区别。首先,受规范主体存在差异。在传统公司法上,忠实义务的主体主要是董事等公司经营者,将受规范主体从董事扩张至股东,这本身就需要艰苦论证;与此不同,禁止滥用权利规则虽然较为抽象,但受该规则约束的主体非常广泛,可以普遍适用于公司关系中的各类主体。

其次,适用场景不同。忠实义务主要适用于存在信义关系的语境下,在我国,信义关系含义高度不确定,在此基础上要求股东负担忠实义务,似乎极为勉强;禁止权利滥用不以信义关系为基础,其适用范围可及于各种权利人行使各种权利的场景。

再次,受约束程度不同。在忠实或信义义务下,行为人即义务人承担较高程度的注意和保护义务。由于忠实义务以信任或委托为要素,义务人必须努力实现他人的最佳利益。因此,如果要求股东承担忠实或信义义务,相当于要求股东要为公司或其他股东利益而行使权利;与此相反,禁止滥用权利能够很好地消除忠实或信义义务带来的问题。按照该规则的内涵,股东不滥用权利是其行使权利时应当遵守的最低义务。股东在行使权利时,只要不侵害他人权利,就满足了禁止权利滥用规则的要求,股东无须保护他人利益。

最后,规范目的不同。忠实或信义义务旨在调整股东与公司或其他股东之间的利益冲突,但未必能够容纳所有种类繁多的利益冲突。禁止股东滥用权利的公司法规则,不仅适应公司关系的多样性和复杂性,可以将公司人格否认规则纳入其中,更可以消减忠实义务适用范围过窄的现实问题。因此,该规则虽有弹性过大、难以适用的缺点,却拓宽了一般条款的适用空间。

(5)禁止权利滥用和忠实义务三种并存状态。由于禁止权利滥用和忠实义务相关而不同,从逻辑上,一国公司法存在同时引入两种规则的可能性。一旦立法上作出如此选择,在实践中将形成三种形态:

第一,股东仅违反忠实义务,但不触发禁止权利滥用规则。例如,股东在与公司发生利益冲突时,无论是否触发禁止权利滥用规则的适用,都应当谨守不得损害公司利益的行为规则。

第二,股东行为构成滥用权利,但不牵涉忠实义务。在实践中,偶尔出现有限责任公司数十名股东请求查阅复制公司资料的案例。如果股东主张查询财务会计账簿本身不存在违反目的正当性的情形,可以根据《公司法》关于禁止权利滥用的规则作出裁判,但为了满足股东查询权的实质主张,可以责成公司将查询结果告知其他股东。

第三,股东的行为不仅构成滥用权利,也同时违反忠实义务。最为典型的例子是股东在与公司进行关联交易中,利用股东的优势地位谋求个人利益,而损害公司和其他股东的利益。要求股东负有诚信和禁止权利滥用的主张是具有理论基础的,试图证明股东在一般意义上承担信义义务和忠实义务是缺乏论据的。国内学者反对泛泛引入股东忠实义务,而非全盘反对股东负有忠实义务。[①]

(二)股东与董事的共同侵权

在实践中,控股股东滥用控股权的情况时有发生,董事对于特定股东意志的遵循,是公司违法违规行为得逞的重要原因。在董事与特定股东存在密切关系的背景下,董事与股东之间的关系可能发生改变。一是,股东"指使"董事违反忠实义务。根据《刑法》第 169 条第 2 款,董事与控股股东和实际控制人此时构成共同侵权;二是,董事"协助"股东损害公司利益,根据《公司法司法解释(三)》第 14 条第 1 款规定,董事应承担连带责任;三是,股东兼任董事而损害公司利益。此类情况常见于私人投资的公司中,可以撇开股东身份,直接依

---

① 叶林:《控制股东的诚信义务》,载《法制日报》2004 年第 9 期。

据其董事身份追究违反忠实义务的责任。

高级管理人员是公司治理中的重要环节,与公司之间系聘任关系。高级管理人员兼任管理董事的做法,有助于贯彻公司董事会的意图,但也带来监督上的困难,高级管理人员往往还是董事会与基层员工之间的夹层,如何处理董事会和高级管理人员的关系,是公司治理方面的巨大问题。此种信息不对等的情形虽可透过内控制度加以改善,但难以完全消除,因为内控制度也有其先天的限制。如果企业丑闻系由公司最高负责人所发动,就落入内控制度难以克服的限制,从实务上来说,如果公司负责人违反法规,指挥公司内部管理人配合其共同犯案,一定会规避董事会的监督,而且掩盖相关信息,独立董事难以得知真实情形。此情形并非一般民众所知,每当发生丑闻时,社会舆论多半依直觉判断而将矛头指向独立董事,要求其对监督不周负责,稍显不公。

有学者提出要赋予监事会以更加全面的信息权。监事会及其下设的专门委员会应当有权接受以及主动要求董事会提供对于公司经营的全面报告,以及在特定情况下对于公司重要材料的查阅权;在需要高度专业知识以及其他特殊情况下,有权邀请专门机构提供协助,其费用由公司承担;同时做好监事会及其下设委员会的信息沟通、共享,防止由于在纵向上层次的增加导致效率降低。

(三) 股东个人的合规责任

同时,"滥用股东权利"的司法认定和小股东的救济在实务中亦存在缺陷。一是非责任股东无辜受到牵连影响公司正常经营;二是股东个人连带责任是对公司有限责任体系的冲击。某种程度上有限责任也会限制股东,因为该制度只是保障股东个人财产,但公司财产无法免于执行,即使大多数情况下债权人并不能有效控制这些财产。"有限责任"制度是在没有特别规范下的一种普遍规则,但双方当事人仍然可以通过合同和章程对该规范进行规避。

股东个人责任制度亟须完善,新《公司法》第 21 条只针对"恶意"之股东,对于公司主动侵权股东非恶意的情形没有作出规定。我国公司法、民法典均没有对股东个人责任作出详细规定。一是在实体上,应当在公司法下新增公司侵害第三人权益,股东有重大过错情形下可以要求其个人承担侵权责任,诸如公司环境污染诉讼;二是在程序法上,应当在《民事诉讼法》中规定允许以公司侵权为由起诉而将股东个人作为被告的情形。公司行为导致股东个人责任的规则会对公司理论基石——有限责任带来巨大冲击,但应当避免这一原则成为股东"作恶的面纱"。

在我国法项下,对于单项权利的侵害,被侵害股东可以根据公司法规定直接寻求救济而无需列入"股东压制"范畴,股东压制应当规制的是形式合法而非实质违法的行为,如几位股东恶意串通通过合法合规程序排挤其他股东的行为。①现行公司法基于股东压制的救济可以分为单项权利救济和一般规则救济,前者如股份回购请求权、司法解散请求权等,后者则指向新《公司法》第21条抽象规则。可以说,在相关问题上,我国存在救济范围过窄、规则体系松散、法官自由裁量权小的问题。

傅穹等指出,封闭公司以股东之间互相信赖为基础,当股东之间发生利益冲突,人合性基础不复存在时小股东将陷入难以退出的困境。学界对于是否应当引入国外"信义义务"的概念观点不一,笔者从北大法宝检索并分析以控制股东为诉请对象的108件案件,考察新《公司法》第21条在司法中的适用,解读裁判难题,填补救济漏洞。

新《公司法》第21条未能充分关注非控制股东被排挤的困境,存在一定的功能局限性。一是无法全面规制控制股东,一方面由于自然人控制股东往往通过管理职务行为进行权力滥用,原告股东仍需求助于董事信义义务,使得该条文在实践中被架空;另一方面,法人股东往往通过被委派人员行使滥权行为,被委派人员受制于公司和委派股东双重委任关系,当二者出现冲突时难免更倾向于控制股东。二是非控制股东的间接损失难以得到救济,一方面从文义解释上看"股东利益"是否囊括间接利益尚未明确,另一方面,封闭公司的派生诉讼存在循环困境。三是新《公司法》第21条并未对举证责任作出特别规定,按照一般侵权行为之证明标准,原告股东将面临举证难题。因此新《公司法》第21条预设的目的与其在司法实践中的效果存在一定落差。

---

① 参见《最高人民法院关于发布第三批指导性案例的通知》(法〔2012〕227号)。

傅穹认为,应从如下四方面对法律漏洞进行填补:一是在我国民商合一的立法形式下求助于民法法律原则——诚信原则,参照美国信义义务模式和德国忠诚义务模式,赋予股东诚信义务;二是支持股东提起直接诉讼而非派生诉讼,以避免循环救济问题,同时支持股东"间接利益"之诉请;三是重新分配举证责任,对非控制股东给予一定制度倾斜,参照美国马萨诸塞州制度,由控制股东承担举证责任;三是引入解散公司、第三方介入处理、回购股东股份等多元救济手段,但在适用时应保持一定谦抑性。

虞政平等认为,实际控制人滥用公司人格较之于通常股东权力滥用更为复杂,但法律对此相关规制较少。实际控制人虽非公司股东但能够实际支配公司行为,在我国上市公司中讨论较多,我国《公司法》仅对股东滥用人格侵害债权人利益作出规定,但未言及实际控制人。《全国法院民商事审判工作会议纪要》(以下简称《九民纪要》)第11条第2款虽涉及实际控制人滥用公司人格情形,但其通过否认关联公司独立人格,使其承担连带责任方式解决,并未涉及实际控制人责任。实际控制人侵害公司目前主要通过《公司法》第21条侵权法路径和《民法典》第535、538、539条合同法路径。但是否有必要刺破公司面纱,责令实际控制人对公司债务承担连带清偿责任有待考究。

我国从2005年确立"实际控制人"概念,以完善控股股东外延,我国的实际控制人概念对应英美法系下董事会中心主义的"影子董事",均指掌握公司实际权力的人。目前我国立法从字面上解释为实际控制人与股东身份不兼容,而实际控制人应当包括持股比例不高但足以控制公司经营决策的股东。实际控制人的认定应从实质上对公司产生影响的标准出发,主要的形式包括基于股权投资关系、基于家族亲缘关系、基于创始人等特定身份、基于特定职务、基于特定协议关系五种。实践中一般基于四种情形认定其有"实际控制力",一是掌控公司人事、财物、业务,二是影响公司股东大会、董事会决策,三是掌控公司印章,四是长期对外代表公司意志行事。

我国实际控制人滥用公司人格并不宜直接适用董事责任规则,传统的规制路径主要分为侵权法路径和合同法路径。侵权法主要通过认定实际控制人侵害公司合法权益加以规制,但缺陷在于债权人的间接损害能否证成、债权是否能够成为侵权的对象仍有待考量，即使间接损害得到承认，债权人作为被侵权人无法获知被侵权之事实。此外，公司被实际控制人掌控之下已经成为傀儡，难以期待其提出损害赔偿之诉，同时其他股东在没有与实际控制人利益相左的情况下也几乎不会提出派生诉讼维护公司利益。合同法规制则体现为对融资公司控股股东、实际控制人的行为通过协议进行事前规定，而后追究其违约责任，但其缺陷在于双方信息具有不对称性，且中小有限公司治理水平尚不能达到较高规范性水平。此外还有合同法路径，即债权人通过形式代位权、撤销权维护自身利益，但实践中代位权行使以债权金额确定为前提，形式要求过高，撤销权则遵循入库规则，赔偿无法直接归于债权人。

陈洁认为实际控制权和实际控制人的概念具有复杂性，公司法未能作出明确的厘清和规范，后续的修订应当使公司法在规制实际控制人不损害公司利益的同时利用其在公司治理中的积极作用。公司法层面上，界定实际控制人最核心的要点在于能够实际支配公司行为，而对于"控制"的认定，财政部《企业会计准则第 36 号——关联方披露》将其定义为有权决定公司财务和经营政策并且能够从中获利，理论和实务界学者则认为是指对公司重大事项具有支配力。控股股东和实际控制人的主要区别在于股东身份、直接控制和显名性。证券法层面上，也是采取"实质大于形式"的认定方式。应提出广义实际控制人的概念，应将具有股东身份的实际控制人也囊括在内。

事实控制本身是一个中性的概念，控制权对公司的影响既包括积极的也包括消极的，公司法需要规制的是实际控制人滥用控制权的不当控制行为。实践中实际控制人主要通过破坏公司权力结构进行不当操控行为：操纵股东大会表决权，使得股东大会表决程序成为其不法行为的合法途径；董事会层面，通过操控经其提名当选的董事干预公司重大决策；公司高管层面，实际控制人本身作为公司董事、高管行使经营管理权而怠于行使职责，不履行信义义务谋取私利。

公司法层面，仅对实际控制人关联担保和关联交易作出规定，而针对其在公司治理层面滥用权力的行为并未作出相关规制。《公司法》修订草案废除了第 216 条的概念规定，增设对实际控制人滥用权力行为的规制，但仍存在碎片化立法的弊端。证券法层面,新修订的法律从证券发行、交易、上市、虚假陈述等方面强化了实际控制人的法律责任,证监会颁布的《上市公司治理准则》第19条及《上市公司章程指引》第39条也明确了上市公司实际控制人对公司负有诚信义务。司法解释层面,《公司法解释(二)》对实际控制人在公司清算过程中勤勉义务提出要求,此外《最高人民法院关于审理证券市场虚假陈述侵权民事赔偿案件的若干规定》第20条也规定了追究虚假陈述中作为首恶实际控制人的民事责任。《九民纪要》则是对实际控制人滥用权力导致关联公司人格否认作出规定。

因此,实际控制人司法规制的具体路径有三:一是确立控制股东的诚信义务,其内涵应以忠实义务为主(因其并无直接经营管理权),具体表现为应维护公司和其他股东的整体利益,使之不与个人私利发生冲突;二是引入事实董事制度,借鉴域外"影子董事"的概念,将实际行使董事职权的实际控制人确定为实质董事,此时其应当承担董事的信义义务和相应法律责任;三是实现实际控制人在公司法上的责任机制,包括对公司、股东和对债权人的责任,应当将非股东实际控制人纳入新《公司法》第21条规制对象,实行举证责任倒置,由实际控制人自证其未滥用权力。

(四)规制股东的其他路径

在规范股东行为中,各国还在实践中提出或发展了其他路径,主要包括诚实信用原则的一般规则,以及"事实董事"和"不公平损害"的裁判规则。诚信原则是一个更开放的概念,基于诚信原则而产生的禁止权利滥用也同样具有广泛的解释力。在适用新《公司法》第21条认定股东滥用权利时,应当考虑主观态度、目的、动机以及事实结果,秉持整体观念予以对待。

事实董事也可以成为规范股东的重要依据。在实践中,存在控股股东代行董事职责的情况,如果接受事实董事的概念,没有董事身份的事实董事,将像正式董事那样受到公司法约束。这有助于追究控股股东的责任,并实现对新《公司法》第21条等条款的扩张解释,使"实际控制"成为支撑"公司人格否认"的重要依据。"不公平损害"是英国法院发展起来的一种法定救济措施,通过采用损害赔偿和公司清算等方式,减缓控股股东对少数股东的压制和损害。①这种特殊救济措施更关注股东行使权利时对他人造成的妨碍或损害，与我国禁止股东滥用权利的公司法规则能够保持一致。"滥用影响力"作为日本公司法实践发展起来的一种裁判规则，主要适用于母子公司或公司集团②语境下，尤其适合"交叉持股"和"集团公司"并存的日本公司实践。

---

① [英]A.J.博伊尔:《少数派股东救济措施》,段威、李杨等译,北京大学出版社 2006 年版。

② 关于公司集团治理的研究,可参见[英]珍妮特·丹恩:《公司集团的治理》,黄庭煜译,北京大学出版社 2008 年版。

第五章　域外法上的合规建设与经验

一、合规管理在域外的发展特点

(一) 美国

1. 美国法上合规管理制度的历史沿革

(1) 20 世纪 60 年代。合规起源于 20 世纪 60 年代的美国。[1]合规管理随着防止违反《反托拉斯法》政策的实施得到了普及。经过重型电气设备公司违反《反托拉斯法》事件,企业从业者意识到需要引入合规管理制度来增强企业竞争力。[2]

(2) 20 世纪 70 年代。在水门事件引出的企业捐款丑闻的背景下,合规管理制度得到了进一步推广。[3]为针对企业的违法捐助行为,美国证券交易委员会基于《1933 年证券法》和《1934 年证券交易法》,要求企业必须对资金去向进行公示,并对企业的法规遵守情况进行调查。证券交易委员会表示,"企业董事

---

[1]　Walsh & Pyrich, Corporate Compliance Programs as a Defense to Criminal Liability: Can a Corporate Save Its Soul?, 47 Rutgers L. Rov.605, at 650—51.除此以外,日文文献有:川演昇「独禁法遵守プログラムの法的位置づけ」「商法・経済法の諸問題—川又良先生還層記念」(商法法務研究会,1997)546 頁以下。

[2]　Pitt & Groskaufmanis, Minimizing Corporate Civil and Criminal Liability: A Second Look at Corporate Codes of Conduct, 78 Geo. L.J., at 1580; Walsh & Pyrich, Corporate Compliance Programs as a Defense to Criminal Liability: Can a Corporate Save Its Soul?, 47 Rutgers L. Rov.605, at 651.

[3]　Kathleen F. Brickey, Corporate Criminal Liability § 1: 01(2d ed. 1991); John C. Coffee, Jr., Beyond the Shut-Eyed Sentry: Toward a Theoretical View of Corporate misconduct and an Effective Legal Response, 63 Va. L. Rev. 1099, 1115—16(1977); Groskaufmanis, Corporate Compliance Programs as a Mitigating Factor, in Corporate Sentencing Guidelines: Compliance and Mitigation, § 5. 02 [1][b].

会与职员因不正当支出而受到有罪判决,是必须向民众特别是股东公示的重大事实(material fact)"。①这份声明进一步完善了有关企业的可疑支出义务公示的政策。

1977 年因企业捐款丑闻,《反海外腐败法》问世,美国开始通过成文法的形式在新领域里限制企业资产的不当支出。②在 20 世纪 70 年代,合规管理制度逐渐成了一项法律义务。到 70 年代为止企业经营出现的本质问题在因水门事件而曝光的企业捐款丑闻中得到了集中体现,主要为以下三点:第一,在企业内部普遍不以上述违法行为为耻;③第二,缺乏明确的保障董事会与职工行为妥当性和合法性的指导原则;④第三,企业内部信息传递不足。⑤针对这些问题,证券交易委员会与《反海外腐败法》制定了企业自主纠偏的行动原则,并不断完善理论。

(3) 20 世纪 80 年代。在 1988 年制定的《内幕交易与证券欺诈取缔法》(Insider Trading and Securities Fraud Enforcement Act)中,对内幕交易行为进行了限制。⑥此前,证券交易委员会采用行政监督体制来严密监督从业者,避免发生内幕交易。⑦20 世纪 80 年代爆发大规模内部交易事件席卷整个华尔街,

---

① Pitt & Groskaufmanis, Minimizing Corporate Civil and Criminal Liability: A Second Look at Corporate Codes of Conduct, 78 Geo. L.J., at 1582.

② Lynne Baum, Foreign Cormupt Practices Act, 35 Am. Crim. L. Reu.823, 823—840(1998); Brickey, Corporate Criminal Liability 12, § 9.02—9.27; Donald R. Curver, Complying with the Foreign Corrupt Practices Act(1994); Don Zarin, Doing Business Under the Foreign Corrupt Practices Act(1995). 此外,1997 年《反海外腐败法》相关的日语文献有:森田章・前揭注(14)書 338 頁以下,中原後明「米企業の海外不正支出をめぐる法規制——その模索と展開の軌跡を追う-(一)-(三)」民商法雑誌 79 卷 2 号(1978)163 頁以下,79 卷 3 号(1978)360 頁以下,79 卷 4 号(1978)522 頁以下,同「アメリカの外国腐敗行為防止法の検証——1988 年までの展開」現球法学 48 号(1992)293 頁以下,同「会社の政治活動の限界——米国の政治献金規制を中心に」ジュリスト1050 号(1994)121 頁以下参照。

③ Coffee, Beyond the Shut-Eyed Sentry: Toward a Theoretical View of Corporate Misconduct and Effective Legal Response, 63 Va. L. Rev., at 1102—03.

④ Id. at 1130.

⑤ Id. at 1146—47.

⑥ 1988 年《内幕交易与证券欺诈取缔法》相关的文献参照:岸田雅雄「米国の内部者取引および証券詐欺規制法」商事法務 1170 号(1989)23 頁以下,堀口勝「内部者取引および証券詐欺規制法」日本大学大学院法学年報 21 号(1991)317 頁以下。

⑦ 对于证券交易委员会所采取的对内幕交易的行政监督的概要,过去的介绍文献有:神崎克郎「会社機密関与者の証券取引の規制」『証券取引規制の研究』(有斐閣,1968)91 頁以下,同「米国の内部者取引規制の最近の発展」商事法務 640 号(1973)20 頁以下,同「米国における内部者取引規制の展開」民商法雑誌 74 卷 5 号(1976)759 頁以下,鈴木葉「アメリカにおける内部者取引の規制」(转下页)

促使美国对内幕交易进行了更严厉的限制,建立了更加完备的制度。美国国会在 1988 年制定了《内幕交易与证券欺诈取缔法》,建立了限制内幕交易行为的机制。

20 世纪 80 年代中期,美国国防部出现了极其严重的贪腐事件。1986 年 18 家接受国防部订货的军火企业联合起草了《国防工业的商业伦理与企业活动精神》的纲领。据此,供应商逐渐引入了有关筹款的联邦法律的合规管理机制。到 20 世纪 80 年代末,国防部军火招标的应标企业中已经有半数以上企业实行了合规管理制度,并在《国防工业的商业伦理与企业活动精神》上签字。①美国环保署(Environmental Protection Agency,EPA)在 1986 年发布了《环境审计政策声明》(Environmental Audit Policy Statement),旨在对企业定期进行环境监察,②促使企业重视环保工作。③"环境监察"是合规管理制度的一部分,既有事前预防也有事后预防。

20 世纪 80 年代后期,接连出现了如储蓄贷款协会(S&L)不正当经营与金

（接上页）海外事情 18 卷 2 号(1970)55 頁以下,能田節「内部者取引」ルイ・ロス/失澤惇監修「アメリカと日本の証券取引法(下卷)」(商事法務研究会,1975)560 頁以下,石角完衛「米国の内部者取引規制の批討の検討—証券取引法一十六条(b)項の問題点—」商事法務 848 号(1979)11 頁,松井一郎「アメリカ証券取引法一十六条(b)項の立法の沿革と訴訟手続等について」日本法学 46 卷 2 号(1981)161 頁以下,瀬谷ゆり子「米国における 1984 年内部者取引制裁法」国際商事法務 14 卷 1 号(1986)11 頁以下,加藤信「米国の内部者取引制裁法」証券研究 80 号(1988)123 頁以下。並木俊守「日米インサイダー取引法と企業買収法」(中央経済社,1989)62 頁以下,渡辺征二郎「インサイダー取引」(中央経済社,1989),森田章「インサイダー取引——証券市場と日本人-」(講談社,1990)116 頁以下,島袋鉄男「インサイダー取引規制-アメリカにおける法理の発展-」(法律文化社,1994),並木和夫「内部者取引の研究」(慶應義整大学出版会,1996),栗山修「証券取引規制の研究」(成文堂,1998)155 頁以下等参照。

① 在国防工业界采取自主措施的同时,国防部一方也开始要求企业引入自主实施公示政策,以推动对企业的内部调查以及对违法行为的早期预防。现在,国防部的行政规范中,劝告所有应标企业应实施合规管理制度,以及制定了《应标企业危险指数评价程序指导》,公布了"有效的合规管理制度"的客观评价标准。

② Environmental Auditing Policy Statement, 51 Fed. Reg.25, 004, 25, 006(1986).

③ 在美国,自然环境保护与生产安全卫生环境保护均涵摄在环境保护这一概念之下。因此一般来说,与环境保护有关法律的合规管理制度涵盖生产安全卫生保护。这与国际标准化组织仅以保护自然环境为目的制定环境监察基准 ISO14000 标准的应对方法不同。但值得注意的是,ISO14000 标准仍对美国环保法案产生了很大影响。(Lynn E.Pollan, Corporate Compliance in Environmental Matters; Outline for Discussion, in Corporate Compliance After Care mark 511, 516 (Carole L. Basri et al. co-chaired 1997)除此以外,クリストファー・L・ペル「環境管理システムを利用し米国環境法違反を防ぐための体制作りの具体的方途を考える」月刊国際法務戦略 3 卷 5 号[1994]16 頁参照)。

融机构欺诈案[①]、国际商业信贷银行（BCCI）巨额洗钱案[②]等案件，产生了重大的社会影响。金融机构开始引入合规管理制度。20 世纪 80 年代也被称为"伦理时代"，合规制度在商业活动中变得十分重要。

2. 美国法上关于合规的重要法律与制度

（1）《联邦量刑指南》。正如本书第一章第二节所述，《联邦量刑指南》在两个方面对促进公司合规发挥了作用，即一方面明确如果公司组织正确实施了合规体系，则可对罚金数额进行减免；另一方面在主导介入的指导原则下明确是否成功发现或阻止犯罪并不能作为体系无效的判定依据。

（2）企业法领域的合规激励。2002 年的《SOX 法案》极大地提高了内部合规结构在证券法中的重要性。另外，根据 1996 年特拉华州衡平法院的凯马克国际公司（Caremark）派生诉讼案判决，若未实施内部合规结构，企业董事可能会承担民事责任。[③]

企业的内部合规结构至少在三方面和就业歧视有关。[④]其一，当员工声称

---

① 关于储蓄贷款协会（S&L）不正当经营与金融欺诈事件：Henry N. Pontell & Kitty Calavita, While Collar Crime in the Saving and Loan Scandal, 525 Annals. Aapss 31, 31—45(1993)；Paul Zane Pilzer With Robert Deitz, Other People's Money The Inside Story of the S&L Mess(1989)(本書の邦訳として，P・Z・ビルツァー［阿部四郎訳］「S&Lの崩壊」[家の光協会，1996])；NED EICHLER, The Thrift Debacle(1989)(本書の邦訳とし，ネド・アイヒラー［柿崎映次、具天降訳］「アメリカの貯金貸付組合 S&L-その発展と崩壊」[あ茶の水書房，1994])；Kitty Calavita, Henry N. Pontell & Robert H. Tillman, Big Money Crime Fraud And Politics in the Savings and Loan Crisis(1997)；此外，藤田弘「アメリカにおける S&L 関係犯罪の大量摘発と日本の住専問題」国際商事法務 25 巻 4 号(1997)339 頁以下参照。

② 关于国际商业信贷银行（BCCI）E 额洗钱案：Nick Kochan & Bob Whittington, Bankrupt：The BCCI Fraud(1991)(本書の邦訳として，ニック・ゴーチャン/ボブ・ウィンテック［石山鈴子訳］「犯罪銀行 BCCIの興亡」[徳間書店，1992])；Robert E. Powis, The Money Launderers：Lessons from the Drug Wars How Billions of Illegal Dollars are Washed Through Bank & Businesses(1992)(本書の邦訳として，ロバートE・ポウィス（正慶孝監訳）「不正資金洗浄（上）・（下）」(西村書店，1993))，Jonathan Beaty &. C. Gwynne, The Outlaw Bank：A Wild Ride into the Secret Heart of BCCI(1993)(本書の邦訳として，J・ビーティー/S・C・グウィン［沢田博・橋本惠訳］「犯罪銀行 BCCI」[ジャパン´タイムズ，1994])、ジェフリー・ロビンソン（平野和子訳）「マネー・ロンダリング」(三田出版社，1996)395 頁以下参照。

③ In re Caremark Ine. Int'l Derivative Litig., 698 A.2d 959, 970(Del.Ch.1996)(为了获得"商业判断规则"的保护，相关主管人员应当认真考虑，企业信息和报告系统在理念和设计上是否足以保证董事会在日常操作中能够及时获得有关信息)。

④ 对于构成歧视的企业，法院要求其实施行为守则以及培训程序，以此作为一种补救。See e.g Stair v. Lehigh Valley Carpenters Local Union No.600, 855 F. Supp.90(E.D. Pa.1994)(要求对于性骚扰有责的工会为基层成员构建强制性的年度培训计划)；Matt O. Connor, Pizza Hut to Fight Bias （转下页）

被故意歧视时,内部合规体系可以作为避免惩罚性赔偿的辩护。其二,当员工宣称受到恶意职场骚扰时,内部合规体系可以作为防止企业责任的积极辩护。其三,企业内部合规体系的存在和有效性,以及其他环境证据可能是判定企业是否有主观歧视意图的因素。

(3) 惩罚性赔偿。以科斯达德案为代表,许多被告将内部合规体系作为善意的证据来使自己符合这一辩护条件。尽管很多案件中法院认为这不足以证明善意,但一些被告还是通过这个手段规避了惩罚性赔偿。①企业也逐渐认识到合规的重要性。

(4) 吹哨人和举报制度。综观过往案例,合规的执法行动可以源于许多方面,包括自愿披露、国际执法合作、社会和媒体报道、突击行动、竞争对手的投诉、举报等。以《反海外腐败法》为例,其约44%的案件都源于企业的自我检举(self-report)。大部分公司的合规案件都是由内部人告发。为督促公司合规,美国制定了吹哨人计划,意在通过举报以获得更多线索。与之相配套,美国政府制定了多项保护举报人权益的联邦法律。《SOX 法案》与《多德—弗兰克法案》中都有关于保护举报者的规定。

《SOX 法案》禁止对举报人打击报复。《多德—弗兰克法案》引入了"吹哨人"计划,旨在保护向证券交易委员会提供信息的举报者,若举报人自愿向证券交易委员会提供一手、及时和可信的线索,从而使执法行动成功的话,根据提供信息的重要性,可获得相应奖励。自该计划开始实施以后,向《反海外腐

(接上页)in Chain, Chi.Trib., Aug.21, 1999, at C1(报道了必胜客同意为那些可能与顾客建立联系的100000 名职员提供关于种族敏感性的培训,以此作为与那些声称在伊利诺伊州的餐馆内被歧视的非裔美国顾客之间法律解决方案的一部分)。

①　See e.g., Harris v. L&L Wings, Inc., 132 F. 3d 978, 983—84(4 Cir. 1997)(在科斯达德案中也引用了该案;该案指出:在一些案件中,基于善意构建的书面化政策的存在已经成为企业惩罚性赔偿责任的障碍;书面化防止性骚扰的政策的存在成为否定原告主张企业恶意或者疏忽的重要事由);Bryant v. Aiken Regional Medical Centers, Inc., 333 F.3d 536(4 Cir. 2003)(该案认为,医院不能对非裔美国员工承担惩罚性损害赔偿,因为该医院已经广泛实施了反歧视的相关举措,这些举措包括覆盖全单位的反歧视政策的实施;举报申诉政策的创设;多元化的培训项目。基于以上原因,医院不能为其管理人员违反单位政策的歧视决定而承担替代责任);EEOC v. Wal-Mart Stores, Inc., 187 F.3d 1241, 1249(10 Cir. 1999)(该案指出,企业贯彻反歧视政策的深度以及就《美国残疾人法案》的相关要求对职员的教育程度成为决定其是否承担替代责任的重要考量因素)。

败法》举报的个案显著增多。根据证券交易委员会的年度报告显示,2012财年总计有115位"吹哨人",2017财年增长到了210位。

《多德—弗兰克法案》在第922小节规定了对于那些自愿向证券交易委员会提供原始信息的合格举报者,若提供的信息使强制措施实施成功,产生了超过100万美元的金融制裁,证券交易委员会应支付奖金。奖金金额须达到证券交易委员会行动或任何相关行动诸如刑事案件的金融制裁总额的10%—30%。《多德—弗兰克法案》明确禁止雇主报复举报者,如果发生举报者被其雇主违法解雇或歧视情形就向他们提供私人起诉理由。[①]在2011年5月25日,证券交易委员会采用并实施了新举报者计划规则,规定举报者必须提供"原始信息"才能获得奖励,而非证券交易委员会已知的内容。该内容必须是通过举报者自己的信息或分析而来,不能仅仅来自公开信息,如官方听证会、政府报告、新闻等。

此外,举报者必须是自然人,公司或其他主体都不能作为合规的举报者。特殊身份的人不能获得举报奖励,比如官员、董事、托管人,或是通过公司雇员或公司内部合规流程掌握公司违法信息的合伙人,以及在合法代表的环境下执行合规、审计职责或合法调查时接收到信息的律师、合规人员、会计、调查员和审计。[②]证券交易委员会规定当内部合规部门没有强制要求举报者做内部报告,但规定了相应的激励机制时,即如果举报者参与了内部报告,可获更多的奖金。证券交易委员会规定了120天窗口期让公司去处理内部举报。在窗口期内,若公司没有进行调查也没有向证券交易委员会报告,但举报者实施了这些行为,那么举报者就可以领到以内部报告发布日期为计算起点的功劳,并获得一笔小额奖金。

(5) CFTC新举报者计划。《多德—弗兰克法案》第748条修正了《商品交易法》,为其添加了第23条关于"大宗商品举报者激励与保护"的条款,允许CFTC对那些自愿提供原始信息以揭露违反商品交易法相关法律和行政法规

---

① 参见 Pub.L 第922节 No.111—203(2010.7.21)。

② 参见 https://www.sec.gov/rules/final/2011/34-64545.pdf。该理论及内部人员如那些被认同者不该通过工作中获取的信息填写举报者而获利。

行为的举报者支付奖励。《商品交易法》第 23 条同时建立了 CFTC 保护基金用于支付举报者奖金,资助客户参加关于自我保护、防止欺诈和其他违法行为的培训。与证券交易委员会的举报者计划类似,当被举报的行为最终被处以超过 100 万美元罚金时,举报者将获得现金罚款总额的 10%—30% 的奖金。

与证券交易委员会的条例相同,该条例设定了 120 天的窗口期,预计在期间内被举报公司进入内部自我清查程序。

(6)美国最高法院关于举报者计划的重大决议。2014 年 3 月美国最高法院的一项判决将举报者保护计划扩展到上市公司非直接合同雇员范围,鼓励更多人对违法行为进行揭发。在这项判决中,一位某共同基金的前任高级财务主管声称她因披露某项有关成本会计的不合规行为而遭到报复。初级法院判决认为"反报复"保护条例仅仅适用于上市公司员工,鉴于该案中的共同基金公司并没有雇员,而是以合同方式单独聘请投资顾问的形式实现运营,所以举报者无法获得"反报复"条例的保护。最高法院否决了只有上市公司直接雇员才可以享受"反报复"条例保护的判决,并且基于 2002 年颁布的《SOX 法案》将该保护范围扩展到了私下合同雇用的员工。该决议导致更多个人享有"反报复"保护的权利,同时激励更多人举报违法行为。

20 世纪 90 年代以来,随着企业家们的不断努力,合规制度也得到显著发展。①1991 年《联邦量刑指南》针对组织的部分对合规管理制度进行了确认。虽然该指南存在对于合规程序要求过高的问题,但在客观上,这使得"企业的社会责任"以及"商业伦理"的概念得到了推广,获得了社会共识。②

(二)日本

2006 年施行的日本公司法对于企业合规作出了多项义务性规定。日本法规定的体系类型与《COSO 内部控制整体框架》对内部控制目标的定义非常相

---

① 关于各法领域内部合规管理制度的实施状况的资料:「(特集)分野別にみた在米日本企業幹部が訴訟りスクから身を守るために」国際法務戦略 5 巻 11 号(1994)3 頁以下,「(特集)分野別にみたコンプライアンス・プログラムの見直し」国際法務戦略 7 巻 11 号(1998)4 頁以下などを参照。

② John Scalia, Jr., Cases Sentenced under the Guidelines, Presentation before the United States Sentencing Commission Symposium(Sept.8, 1995), in Corporate Crime in America: Strengthening the "Good Citizen" Corporation 248,248—250(1995).

似,法条中直接使用了"内部控制体系"(内部統制システム)一词。《COSO 内部控制整体框架》对内控目标有三个定义:第一,确保合规;第二,确保公司财报信息的可信度;第三,确保业务执行效率。美国《SOX 法案》对内部控制体系作出了直接规定(第 302 条、第 404 条),其主要针对的是第一和第二点所涉及的体系(主要是指一种信息传递机制),第三点则是通过州判例法来实现。而日本则是通过制定《金融商品交易法》来实现第二点,①由《公司法》实现第一点。在立法上,日本具有与美国齐头并进的意味。

(三) 欧盟

1. 概述

除了欧盟直接为公民制定有效法律外,合规领域内以指令的形式制定的法律也具有重要的意义。欧盟在洗钱、恐怖融资、保险监管法和金融市场监管领域出台了重要规定。

2. 金融市场法

(1) 洗钱和恐怖融资。对于洗钱问题,欧洲在合规上有很多规定。②其中,欧洲共同体 2005 年第三号反洗钱指令以及 2006 年的执行指令发挥着重要作用。③该指令将反洗钱和恐怖主义融资规定在一起。到现在,该指令已经进行了多次更新。④其要旨是通过一个以风险为基础的方法(risk-based approach),针对金融服务提供商及其他行业制定出一个全方位的义务列表。该法规主要是通过德国《反洗钱法》(GwG)付诸实施的。根据委员会 2013 年 2 月 5 日的建议,第三号反洗钱指令及执行指令应当被一个防止利用金融系统进行洗钱和恐怖主义融资的新指令(欧盟第四号反洗钱指令)所替换。⑤该指令规定继续

① 日本学界甚至称日本《金融商品交易法》是 JSOX 法案(即日本版《SOX 法案》)。

② 参见 Ackermann/Reder,WM 2009,158 ff.u.200 ff.; Herzog, in: ders., Einl. Rn.71 ff。

③ Richtlinie 2005/60/EG v.26.10.2005,ABl.L 309/15 v.25.11.2005 (3.EG-Geldwäscherichtlinie);Richtlinie 2006/70/EG v.1.8.2006,ABl.1.214/29 v.4.8.2006(执行指令)。第一、第二欧洲共同体反洗钱指令,参见 Herzog, in: ders., Einl. Rn.72 f。

④ 该规定最终于 2010 年通过,2010 年 11 月 24 日的指令 2010/78/EU 第 8 条,2010 年 12 月 15 日的 ABl.L 331/120 进行了修改。

⑤ Kom(2013)45 endg,v.5.2.2013,2014 年 3 月 11 日,议会颁布了一个修订过的版本,参见 2013/0025(COD)程序中采纳的文本 P7_TA(2014)0191。

在企业中推广合规规定,而且该指令首次大规模地将博彩业涵盖进去。

(2) 保险监管法—偿付能力指令 II。对于保险和再保险公司而言,独立的合规要求规定于偿付能力指令 II[①] 中。该指令大规模地对欧洲范围内的保险监管法进行重新调整并且以三个支柱为基础,即资本要求、治理规定和报告义务。治理规定对保险公司良好的企业治理提出了要求,对合规组织的要求被作为第 46 条中内部监管制度的组成部分进行了规定。除此之外,该制度还包括了"对符合要求的监管功能(合规职能)"。该法规的制定是通过所谓的朗法吕西程序实现的。根据基本的立法程序,朗法吕西程序是(偿付能力指令 II 的)第一阶段,委员会的实施细则是第二阶段,第三阶段是通过欧洲监管组织进行统一执行。[②]紧接着委员会将对指令的执行进行监管(第四阶段)。但是,偿付能力指令 II 的实施期限已经多次推后,实施细则也没有颁布,实施细则是否会对合规的内容进行具体化,尚无定论。

从第 46 条的规定来看,可以得出 4 个合规任务:监管、指导、预警机能和风险管理。因此,保险企业中合规职能的任务将会比目前的更为广泛。

(四) 德国

德国企业犯罪的制裁体系拥有刑法(对关系人的背信罪等)和有价证券法等的特别法,但在对法人一般不认同其具有犯罪能力的德国,以与原本刑罚不同的独特的罚款(Geldbuße)这一制裁方法——秩序违反法(Gesetzüber Ordnungswidrigkeiten, OWiG)为中心。秩序违反法不仅包含实体法的一面,还包含企业犯罪乃至经济犯罪的搜查程序等另一面。这从罚款程序和刑事程序的关系来看也颇为有趣。特别是在起诉法定主义的德国,一边以刑事制裁为前提,一边又运用起诉便宜主义,使得运用刑事程序外的制裁(赋课事项或遵守事项)来处理案件成为可能,在不能运用该方法制裁的情况下可以课以行政制裁(罚款)。这一点可以说是德国独有的创意。再者,企业治理制度的核心是 2002 年 8 月公布的《德国企业治理准则》(Deutscher Corporate Governance

---

① Richtlinie 2009/138/EG v.25.11.2009,ABI.1.335/1 v.4.12,2009.

② 欧洲监管组织包括欧洲证券监管委员会(CESR)、欧洲银行监管委员会(CEBS)、欧洲保险和职业养老金监事委员会(CEIOPS)。

Kodex),这一经过反复修改的软法规,使董事会和监察人应承担的义务具体化。但是近年对于德国的企业犯罪的规制,开始出现积极地将合规文化导入刑法理论中的见解。

二、域外反商业贿赂合规领域的法案

(一)《OECD 反贿赂公约》

1997 年,联合国政府间国际组织经济合作与发展组织通过了《关于打击国际商业交易中行贿外国公职人员行为的公约》(OECD Convention on Combating Bribery of Foreign Public Officials in International Business Transactions,以下简称《OECD 反贿赂公约》)。《OECD 反贿赂公约》在很大程度上受到美国《反海外腐败法》的影响,既有反贿赂条款,要求签署方通过立法将区域内向外国官员行贿的行为列为犯罪行为,进行刑事处罚;又有会计账目条款,要求签署方通过立法,明确禁止公司设立账外账或通过不实记账隐瞒行贿行为,并对此类行为给予民事、行政或刑事惩罚。

(二)《联合国反腐败公约》

有别于《OECD 反贿赂公约》主要针对向外国官员行贿的行为,《联合国反腐败公约》是全面的反腐公约,是联合国历史上通过的第一个用于指导国际反腐败斗争的法律文件,在腐败的预防性措施、刑事定罪、执法合作、国际追赃、引渡合作等方面形成了一套完整的制度。

(三)世界银行集团的《诚信合规指南》

2010 年,世界银行集团颁布了《诚信合规指南》(Integrity Compliance Guidelines),该指南吸纳了当时被许多机构和组织认为是良好治理和反欺诈与反腐败的良好实践的标准、原则和内容,是一套有效的合规指南,具体包括明令禁止不当行为、合规职责明确、以风险评估为基础、详尽而明晰的内部合规政策、将业务伙伴纳入合规体系、内控制度、培训制度、奖惩激励机制、举报制度、补救措施及企业上下共同行动 11 项内容。

(四)美国《反海外腐败法资源指南》

2012 年 11 月,美国司法部和美国证券交易委员会联合颁布了《反海外腐败法资源指南》(A Resource Guide to the U.S. FCPA,以下简称《FCPA 资源指南》)。在《FCPA 资源指南》中明确指出,执法机构在决定是否采取及采取何种执法行动时,除了要考虑违法行为是否由企业自报、企业是否配合及是否采取适当的补救措施之外,还应考虑企业合规体系的充分性。但对企业合规体系的具体形式并没有提出程式化的要求。两个执法机构在评估企业的合规管理体系时通常通过三个问题进行考查:企业的合规管理体系是否设计良好、该合规管理体系是否被善意执行以及该合规体系是否有效。美国司法部和美国证券交易委员会认为,并没有一个理想的合规管理体系可以适用于所有企业,一家企业的合规管理体系应当与其规模和业务固有风险相匹配。

（五）《商业机构反腐败道德及合规手册》

2013 年,OECD、UNODC 和世界银行集团联合发布了《商业机构反腐败道德及合规手册》(Anti-Corruption Ethics and Compliance Handbook),以为寻求合规建议的企业提供一份有用的务实性工具,将主要的国际商业机构合规指引工具整合到一起,并展示了企业运用这些指引工具的真实案例,具有可操作性。

（六）美国《反海外腐败法》及主要内容

1977 年的《反海外腐败法》是现代第一部与"合规"紧密相关的法案。

《反海外腐败法》是美国当前惩治跨国公司对外国官员进行行贿行为的最主要的法律。该法案是惩治贿赂外国官员行为的全球第一部法律。该法案规定的域外管辖引起了国际社会的争议,但《反海外腐败法》作为最主要的"禁止企业向外部人员,特别是公职人员行贿"的法律规定,其理念仍被许多国家认同。

1. 反贿赂条款的基本禁令

《反海外腐败法》的反贿赂条款规定,美国人和某些外国证券发行人为获得或保留业务而去贿赂外国公职人员是违法行为。1998 年以后,这些条款同样适用于那些在美国有类似贿赂行为的外国公司和个人。《反海外腐败法》还要求在美国发行证券的公司满足该法的会计条款。《反海外腐败法》在"对跨国公司商业贿赂行使域外管辖权"方面率先进行探索,对我国相关法律的构建有借鉴意义。

《反海外腐败法》规定贿赂外国政府公职人员以获得回报或保留某些业务是违法行为。在基本禁令方面，要构成这一违法行为必须满足以下5项内容：

其一，犯罪主体：个人、公司、公职人员、董事、雇员、企业代理人或代表公司行事的股东。

其二，主观：支付或授权支付的人必须具有腐败的意图，并且支付的目的必须是引诱接受者错误利用他/她的职位将业务错误地交给支付者或其他人。禁止任何行贿企图，但不要求行贿行为的目的得逞，提供或承诺行贿即构成违法行为。

其三，支付行为：禁止支付、提供、允诺支付（或授权支付或提供）金钱或任何有价值的事物。

其四，受贿主体：仅覆盖针对外国官员、政党、党务工作者或外国政府职位候选人的行贿行为。

其五，商业目的的检验：指为帮助企业获取或保留、指导某项业务而进行的行贿行为。这里的"获取或保留业务"不仅仅指奖励、获得或延长某项合约。

2. 第三方支付

《反海外腐败法》禁止通过中介机构进行腐败支付。

3. 肯定抗辩

《反海外腐败法》明确规定加速费用合法，即为加速"日常政府行为"而支付的"方便费用"合法，并且提供肯定抗辩用以辩护可疑的违规行为。所谓的日常政府行为是指如取得政府许可、文件、邮件接送、水电与电信服务等政府日常程序性与服务型行为。

4. 法律制裁

对于违反反贿赂条款的公司和其他商业实体，可处以最高200万美元的罚金；高级职员、董事会成员、雇员及代理人则会被处以最高10万美元罚金和5年以下监禁。

在适当的情况下可以对行贿者提起民事诉讼，处以最高1万美元的罚款。同时，在美国证券交易委员会提起的诉讼中，法院还可以判决追加罚款，追加罚款的最高限额为：违法所得总额；违法情况严重时，对自然人限额5000美元—10 万美元,对其他人限额 5 万—50 万美元。

（七）英国《2010 年反贿赂法》

1. 概述

2010 年英国通过《2010 年反贿赂法》(The Bribery Act 2010，UKBA),在立法体例上开创了一体化的贿赂犯罪治理立法模式。除涉及贿赂犯罪的一般规定外,《2010 年反贿赂法》还包含了追诉程序、管辖范围、预防措施等方面的内容。该法的基本目的是"解决商业机构在经营环境中可能面临的贿赂问题"。与《反海外腐败法》相比,《2010 年反贿赂法》的主要特点在于覆盖面更广、惩治力更强,因此,被普遍认为是目前世界上最严厉的反贿赂法律。

2. 主要罪行

该法的主要犯罪行为有四种:行贿;受贿;贿赂或企图贿赂外国公职人员;商业机构未能预防贿赂。

该法案的特色一是将贿赂犯罪的法定最高刑期从 7 年提升至 10 年,并处以无上限罚金,同时还可没收财产以及剥夺公司董事资格;二是创设了商业组织预防贿赂失职罪,将商业组织疏于构建行贿预防机制而导致行贿产生的行为犯罪化,提升了商业行贿的刑法治理能力。《2010 年反贿赂法》通过创设"商业机构未能预防贿赂罪",并且以成文法形式明确规定企业建立充足的内控合规管理体系可以作为免于承担刑事责任的法定抗辩理由,来明确鼓励企业建立并维持一套有效的内控合规管理体系,以防止贿赂行为的发生。

3. 预防贿赂的程序

英国司法部专门解释了企业需要采取哪些程序来预防贿赂的发生,即遵循"以风险为依据"的六大原则。

其一,相称的程序。企业要制定与其面临的贿赂风险相称的反贿赂程序,这些程序还要和企业活动的性质、规模及复杂程度相一致。程序是广义的概念,包括预防贿赂的政策及具体的执行政策的程序。

其二,高层的承诺。企业高级管理层要承诺积极反贿赂,如通过宣言等方式,并且高管适当参与反贿赂程序。

其三,风险评估。企业需要评估它所面临的内外贿赂风险的性质和程度。

评估要定期进行,用文件记录详细信息。

其四,尽职审查。企业要采取恰当的态度和风险意识,对为企业服务或将为企业服务或代表企业的个人进行尽职调查,降低贿赂风险。

其五,有效沟通。企业要确保通过内部沟通和外部沟通(包括有效的培训),使其预防贿赂的政策和程序扎根于企业内部,让员工知晓并理解。内部沟通需要传递企业高层的声音,强调对员工的要求,以及对政策和程序的执行。内部沟通包括对关键政策的沟通以及对违规行为的惩罚等;外部沟通常通过"宣言"或"行为守则"的方式传递给现在和将来的合作方,并威慑那些试图进行贿赂的人。相关信息可以包括反贿赂政策、程序、惩罚措施、内部调研结果、招聘规则等。如果企业认为合适,还可以把反贿赂程序和承诺传播给更广的受众,如行业伙伴、其他行业的企业、公众等。

其六,监控、审核和评价。企业需要定期监控和评价反贿赂政策和程序,并采取必要的改进措施。企业可以建立一系列内部和外部的审核程序,如内部财务控制程序、员工调查、问卷调查、培训反馈等;也可以考虑采用定期正式的审核,汇报审核结果并上交给高级管理层;还可以寻求外部认证,但外部认证不是必需的程序,也不是作为证明企业反贿赂程序"合适"的必要抗辩。

英国《2010 年反贿赂法》将贿赂定义为:当一个人提供、承诺或给予他人财物或其他形式的利益,诱导或奖励对方不正当地履行其工作职责。[①]英国《2010 年反贿赂法》所禁止的范围扩展到个人同意或接受贿赂,以及个人提供或行贿。[②]

此外,如果组织的员工个人贿赂他人,以期为公司获取或保留商业优势,那么这个商业组织也违反了英国《2010 年反贿赂法》。[③]英国《2010 年反贿赂法》还规定公司需对员工和作为中介机构的第三方在开展业务时的不当行为负责。[④]

不同于《反海外腐败法》,英国《2010 年反贿赂法》没有关于"加速费"豁免

---

① Section 1, U.K. Bribery Act 2010(英国《2010 年反贿赂法》,第 1 章)。

② Section 1 and 2, U.K. Bribery Act 2010(英国《2010 年反贿赂法》,第 1 章和第 2 章)。

③④ Section 7, U.K. Bribery Act 2010(英国《2010 年反贿赂法》,第 7 章)。

的条款。

4. 商业组织预防贿赂失职罪

根据《2010年反贿赂法》第7条规定,如果与相关商业组织有关联的人员出于为该商业组织获得或保留业务,或者为其在经营活动中获得或保留优势地位的意图而贿赂他人,则该商业组织构成商业组织预防贿赂失职罪。商业组织在以"适当程序"事由进行"无罪抗辩"时,被诉人免责的证明标准需要符合优势证明标准,而且该程序是否适当将最终由法院根据案件具体情况进行判断。

典型案例为空客公司案件。空客被指控的五项罪状均违反了商业组织预防贿赂失职罪,涉及该公司的商业和国防及航天部门,而根据在英国达成的DPA,这些发生在2011—2015年的违法行为共发生在5个司法管辖区,空客的大部分违法行为都是由商业伙伴(中间人或代理人)执行的,这些第三方可以帮助空客获得国际上的销售合同。当成功销售飞机时,空客通常会根据销售额的百分比向商业伙伴支付佣金,或者支付每架出售飞机的固定金额。

该案不仅是美、英、法多国联合执法的国际反腐败案件,36亿欧元的罚金也刷新了反腐败合规领域的处罚纪录。尽管空客在推进业务活动的过程中暴露了其合规制度中的若干弊端,但它在SFO的调查过程中全力配合,并通过由新的领导层担任公司高层推进公司改革和实施合规计划。而且,作为DPA的一部分,空客已经同意与SFO及其他执法机构充分合作,以应对未来的调查和起诉以及依法披露公司或其员工后续的任何不当行为。该案是《2010年反贿赂法》最为典型的执法案例,其经验教训值得系统总结和借鉴。主要有以下几点:第一,公司内部的反贿赂程序与政策不能流于形式;第二,要加强对商业伙伴(中间人或代理人)的第三方合规管理;第三,公司组织举办会议必须严格审查具体的日程安排;第四,公司不能以赞助之名行贿赂之实;第五,企业不合规的后果不仅是罚款;第六,公司在执法部门的调查过程中要积极配合。

从外部监管环境看,贿赂行为的跨国界监管及合作展开调查将是大势所趋,公司的贿赂行为也将会面临更高数额的罚款。在接受调查时,公司如进行彻底、公正的内部调查,主动向监管机构报告自查发现的案件及制度的改进措施,将较易获得减轻和免除处罚。

(八) 法国《萨潘第二法案》

1.《萨潘第二法案》(Loi Sapin II)立法背景

该法主要以美国《反海外腐败法》和英国《2010 年反贿赂法》为蓝本,也有对法国《刑法典》《刑事诉讼法典》《货币金融法典》等相关法律的修订条款。如今,法国的企业反腐败框架主要由两部分组成:法国《刑法典》中关于腐败的刑事法规以及《萨潘第二法案》中对公司施加的反腐败合规义务。

《萨潘第二法案》开创了法国"强制合规"制度,建立合规制度是必须履行的法定义务,如没有履行或履行未达标,将需要承担相应的法律后果。

2.《萨潘第二法案》对企业合规的要求

依照《萨潘第二法案》第 17 条,符合法定条件的企业负有建立和实施内部合规程序的义务。强制合规义务包括以下 8 项内容:

制定行动指南;建立内部预警机制;制作企业风险管理路线图;依据企业风险管理路线图;建立内部与外部的公司会计控制程序;建立面向公司中最容易遭受贿赂或有影响力的人贿赂犯罪风险的管理人员与员工的培训机制;建立旨在制裁违反公司行动指南的员工的纪律惩戒机制;建立已实行之措施的控制与评价机制。

三、域外法上的合规与公司内部治理

公司合规必须依托于良好的公司内部治理,合理安排的合规体系能够反过来作用于公司内部治理,从而更好地实现公司内部治理的目的。纵观西方主要国家合规进入公司法范畴之时,法律都对公司治理,尤其是公司的业务监督职能分配作出了规定。

(一) 美国

1.《多德—弗兰克法案》对于公司治理和合规的影响

在公司治理方面,《多德—弗兰克法案》包含与以下内容相关的条款:(1)赋予股东对高管薪酬和黄金降落伞的咨询投票权;(2)限制股票经纪人的自有投票权;(3)建立激励薪酬追回制度;(4)明确薪酬委员会的独立性;(5)加强代理人披露制度;(6)鼓励并保护举报者;(7)代理人权利。

《多德—弗兰克法案》中的第 951 条在《证券交易法》中加上了第 14A 条,要求公司定期就批准特定高管薪酬开展独立的股东顾问投票;公司应进行投票表决批准并购并披露所有黄金降落伞协议,在特定情况下,也可以就该表决事项进行独立的股东咨询投票。与之类似,《多德—弗兰克法案》中第 957 条也是在《证券交易法》第 6(b)条的基础上进行的修改和完善,该条款要求,除非股票收益所有者指示了经纪人如何投票,禁止股票经纪人在并无收益拥有的情况下在董事选举、高管薪酬以及其他重大事项方面进行投票。①

确保《证券交易法》第 14A 条和修订后的第 6(b)条得以执行的最好方法之一,是针对代理顾问和关键股东制定经过深思熟虑的投票规定,保证公司的薪酬制度和制度执行符合该项规定。此外,还应该仔细审阅黄金降落伞安排的相关规定,确保条款内容恰当合适,符合公众审阅和投票的要求。

《多德—弗兰克法案》另一得以完善之处是第 954 条,该条款在《证券交易法》中加入了第 10D 条,规定对于因不符合财务报表要求而进行会计差错更正的公司,除非该公司对高管薪酬制度进行完善、有效执行并及时披露,否则证券交易委员会应禁止国家证券交易所或相关协会批准该公司上市。②

《多德—弗兰克法案》中的第 952 条在《证券交易法》中加入了第 10C 条,要求对于不遵守新制定的独立性要求的公司,证券交易委员会应禁止国家证券交易所或协会批准该公司上市。相关独立性要求包括,每一位薪酬委员会委员必须被视为"独立"的董事,委员会有权参与对薪酬委员会的独立薪酬顾问、法律顾问或其他顾问的任命、薪酬制定和工作监督,并对其直接负责。第952 条还列出了多种"独立性"因素供证券交易委员会加以考量。③

《多德—弗兰克法案》中的第 953 条在《证券交易法》中加入第 14(i)条,要求证券交易委员会在考虑股票市值、股利分配和配股的变动情况后,对应该如何在年度信息大会的代理人资料中披露实际发放的高管薪酬与公司财务状况

---

① 见 section 957 of Pub.L.No.111—203(July 21，2010)。
② section 954.
③ section 952.

之间的关系订立规则。①第 953 条还要求证券交易委员会修订《R-K 规则》中的
第 402 条,规定应披露以下事项:(1)除 CEO 外所有高管年薪的中间值;(2)
CEO 年薪总额;(3)上述条款(1)与条款(2)中的金额比率。②为有效应对上述
新条款,需制定足以衡量绩效薪酬的恰当指标和薪酬理念,并鼓励根据高管的
最佳表现来决定薪酬发放。

《多德—弗兰克法案》第 922 条在《证券交易法》中加入了条款 21F,要求对
于主动向证券委员会提供关于或违反联邦证券法、造成超过 100 万美元处罚
的信息之人,证券委员会应给予其一定奖励。③第 21F 条也扩大了对举报人的
保护范围,并赋予已受到报复威胁的举报人所独有的起诉权。④上述条款很可
能会导致更多人成为举报人。⑤

最后,《多德—弗兰克法案》第 971 条对《证券交易法》中第 14(a)条进行了
修订,明确批准证券交易委员会应制定规则,要求公司的委托书征集材料中应
包含一名由股东提名的董事。⑥

2. 管理高管薪酬

公司能够通过以公平且透明的方式对高管薪酬这一概念加以定义,预测
并阻止高管薪酬纠纷的发生。这一过程的第一步,是确保全面且完整地披露
真实准确的高管所得的薪酬。第二步,要努力将高管薪酬与公司业绩相挂钩,
如股东回报或公司利润水平。不仅应与公司的短期目标相联系,而且应与公
司的长期目标相联系,保证高管在采取行动时着眼于公司的长远健康发展。
第三步,发放员工股票期权,在公司内部培养"公司所有权感"的文化氛围,特
别是当期权与公司的利润水平相挂钩时更能达到效果。第四步,高管如 CEO
能定期与员工直接进行沟通交流,表示他们对于员工贡献的欣赏与认可也是
非常重要的。公司还可以通过制定薪酬的道德标准,直接把道德行为纳入薪

---

① section 953.

② section 957 of Pub.L.No.111—203(July 21,2010).

③④ section 922.

⑤ For a more detailed discussion of how to manage the SEC's revised whistleblower program, see Chapter 3, entitled, How to Manage Whistleblowers' Complaints.

⑥ 见 section 971 of Pub.L.No.111—203(July 21,2010)。

酬结构及计划中。

3. 独立董事

(1) 纽交所规定。纽约证券交易所规则规定：上市公司董事的过半数应当为独立董事（第 303A.01 条）；董事会未积极选任与公司不存在重要关系的董事的，其董事不得被视为独立董事（第 303A.02(a)(i)条）。纽约证券交易所规则第 303A.02(b)条还规定，以下人员应认为不符合独立董事的要件：过去 3 年期间为该上市公司员工的（第 303A.02(b)(i)条）；过去 3 年中的任意 12 个月期间，自该上市公司领取了 12 万美元以上报酬的人员（第 303A.02(b)(ii)条）；该上市公司的会计、审计单位的员工或合伙人（第 303A.02(b)(iii)条）；该上市公司的现任经理人在过去 3 年期间，曾为其他公司的薪酬委员会成员的同时，还担任该其他公司经理人（第 303A.02(b)(iv)条）等。①

纽约证券交易所规则第 303A.03 条规定，上市公司的非业务执行董事应当定期与业务执行者开展会谈。且该条释义还认为，非业务执行董事中如有成员不是独立董事的，每年至少还应开展一次仅由独立董事与业务执行者进行的会谈。上市公司应当设立仅由独立董事组成的审计委员会、薪酬委员会、选任/公司治理委员会（下称"选任委员会"）（纽约证券交易所规则第 303A.06 条、第 303A.05(a)条、第 303A.04(a)条）。

(2) 独立董事的提名、选举方式与任期。在实践中，CEO 对于独董的提名一般具有决定性作用，股东的批准权虚置，因此在提名过程中有必要减少 CEO 的影响。普遍的做法是，在董事会中设立主要由独立董事组成的提名委员会，由其专职负责挑选独立董事候选人，并公布相关情况，最后由股东大会选举产生。但是出于管理需要，一般是由 CEO 领导提名委员会，或者提名委员听取 CEO 及高管的意见。

为了在差额选举中抑制大股东的操纵行为，保护中小股东利益，美国公司比较盛行累积投票制（cumulative voting）。但该制度现在逐渐淡出，主要原因

---

① 关于纽约证券交易所规则对独立性要件的详细规定，参见太田洋・森本大介，《日本取締役協会"独立取締役の選任基準モデル"の概要と意義》商事法務一九三七号（二〇一一年）一五页以下。

有公司规模的扩张、股东之间矛盾缓和以及该制度自身局限性。现在公众持股公司的股东选任独立董事,通常采用直接投票制。①这与美国相对完善的对投资者的法律保护环境有关,在其他国家,累积投票制仍然具有吸引力。

独立董事任期过长可能会削弱其独立性,所以其任期一般在 2—3 年为宜,且限制其连任。美国《密歇根州公司法》规定,独立董事任期满后可以继续担任董事,但不得担任独立董事。欧洲股东公司治理指导意见要求非执行董事任期必须限制在 12 年内。欧洲各国如比利时(限于 6 年,不得自动延长)、丹麦(一次任期 3 年)、意大利(任期不超过 3 年)、英国、法国(董事任期由公司章程规定,不得超过 6 年)均对非执行董事的任期做出了限制。

(3) 独立董事是否因丧失独立性而被解任。第一,美国《密歇根州公司法》第 450 条规定,当该董事不再具备独立的条件时,股东会和董事会均可以取消这种指定。可见,独立性的丧失可以作为解任的理由;第二,法院在个案中否定特定独立董事的独立性时,可以认为该独立董事不具备独立董事的核心要件,不能享受法律赋予的权利,由此只能作为普通董事的身份行使权利。对独董比例要求的目的在于使董事会更加客观地对高管做出评价。在美国法上,从董事会的整体而言,一般要求独董在董事会中占多数。各国均注意到了独立董事的整体优势。从具体的数量来看,英美国家倾向于董事会中独董占多数或者强调在下述委员会中全部由独董构成或者占主导。而日本、中国等国家则因为股权结构的特殊性和双元治理结构的存在,独董的比例并不要求达到多数。独董比例与董事会的独立性并没有必然联系,更在于其在多大程度上独立于企业和管理层。

4. 委员会

美国上市公司设置的委员会大致可分为两类,一是法律或证券交易所规则规定必须设置委员会,二是公司任意设置的委员会。

法律或证券交易所规则规定所有上市公司必须设置的委员会有审计委员会、薪酬委员会和选任委员会。另外,满足一定要件的银行持股公司等金融机

① 张开平:《英美公司董事法律制度研究》,法律出版社 1998 年版,第 79—85 页。

构,应当设置联邦储备委员会(FRB)认为合适的一定人数以上的独立董事和至少一名专家组成的风险委员会(《多德—弗兰克法案》第165(h)条)。安然公司等财务造假事件后,《SOX法案》规定了设置审计委员会的法定义务,薪酬委员会和选任委员会设置义务则由证券交易所规则规定。而后,2010年的《多德—弗兰克法案》又以法定形式再次确认了设置薪酬委员会的义务。

(1)审计委员会。审计委员会设置义务由《SOX法案》第301条规定为1934年《证券交易法》的新增条款,作为其第10A(m)(1)条,并规定于其下的SEC规则第10A-3条及纽约证券交易所规则第303A.06条。

审计委员会的成员原则上应当满足以下"独立性"要件:除作为董事的薪酬外,未从公司及其子公司以顾问费、咨询费等名义收取其他报酬;不得是公司及其子公司的"关系人"(《SOX法案》第301条、1934年《证券交易法》第10A(m)(3)(B)条)。"关系人"是指直接或间接地控制公司,或被公司控制,或与公司共同受另一主体控制的主体(SEC规则10A-3(e)(1)(i)),以及此类主体的经理人、职工董事(SEC规则10A-3(e)(1)(iii))。"控制"是指通过保留表决权、合同及其他手段指挥对象的经营及决策方向,或具有决定对象的经营及决策方向的权限的情形(SEC规则10A-3(e)(iii)(4))。另外,还规定了安全港规则,即不属于超过10%表决权的实际拥有者,且不是该公司经理人的,不视为"控制"该公司的主体(SEC规则10A-3(e)(1)(ii))。审计委员会成员应当符合纽约证券交易所规则规定的"独立董事"要件。审计委员会应当由3名以上独立董事组成(纽约证券交易所规则第303A.07(a)条)。

依据《SOX法案》第407条的规定,美国证券交易委员会应当制定相应规则,要求上市公司披露其审计委员会成员中是否包含一名财务专家的信息(如没有,则应当说明理由),据此,美国证券交易委员会制定了Regulation S-K Form 407(d)。如此一来,审计委员会事实上被要求至少有一名财务专家。因为对审计委员会来说,充分理解财务丑闻涉及的复杂且最新的交易手法、会计技巧是不可或缺的。但"财务专家"委员与其他董事相比,其作为董事或委员,并不承担更高程度的注意义务,其他董事应承担的注意义务程度也并不比之更低。

审计委员会拥有以下权限：选任、解聘、监督外部审计人（包括解决管理层与审计人就财务报告的见解产生的分歧），并决定其报酬；制定员工内部举报可疑的会计或审计行为的程序；选任独立的律师或其他顾问；与外部审计人协商确定重要的会计方针、习惯；有权审查被审计的财务报表及就此与管理层和审计人进行磋商（SEC 规则 10A-3（b）（2）、参照 Regulation S-X Rule 2-07）。此外，就审计委员会，纽约证券交易所规则还规定了其具有研讨内部控制体系的妥当性和监督内部审计机制两种职能（纽约证券交易所规则第 303A.07（b）（iii）条）。外部审计人有义务在完成上述职能的基础上，向审计委员会直接报告相关的必要事项（《1934 年证券交易法》第 10A（k）条、Regulation S-X Rule 2-07）。

（2）薪酬委员会。2003 年，纽约证券交易所等交易所为强化公司治理规则，在相关交易所规则（纽约证券交易所规则第 303A.05 条）中规定了设置薪酬委员会的义务，并由《多德—弗兰克法案》第 952 条规定为《1934 年证券交易法》的新增条款，作为其第 10C 条，事实上确立了设置薪酬委员会的法定义务。①雷曼危机之前，很多企业管理层的薪酬极高，特别是金融机构设置了管理层的薪酬与其短期业绩表现挂钩的激励机制，造成了过高的风险，基于对此的反思，才制定了必须由满足"独立性"要件的董事组成的薪酬委员会决定管理层薪酬的规定。

《1934 年证券交易法》第 10C 条规定，证券交易委员会有义务制定规则，要求薪酬委员会成员：为该公司的董事；具备独立性，并禁止不符合上述要件的上市公司的任何证券上市。为此证券交易委员会制定了 SEC 规则 10C-1。该规则明确，不仅狭义上的"薪酬委员会"应满足上述要件，只要一个委员会履行的职务属于典型的薪酬委员会应履行的职务，即便其名称不叫"薪酬委员会"，或同时还履行其他职务，也应当满足上述要件（SEC 规则 10C-1（c）（2）（i））。该规则还规定，证券交易所及证券业协会确定薪酬委员会成员的独立性时，应当

---

① 关于《多德—弗兰克法案》对美国上市公司薪酬治理的强化规制，参见松尾直彦·太田洋《公開会社の役員報酬ガバナンス—グローバルな潮流と今後の展望》商事法務一九○三号（二○一○年）二○页以下。

考虑：公司支付董事薪酬的来源，包括支付给董事的咨询费；以及董事与公司、公司的子公司、公司的子公司的关系人之间是否有利害关系（SEC 规则 10C-1(b)(1)(ii)）。并且，2013 年 7 月 1 日生效的纽约证券交易所规则第 303A.02(a)(ii)条规定，应考虑的要素不限于上述两项，还应考虑任何决定薪酬委员会成员与上市公司之间是否存在利害关系的，足以影响其履行职务的独立性的其他要素。

薪酬委员会至少应当就以下事项负有直接责任：研讨、认可与 CEO 的薪酬有关的公司预算、方针，依据该预算、方针评价 CEO 的业绩，并依据该评价决定、认可 CEO 的薪酬水平；负责就 CEO 以外的经理人的薪酬、薪酬激励机制以及股权奖励向董事会提出方案（纽约证券交易所规则第 303A.05(b)(i)条）。

（3）选任（提名）委员会。2003 年，纽约证券交易所等交易所为强化公司治理规则，制定相关交易所规则（纽约证券交易所规则为第 303A.04 条），规定了设置选任（提名）委员会的义务。[1]目前尚未上升为法定义务。[2]该委员会的意义在于通过限制 CEO 在选任董事过程中的影响力，实现董事会对 CEO 的经营监视功能。没有选任（提名）委员会，即便独立董事占据多数席位，独立董事也难以在真正意义上发挥其"独立性"。

（4）委员会与董事会的关系。各委员会委员的选任，通常属于董事会的权限。选择具备相应能力和经验的、适当人数的委员是董事会的职责。董事会为履行该职责，应当尽到相应的监视义务，为此有必要构筑能够恰当接收各委员会的报告的体系。具体来说，应保证各委员会的会议记录都能被提交到董事会，并保证各委员会的议长在董事会上作出报告。而董事会本身又是克服代理问题的重要机制。

代理问题在投资公司中表现尤为突出，股东与咨询公司签约，提供投资组合管理服务。这些契约安排存在基金顾问利益冲突和自我交易的内在风险。

---

① 但纳斯达克允许在董事候选人由过半数独立董事决定或推荐的情况下，可以不设置选任委员会（NASDAQ Rule 4350(c)）。

② 但 SEC 规则要求未设置选任（提名）委员会的公司在其年度报告等披露文件中，披露不设置该委员会的理由，并明确披露参与讨论董事候选人的特定董事（Regulation S-K Form 407(c)(1)）。

有研究表明,在20世纪20年代与30年代基金业普遍存在欺诈、侵占和高杠杆资本结构,导致国会用立法来保护股东免受这些侵害。[①]这些立法的核心就是1940年的《投资公司法》,要求基金股东选出董事会,将其作为潜在冲突的监督者,并指定董事会成员中至少40%为"无利害关系董事"。

20世纪30年代,美国证券交易委员会建议公众公司设立"非雇员董事"。《1934年证券交易法》(规则16b-3)明确规定公司必须聘用一定的非雇员董事。1940年,美国证券交易委员会开始鼓励上市公司成立由独立董事组成的审计委员会。1956年,纽约证券交易所呼吁上市公司在董事会中至少聘用两名外部董事。非雇员董事与无利害关系董事的引入没有彻底扭转董事会弱化、异化的趋势,董事会本质上没有摆脱内部人控制的状态。其中的原因有很多,[②]不过在董事会构成上,学者多认为之前采用的"复兴董事会"的努力并不成功。1972年,美国证券交易委员会提倡在董事会的常务审计委员会中引入外部董事的做法。1977年根据美国证券交易委员会的建议,美国纽约证券交易所要求每家上市公司必须在1978年6月30日以前设立一个专门由独立董事组成的审计委员会。[③]这是独立董事在法律中的首次出现。其后,其他一些证券交易所也作出了类似规定。

从各国立法及公司治理建议对独立董事所作的要求来看,其任职资格包括两个方面:独立性与专业性。对于独立性,从规定的方法来看,多采用概括式与列举式相结合的方法。代表政府机构的组织对独立董事的定义一般都有

---

① 20世纪30年代中期,美国许多基金破产,多数投资者血本无归。1935年,美国国会要求证券交易委员会对基金业进行广泛调查,这个调查的结论性报告《投资信托研究》及其后的国会听证会得出令人吃惊的结论是,投资公司的组织、运行主要为它们的关联人牟利,而不是为它们的股东谋利。基金资产常被其关联人作为私人资本的来源,投资公司与关联方之间经常发生不适当的交易。基金管理人对其购买的基金类型几乎没有限制,常常是基于基金发起人的利益进行决策。投资公司还经常在无足够资产和储备的情况下发行债券。这样过量的杠杆使用经常导致投资公司进行高风险的投资以期获得收入来满足支付责任。而且,投资公司一般吸引缺乏经验的小投资者,这些小投资者往往在投资的真实性方面受发起人误导。参见孙敬水:《独立董事制度:公司治理的创新和革命》,安徽大学出版社2003年版,第462页。

② 比如在制度设计上,法律规定的委托投票权(proxy vote)实际上随着所有权与控制权的分立成为管理层自我维持的工具,而股东享有法律上最重要的权利,即选举董事权,但因为在州法中股东只有选举权,而没有提名权因此被实际架空。

③ Exchange Act Release 34—13346,42 Fed. Reg. 14,793(1977).

概括式定义,而一般的机构组织多采用列举式规定。从规定的内容来看,可以分为独立董事的消极资格和积极资格。消极资格,是指担任独立董事不得具备的情形,如管理者身份。纽约证券交易所等交易所都对独立董事的消极资格作了详细列举,不过不同机构之间的具体要求并不完全一致。

(5)风险管理委员会。美国纽约证券交易所于 2008 年金融危机后,在上市规则中要求于上市之公司之中,须设置负有对风险评估及风险管理进行讨论之职责的审计委员会,并于 Form 10-K(Annual Report)中明确揭露企业面对的各项营运面、财务面及合规面之风险因子及风险的回应方式。美国于2010 年制定的《金融改革法》第 165(h)条更进一步要求公开发行金融机构及公开发行的银行控股公司,须设置风险管理委员会(Risk Management Committee),其职责在于监督企业整体的风险管理运作;其内又须设有独立董事,且配有至少 1 名曾在大型金融机构任职,具有风险管理经验的风险管理专家。

2002 年《SOX 法案》公布施行,其中规定独立董事必须符合两项独立性的标准:一是不得为公司或母、子公司的关系人;二是除领取身为独立董事的报酬外,不能收受公司任何顾问费、咨询费或其他名目的费用。

纽约证券交易所及纳斯达克也从严制定独立董事的独立性标准。任何人过去 3 年内曾为公司职员,或其近亲属为公司经理人者,都不能担任独立董事,近亲属的范围包含父母、子女、兄弟姐妹、配偶,配偶的子女、兄弟姐妹,以及和上述提及者共同居住之人。此外,任何人或其近亲属在过去 12 个月内从公司收受 12 万美元,或 3 年内收 20 万美元者,也不能担任独立董事。对于独立董事的积极资格,相关法令中并没有明确规定,只有笼统的"熟悉财务、会计事务"等一般性的规定而已。

5. 美国法上对于合规有效性的检验

美国司法部门的合规规划评估指南①指出,在决定是否对公司提起刑事诉讼时,应考虑"在不当行为发生时以及确定对该行为提起诉讼时该公司合规计

---

① U.S. Departmentof Justice, Evaluation of Corporate Compliance Programs, https://www.justice.gov/criminal-fraud/page/file/937501/download(last visited Jun. 4, 2021).

划的充分性和有效性",以及公司关于"充分和有效的合规计划或改善现有的计划的补救措施"。①但是应当如何对公司合规进行相应的判断,相关指南提出三个问题来针对合规进行评估与分析:第一,合规规划是否设计完善,第二,该规划是否投入足够的资源加以落实,第三,规划是否被实际执行。

(1)合规规划是否设计完善。此部分的分析着重于合规的充分性,又可分为四个细项:

第一,风险评估。判断公司是否配置适当资源在追踪风险上,以及风险评估是否定期更新;第二,政策与程序。执法部门应询问公司是否具有"可供所有公司雇员使用之行为准则",并要求公司监控、执行与风险评估相关之政策与程序;第三,合规培训与沟通。执法者应评估前述之政策与程序事项是否已藉由定期培训的方式融入整个企业组织的沟通方面,公司信息之取得与提供,是否因不同信息之复杂、专业程度而有相对应的提供与接受方式;第四,秘密通报管道与调查程序。公司是否提供内部人,甚至外部第三人针对违反合规规划之通报,建立匿名或秘密的通报渠道,并定期评估该渠道的有效性。在反商业贿赂领域,执法者还要对企业是否对第三方(与企业有往来之其他企业)进行必要监管进行评估,比如执法者要评估公司是否对与其有往来之其他公司具有查阅账册、交易记录的权利,以确保在必要时能侦测出该往来企业之不当行为,以做出适当的回应。

(2)合规规划是否投入足够的资源加以落实。此阶段目的在于评估合规规划执行的有效性,包含高管的背书与合规单位的自主权与资源分配及相关激励措施和规范。

第一,高级管理人员的参与。应评估高级管理人员是否已经以清晰明确的方式阐明公司的道德标准,并以身作则地进行实践,以及该管理人员是否为得到更高的报酬或更好的生意对象,而承受更高的合规风险;第二,合规部门的自主性与资源分配。此处是为评估合规功能是否具备独立性与自主性,特

---

① Sentencing Reform Act of 1984, Pub. L. No 98—473, §211—39, 98 Stat. 1837, 1987, codified at 18 U.S.C.A. §3551—3742; 28 U.S.C.A. §991—998.

别针对:是否具备足够的高级管理人员;是否有足够的资源,亦即相关单位是否可以有效地进行必要的审核、记录和分析;是否具有足够的自主性,如直接向董事会或审计委员会进行报告的渠道。指南并要求对合规相关部门在个别公司中确切的地位是否明确进行评估;第三,鼓励与规范措施。评估公司是否有明确被执行的合规规范,以确保在不当行为发生时将有相对应的处置,并且将合规观念传递给员工。

(3) 合规规划是否被实际执行。此部分主要在分析企业合规规划实际执行之效力,包含相关机制是否有在不断地进行改善、定期的测试与审核、能否检测出错误以及当发生错误时分析与更正之能力。此部分之分析需与另一个司法部门新政策"合规文化之推行"相结合,在进行评估时,需考虑公司是否确切地将"管理阶层对合规的承诺"融入公司员工心里,使员工重视合规。

从上述规范可得知,美国联邦司法部门制定此项指标目的并不是在于告知检察官该如何惩罚违法公司,而是在鼓励公司有体系地、有效地建立并完善其合规规划,以防止违法行为发生,降低事后公司所可能承担的高额赔偿与诉讼成本,以提前将外部成本内部化,并避免对公司与社会造成严重不利影响之后果。

(二) 德国

公司治理也是一个欧洲范围内的有关合规的重要主题。与德国公司治理法规不同的是,合规对象没有直接规定在法律中。公司治理领域现有的立法和建议①仅仅触及了合规问题的边角。委员会曾提出设立一个欧洲公司治理框架的想法,还特别地公布了两本绿皮书。②其中在法律风险方面触及合规领域的风险管理问题首先成为主题。委员会考虑了管理部门是否应当允许风险存在并为风险负责,以及它们是否已经确保提供了有效且恰当的风险预防措施。由于和德国公司治理法规不同,委员会也考虑了有约束力的法律规定以及向非上市

---

① 参见 Habersack,Gutachten E, 69. Juristentag 2012,S.E 18 ff。

② 欧盟委员会,欧盟治理框架绿皮书(Grünbuch Europäischer Governance-Rahmen),Kom(2011)164 endg;欧盟委员会,金融机构和薪酬制度中公司治理绿皮书(Grünbuch Corporate Governance in Finanzinstituten und Vergütungspolitik),2.6.2010,Kom(2010) 284 endg.第三个绿皮书:欧盟委员会,财政年度审查领域内的进一步举措绿皮书(Grünbuch Weiteres Vorgehen im Bereich der Abschlussprüfung),13,10,2010,Kom(2010) 561。

公司的扩张,因此,不能够排除未来在欧洲公司治理中会诞生出相关的企业合规制度。在德国,违反委员会的见解绝大多数是被否定的。①因此,委员会在2012年12月的最新行动方案中,先在股东权利的透明和保障方面迈出了步伐。②

1. 德国法上的董事会

根据德国法的规定,董事会需在责任范围内指挥公司运营(德国《股份法》③第76条第1款)。董事会可以由多人组成,也可由单人组成(参见德国《股份法》第77条第1款第1句)。董事会由多人组成的,所有的董事会成员(Vorstandmitglied)需共同决定公司的业务执行问题,公司章程或董事会业务规章另行规定业务分管范围的除外(该款第2句)。但这并未免除董事会成员对其业务分管范围之外事项的责任,而是改变了一般注意义务的性质、程度,使其转化为对另一董事所管辖领域的一般监督义务。④这种相互监督的义务,是通过董事会成员间拥有的信息收集权和干预权(Interventionsrecht)实现的。⑤信息收集权,基于分管该项业务的董事的报告义务,以及该业务范围外的其他董事的信息请求权构成。⑥通过行使该权利,董事会成员不仅有权要求其

---

① 参见德国联邦议会中法律委员会的意见,BT-Drs.17/6506 v.6.7.2011,以及德国公司治理守则政府委员会针对欧盟委员会的态度,v.6.7.2011.亦参见 Habersack, Gutachten E, 69. Juristentag 2012, S.E18 mwN.

② 譬如参见,欧盟委员会"针对欧盟议会、理事会、欧盟经济和社会委员会以及地区委员会的通告"(Mitteilung der Kommission an das Europäische Parlament, den Rat, den Europäischen Wirtschafts- und Soziaausschuss und den Ausschuss der Regionen.),"行动方案:欧洲公司法和公司治理——对于承担义务的股东,及具备更好生存能力的企业而言,一个现代化的法律框架"(Aktionsplan: Europäisches Gesellschaftsrecht und Corporate Govemance-ein modemer Rechtsrahmen für engagiertere Aktionäre und besser überlebensfahige Untermehmen), v.12.12.2012, COM(2012)740 final,参见 Bayer/Schmidt, BB 2013, 3(12); Hopt, ZGR 2013, 165.

③ Aktiengesetz(AktG) vom 6.9.1965(BGBI. I. S. 1089).

④ Hefermehl, in: Ernst Gelßer, Wolfgang Hefermehl, Ulrich Eckardt, und Bruno Kropff, Aktiengesetz, München 1973, §93 Rn.26; Wiesener, Münchener Handbuch des Gesellschaftsrechts Band 4 Aktiengesellschaft, 3. Aufl., 2007, §22 Rn.15; Mertens/Cahn, Kölner Kommentar zum Aktiengesetz, 3. Aufl., 2010, §77 Rn.20. 此外,第二章第一节所论述的内容,较多参考了舟津浩司「「グループ経営」の義務と責任」(商事法務、二〇一〇年)二一八~二一九页的内容。

⑤ Kort, Aktiengesetz Grosskommentar, 4. Aufl., 2003, §77 Rn.37; Mertens/Cahn, a. a. O. (Fn.7), §77 Rn.22.

⑥ Klaus-Peter Martens, Der Grundsatz gemeinsamer Vorstandsverantwortung, Festschrift Für Hans-Joachim Fleck, Berlin 1988, 191, S.196.

向自己提供信息，也有权向其他董事会成员提供信息（即对董事会的报告）。如此一来，即使非管辖范围内的董事会成员没有主动行使权利，只要在其管辖范围内的重要事项出现问题，每个董事会成员都有义务主动向董事会报告。

基于信息收集权所收集到的信息，各董事会成员会采取相应的必要措施。在该过程中，干预权就是一个强有力的工具。这是一种理论上可以随时行使的权利，即便是在董事会成员被授权执行个别业务的情况下，一旦行使干预权，分管的董事的权利会被限制，最终决策将由董事会做出。①也有学者认为，如果通过与分管的董事商讨，乃至于董事会全体商讨的措施仍然无法改善公司状况时，只要是重大事项，就应当向监事会报告。

2. 德国法上的监事会

（1）制度的起源。在德国发生一系列类似美国安然公司的公司丑闻之后，联邦总理在 2000 年初任命了一个"公司治理结构专家委员会"（Regierung-skommission Corporate Governance）。②该委员会对公司治理结构问题提出了数十条建议。其中包括改善监事会对董事会的监督、加强监事会成员个人在企业财务问题上对股东和债权人的责任等。不过，在规制手段上，委员会建议的是和德国民法传统类似的"任意法"方式，只有法律条文明确给出强制性规定的，才作强行规制。

在 2001 年 9 月 6 日，德国公司治理法典起草委员会在 2002 年 2 月制定出《德国公司治理法典》。在序言中，法典宣称：其自身包括德国和国际上公认的正确、可信赖的公司治理标准，并使德国公司治理制度对外国投资者透明化。这一法典在制定时就没有被视作法律，也就没有公司被迫适用它。其中具有法律意义的是所谓推荐性的条款。在语言上，推荐性条文的标志体现在使用动词"应该"。公司可以排除它们的适用，但须每年作出声明。因此，"法典作

---

① Martens, a. a. O.(Fn.9), S.196；Kort, a. a. O.(Fn.8), § 77 Rn.38；Mertens/Cahn, a. a. O.(Fn.7), § 77 Rn.22.

② 需要指出的是：该委员会不是一个政府部门，而是属于临时咨询顾问机构。德国政府经常为一个临时性事件设立类似的委员会，比如迁都柏林事务委员会、欧洲宪法委员会。但该委员会成员由政府聘任、领取薪酬，其建议虽然对政府没有约束力，但又经常能对政府的决策施加（有时是相当强烈的）影响，所以应该属于一个半官方的组织。

为德国企业治理之基本法体现了灵活性和自治特点"。①

在 2002 年 8 月开始生效之后,德国《股份法》第 161 条做出了修订,规定有关的上市公司必须每年做出解释,是否以及在多大程度上遵从该法典,或者部分或完全忽略它。所以,在现阶段研究德国股份公司,仅关注德国《股份法》和原有实践是远远不够的,必须注意《德国公司治理法典》中的规定和各公司对此的遵守或声明情况。该法典在前言中总括了监事会在德国大型股份公司中的地位:"监事会选任、监督董事会成员并对其有建议权,它还直接参与企业重大事项的决策。监事会主席协调监事会工作。"这一论述属于对德国长期以来的监事会制度的确认。此外,监事会成员由股东大会选举。股东选举和雇员选举的监事会成员都平等地负有为公司谋取最大利益的义务。

监事会(Aufsichtsrat)有权对董事会进行选聘、解聘(德国《股份法》第 84 条、第 87 条),具有对业务执行的监督义务(第 111 条第 1 款)。监事会成员由股东会任命(第 119 条第 1 款第 1 号)。《德国公司治理准则》(DCGK)②则针对监事会主席与董事会(尤其是董事长)的定期联络、企业战略/计划、业务展开、风险状况、风险管理、合规等问题提出了建议(DCGK 5.2 第 4 句)。监事会必须每 6 个月召开 2 次会议(德国《股份法》第 110 条第 3 款第 1 句),非上市公司监事会另行决议每 6 个月召开 1 次会议的除外(第 3 款第 2 句)。该决议应以简单多数决通过。③监事会可在其内部设立各种专门委员会(德国《股份法》第 107 条第 3 款第 1 号),对于上市公司来说,则应当设立专门委员会(DCGK 5.3.1),特别是设立监查(审计)委员会以及提名委员会(DCGK 5.3.2、5.3.3)。监查委员会的职责包括:监督公司决算过程、内部监督体系、风险管理体系、内部监督体系的实效性,以及监督决算监查(尤其是决算监查人的独立性、基于其决算监查的追加给付、对决算监查人的监查委托、决算监查人设定的监查重点、决算监查人报酬的相关约定,以及合规性)(DCGK 5.3.2 第 1 句)。同时,监查委员会主席应当具备财会规则、适用内部控制程序相关的

① 参见《德国公司治理法典》前言。
② Deutscher Corporate Govermance Kodex in der Fassung vom 5.5.2015.
③ Hüffer, a. a. O.(Fn.20),§ 110 Rn.10.

187

特殊知识和经验（DCGK 5.3.2 第 2 句）。监查委员会主席具有独立性，两年内曾担任公司董事会成员的，不得担任监查委员会主席（DCGK 5.3.2 第 3 句）。

（2）监事的知情权和调查权。德国《股份法》规定监事会可以查阅和审查公司的账簿、文件以及财产，特别是公司金库和现存的有价证券及商品。此外，德国《股份法》还规定每一营业年度终了，董事会应编制年度决算，向监事会提交，同时提交分配盈余的建议。监事会应审查上述报告，并将审查结果报告股东大会，并通知董事会。如果监事会确认决算报告，即不必再由股东大会进行实质审查，否则决算将提交股东大会审查。

1998 年改革之后，德国设立了独立的"审计人"制度。为落实此思路，《德国公司治理法典》第 7.2 条作了详细的规定和建议。该条第一段是聘任审计人期间监事会的审查职权和义务。第二段阐释的是监事会聘任审计人并与其商议报酬的职权。第三段是监事会对审计人告知义务的说明。从文字上可以解释为：若审计人违反告知义务，就应审查监事会当初是否对此有所商定，若无，监事会要承担相应的责任。第四段是审计人参加有关会议的权限，相应地，监事答应为这一权限的行使提供方便。

实践中，德国股份公司监事会对于公司的财务审查比较严格。德国很多股份公司的章程对监事会随时审查公司财务的职权以及审查年度决算的职权做了更为详细的补充。德国《股份法》规定：监事会应对业务的执行进行监督。这一条文中所规定的监事会对业务的监督没有限于"业务执行的合法性"，亦进行妥当性的监督。监事会的公司业务批准权实际上是业务监督权的具体表现和保障。业务批准权从程序上保证了业务监督权的实现。从法律规定中还可以看出监事会自行可以宣布哪些业务必须经其批准方为有效，可见批准权的使用是一个非常有力的手段。

许多德国股份公司在章程中对于本公司监事会监督董事会的业务执行的项目和监督程序作出了具体的规定。一般来说，各公司都把监督的项目规定得比较广泛。至于监督的程序，一般规定有召集听证会、定期听取汇报等。不过，真正起到监督控制作用，也为各股份公司监事所普遍认同的程序，还是监事会批准权的使用。德国股份公司监事会能获得公司运营的重要信息。立法上(包括《德国公司治理法典》之中)就没有必要规定监事作为个体的知情权,因为其对监事会事务监督权和批准权的形式完全可以涵盖此意。

(3) 对我国的公司治理的启示。德国公司治理体系下,存在董事会、监事会分别独立且完整履行其特定职能的前提下共同合作实施合规审查的实践,值得我国借鉴。首先,我国缺乏具体可执行的法律指引,企业构建体系时无所适从,不合规企业也并未受到处罚,企业失去构建合规体系的动力;其次,企业内部建设合规管理体系不规范,往往复刻其他企业规则应付了事,无法适应本企业状况;执行上也并不到位,通常让位于企业利益。[1]

德国规定,监事会负责对董事会的经营管理行为进行监督。由于监事会具备对董事的任免权、薪酬决定权等,其面对董事会时代表公司,[2]是董事会的上位机关。在合规审查中,监事会负责监督董事会合规义务的履行以及出现不合规问题时其是否适当处理等。

其具体的履行方式包括监事会建立信息权制度、[3]行使查阅权、委托外部审计人员或下设审计委员会等。此外,德国一法院对公法机构提出公司内未有人向监事会报告董事欺诈义务的指责,[4]德国也在逐渐肯定监事会可绕过董事会获取信息的情形存在。监事会也应当实现同董事会的分级合作,结合公司具体情况选择最合适的模式,在不影响双方权限和独立性的情况下进行共同审查(董事会优先审查、两者共同平等审查、联合审查)。

未来我国立法或许可以考虑,首先,明晰合规机构的内部人员结构及其相应的职责;其次,依据具体公司情况,进一步构建明确的监督合作机制,如监事会和董事会的分级合作;再次,构建相应的问责机制,赋予监事会足够权限以

---

[1]   如中航油案、吉林石化案。在中航油案中,中航油(新加坡)在案发前即已有明确的关于衍生交易活动和信息披露要求的内部规章制度,但停留在纸面上的规章未能避免公司因违反证券法规而成为行政罚款和民事诉讼的对象,公司高管也遭到民事和刑事追诉。同样,在吉林石化案发生前,其总公司中石油的网页上就已经载有完整的有关健康、安全和环境等方面的规章制度。

[2]   参见德国《股份法》第 112 条。

[3]   此项权利的客体应从广义加以理解:它原则上包括公司的全部信息,例如内部审计报告。

[4]   详见 BGH NJW 2009, S.3174 ff.

及相应的激励机制，以期完善合规法制环境、有效指导企业构建合规机制，在此基础上实现企业利益最大化。

（三）日本

1. 日本法上的合规与内部治理

合规的目的在于让企业自律遵守法律。①当合规带来的法律效果明显时，也会促使企业实施合规。因此，为了促进合规，需要对其法律效果进行明确。在美国，合规至少在形式上与针对"企业过失"的注意义务有很大关联性，但在实质上是否有效仍值得探讨。企业治理不只在法律，尤其不只是在刑事规制中才可以实现。从结论来看，硬法规和软法规相结合的模式更为合理。但基于商法的大修改，2006年《公司法》第348条第3项规定设置企业的内部统制系统，即"完善确保董事职务执行的符合法令及条款的体制，以及完善为确保其他股份公司业务合理性而不可或缺的法务省法规所规定的体制"。

在内部控制法律化这个问题上，我国有必要借鉴日本经验，理由如下：

第一，日本公司治理结构与我国相似，都是二元制，都设有董事会、监事会。但因二者的监督权有限，2002年日本引入了"专门委员会制度"，东京证券交易所上市公司的委员会中均有独立董事，这点也同我国的情况极为相似。

---

① 关于美国的合规管理制度的定义：①"企业自身关于企业犯罪预防与发现的系统性对策"[Ri-charo S. Gruner, Corporate Crime and Sentencing 817(1994)]，②"以总括的预防企业犯罪与发现犯罪为目的的企业组织系统"[Michael Goldsmith & Charl W.King, "Policing Corporate Crime: The Dilemma of Internal Compliance Programs", 50 Vand. L. Rev.1, 9(1997)]，③"为防止公司相关从业者施行内幕交易类犯罪的特别政策"[Kevin B.Huff, The Role of Corporate Compliance Programs in Determining Corporate Criminal Liabil-ity: A Suggested Approach, 96 Col. L. Rev.1252, 1252(1996)]。对于日本的合规管理制度的定义：①法令"关于遵守的内部规定"（齐藤丰治「東芝機械ココマ違反事件と行為法改正」犯罪と刑罰6号［1989]37頁），②"以遵守法律、规章、行动规范为目的的程序与系统"（田中宏司①「コンプライアンス・プログラム入門①：経営者にとっての企業倫理のエッセンス」取締役の法務50号［1988]11頁），③在通过企业伦理、法令等规范职员活动的同时，防止不正当、违法行为出现的各种制度（田中宏司②「米国の企業倫理、コンプライアンスの動向」JCPAジャーナル8巻5号［1996]21頁以下）。此外，并非全部的企业合规管理制度，而是仅对于遵守反垄断法管理的定义：①"反垄断法合规计划"（松下满雄『独占禁止法コンプライアンス・プログラムの手引作成』に携わって（学者の立場から）」公正取引493号［1981]10頁），②"企业经营方针中遵守反垄断法的全部方法"（全国银行连合協会「銀行の公正取引に関する手引」金融法事情1325号（[1992]33頁以下参照)，③"企业为使公司、职员与相关从业者遵守反垄断法的规定而实施的计划"（川越憲治「企業法務における独占禁止法-ンプライアンス・プログラムについて――」自由と正義45巻4号［1994]36頁)。

但独立董事并不十分有效,且遭到其他董事会成员抵制,于是日本又鼓励设立"独立监事",①然而独立监事的效果也有限。②

第二,2006年日本《金融商品交易法》的规制对象由"证券"扩大到"金融商品",这与我国是相似的。日本在《公司法》和《金融商品交易法》中引入了"内部控制"的相关规定。

对于内部控制的意义,日本学者认为在交叉学科领域对其进行争论是没有意义的,但内部控制的法律性质必须明确,有必要对此进行探讨。③如果将构建内部控制体系作为一项强制性规定会增加公司的负担,提升公司的经营成本。在大企业中,这会带来几十亿日元的初期费用并且带来很大的时间成本,此外,内部控制建成以后,也需要不断的成本支出维持。因此,不应当在法律中对于内部控制作出过于详尽的规定。

日本内控机制首倡者神崎克郎教授对于内部控制的定义是"确保董事公正行使职务执行的体制",认为内控机制的具体内容应根据公司的实际情况决定,如规模、经营范围以及组织的集中度等。④有学者认为"具体内容"属于商业判断范畴,但不得低于最低标准,⑤但内控涉及的范围极广,很难对最低标准进行界定。⑥

2006年《公司法》第362条第2款第6项规定董事负有构建内部控制机制的义务,"内部控制机制"是指"为确保董事的职务执行符合法律法规以及公司章程规定的机制;其他的确保股份公司业务执行以及该公司和其子公司所构成的企业集团的业务执行具有适当性和正确性(日语为:适正性)的,由日本法务省令(日本公司法实施规则第98条之规定)所规定的机制"。这里不仅包括有关董事业务执行的机制,还包括同公司损失和风险管理有关

---

① 2010年经东京证券交易所统计,仅设独立监事的公司达70%,仅设独立董事的公司仅有10%。

② [日]あずさ監査法人:《内部統制ガイドブック(第2版)》,4页,東洋経済新報社,2009。

③ [日]土田義憲:《会社法の内部統制システム》,2页,中央経済社,2005。

④ [日]神崎克郎:《会社の法令遵守と取締役の責任》,14页,法曹時報34巻4号856号,1982。

⑤ [日]野村修也:《会社法判例百選(第2版)》,113页,有斐閣,2011。

⑥ [日]青木浩子:《会社法の争点》,153页,有斐閣,2009。

的内部规定等其他机制、确保使用人职务执行的适当性以及正确性和合法性(日语为:适正性和适法性)的机制、集团企业整体的机制等。内部控制机制属于大公司必须规定和决定的义务性事项(日本《公司法》第348条第4款之规定)。①

而具体内容规定在《公司法实施规则》第100条。日本公司法规定内控机制是指确保董事的职务执行符合法律法规及章程规定的机制。具体指:第一,构建确保董事及商业使用人(高级管理人)执行职务符合法律及章程的机制;第二,构建董事执行职务相关信息的保存及管理机制(《公司法实施规则》第100条第1款第1项);第三,构建(风险)危机管理的公司内部手则及其他机制(《公司法实施规则》第100条第1款第2项);第四,确保董事执行职务负有效率的机制(《公司法实施规则》第100条第1款第3项);第五,确保商业使用人、经理人的职务执行符合法律以及章程规定的机制(《公司法实施规则》第100条第1款第4项);第六,确保母子公司及集团公司业务妥当性的机制(《公司法实施规则》第100条第1款第5项);②第七,确保构建监事有效监督的机制。③

同日本公司法上内部控制的基本理念不同,日本《金融商品交易法》的立法主旨是发挥证券市场"公正价格形成之机能",保证交易秩序。因此更加注重公司的信息披露环节。④该法强制要求董事就有关财务报告的内部控制有效性进行评估,并规定了(属于监察人义务性规范的)内部控制报告书强制审计和披露制度,该法第24条第4款第4项规定公司负有"在公司内建立确保有关财务报表等其他公司信息具有准确性的控制机制"义务。对于日本《公司法》和《金融商品交易法》框架下"内部控制"规定的异同点,归纳见表1:

---

① [日]近藤光男:《最新日本公司法》,梁爽译,法律出版社2016年版,第250页。
② 这一体制要求合并报表集团公司的子公司构建受到来自母公司的不恰当(不正当或不恰当交易)的指示或要求时的应对机制。
③ 参见[日]中村直人:《新公司法(第2版)》,221页,商事法务,2006。
④ [日]堀裕、藤池智则:《金融商品取引法上の内部統制(上)—内部統制の枠組み及び会社との関係—》,载《金融法務事情》1785号,2006。

表 1　日本《公司法》和《金融商品交易法》"内部控制"规定的比较

	新《公司法》	《金融商品交易法》
对象企业	大公司(资本金 5 亿日元或负债 200 亿日元以上)以及设置专门委员会的公司	上市公司及其他行政法规规定的公司
规制对象	确保公司业务合法性与恰当性	财务报告
目的	预防和尽早发现违法或者不当的企业活动	尽早发现不正当的会计处理
机制的具体设计	根据公司的行业规模内容等自由设计	设计必须符合行政法规规定的标准
监察(审计)义务	无	有
开示(披露)义务	有(属于董事会必须决议的内容)	有(将已经审计的内部控制报告书进行披露)
罚则	无	有(不提交内部控制报告书或者报告书存在虚假陈述的,代表董事等个人处 5 年以下有期徒刑或 500 万日元以下罚金,法人处 5 亿日元以下罚金)

日本《公司法》第 362 条第 4 款第 6 项明确规定董事会负有完善合规计划的责任,这不是具体个别董事的责任,而是董事会组织整体的责任。制订了合规计划但仍出现违反行为,须探讨合规计划施行过程中是否存在故意或过失。分为两种情况:第一,企业是否有责任,或者企业的责任是否可以免除;第二,当企业无法免责时,将合规作为责任标准,探讨是否可以减轻责任。

2. 日本《商法典》改革

1974 年的日本《商法典》改革中,监察人制度在这次改革中成为主要部分。1950 年的立法中曾经将监事的职权限于会计事务审查,这次改革又将监事的职权重新扩展至一般的不法事务审查。1981 年的日本《商法典》改革又一次加强了监事制度。

以上两次改革的主要内容都是加强监督机构的权力,但是监事依然没有成为强有力的监督人。

1993 年,日本《商法典》又进行了改革,股东代表诉讼的比例大幅度提高。

另外在监事制度中,要求大公司建立监事会以及外部监事制度。2006 年的日本《公司法》更进一步落实了公司自治的原理。它规定:所有股份公司都可依公司章程规定设置监事或监事会(第 326 条)。其中,设置了董事会的公司,必须设置监事会,但如果非公开公司已经设置了会计参与人,不在此限。设置了会计监察人的公司,也须设立监事,但是已经设立了委员会的除外(第 327 条)。大公司(除了非公开公司和已经设立委员会的公司外)必须设置监事会(第 328 条)。

日本监事及监事会制度建立了一个多世纪,但是始终作用不大。一方面是由于加强监察机构作用的立法改革都是政策性的改革,拥有公司实权的管理者没有兴趣来落实它们。另一方面,日本长期于大公司中实行雇员终身雇佣体制,从文化和运行上无法使监事具有发表与管理者不同意见的勇气和动力。①此外,在日本股份公司内部,并没有真正形成德国式的双层制治理结构,不利于其形成制约作用。日本股份公司监察人的财务监督权效果令人难以满意。在 20 世纪 60 年代和 70 年代的诸多丑闻、90 年代大量的公司财务危机中,都难以找到监察人和监事会发挥作用的例证。

日本现行立法对于监事的业务监督权作了较多规定。其《公司法》第381 条规定,监事有对财务状况进行调查的权利。第 382 条规定,监事发现董事的不正当行为等必须立刻就此向董事报告。还在第 385 条第 1 款规定请求董事停止违法行为的权利,即当董事出现违法、损害公司利益的行为时,监事可以请求该董事终止该行为。现行日本法律不仅授予监事业务监督权。此外,为保障监事大胆发挥作用,行使职权,《公司法》还在第 388 条规定,监事就其业务执行向设置监事的公司提出请求支付必要费用和相关利息时,该设置监事的公司一般不得拒绝。

四、域外法上的董事信义义务与合规责任

(一)美国

1. 董事的监督义务

(1)董事监督义务的发展。在美国法上,董事会可以将业务权限向下授

---

① Ronald J. Gilson & Mark J. Roe, Columbia Law Review,March 1999.

权，但须同时对业务执行进行监督，对此，《修订标准公司法》的表述是，董事会对公司经营的监督职责不得授权他人，《特拉华州普通公司法》第141(a)条也有类似规定。而当公司发生合规或者其他风险致损时，原告往往以董事违反监督义务为由提起诉讼。Graham案是以董事违反监督义务为由追究董事合规体系责任的"首要案例"（leading case），①特拉华州最高法院认为，"董事不承担在公司内构筑并运作一个可以探查出不当行为的谍报体系的义务"，②法院同时指出，如董事发现"值得怀疑的情形"后不予处置则须承担责任。类似的判决还发生在 Smith v. Van Gorkom 案中。③可见，董事监督义务作为一项积极义务早于董事体系义务而存在。

20世纪70年代美、日竞争的背景下，由最高法院法官亚瑟·J.高柏（Arthur J. Goldberg）提出，应由独立于经营者的外部董事承担经营监督职责，后经艾森伯格（Eisenberg）反复强调，逐渐形成"监督型董事会"模式。④同时，大型公司纷纷采用经营效率更高的M型组织结构，"扁平化"的事业部经理人掌握了更多业务执行权，信息偏差使得董事会发现"值得怀疑的情形"被大大限制了。⑤科菲（Coffee）遂指出，如继续坚持Graham案的逻辑，则董事会逐渐变成"睡着的哨兵"（shut-eyed sentry）。⑥而在1977年美国颁布《反海外腐败法》之后，1978年的联邦经营者圆桌会议达成共识，大规模公司应实施一套合规体系，⑦虽然这和Graham案的判断构成了鲜明对照，但体系义务仍未被明确作为董事信义义务的一项内容。

① See Robert C. Clark, Corporate law, New York: Aspen Publishers, 1986, p.130.

② Graham v. Allis-Chalmers Mfg. Co., 188 A.2d, p.130(Del. Sup., 1963).

③ 董事会必须以批判的眼光对其所获取的信息进行评估。Smith v. Van Gorkom, 488 A.2d, pp.858, 872(Del. 1985).

④ See James D. Cox and Thomas Lee Hazen, The Law of the Corporations(3rd ed), New York: Aspen Publishers, 2010, pp.7, 9—10.

⑤ See Melvin A. Eisenberg, The Board of Directors and Internal Control, Cardozo Law Review, Vol.19, 1997, p.237.

⑥ See John C. Coffee, Jr., Beyond the Shut-Eyed Sentry: Toward a Theoretical View of Corporate Misconduct and Effective Legal Response, Virginia Law Review, Vol.63, 1977, pp.1099, 1184.

⑦ The Role and Composition of the Board of Directors of the Large Publicly Owned Corporation-Statement of the Business Roundtable, Business Lawyer, Vol.33, 1978, pp.2083, 2101.

直到 20 世纪 80 年代内部人交易频发后,1991 年诞生了联邦法院判决指引性文件《联邦量刑指南》,在其第 8 章"组织的量刑"中增加了对公司犯罪的新的量刑政策,即只要公司制定并实施了"为防止违反法律而有效的程序",就可以作为减轻量刑的事由,其中就包括了"信息传递体系"。实际上,1978 年联邦经营者圆桌会议发布的董事手册中就已提出"信息传递"的重要性,认为董事有必要在公司构筑一个有效的信息报告机制并维持其运行。

美国法律协会(ALI)的《公司治理原则:分析与建议》的态度首先转变,①其认为大型公司董事会必须构建一种能辅助其积极进行监督的程序或者其他手段。②在 Graham 案的三十多年后,特拉华法院在下文所述的 Caremark 案中认为,股份公司董事会应该诚信地努力构筑一个信息报告体系,董事的体系义务在特拉华州判例法中才被正式确立下来。

美国上市公司的经营决策机关中,董事会应当监督 CEO 等经理人。并且独立董事作为董事会成员也负有监视义务。在美国法上,董事非因故意实施造成公司损害或利益冲突的行为,导致违反注意义务承担民事责任的判例有两类。一是,对认可某项交易的董事会决议投赞成票,结果该决议事后发现属于经营决策上的失误的情形;二是,其他董事、经理人或员工从事违法行为给公司造成损害应当承担责任的,董事未能及时发现或放任上述情况发生导致承担责任的情形。监视义务问题讨论的是后者的情形。

本章将聚焦于此监视义务的一般理论,但在这之前,将先讨论规定了董事的信赖权利的《特拉华州普通公司法》第 141(e)条和监视义务之间的关系。虽然从该规定的内容来看,信赖权利的讨论对象主要为董事的商业判断,但与董事监视义务也有关系。

《特拉华州普通公司法》第 141(e)条规定:"董事或董事会选任的委员在履行其义务时,诚实地信赖公司的记录,以及在付出合理的注意的前提下,诚实地信赖公司管理层、员工、委员会及其他对相关事项具备专业性的由公司选任

① 《公司治理原则:分析与建议》第 4.01 条指出,Graham 案的判断已与现实不符。

② American Law Institute, Principles of Corporate Governance: Analysis and Recommendations, Vol.l, 1994, p.165.

的或为了公司被选任的人提供的信息、意见、报告、声明的,其信赖应受到完全的保护。"但是,董事不得因为有该规定,便怠于对公司的重要事项积极且直接地履行监督义务。①董事事实上放弃监督义务导致其未能发现公司内的违法行为的,应当承担责任。②也就是说,《特拉华州普通公司法》第141(e)条虽然承认了董事有信赖的权利,但这种信赖应当是建立在其履行了某种职责的基础之上的。因此,就与信赖的权利之间的关系而言,董事为履行监视义务应采取哪些具体行动就成为一个问题。

(2) 典型案例分析——弗兰西斯案。③普利切德&伯尔德公司(Pritchard & Baird INC.)是经营再保险经纪业务的家族式闭锁公司。再保险经纪是指为将原保险合同产生的风险在保险公司之间进行有偿转移提供中介服务,从而促进保险合同风险分散的行为。在从事这些交易时,再保险经纪公司会为保险公司持有基金,依据行业惯例,再保险经纪公司应当将该基金与其自有资金进行隔离,分别管理。但在本案中,1973年公司经营者过世后,经营者的儿子同时也是公司董事违反行业惯例,将公司自有资金与客户资金混在一起,用于其个人目的,之后也未偿还。

普利切德夫人(经营者的妻子)没有参与过公司业务,对公司业务一无所知。她不熟悉再保险业,也未努力确保公司提取资金的方针及惯例遵守行业惯例和相关法律。她丈夫生前虽然曾警告过她儿子可能实施违法行为,但她同为公司董事,并未对公司业务加以注意,也未履行董事的义务。1973年丈夫死后,普利切德夫人随后便病倒,卧床长达6个月。因为精神不振、酗酒,她的身体状况也不断恶化。直至1975年公司破产,普利切德夫人因其未履行董事的义务,存在过失,而被公司破产管理人起诉。本案立案后,进入审理前她便过世,其诉讼地位由其遗产管理人继承。

新泽西州初审法院不认为"普利切德夫人已经年老,因丈夫过世导致的悲伤使其一蹶不振,并时常大量饮酒,精神状况非常糟糕"这一证言可以成为免

① Mills Acquisition Co. v. Macmillan, Inc., 559 A.2d 1261, 1281(Del. 1989).
② Id. at 1284.
③ Francis v. United Jersey Bank, 432 A.2d 814(N.J. 1981).

除其责任的理由。法院认为普利切德夫人作为董事,具备一定行动能力,她之所以没有发现儿子的违法行为,是因为她"没有采取哪怕一丁点儿努力,以免除其作为普利切德 & 伯尔德公司董事的责任",据此肯定了普利切德夫人的责任。州上诉法院支持了该判断。新泽西州最高法院认为普利切德夫人违反了董事的义务。

董事不是公司行为的保证人,就公司行为应享有广泛的免责权利。这个问题特别困难的地方在于第三方以董事不作为为理由,主张董事就其公司内部人员(本案同时为公司高级管理人员和股东)的行为导致的损失承担责任的情况。要判定普利切德夫人承担责任,须满足 3 个要件,即:她对普利切德 & 伯尔德公司的客户负有义务,她违反了该义务,以及她违反义务的行为是导致客户损失的近因。

1969 年 1 月 1 日生效的《新泽西事业公司法》对事业公司的相关规定作出了全面修改。其中就董事的一般义务规定:"董事应当诚信地,以一个处于相同地位、相同情况下的具有通常良知的人应付出注意和勤勉、应具备的技能履行其义务。"该规定参考了《示范商业公司法》第 43 条和《纽约事业公司法》第 717 条。新泽西州的典型案例是 Campbell 案。[1]第 717 条、Campbell 案、N.J.S.A. 14A:6-14 背后的根本原则是:董事应当诚信地履行其义务,以一个处于相同地位、相同情况下的具有通常良知的人的标准采取行动。特定案件中的具体义务,应在考虑所有特定情况后作出决定,但通常的注意标准则是这种具体义务产生的源头。

作为一般的规则,董事至少应当对公司业务有基本的理解。因此,董事应当详细了解公司正在从事的业务的基本情况。正因为董事负有付出通常程度的注意义务,以不具备与该必须程度的注意相称的知识为由,进行抗辩主张不承担责任,是不能成立的。如果"董事认为其不具备与履行义务相称的业务经验,应当要么加强学习获取知识,要么就拒绝董事职位"。[2]

---

① Campbell v. Watson,50 A. 120(N.J. Ch. 1901).
② Id. at 128.

董事有义务持续获取与公司活动相关的信息。董事不得无视公司的违法行为,不能以没有发现违法行为为由,就主张自己不承担调查违法行为的义务。董事没有必要对公司每天的活动都进行详细地检查,但应当就公司的业务及其方针进行大致的监督。因此,董事应当定期出席董事会。但并不要求董事出席所有的董事会,而是应按照习惯出席相应的董事会。董事的责任之一就是出席董事会。

在一些情况下,董事应履行的义务可能不仅限于单纯提出反对和辞职。比如董事可能应当向律师征询专业意见。在新泽西州的一起诉讼案件中,法院认为在对银行的设立许可(charter)的含义有疑问时,银行董事负有征询专业意见的义务。征询律师意见的义务还可扩张至解释公司文件以外的领域。现代公司实务时常会要求董事寻求外部的建议,如董事就自己的行为,其他董事或管理层人员、公司的行为寻求法律建议。这意味着必要时,董事"对提案的行为有疑问的,应当与公司的律师(或自己的法律顾问)就此进行商谈"。董事的义务也不仅限于寻求外部律师的建议,为阻止其他董事实施违法行为,还应承担采取相应的合理手段的义务,比如在必要时提起诉讼。

对普利切德夫人的董事义务最具影响的情节有再保险业的特征、被挪用的资金的性质,以及普利切德&伯尔德公司的财务状况。作为再保险经纪公司,普利切德&伯尔德公司每年都要收取来自客户的数百万美元资金,并负有隔离客户资金的义务。就这一点而言,普利切德&伯尔德公司与其说是小规模的家族企业,不如说更像是银行。因此,普利切德夫人与公司的客户之间的关系,和银行与其储户之间的关系属于同一类。因此普利切德夫人对其客户负有忠实且诚信保管资金的信义义务。

普利切德夫人应当取得、阅读记录公司财务状况的年度报表等文件。虽然依据 N.J.S.A. 14A:6-14,①她享有信赖财务报表的权利,但这种信赖却不能正当化她的行为。因为这些文件已经明确披露了资金被挪用的情况。这些文

---

① 该条款还规定,董事诚实地信赖"公司律师的意见,或独立的公共会计师、注册会计师、会计师事务所制作的记载公司财务数据的报告,或公司总经理、财务负责人、董事长保证无误的财务报表、会计账簿、公司报告的",应当免除责任。

件显示,1970年1月31日,她的儿子以"股东贷款"的名义提取了相当大的金额。财务报表披露,自1970年1月31日开始的会计期间,运营资金不足额与"贷款"不断增加,这种情况下要发现挪用资金行为,并不需要特别的专门知识或非同寻常的勤勉,只要大致阅读一下财务报表就可以了。因此普利切德夫人如果阅读过财务报表,就应该发现她儿子挪用资金的行为。

普利切德夫人应当获取与公司业务相关的基本知识,并负有监督的责任。在本案中,其义务的内容是阅读并理解财务报表,为发现并阻止其他董事及管理层的违法行为做出合理的努力。普利切德夫人应当反对可能导致挪用客户资金的公司方针及惯例,从而保护客户利益。但普利切德夫人违反了上述义务。

弗兰西斯案中,法院明确了董事注意义务的客观标准,即以一个处于相同地位、相同情况下的具有通常良知的人应采取的行动为标准。①虽然特定案件中董事具体应当采取哪些行动,应在考虑该案件所有情节后再决定,但所有具体义务都来自这个客观标准。②该案判决还提到,董事不是公司可有可无的小装饰,而是公司治理上不可或缺的要素。③因此应当获取与公司业务相关的基本知识,并应监督公司的业务。④即便是不参与公司业务的董事,也不得以没有相关业务知识为由,免除董事的义务。董事不具备公司业务知识的,要么努力学习知识,要么就应辞去董事职位。⑤董事还应持续获取与公司活动相关的信息,监视公司是否发生了违法行为。这里董事怠于获取相关信息导致未能发现公司违法行为的,也不能成为董事免责的理由,构成违反董事义务。至于获取何种程度的信息,董事只要定期出席董事会,大致了解公司的业务及方针就可以了。⑥另外,董事还应定期审查财务报表。⑦

董事在公司没有违法行为时,应当采取上述行动,而在监督过程中,发现有发生违法行为的可疑情节的,还应承担进一步的义务。首先是调查相关可

① William T. Allen et al., Commentaries and Cases on the Law of Business Organization 242(4th ed. 2012); see also Francis, 432 A.2d at 822.

②⑥⑦ Francis, 432 A.2d at 822.

③ Id. at 823.

④ Id. at 826.

⑤ Campbell, 50 A. at 128; see also id.

疑情节的义务,①然后根据调查结果,发现确有违法行为的,还有纠正该违法行为的义务。②纠正义务的内容根据个案情节而有所不同,如寻求律师的建议、提起诉讼等。③

本案决定普利切德夫人的具体义务的最大要素是再保险业的特征。再保险经纪人与客户的关系,类似于银行与储户的关系,因此普利切德夫人对其客户负有诚实保护客户资金的义务。④在本案的情况下,这种义务的具体内容为阅读理解财务报表、努力发现并阻止其他董事的违法行为。⑤因本案违法行为只需阅读财务报表即可轻易发现,并不需要高度的专业知识,所以普利切德夫人从未阅读过财务报表的行为就成为认定她违反义务的决定因素。

本案判决参考了 Selheimer v. Manganese Corp.案,⑥后者作为免除了董事责任的判例,案件中的董事采取了反对违法行为、辞职、组织股东提起股东代表诉讼一系列行动才得以免责。如董事仅提出反对并辞职,但并不能阻止违法行为的,也难以认定其已经完全履行了义务。

从弗兰西斯案中可以明确监视义务的具体内容,可以作出如下概况,即在不存在"红旗"的情况下,董事应当:获取有关公司业务的基础知识;定期出席董事会,持续获取有关公司活动的信息;审查财务报表。存在"红旗"的情况下,董事应当:调查可疑事实;明确发现违法行为后,提出反对,公司仍不纠正的,提出辞职。更进一步,根据情况还应采取寻求律师建议、起诉等为阻止违法行为必要的合理行动。

如弗兰西斯案所揭示的,这些具体义务均以"一个处于相同地位、相同情况下的具有通常良知的人应采取的行动"为客观标准,并以此为出发点推导得出。弗兰西斯案是针对小规模家族式的闭锁公司董事应负的监视义务作出的判断,在与此不同的情况下,特别是一定规模以上公众公司董事的监视义务,即便同样以上述客观标准为出发点,监视义务的具体内容也将有所不同。根

---

①②③　Francis,432 A.2d at 823.

④　Id. at 825.

⑤　Id. at 826.

⑥　Selheimer v. Manganese Corp.,224 A.2d 634,640,646(Pa. 1966).

据公司规模不同客观标准的内容也相应不同的例子之一,就是公众公司董事要承担内部控制体系构筑义务。①

因此,讨论公众公司董事的监视义务时,有必要对内部控制体系构筑义务展开讨论。

2. 董事信义义务的类型

(1)"善意"(诚信)的地位之争。善意(good faith)向来是传统民法上的重要概念。在民法中,"善意"与"诚信"混用的情况很普遍。如我国证监会在《关于在上市公司建立独立董事的指导意见》"一、上市公司应当建立独立董事制度……(二)"中规定,独立董事负有诚信义务,此处"诚信"指代的就是"good faith"。然而将 good faith 译为诚信,会导致出现解释歧义——民法、商法中的"诚实信用原则"作为"帝王原则",比"善意"的内涵丰富得多。

《布莱克法律词典》对"善意"的评判标准包含以下心理状态:主观上具备诚实的目的;诚实履行义务及责任;在具体的商业行为中,遵守合理的规则和标准;主观上无意欺诈,不谋求不合理利益。②由此可见,对"善意"的评判标准是从客观、主观两个角度进行判断的。

美国法上的董事义务规则包含了忠实义务、勤勉义务、合规义务和"诚信"(good faith)等诸多重要概念。对此,我国学者曾使用"善意"来解释"good faith",但 Smith v. Van Gorkom 案发生后,我国部分学者开始将"good faith"解释为"诚信",其中不乏我国应引入董事"诚信"义务,③即拥护董事信义义务"三分法"的主张。④但事实上,作为包括"诚信"(good faith)在内的诸多重要概

---

① 笠原武朗,《監視・監督義務に基づく取締役の会社に対する責任について(三)》法政研究七〇卷二号(二〇〇三年)三三二页。

② Black's Law Dictionary. 9th ed. Thomson Reuters,2009,p.762.

③ 我国 1995 年 12 月 25 日发布的《国务院关于股份有限公司境内上市外资股的规定》第 6 条以及 1994 年 8 月 4 日发布的《国务院关于股份有限公司境外募集股份及上市的特别规定》第 23 条中均出现了董事对公司负有"诚信"的字样。这里的"诚信"是否隐含着我国立法界对"good faith"或者董事其他义务的理解,本书不作探讨。

④ 参见朱羿锟:《论董事问责的诚信路径》,载《中国法学》2008 年第 3 期;任自力:《美国公司董事诚信义务研究》,载《比较法研究》2007 年第 2 期;朱羿锟:《论董事问责标准的三元化》,载《商事法论集》2012 年第 21 卷;朱羿锟等:《论董事诚信义务的法律地位》,载《法学杂志》2007 年第 4 期等。

念的上位概念的"董事信义义务"理论,其发展和变迁与商业判断规则在美国公司法实践中的具体适用密切相关。学者指出应该在商业判断规则的语境下探讨董事的信义义务,但从我国主张"三分法"学者的论证过程来看,不免对"商业判断规则具体适用"这一分析理路有些忽视。

(2) 美国董事注意义务的危机和"三分法"的出现。"good faith"最早出现于对董事不作为的注意义务和董事积极进行经营决策时的商业判断规则的描述中。[1]关于前者,在从积极义务的角度对"注意义务"进行描述的《示范商业公司法重述》(RMBCA)第8.30条和对董事违反义务后的责任条款第8.31条中使用了"in good faith"一词。[2]关于后者,虽然美国立法界和理论界至今未能成功地给商业判断规则下一个统一的定义,[3]但美国法律协会(ALI)在《公司治理原则:分析与建议》中对商业判断规则的定义仍影响最大,董事决策行为必须满足:第一,与所从事的交易无利害关系;第二,该决策是在充分收集信息和了解情况的基础上作出的;第三,合理地相信该决策对公司是最有利的,并诚实地(in good faith)进行判断。[4]有学者提出,[5]董事注意义务包括监督公司的经营以及积极决策两方面。在追究责任层面,前者审查行为对象,后者则较为形式化地审查其决策过程的合理性。[6]换言之,董事违反注意义务时的审查基准是:董事积极进行商业判断时审查董事是否犯有重大过错(要求原告承担较重的举证责任),而其他董事不作为的情况下,只要求审查同等地位通常人的审慎程度的注意。[7]艾森伯格教授认为,董事注意义务适用于"决策""监督""调

---

① Smith v. Van Gorkom,488 A.2d 858,872(Del. 1985).

② 第8.30条规定,董事会的每位成员在履行董事职责时均应秉承"诚信",而第8.31条规定,"非诚信的行为"是董事向公司或其股东承担责任的判断标准之一。

③ 可参见 Principles of Corporate Governance: Analysis and Recommendations, American Law Institute Pub., pp.172—173.

④ 一般认为1940年纽约州的 Litwin v. Allen 案件是最为被广泛引用的案例,而 Shientag 法官确立了今天被使用的商业判断规则。参见邓峰:《代议制的公司:中国公司治理中的权力和责任》,北京大学出版社2015年版,第143页。

⑤ 参见 Lyman Johnson & Mark A.Sides, The Sarbanes-Oxley Act and Fiduciary Duties, 30 Wm. MITCHELL L.REV. (2004),pp.1197, 1198.

⑥ 参见 Knepper William E. Knepper & Dan A. Bailey, LIABILITY OF CORPORATE OFFICERS AND DIRECTORS § 3.01(8th ed., Matthew Vender 2009),pp.3—10.

⑦ Graham v. Allis-Chalmers Manufacturing Co., 188 A.2d 125, 130(Del. 1963).

查"三种场合。①董事"决策"的"过程"完备不代表"质量"高,因此为平衡董事权责,法院应采用"商业判断规则"。②

"商业判断规则"是一个在无相反证据的情况下推定董事决策正确的假设。而股东若在诉讼中证明董事缺乏善意(in good faith)、在财务上不具有利害关系(finacially disinterested)、缺乏独立性(independent)以及没有搜集充足的信息(informed)等,则可推翻该假设。换言之,推翻商业判断规则并不等于董事就会立即承担责任。美国法院适用该规则较著名的案例是1984年特拉华州最高法院的Aronson v. Lewis一案。③该案中,特拉华州最高法院在适用商业判断规则时首次引入了"诚信"(in good faith)路径。法院适用侵权法理论认定董事违反注意义务的归责性要件,我国学者亦对其具体情形进行解读,④但是,"重大过错"既没有统一定义,又不存在统一的尺度,有学者指出这种路径几乎掏空了注意义务,加上注意标准本身具有不确定性造成注意义务不断地被边缘化,⑤从而为董事问责留下巨大的空隙。

在之后1985年的Smith v. Van Gorkom案中,⑥法院判决董事会通过公司合并案属于重大过失。法院指出董事们的重大过错在于:"good faith"并非一味地信赖,董事对顾问律师的建议做接受与否的判断时也必须以充分的信息为基础。在并未搜集足够信息而盲目信赖律师建议的情况下,董事会决策

---

① 参见松尾健一译:メルビン・A・アイゼンバーグ,"アメリカ法における注意義務(II)",《商事法務》2004年第1713号。

② 参见Melvin A. Eisenberg, The Duty of Good Faith in Corporate Law, 31 Del. J. Corp. L. 1, (2006), p. 8.

③ Aronson v. Lewis, 473 A. 2d p. 805, 812(Del. 1984). 该案法院认为,鉴于董事无法确保公司必定成功,因而根据商业判断规则,法院不会审查董事所做的商业决策的具体内容,且董事决策必须满足以下要件:(1)诚信;(2)董事所做决策符合在类似情形下,通常谨慎的人的行为要求;以及(3)合理认为决策符合公司最大利益。

④ 我国学者早期指出,特拉华州判例法将董事行为的重大过错总结为:(1)轻率地信任明显不值得信任的雇员;(2)拒绝履行或怠于履行董事应尽的职责;(3)当雇员的过错行为已显示出明显的危险信号而故意视而不见,对股东利益漠不关心或置股东利益于不顾;(4)行动缺乏合理依据等。参见张开平:《英美公司董事法律制度研究》,法律出版社1998年版,第192页。

⑤ 参见Stephen J. Lubben and Alana J. Darnell, Delaware's Duty of Care, 31 Delaware Journal of Corporate Law(2006), p. 590。

⑥ Smith v. Van Gorkom, 488 A.2d 858, 872(Del. 1985).

无法适用商业判断规则进行保护。该案并未适用董事责任保险，大多数董事都承担了巨额财产责任。这直接导致此后以类似理由提起的股东派生诉讼增多，也使得董事责任保险费率提高，[①]并在一定程度上对公司设置独立董事造成了阻碍。[②]同时影响了1987年《特拉华州普通公司法》修改第102(b)(7)条的规定，即法院允许董事适用公司章程中公司放弃赔偿请求权的规定以免责。

为吸引优秀的职业经理人，现今美国很多州的公司法都允许公司章程设置类似规定。在这种情况下，针对董事不当行为，如果原告申请法院禁令或者主张行为无效或者撤销，又或者通过股东派生诉讼要求董事赔偿公司损失的，大都会因为董事援引该条文和章程规定的积极抗辩，在案件进入正式的事实审理前而被驳回。就这样，董事注意义务出现了再次被虚置的危险，但安然和世通事件相继发生，董事在构建公司内部控制机制以及相互监督监视层面上应履行的注意义务和《特拉华州普通公司法》第102(b)(7)条之间的关系再次成为各界注目的焦点。现如今，虽然美国各州对商业判断规则有不同理解，但包括纽约州以及佛罗里达州等都要求原告证明被告缺乏"good faith"。[③]因此，注意义务以及商业判断规则中"good faith"的含义再次引发各界关注。

《特拉华州普通公司法》第102(b)(7)条规定，董事违反信义义务后的部分责任不可通过章程予以免除或限制：第一，违反忠实义务；第二，缺乏"good faith"，故意或有意识的违法行为；第三，违法分红，违法取得自我股份；第四，使董事不当获利的行为。由于上述各款所列的概念在外观上相互独立，因此在美国学界和实务界形成三种意见：第一种意见认为信义义务由忠实义务和注意义务构成，上述所表述之各类行为均属违反忠实义务的范畴（即忠实义务扩张说下的"信义义务新二分法"）。第二、三、四点只是违反忠实义务各类型中特别需要注意的几类行为，换言之，所有违反注意义务的董事行为均可免除

---

①② 参见 Bernard Black，Brian Cheffins & Michael Klausner，Outside Director Liability，58 STAN.L.REV.（2006），pp.1055，1060，1067，对此，美国学界曾有不少批判：参见 Lawrence A. Hamermesh，Why I Do Not Teach Van Gorkom，34 GA.L.REV，(2000)，p.477。

③ Gray v. Furia Organization，Inc.，896 F. Supp. 144，148（S.D.N.Y. 1995）；International Insurance Co. v. Johns，874 F.2d 1447，1461(11th Cir. 1989).

责任(这与之前对信义义务可免责范围的理解保持了一致);第二种意见认为信义义务由忠实义务和注意义务两个部分构成(仍为传统"二分法"),但"good faith"以下属注意义务范畴,因此,所有违反忠实义务以及部分违反注意义务的责任不可免除;①第三种意见认为"good faith"既不是忠实义务也不是注意义务,而是"诚信义务",即信义义务"三分法"。

3. 关于内部控制体系构筑义务的案例分析

第一,将有关美国内部控制体系构筑义务的讨论适用于我国具有多大程度的妥当性,对此有必要探究美国判例揭示的规则的背景为何,特别是美国公司经营决策机关具有哪些特征,其中哪些要素对内部控制体系构筑义务有影响。第二,就法律遵守体系构筑义务的内容而言,采取哪些行动才不会被认定为怠于履职,对此在不同判例中,法院具体审查了哪些要点值得注意。第三,就商业风险管理体系的具体内容而言,采取哪些行动才不会被认定为违反监视义务,Citigroup 案中否定了董事违反商业风险管理体系构筑义务的相关背景非常重要。

带着上述问题意识,本章将对关于内部控制体系构筑义务的主要判例Allis-Chalmers 案、②Caremark 案、③Stone 案、④Citigroup 案⑤展开讨论。在董事会尚停留在传统的监督模式时,相关判例认为构筑内部控制体系只是在出现"红旗"后才予以考虑的事项。而后,以 20 世纪 80 年代为分界线,新的监控模式逐渐成型,内部控制体系被认为在没有"红旗"的情况下也应当构筑。⑥本节将以监控模式成型前后的判例为例,阐明社会对董事会监督功能的期待和

---

① 参见 John L. Reed & Matt Neiderman,"Good Faith" and the Ability of Directors to Assert § 102(b)(7) of the Delaware General Corporation Law as a Defense to Claims Alleging Abdication,Lack of Oversight,and Similar Breaches of Fiduciary Duty,29 DEL.J.CORP.L,(2004),pp.111,114.

② Graham v. Allis-Chalmers Manufacturing Co.,188 A.2d 125(Del. 1963).

③ In re Caremark Int'l,Inc. Derivative Litigation,698 A.2d 959(Del. Ch. 1996).

④ Stone v. Ritter,911 A.2d 362(Del. 2006).

⑤ In re Citigroup Inc. Shareholders Derivative Litigation,964 A.2d 106(Del. Ch. 2009).

⑥ Caremark 案判决指出,董事会的监督要发挥实际效用,就有必要构筑一个合理的内部控制体系。另外,Caremark 案判决也曾提及,内部控制体系作为 20 世纪 80 年代频发的违法事件的对策,由立法及监管当局予以了积极评价,这也是导致董事在内部控制体系方面的义务发生变化的重要原因之一。

内部控制体系构筑义务之间的关系。

（1）Allis-Chalmers 案——传统监督模式和内部控制体系。[1] Allis-Chalmers 是一家生产各种电器设备的大型公司。公司采取的是尽量将经营权限委任下放的分散型经营方针，产品的价格通常由特定的部门主管决定，但价格较高且情况特殊的，则由部门主管与部门总监协商决定。董事会每年会审议各部门的盈利指标，有时会对产品价格问题进行一般性的讨论，因为公司业务复杂，董事会从未参与决定特定产品的价格。

公司董事会由 14 人组成，其中 4 人兼任经理人，除 10 月份外，每月召开一次会议，讨论预先准备好的议题。会上有关公司活动的各种财务和业务资料将分发给董事会成员，所有董事通常会积极展开数小时的讨论。不过，因为公司业务范围广泛、内容复杂，实际上董事会不可能对各部门特有的问题进行详细探讨。

公司员工自 1956 年起，就违反《反托拉斯法》就公司制造的发电机的价格与其他公司的员工达成了价格协议。但是，直至 1959 年夏，公司将受到《反托拉斯法》违法调查的新闻报道流传开来为止，董事中竟无人知道这件事。同年 11 月，随着公司数名员工被大陪审团传唤，公司法务部开展调查，违法活动的相关可疑事项被查明，公司指令被传唤的员工在庭上陈述事实。之后，1960 年 2 月 8 日，为预防再次发生违反《反托拉斯法》的行为，董事会指示发布了关于《反托拉斯法》问题的公司方针说明书，公司法务部针对有可能违反《反托拉斯法》的员工开展了一系列《反托拉斯法》培训讲座。

本案是由公司股东提起的，请求董事对因公司员工违反《反托拉斯法》的价格协议行为给公司造成的损害予以赔偿的股东代表诉讼。诉讼中，原告虽然未能举证证明董事已经发觉员工违反《反托拉斯法》的行为，但仍主张董事未建立及时发现并防止员工违法行为的机制构成违反董事注意义务，应追究其责任。

特拉华州衡平法院驳回了该起诉，特拉华州最高法院支持了衡平法院的

---

[1]　Graham v. Allis-Chalmers Manufacturing Co., 188 A.2d 125(Del. 1963).

判断,作出了下面的论述。

对被告董事最主要的批判在于其对员工的违法行为一无所知,且应当建立一个能有效运作、及时阻止该等违法行为的监视制度。但 Briggs 案①判决已经明确否定了上述想法。不仅如此,董事在没有可疑的情节发生时,还享有信赖员工的正直和诚信的权利。如果确有可疑情节发生,董事却予以无视的,的确会产生相应的董事责任,但却不能认为董事在不存在值得怀疑的原因的情况下,负有建立一个找出尚不存在的疑点的证据的间谍制度。

决定 Allis-Chalmers 公司董事义务的是该公司的企业属性,即雇用超过30000 名员工、业务涉及地理范围的广泛性。这种情况下,董事必然不可能认识所有员工。企业的庞大规模,导致董事只能将自己的控制范围限定在决定公司方针上。在所有董事出席的董事会上,(违反《反托拉斯法》的相关)问题在于董事是依据汇报、报告和公司记录等文件进行讨论并作出决定的。董事享有信赖这些文件(汇报、报告和公司记录)的权利不仅符合普通法上的一般原则,而且符合《特拉华州普通公司法》第 141(f)条的规定。该法明确规定完全保护在履行义务时信赖上述文件的董事。

归根结底,公司董事是否会因违反义务对公司的损失承担责任的问题,应当依据具体情况而定。如果董事无端信赖明显不值得信任的员工,或者拒绝履行董事义务、怠于履行董事义务,或者因为故意或过失放过员工将从事违法行为的明显危险征兆的,法律将要求董事承担责任。

Allis-Chalmers 案在公司的业务实际上是由比较基层的经营单位执行的情况下,对大企业董事的监视义务作出了判断的案例。本判决明确了董事在没有可疑的情节发生时,享有信赖员工的正直和诚信的权利。董事在员工没有可疑行为时,信赖其诚信,依据其他董事提供的报告、公司记录等文件决定公司方针的,便没有违反义务的风险。但确有可疑情节发生的,董事却不能无视,如不采取适当的应对措施,就构成违反义务,应承担责任。

本案的问题在于董事享有依据、信赖汇报、报告和公司记录等文件进行讨

---

① Briggs v. Spaulding, 141 U.S. 132, 11 S.Ct. 924, 35 L.Ed. 662.

论并作出决定的权利。且本案董事在可疑情节的证据显现后立即采取了阻止违法行为、预防再犯的行动，从而得以不承担责任。

对本判决认为的董事只有在现实知晓公司违法行为的情况下，才承担责任的风险的判断，有批判观点认为，这会导致董事沦为"沉睡的哨兵"，在公司业务是由距离最高经营团队相当遥远的基层员工执行的大企业，董事应当承担包括确保公司的内部控制制度正常运转在内的监视义务。[1]另外还有论文将本判决作为不当限缩了特拉华州公司法规定的董事责任的例子予以引用。[2]也有观点从费用、收益分析的角度解读本判决。这种观点认为法院作出本判决的深层动机恐怕是员工实施的价格固定行为会使公司及股东获益。也就是说，只要没有败露，《反托拉斯法》违法行为虽会损害消费者利益，却能产生有利于公司及股东的结果。如果认为违法行为是否会败露，或公司是否会因此受到惩罚，以及承担这种风险是否会有相应价值，属于董事商业判断的范畴，那么董事就有权考虑，构筑高效的法律遵守程序的行为在保护公司及股东利益方面是否划算，是否会被股东评价为与其说是尽到了注意义务，不如说是做了无用功？因此，特拉华州法院得出结论，不应强制董事构筑一个以保护股东以外的主体(消费者)的利益为目的的法律遵守内部控制体系。

按照 Allis-Chalmers 案的裁判思路，在没有"红旗"的情况下，董事可以信赖董事会上的报告及提出的文件的正确性，而无须寻求除董事会上获取的信息以外的信息，也无须寻求确认董事会上获取的信息的正确性的信息。因此，没有"红旗"时的监视义务的内容，就不包括信息报告体系构筑义务。由于就本案而言，信息报告体系就是确保员工遵守《反托拉斯法》的体系，所以可以说本案判决认为只有在存在"红旗"时，才产生法律遵守体系构筑义务，而否定了没有"红旗"时的法律遵守体系构筑义务。有学者指出，作出这种判断的背景是当时法院认为只有涉及公司基本事项的变更和自我交易，才需要董事会介

---

① John C. Coffee, Jr., Beyond the Shut-Eyed Sentry: Toward a Theoretical View of Corporate Misconduct and on Effective Legal Response, 63 VA. L. REV. 1100, 1184(1977).

② William L. Cary, Federalism and Corporate Law: Reflections Upon Delaware, 83 YALE L. J. 663, 683(1974).

入处理,不能期待董事会介入公司的日常事务。①因本案判决是在监控模式成型前作出的,当时的董事会几乎不承担积极监督经理人及员工的义务。

(2) Caremark 案——监控模式与内部控制体系。随着社会对董事会监督功能的期待越来越高,Allis-Chalmers 案判决的观点逐渐失去了妥当性。Caremark 案就是在监控模式定型后关于内部控制体系构筑义务的判例。②

Caremark 公司是 1992 年 11 月从 Baxter 公司分立出来设立的公司,并于同年在纽约证券交易所上市。产生争议的业务惯例在分立前就已经存在了。相关期间,Caremark 公司主要从事病患护理与综合健康管理两种医疗保健业务。

Caremark 公司的业务收益中有相当大一部分来自第三方的支付,即保险公司的支付、医疗保险及医疗补助发放的补贴。同时,反转介绍回扣法(ARPL)禁止医疗保健服务提供者向为其介绍使用医疗保险及医疗补助的患者的中介人支付回扣。和 Baxter 公司一样,Caremark 公司自设立时起,除与制药公司签订买卖合同外,还与医院、医生、医疗保健服务提供者之间签订了各种合同,特别是与医生之间有签订服务合同的惯例。这些医生中至少有一部分人会在诊疗时,直接为使用医疗保险及医疗补助的患者以及其他患者开Caremark 公司生产的药品,或使用 Caremark 公司提供的服务,或者向患者推荐这些药品和服务。ARPL 虽然没有直接规定禁止这种服务合同,但显然其涉嫌某种违法的"贿赂"。

1989 年初,Baxter 公司为管理员工与医院及医生签订合同时的行为,发布了一份内部的"合同关系指南",该指南由律师进行审查、更新。指南的各个版本均记载:Caremark 公司与 Baxter 公司的政策禁止向介绍患者的行为支付任何报酬,但具体哪些属于禁止支付的报酬,则一直没有明确定义。因法院对ARPL 的解释也尚不明确,Caremark 公司就相关法律解释尚不明确一事反复进行了公告。

---

① Eric J. Pan, A Board's Duty to Monitor, 54 N.Y.L. SCH. L. REV. 717, 726(2010).

② In re Caremark Int'l, Inc. Derivative Litigation, 698 A.2d 959(Del. Ch. 1996).

1991 年 8 月,卫生与公众服务部监察长办公室(OIG)开展对 Baxter 公司的调查,要求其提供公司与医生之间的合同(QSAs)等文件,并向其送达了传唤通知书。依据 QSAs,医生对接受 Baxter 公司医疗服务的(包括使用医疗保险及医疗补助的)患者进行跟踪观察的,Baxter 公司应向医生支付手续费。但当时,跟踪观察患者的医生,又会向 Baxter 公司介绍其他医生,这种行为导致违反 ARPL 的责任。相关期间,Caremark 公司雇用了约 7000 名员工,拥有 90 家分店,采用了权限分散型经营模式。但自 1991 年 5 月起,Caremark 公司为强化分店的监督管理,开始尝试集权型的经营构造。

面临 OIG 的调查,1991 年 10 月 1 日,Baxter 公司管理层最初采取的行动是告知 OIG,公司并未向跟踪观察患者的医生支付管理手续费。在此期间,Caremark 公司董事会为确保公司严格遵守 ARPL 以及指南中的合同范本载明的公司政策,追加了一些相应措施。1992 年 4 月,Caremark 公司发布了第四版指南,其主旨为明确公司的合同要么必须遵守 ARPL 及其施行规则,要么必须将使用医疗保险及医疗补助的患者完全从合同当事人中排除。1992 年 5 月,Caremark 公司又制定政策,要求各地区的负责人必须亲自认证公司与医生签订的各种合同。公司的内部和外部律师也都向董事会提出了如何使公司合同符合法律规定的建议,但 Caremark 公司始终认为如何正确解释法律尚不明确。

在政府调查期间,Caremark 公司又制定了关于确保遵守业务方针和企业伦理方针的内部审计计划,并雇用了普华永道会计师事务所作为外部审计人。1993 年 2 月 8 日,Caremark 公司董事会伦理委员会收到并审查了普华永道会计师事务所提供的外部审计报告书,该报告书认为 Caremark 公司的治理结构不存在重大漏洞。但即便普华永道会计师事务所作出了肯定性的判断,1993 年 4 月 20 日,公司审计及伦理委员会依然采用了规定了全面审查合规政策、制作与该政策相关的员工伦理指引的新的内部审计规章。

董事会为确保员工遵守这个项目的内容及其他相关规定,似乎做了一些获取相关信息的尝试。比如,公司的经理人曾向董事会报告,公司销售一直在接受 ARPL 及经律师确认的合同范本的正确使用方法方面的培训。1993 年

7月27日,新的伦理指引又规定,明确禁止为介绍客户行为支付报酬,员工可利用公司内部的免费伦理热线举报任何违法行为。根据公司记录,公司向员工派发了修订版的伦理指引书,并要求员工参加相关培训,这些政策在此之后也一直得以执行。

1994年8月4日,明尼苏达州联邦大陪审团以长期违反ARPL为由,起诉了Caremark公司、公司的两名经理人(非最高层人员)、公司销售以及相关的医生。根据起诉状,Caremark公司为了销售一种促进人体成长的荷尔蒙药品,向医生支付了数千万美元。在应诉中,公司管理层只是反复陈述其合同符合法律规定的观点和论据。

此后,5名股东又向特拉华州衡平法院提起了股东代表诉讼,该诉讼与本案进行了并案审理。第一份起诉状于1994年8月5日提交,其主张Caremark公司董事未能适当监督其员工的行为,也未采取适当措施从而违反注意义务,应当为此支付罚款。

1994年9月21日,俄亥俄州联邦大陪审团又提交了一份起诉状,主张俄亥俄州的医生违反ARPL,在向Caremark公司介绍使用医疗保险获得赔偿的患者后,要求其支付了134600美元的报酬。起诉状认为Caremark公司属于支付了回扣的医疗保健服务提供者。

本案原告的诉讼请求为请求法院对上述合并审理的股东代表诉讼提起的和解方案的公平与合理性作出判断,法院须以该诉讼请求为审理对象。对这种诉讼请求,法院须依据此前证据开示的记录,评价之前相关的诉讼请求的强弱,就公司愿意为原告撤销此前所有诉讼请求而支付的对价的公平性和适当性进行审查。这种审查的真正的争议点在于和解方案对公司及未参加诉讼的股东是否公平。此时法院不会对有争议的实体事实作出判断,只会依据证据开示的记录,在对当事人的观点的强弱进行对比后,再以此评价相关的诉讼请求和抗辩。

要对本案主要的诉讼请求作出法律上的判断,就有必要讨论董事监视、监督公司业绩的义务的法律评价标准。依据证据开示的记录,作出Caremark公司董事违反了适当监视、监督公司义务的判断的可能性非常低,理由如下:起诉状认为，被告董事违反了对公司日常业务执行的注意义务，应追究其责任。原告主张董事放任使公司承担巨大法律责任的情况进展并继续施行，这种行为违反了积极监视公司业绩的义务。这里原告提出的理论，恐怕是公司法上原告最难以胜诉的理论。

第一，董事因其决定可能承担的潜在责任。董事违反合理的注意义务而应承担的责任，理论上是由两种不同的情况导致的。一是董事决定时没有认真听取相关建议或"存在过失"，导致损失的。二是在尽到合理注意的情况下，毫无疑问可以防止损失发生的，公司却因疏忽大意而不作为时，应对该损失承担责任。第一种情况下，一般来说我们应当遵守商业判断规则，先假设董事作出的决定都经过了诚实且慎重的研究，或决定是通过其他合理的程序作出的。不用频繁面对这个问题的法院或评论家也许能够理解，但另一个更不被理解的问题是，与判断董事诚信或决定程序合理性不同，司法上是无法恰当依据董事会决定的内容与公司遭受的损失之间的关系，来判断董事是否遵守注意义务的。也就是说，以事后的视角讨论问题的法院和陪审团无论是否认为董事决定的实质内容错误，错误是否达到了"愚蠢"甚至"不可理喻"的程度，或者是"不合理"，只要法院认为通过这个决定的程序合理，或董事是以诚实的努力追求公司利益而作出的决定，就没有追究董事责任的依据。反过来，如果认为应使用一种"客观的"规则来评判董事决定的内容，允许评判能力不足的法官或陪审团使用一种实际上属于"事后诸葛亮"的视角来审查董事决定，从长远来看将损害投资者的利益。因此，商业判断规则的目光是投向决定过程的，并高度尊重所有诚实的董事会的判断。

第二，怠于履行监视义务的责任。理论上导致董事责任的第二种情况是指损失不是由董事的积极决定导致的，而是因董事疏忽大意的不作为导致的。公司只能通过作为其代理人的自然人的行为作出各种判断，当然这其中的大部分都不应成为董事的注意对象。法律上，董事会只须认可最重要的公司行为或交易即可。但是，就如本案事实所揭示的，组织内部相对基层的经理人和员工作出的日常业务判断，反而对公司的繁荣及达成战略目标、盈利目标的能力有重大影响。为保证公司在法律范围内达成目标的能力，董事在组织上以及业务监督上应承担的责任为何?

为保证公司遵守外部法律的要求,公权力运用刑法的倾向,特别是在联邦法层面愈发强烈,导致这个问题的重要性也越发凸显。为了让这种刑事制裁将来对公司治理产生效果,依据1991年、1984年量刑修正法,合众国量刑委员会制定了具有重要影响的《联邦量刑指南》。该指引对违反联邦刑事法规的组织设定了统一的量刑构造,对公司则课以比以往更高的,或至少相同的罚金。指引还规定了用以发现违法的合规程序,要求公司发现违法行为后立即向有关公权力机关报告,给公司施加了很强的,采取迅速、自发纠正措施的动机。

1963年,特拉华州最高法院在Allis-Chalmers案中,就公司违反《反托拉斯法》导致损失的董事潜在责任作出了判断。该案原告并没有主张董事知道最后引发责任的公司员工的行为,与本案一样,原告主张的是董事应当知道相关行为,在知道后,则应当承担防止公司违法、产生损失的义务。特拉华州最高法院认为没有依据表明,董事违反了获取公司正在进行的业务的相关信息的义务。

在没有可导致合理怀疑公司违法的证据的情况下,为向董事会提供包括相关法律遵守情况在内的公司内部重要行为、事件、状况等信息,董事是否应当付出诚实的努力,确保构建一个相关信息的收集、报告体系,这是否应是董事的义务?笔者认为并不一定如此。如1963年特拉华州最高法院对Allis-Chalmers案的判决就并未认可这种抽象一般化的义务。该案判决认为,在没有支持合理怀疑的证据时,董事会及管理层人员只须假定代表公司的员工是正直和诚信的,就不会承担相关责任。

直至1996年,特拉华州最高法院都不承认比Allis-Chalmers案判决更广的解释,认为董事会不应承担构筑一个适当的信息报告体系的义务。这种见解的根据首先在于公司法认为董事会是执行公司重要功能的机关。其次,相关的适当信息是依据《特拉华州普通公司法》第141条发挥董事会的监视监督功能不可或缺的基础。最后,《联邦量刑指南》对营业组织的潜在影响。为尽到组织治理责任进行诚实且合理尝试的人,都应当考虑到上述法律的发展和刑罚的强化,以及指引规定的减轻惩罚的机会。

从上述发展来看,不能将特拉华州最高法院在 Allis-Chalmers 案判决中有关"间谍制度"的意见理解为:董事会及管理层在没有设计一个合理的信息报告体系,确保对董事会在遵守法律和业务执行两方面作出判断均充分、可靠的信息及时传递到董事会及管理层时,就认为董事会已经完成了合理的收集信息的义务。这种信息传递体系的具体内容属于商业判断的范畴。并且,即便设计了合理的信息报告体系,公司仍然会有出现违法违规行为的可能,董事及经理人仍可能实施不正当行为,或疏于发现违反法律的重要公司行为。但重要的是,董事会设计一个信息报告体系表明,其为了保证在适当的时候,注意到关于公司日常业务的适当信息,进行了合理的思考,作出了诚实的判断,因此可以认为董事会尽到了责任。

因此,董事义务应当包含诚实地努力构建一个董事会认为合理的信息报告体系的义务,董事怠于履行该义务的,在一定情况下,至少理论上董事应当承担因不遵守相关法律导致损害的责任。对于注意义务,应当考虑董事只要做到确保向董事会传递信息的渠道畅通,就可以说已经部分履行了义务。

一般来说,像 Allis-Chalmers 案和本案这样,基于董事忽视公司内部应承担责任的行为的事实,原告主张董事应对公司的损失承担责任。只有董事会怠于履行持续的或组织性的监视义务的行为,如董事完全没有就构建合理的信息报告体系作出努力等事实,才能证明董事缺乏诚信这一构成责任的要件成立。这种基于董事怠于履行持续的或组织性的监视义务以证明其缺乏诚信的责任标准,可以说是非常高的。但这种赋予监督概念高度责任标准的做法,不仅可以促进董事诚实履行义务,而且有可能帮助能力较强的董事发挥董事会的功能,对全体股东来说是有利的。

本案证据开示记录还显示,被告董事不仅没有提供其未持续发挥监督功能而导致承担责任的证据,而且仅从记录来看,董事似乎就公司的信息体系构建作出过诚实的努力。董事即便不知道导致其被起诉的违法行为的详细情况,也不因此承担责任。Caremark 案判决首先明确了 Allis-Chalmers 案判决的含义。即在尚不存在可合理怀疑违法行为存在的证据时,不能认为董事就不承担法律遵守体系构筑义务,不过此时,董事会及经理人单纯信赖代表公司的员工的正直和诚信的,可以认为其不应被问责。①本案虽然通过这种限缩解释 Allis-Chalmers 案判决的方式回避了矛盾,但实质上却是改变了 Allis-Chalmers 案判决确定的规则。②

本判决也肯定了董事会及管理层设计一个合理的信息报告体系的义务,确保董事会在遵守法律和业务执行两方面的判断,是在充分、可靠的信息及时传递到董事会及管理层的情况下作出的。即便没有怀疑违法的情况,董事也要承担义务。法院认为其依据在于:公司法认为董事会是执行公司重要功能的机关;③相关及时的信息,是董事会完成《特拉华州普通公司法》第 141 条项下规定的监视监督功能不可或缺的基础;④以及《联邦量刑指南》的潜在影响。⑤

依据本判决,信息报告体系构筑义务的重要之处在于,董事会应当考虑、设计信息报告体系,保证董事会能够及时注意到有关公司日常业务适当的信息。因此,在一个合理的信息报告体系存在的公司,其董事不知道公司员工违法行为的,不会立刻导致违反信息报告体系构筑义务。是否违反信息报告体系构筑义务,应根据董事会是否怠于履行持续的或组织性的监视义务来判断,如完全没有作出构建合理信息报告体系的努力等。⑥设定这种较高的标准,不仅可以促进董事诚信履行义务,而且有可能帮助能力较强的董事发挥董事会的功能,将有利于保护股东利益。⑦

本案中,公司虽然存在信息报告体系,但未能防止公司员工违反 ARPL,给公司造成了损失。按照本案判决设定的规则,董事是否要为这种损失承担责任,应根据其是否怠于履行持续的或组织性的监视义务来判断。Caremark 公司在 OIG 对 Baxter 公司的调查开始前,为强化分店的监督管理,就开始尝试

① Caremark,698 A.2d at 969.

② Jeniffer G. Hill, Deconstructing Sunbean—Contemporary Issues in Corporate Governance, 67 U. CIN. L. REV. 1099, 1116(1999).

③④⑤ Caremark,698 A.2d at 970.

⑥⑦ Id. at 971.

集权型的经营构造。同时制定了确保遵守 ARPL 的公司方针,为保证该方针得以实行,开展了内部审计、员工培训,并接受外部审计人对其内控机制的监督。董事会也收到了公司采取这些措施的报告。Caremark 公司就上述信息报告体系采取的措施,被认为是为发现违法事实付出了诚实的努力,董事并未怠于履行持续的或组织性的监视义务,因此不承担责任。另外,单纯依据公司违反刑法导致承担巨大责任这一事实,不能径直认定董事构成违反信义义务。[1]

从本案的争议焦点来看,本案判决揭示的与信息报告体系构筑义务相关的理论只是附随意见。但自本案之后,无论是否在特拉华州,各州法院和联邦法院均认可了以董事未采取防止违法的必要手段为诉因对其提起的诉讼,Caremark 式的主张得到了广泛应用。[2]在此,拟就社会对董事会的监督功能的期待与内部控制体系构筑义务的关系这一本节的目的再次进行确认。内部控制体系构筑义务被重视的背景,是为改善公司治理、强化董事会的功能而开展的监控模式改革。如本案判决所提及的,要强化董事会的监督功能,必须让董事会在合适的时机获得正确的信息。但是,在经营权限向 CEO 集中,董事会仅依靠监视 CEO 的监控模式下,CEO 拥有比董事会多得多的信息,就可以操控流向董事会的信息。因此,董事会不能仅靠 CEO 提供的报告,还应从内部控制体系获取相关的信息。

(3) Stone 案判决[3]——Caremark 案判决以后的判例展开

Caremark 案判决以后的判例,对董事内部控制体系构筑义务的判断发生了变化,本节将对此进行探讨。Caremark 案判决确定的标准,经由下述特拉华州最高法院作出的 Stone 案判决,Caremark 标准的内容发生了显著的变化。[4]

AmSouth 公司是一家总公司设在阿拉巴马州伯明翰市,依据特拉华州法

---

① Caremark,698 A.2d at 972.

② Paul E. McGreal,Corporate Compliance Survey,64 BUS. LAW. 253,272(2008).

③ Stone v. Ritter,911 A.2d 362(Del. 2006).

④ Stephen M. Bainbridge,Caremark and Enterprise Risk Management,11(UCLA Law School working paper Mar. 2009).

设立的公司。该公司的全资子公司 AmSouth 银行拥有 600 家商业银行支行，横跨 6 个州，员工超过 11600 人。2004 年，AmSouth 公司及 AmSouth 银行因未按照联邦银行保密法（BSA）以及各种反洗钱法规的规定（AML），提交有关"可疑交易"的报告书（SARs），被政府监管当局调查，并被处以 4000 万美元罚款和 1000 万美元民事制裁金。

本案中，政府本来是为了调查哈姆利克和朗斯两人实施的庞氏骗局式的诈骗行为。2000 年 8 月，律师哈姆利克和投资顾问朗斯找到 AmSouth 银行田纳西支行，声称要为投资者的"投机性事业"开设信托保管账户，该事业为海外医疗机构的建设事业。实际上朗斯在向客户推销该事业的所谓高收益证券时，虚构了事业的性质和风险，欺骗了 40 多名客户。AmSouth 银行田纳西支行的员工相信了哈姆利克和朗斯这套投资的说辞，为其开设了保管账户，并从哈姆利克那里收取支票，同意按照朗斯的指令操作账户，每月向各个账户支付利息。2002 年 3 月，因投资者每月不再能收到利息，这个庞氏骗局终于败露。

2003 年 11 月 17 日，密西西比州南部地区检察官办公室（USAO）通知 AmSouth 公司接受刑事侦查。2004 年 10 月 12 日，AmSouth 公司和 USAO 签订了迟延执行协议书（DPA）。同时，USAO 公布了《相关事实的报告书》，其中记载，自 2000 年起，AmSouth 公司至少有 1 名员工涉嫌参与了有违法嫌疑的庞氏骗局，AmSouth 公司却没有及时提交 SARs。USAO 并未在报告书或其他文件中提及要追究董事会或各个董事的责任。

2004 年 10 月 12 日，联邦储备委员会和阿拉巴马州银行局同时对 AmSouth 公司发出了排除命令，要求 AmSouth 公司改善 BSA/AML 的内部合规程序，并要求 AmSouth 公司劝告 AmSouth 银行"应当全面审查 AML 合规程序，必要时实行新的方针和手续，特别需要雇用独立的顾问"。毕马威会计师事务所由此成为独立的顾问，2004 年 12 月 10 日，提交了相关的报告书（KPMG 报告书）。另外，2004 年 10 月 12 日，美国财政部金融犯罪执法网络（FinCEN）和联邦储备委员会共同就 AmSouth 公司实施不恰当的 AML 合规程序一事对其作出了 1000 万美元民事制裁金的处罚。FinCEN 在其详细决定中认为"AmSouth 公司的（AML）合规程序欠缺董事会及经理人的适当监督，公司以合规为目的的对经理人的报告显著不足"。AmSouth 公司对 FinCEN 的决定未置可否。

本案是由 AmSouth 公司的股东对 AmSouth 公司过去及现在的董事提起的，以董事违反信义义务、未构筑可充分预防 BSA 及 AML 违法行为的内部控制体系的股东代表诉讼。被告董事以原告股东未提起对公司董事会的前置请求诉讼为由，请求法院驳回起诉。原审特拉华州衡平法院以原告未陈述提起前置请求的无意义性的相关具体事实为由，依据衡平法院裁判规则 23.1 驳回了股东代表诉讼。原告向特拉华州最高法院提起了上诉。特拉华州最高法院作出了支持衡平法院的判决。

免除提起前置请求的关键在于，AmSouth 公司的基本章程规定了应依据《特拉华州普通公司法》第 102(b)(7)条决定是否免除董事的潜在责任，该条款规定了免除董事因违反注意义务而应承担的损害赔偿责任，董事的行为不诚信或违反忠实义务的除外。关于董事为履行监视义务是否诚实地采取了行动的标准，自 Allis-Chalmers 案判决开始，[1]经过衡平法院的 Caremark 案判决，[2]直至发展到最近的 Disney 案判决。[3]所谓决定监督责任的 Caremark 标准，重点使用了董事是否诚信这一概念。这与最近该法院在 Disney 案判决中认定的不诚信的定义一致，但该法院在这一判决中还言及，董事的不诚信行为与导致违反注意义务的行为（即重大过失行为）存在本质不同，不诚信行为属于一种更恶劣的行为，并举例说明了可以证明不诚信行为存在的下述情形："比如，信义义务人故意追求公司最佳利益以外的目的的，信义义务人故意违反现行有效的实定法的，信义义务人明知其负有作为义务，而故意无视义务不作为的。有关不诚信行为的其他情形目前还没有人起诉主张，不甚明了，上述 3 种可以说是最典型的情形。"

上述例子中的第 3 种情形，完全符合法院在 Caremark 案中论述的，构成董事监督责任的必要条件的情形，即实施"怠于履行持续的或组织性的监视义

---

① Graham v. Allis-Chalmers Manufacturing Co., 188 A.2d 125(Del. 1963).

② In re Caremark Int'l, Inc. Derivative Litigation, 698 A.2d 959(Del. Ch. 1996).

③ Brehm v. Eisner, 906 A.2d 27(Del. 2006).

务,如完全没有作出构建合理信息报告体系的努力等"欠缺诚信的行为。实际上,该法院在 Disney 案中引用了 Caremark 案判决,认可 Caremark 案的立场。因此,在原告将怠于监督作为其在本案主张的依据或理论时,衡平法院审查是否免除提起前置请求时适用的标准是正确的。

Caremark 案判决和本庭就欠缺诚信使用的表述,即"欠缺诚信是认定责任的必要条件"有其特殊意义。这种表述是为了表明,不诚信行为并不会直接导致违反信义义务的责任。不诚信行为之所以有导致承担责任的可能性,是因为要求诚信行为是"忠实义务这一基本义务的下位要素",①即只是条件之一。因此,证明 Disney 案判决和 Caremark 案判决论及的不诚信行为存在,对认定董事监督责任成立是不可或缺的要素之一,实施这类行为所违反的信义义务是忠实义务。

上述关于不诚信行为的见解可以推导出两种理论。第一,诚信通常和注意义务与忠实义务一起,被称为三种信义义务的一种,但诚信义务并非和注意义务与忠实义务站在同一基础上的独立的信义义务。违反注意义务和忠实义务将直接产生相关责任,与此相对,不诚信行为只会间接导致责任产生。第二,忠实义务的适用范围不仅限于存在金钱或其他可直接认知的利害冲突的情形,还包括信义义务人不诚信行为的情形。

如前所述,Caremark 案判决论及了成为董事监督责任基础的必要条件。这个条件是:(a)董事完全没有构筑信息获取、报告体系或实施任何相关管治;(b)即便构筑了这些体系或实施了相关管治,却故意不对其运作情况进行监督、监视,没有注意到应当注意的风险、问题等的相关信息。无论(a)、(b)哪种情形,要追究董事责任,都应证明董事明知其负有信义义务的事实。即董事明知自己负有作为义务却没有任何作为的,就证明其故意无视义务,违反了诚信义务,进而违反了忠实义务。

据毕马威的报告书,AmSouth 公司的董事会在 BSA/AML 合规程序建设上投入了相当多的资源,构建了各种手续和制度以确保合规。毕马威报告书

---

① Guttman v. Huang, 823 A.2d 492, 506 n.34(Del. Ch. 2003).

还记载,合规程序甚至设定了各种要素,可以评价相关法律由低到高的遵守程度,公司众多员工、部门、董事会专门委员会都可监督公司的 BSA 遵守情况,董事会非但没有被免除监督责任,而且这个体系还被设计成了使董事能够定期监视公司的 BSA 及 AML 遵守情况。比如,毕马威在 2004 年发现,负责 AmSouth 公司 BSA 合规的经理人陈述:"最近 5 年,我曾向董事会进行过高层次的年度报告。"并且,董事会的审计委员会每季度会对公司的 BSA/AML 合规情况进行审查。毕马威报告书显示,AmSouth 公司董事会曾多次书面强调了确保 BSA/AML 合规的方针及手续。虽然员工最终没有向董事会报告相关问题,但主张董事应为这种员工的懈怠承担个人监督责任是没有依据的。

法院在 Stone 案判决中支持了 Caremark 案判决,认定董事会应当合理获取信息,有义务建设公司的信息报告体系。①至此,特拉华州在最高法院层面确认了在没有"红旗"的情况下,董事的法律遵守体系构筑义务。但与 Caremark 案不同的是,本案明确了董事会违反 Caremark 义务就是违反诚信义务,②更明确了诚信义务是忠实义务的下位要素。③

在监视义务的解释上,法院依据的是 Guttman v. Huang 案判决。④ Guttman 案判决对公司未提出正确的财务报告时,董事依据 Caremark 标准应被追究什么责任进行了探讨。该判决虽认为有关监视义务的 Caremark 标准应适用于董事注意义务,同时也将 Caremark 标准重构为董事是否完成其忠实义务及诚信义务的标准。⑤Guttman 案判决认为,诚信是忠实义务不可或缺的要素。⑥因此,尽管 Caremark 案判决意图促进董事会承担更高标准的注意义务,但结果却设定了一个须证明董事怠于履行诚信义务,进而违反忠实义务的标准。⑦

---

① Stone, 911 A.2d at 369.
② Id. at 373.
③ Id. at 368.
④ Guttman v. Huang, 823 A.2d 492(Del. Ch. 2003).
⑤⑦ Id. at 506.
⑥ Id. at 506 n.34.

基于 Guttman 案判决的分析,本案判决将 Caremark 案判决指出的董事会怠于履行持续的或组织性的监视义务这一责任标准①分解为两个构成部分,即:(a)董事完全没有构筑信息获取、报告体系或实施任何相关管治;(b)即便构筑了这些体系或实施了相关管治,却故意不对其运作情况进行监督、监视,没有注意到应当注意的风险、问题等的相关信息。②根据(b),董事即使构筑了法律遵守体系,也应继续监视该体系是否足以及时向董事会提供有关违法行为的信息。如果出现了法律遵守体系未能正常运作的可疑情况,董事却故意无视,对体系问题不采取任何确认措施的,董事就将失去信赖依据该体系获取的信息的权利,可能导致违反监视义务。其中最值得注意的是,法院无论在哪个案件中,均要求证明董事明知其不能免除信义义务,即要证明董事违反监视义务,必须证明董事具有故意。③虽然因为本案判决将监视义务重构为忠实义务的一部分,董事违反监视义务便不能适用《特拉华州普通公司法》第102(b)(7)条的免责规定,但相应地要满足 Caremark 案标准的要求,则必须证明董事的故意,因此有观点认为,如此一来证明董事违反监视义务的难度反而比本案判决以前提高了。④

就本案而言,因为董事已经构筑了公司内部的法律遵守体系,董事是否应就员工违法行为导致的损失承担责任,就应当依据(b)进行判断。关于这一点,据毕马威报告书,董事会在 BSA/AML 合规程序建设上投入了相当多的资源,书面规定了各种手续及方针以确保合规,并及时进行更新。公司众多员工、部门、董事会专门委员会都可监督公司的 BSA 遵守情况,董事会还定期接受 BSA 负责经理人有关 BSA 及 AML 遵守情况的报告,不构成故意不对信息报告体系运作情况进行监督、监视,因此不应承担责任。

(4) Citigroup 案判决⑤——商业风险管理体系构筑义务被否定?直至 Stone 案判决的一系列判例所探讨的问题为:公司的业务执行者等的违法行为

① In re Caremark Int'l, Inc. Derivative Litigation, 698 A.2d 959, 971(Del. Ch. 1996).

②③ Stone v. Ritter, 911 A.2d 362, 370(Del. 2006).

④ Pan, A Board's Duty to Monitor, 54 N.Y.L. SCH. L. REV., at 727.

⑤ In re Citigroup Inc. Shareholders Derivative Litigation, 964 A.2d 106(Del. Ch. 2009).

的监督体系构筑义务的内容。Caremark 案判决明确了董事会及管理层有设计一个合理的信息报告体系的义务，以确保董事会在遵守法律和业务执行两方面的判断，是在充分、可靠的信息及时传递到董事会及管理层的情况下作出的。①从其文义来看，董事会通过构筑体系监督的对象包含了法律遵守和商业风险管理两方面。与此相对，下面介绍的 Citigroup 案判决则被认为是在实质意义上限定了监视、监督义务范围的判例。

本案是 Citigroup 公司因参与次级抵押贷款市场，给公司造成巨额损失，股东提起的要求董事赔偿该损失的股东代表诉讼。原告股东以该公司过去及现在的董事及经理人为被告提起本案诉讼，主张被告董事未能适当监视、管理因次级抵押贷款市场导致的公司风险，以及没有适当披露相关次级抵押贷款资产的风险，违反信义义务。原告认为不动产市场及信用市场逐步暴露的问题已构成一种广泛存在的"红旗"现象，被告为了追求短期利益，不惜牺牲公司的长远利益，从而无视了"红旗"的警告。

Citigroup 公司是一家在世界范围内开展业务的金融服务公司，向消费者及企业提供广泛的金融服务。该公司于 1988 年依据《特拉华州普通公司法》设立，总公司位于纽约州纽约市。本案被告是 Citigroup 公司过去及现在的董事和经理人。最初的股东代表诉讼，即 2007 年 11 月 9 日的起诉状列举了该公司董事会的 13 名成员。原告主张被告董事的过半数都是审计及风险管理委员会（ARM 委员会）成员，属于证券交易委员会定义的财务专家。

2006 年年初，被告们开始购入次级抵押贷款产品，至 2007 年底，这些次级抵押贷款产品已经给公司造成了巨额损失。在 2005 年底时，通过投机及容易被利用的信用交易被人为抬高的住宅价格已经遭到打击，开始跌落。十年前发行的利率变动型住宅按揭贷款的利息开始被抬高，许多住宅所有人每月支付的按揭贷款增加了不少。不履行债务及行使担保权的现象不断增加，以住宅按揭贷款收入为底层资产的证券产品价格开始下跌。至 2007 年 2 月，各次级抵押贷款发行人开始申请破产，次级抵押贷款资产支持证券不履行的概率

① Caremark，698 A.2d at 970.

也逐步提高。2007 年中期,各发行机构调低了次级抵押贷款资产支持公司债券的价格。

Citigroup 公司在次级抵押贷款市场的风险敞口多数是因为制作债务担保证券(CDOs,即以住宅贷款担保证券为底层资产,Citigroup 公司包装制作的价格更低的一揽子资产支持证券产品),再将各种不同风险和回报水平证券的现金流权利卖出的过程中产生的。Citigroup 公司制作的 CDOs 中相当一部分属于"流动性认沽期权",即 CDOs 的购买者可以按照约定的价格向 Citigroup 公司卖出 CDOs 的选择权。到 2007 年,Citigroup 公司在次级抵押贷款市场上的相关资产遭到了相当巨大的损失。

依据上述事实,原告股东主张被告:尽管已经出现了"红旗"信号,面对次级抵押贷款市场的问题,董事未能适当监视、管理 Citigroup 公司;未能确保该公司的财务报告完全、适当地进行披露,构成违反信义义务。被告则主张原告未证明提起前置请求的无意义性,请求法院驳回起诉。特拉华州衡平法院作出如下判决,肯定了被告董事提出的驳回起诉请求。

就被告董事应当承担何种个人责任,原告所主张的理论与传统的 Caremark 标准相比有些许变化。在典型的 Caremark 型案件中,原告一般主张被告应就员工的违法行为或被告未能适当监视、监督违法行为导致的损失承担责任。

本案中,原告基于 Caremark 标准的主张认为,被告应就未能适当监督 Citigroup 公司的商业风险承担责任,认为被告董事"没有按照相关程序,诚实地确保建立一个可以向董事会及时提供完整的,与次级抵押贷款市场风险相关信息的信息报告体系"。按照 Caremark 标准,应当承担责任。原告指出被告应当知道次级抵押贷款市场的问题,即所谓"红旗",且董事会的过半数成员经历过之前的安然事件;是 ARM 委员会委员、财务方面的专家,应当发觉上述"红旗"现象。

上述主张虽然是在 Caremark 标准下提出的,但原告的理论本质上还是在说因被告董事未能完全认识到次级抵押贷款市场的风险,应当对公司承担个人责任。"红旗"只是被利用来包装这种主张的外衣。实际上只是原告股东从事后视角来看,觉得董事作出的(或认可的)商业判断给公司带来了不好的结果,为此就要董事个人承担责任。特拉华州法院已经多次面临这种主张,为处理原告提出上述理论,才发展出了注意义务及商业判断规则。

法院不应评价商业判断的实质内容的好坏,而应关注作出商业判断的过程。虽然法院也会在一定程度上借助一些"事后诸葛亮式"的智慧,但法院不是对公司决策者作出的决策是否正确进行判断的适当主体。只要董事没有实施利益冲突行为,或对公司的不诚信行为,该商业判断是在合理获取所有可以利用的重要信息后,按照合理的程序作出的,法官或陪审团就不应事后再对董事的决定进行评判。商业判断规则下董事责任的标准"是以重大过失概念为基础的"。

另外,Citigroup 公司除违反忠实义务行为、不诚信行为、故意的违法和不当行为之外,还采用了免除董事违反信义义务的个人责任的《特拉华州普通公司法》第 102(b)(7)条作为公司的章程规定。特拉华州最高法院认定董事不诚信行为是在"故意追求公司最佳利益以外的目的,故意违反现行有效的实定法,明知其负有作为义务,而故意无视义务不作为"的情况下作出的行为。最近,特拉华州最高法院又认为董事可"免于承担因欺诈、违法或不诚信行为以外的起诉导致的责任的",原告试图以董事实质上有承担责任的可能性为由请求免除前置请求时,应当举出具体事实证明董事的行为是基于故意作出的,即"董事明知自身的行为不符合法律,或可以视为其明知的"。原告能够举证证明董事故意无视合理获取该业务及商业风险的相关信息,或故意无视该业务的监督义务的具体事实存在的,才可证明不诚信行为成立。

考察原告提起的 Caremark 型主张,可以发现监督义务的审查标准和第102(b)(7)条免责规定下无利害关系的董事注意义务的审查标准之间具有相似性。无论如何,董事的作为或不作为构成不诚信行为的,原告可以通过举证请求董事承担责任。比如原告能够举证证明董事故意无视合理获取该业务及商业风险的相关信息,或故意无视该业务的监督义务的具体事实存在的,便可证明不诚信行为成立。

特拉华州最高法院在 Stone 案中，明确了特拉华州公司的董事负有建立、施行监督体系，监视公司业务的责任。但董事承担此义务时，受到商业判断规则的保护，即董事不必担忧其作出的商业判断招致不好的结果时，就要承担个人责任，公司董事或经理人在这种保护下，可以放心进行一些具有商业风险的交易。因此，原告打算以董事具有重大过失为由推翻商业判断规则的，其要承担较高难度的证明重大过失存在的举证责任，而进一步证明董事的不诚信则难度更高。基于商业判断规则的推定、第 102（b）（7）条免责规定的保护、证明 Caremark 型主张成立的高难度共同构成了原告追究董事未能履行监视商业风险义务的个人责任的障碍，使原告负有极高难度的举证责任。

如果法院认可了原告要求追究董事未能履行监视商业风险义务的个人责任的理论，就不得不运用"事后诸葛亮式"的智慧评判董事商业判断的合理性或贤明程度，而这将导致破坏特拉华州法及政策的一贯性的危险。风险的定义之一就是预期收益与现实结果不符，董事和经理人的商业判断的核心要素则是公司如何在风险与收益之间进行衡量，并作出判断。基本上任何商业交易的当事人，都明白即便其对市场状况的判断正确，收益也仍然可能不符预期的道理，并在此前提下进行交易的。

法院运用"事后诸葛亮式"的智慧，评判董事是否正确认识了风险，并是否由此作出了"正确"的商业判断几乎是不可能的。任何投资都存在收益低于预期的情况。因为错误的商业判断就要求董事承担责任，会减损董事通过承担商业风险给投资者带来收益的能力。实际上，这种"事后诸葛亮式"司法正是商业判断规则要预防的，即使原告的主张按照 Caremark 标准可以成立，法院也不能放弃上述特拉华州信义法的根本原理。法院将基于上述考虑和举证证明董事监督义务成立的高标准，对起诉状载明的主张进行审查。

本案原告未能充分举证其主张的免除前置请求，要求董事承担未履行监视商业风险的监督义务的请求。原告的主张本质上是认为，Citigroup 公司遭到巨额损失前已经有一定的警示信息，被告可能，也应当知道该公司在次级抵押贷款资产上的商业风险，但被告却未能防止这种导致公司损失的商业风险，因此被告一定是故意无视相关警示信息，故意不去监督公司的风险。但这种臆测式的主张没有指出证明被告董事不诚信的任何具体事实，要以此认定董事怠于履行监督义务、承担个人责任是不充分的。

原告对 Citigroup 公司为监视公司风险，设计、规定了相关程序和治理规则这一事实没有争议。原告承认公司设立了 ARM 委员会，并于 2004 年修改 ARM 委员会规则，增加了一条委员会的设立目的，即辅助董事会履行对风险评估和管理方面的经营方针之基准和指引的监督责任。尤其是 ARM 委员会还时不时对下述问题进行开会讨论：与管理层和独立审计人共同对接受定期审计的财务报表进行讨论；与管理层共同审查对公司内部控制组织的评价；与管理层共同对公司主要的信用、市场、流动性、操作风险敞口进行讨论，并对管理层监视、控制公司风险评估及风险管理方针的程序进行讨论。

原告所主张的警告信息不能证明董事故意无视自己，或故意采取不诚信行为。最多只能说明，董事作出了不太好的商业判断。原告在起诉状中反复陈述了被告违反监督义务的推测式主张，但未能适当说明被告董事构成违反义务的实际作为或不作为的行为究竟为何。原告虽然承认公司设置了风险监控体系，但认为因被告董事（特别是 ARM 委员会委员）负有监视公司风险的责任，就应当为公司参与次级抵押贷款市场导致的损害后果承担责任。原告为该结论提出的唯一事实依据只有"红旗"现象，而实际上所谓"红旗"除了次级抵押贷款市场出现的持续恶化征兆以外再无其他。这种推测式主张显然不符合 Caremark 标准下对损害赔偿救济请求的要求。

依据董事监督义务理论，认可这种主张的话，长期以来确立的商业判断规则保护恐怕将被虚置。只凭公司因商业风险导致损失的事实，哪怕导致了毁灭性的损失，也不能证明董事违法行为成立或作为董事承担个人责任的依据。法院认为，仅凭市场信号显示情况在不断恶化这一事实，不能推翻商业判断规则的推定，也不能成为董事没有适当判断商业风险，让其承担责任这一结论的理由。原告向法院寻求的结论，无非依据这些"红旗"现象，认定 Citigroup 公司董事未能预想到商业风险的程度，进而允许公司进入次级抵押贷款市场是一种"错误"的商业判断。

包括 AIG 案在内的法院最近的判决均表明，本案主张和其他有充分理由不被驳回起诉的主张之间判然有别。在 AIG 案①中，法院对"AIG 公司最高管理层实施大范围、多样、重大金融欺诈行为"的主张进行了是否受理的审理。法院认为，依据原告提出的事实，足以推测 AIG 公司管理层各部门负责人多数知道并默认了违法行为。因为在公司内各部门负责人不知情的情况下，实施如此巨大的庞氏骗局的可能性很低。与本案主张不同，AIG 案的被告未能对大范围的欺诈和犯罪行为进行合理监督。实际上，法院支持了 AIG 公司最高管理层指挥了"犯罪组织"的主张，认为"AIG 公司的财务欺诈的多样性、广泛性和重大性是异常的"。

对比本案主张和 AIG 案判决的主张，董事监督义务意在督促董事发现给公司造成损失的违法行为，并确保建立一个可以预防违法行为的合理的信息报告体系。未能监督员工的欺诈或犯罪行为与未能认识到公司的商业风险程度之间存在重大区别。董事有义务建立一个合理的信息报告体系，确保及时发现公司内的欺诈或犯罪行为，实际上这也是特拉华州法规定的法定义务。依靠这种监督程序，董事可以预防可能给公司带来损失的欺诈或犯罪，以及其他违法违规行为。原告可能认为对于商业风险，董事也负有同样的监督义务，但监督商业风险的 Caremark 型义务与这种义务有根本的不同。Citigroup 公司是以承担、管理投资及其他风险为业务的公司，因董事未能监督"过度"的风险就要求其承担监督责任，等于是法院在对商业判断的核心内容作"事后诸葛亮式"的评判。特拉华州法规定的监督义务，其目的并不在于要求董事预测未来（哪怕董事是相关领域的专家），对未能准确判断商业风险的董事课以个人责任。

原告向法院提出所谓"红旗"以替代证明董事不诚信的事实存在，是想让法院展开商业判断规则禁止的"事后诸葛亮式"的司法审查。对一个导致了糟糕后果的商业判断，事后指摘曾存在某种征兆，正是导致判断错误的证据的可能性是很高的。事实上，在产生如此惊人的损失后，人们确实很容易认为"如果我处在董事的位置，就可以作出正确的判断了吧"这种具有引诱性的想法，

---

① American International Group v. Greenberg, 965 A.2d 763(Del. Ch. 2009).

是导致法官试图对商业判断进行客观审查的原因之一，但哪怕公司遭到再巨大的损失，也应当适用商业判断规则的推定。

Citigroup 公司虽然遭受了惊人的损失，但其损失的一部分是由于美国近年的经济问题，特别是次级抵押贷款市场问题导致的。可以理解投资者及其他相关人员试图想让谁来为这种损失承担责任的心态。但有时候，要区别想让谁来承担责任的愿望和想让实施了违法行为应当承担责任的人来承担责任的愿望是比较困难的。不能因为想让谁来为损失承担责任的愿望，就迷失了特拉华州法的立法目的。一方面，这会让董事与经理人担忧因自己的裁量导致公司损失时，须承担个人责任，承担商业风险长期来看可以使股东利益最大化。但这个理论从另一方面来说，似乎意味着股东在公司产生损失时，不能追究董事的个人责任。

本案判决明确了信息报告体系构筑义务为了让董事及时发现违法行为，并采取合理的措施的制度。[①]董事在监视商业风险时，不必承担同样的义务。[②]否则，特拉华州法确立的商业判断规则保护就存在被虚置的危险。[③]在董事的商业判断有可能导致公司损失时，董事可能会因担忧自己将承担个人责任而尽量采取风险回避型的经营策略，这最终会不利于股东利益的最大化。消除董事因经营失败将承担个人责任的不安，放心作出伴随风险的商业判断，才真正符合股东的最佳利益。所以，原告股东提出的因董事未能适当监视、监督商业风险，就绕开商业判断规则的适用，要求法院对董事商业判断的正确性进行实质审查的主张不能成立。

本案判决无论是在是否应推翻商业判断规则的推定问题上，还是在董事是否应承担违反监督义务责任的问题上，均要求原告举证证明董事存在不诚信的相关具体事实存在。本案被告为了适当监视、控制商业风险，对相关内控程序进行了讨论，并接受了外部审计人对其内控机制的评价。而原告仅主张了次级抵押贷款市场的状况在持续恶化这一"红旗"现象存在，却承认被告采

---

①② Citigroup, 964 A.2d at 131.

③ Id. at 125—126.

取过上述措施。因此,原告就被告董事故意无视合理获取次级抵押贷款市场信息的义务,或故意无视监视监督公司业务的义务,未能举出相关具体事实予以证明,也就无法证明被告的不诚信,导致法院否定了被告的责任。

按照本案判决,商业风险管理不适用 Caremark 标准,那么董事会是否就完全不用承担商业风险管理体系构筑义务呢? 或者,商业风险管理也能适用 Caremark 标准,董事会就风险管理体系仍然负有某种义务,本案只是刚好未能证明董事故意无视"红旗"的存在而已? 对这一点,有学说认为不应在法律遵守和风险管理之间设置根本区别,因而采取了后者的见解。[①]其依据为:第一,从 Caremark 案判决来看,没有理由将信息报告体系构筑义务的目的仅限于法律遵守。第二,近年来实践中关于最佳做法的一些指南在董事风险管理上所发挥的功能,已足以匹敌法律遵守体系在董事风险管理上的功能。第三,董事会在风险管理上的功能应当属于公司全部有效风险管理体系建设的一环,所谓有效风险管理体系即"公司为了对所有类型的风险,包括商业风险、业务风险、市场风险、流动性风险、信用风险进行搜寻、评估、管理"[②]的程序。因此,董事会的功能包含"确保建立所有适当的方针、方法、制度基础"。[③]Caremark 案判决从某种意义上,很像对董事会确保建立有效的法律遵守信息报告体系的必要性作出的说明。第四,风险管理体系与独立董事或大股东的监视、薪酬激励、审计、法律遵守体系一样,都可理解为是控制代理成本的一种方式。不过,股票期权或业绩挂钩的薪酬激励体系可能鼓励管理层从事高风险高收益的交易,追求短期内的股价上涨,反而不能给管理层以可持续的方法追求股价上涨的正确激励。[④]实际上《多德—弗兰克法案》就规定,决定管理层报酬的过程,应当有满足独立性要件的董事组成的薪酬委员会参

---

① Eric J. Pan, Rethinking the Board's Duty to Monitor: A Critical Assessment of Delaware Doctrine, 38 FLA. ST. U. L. REV. 209(2010).

② Michel Crouhy et al., the Essentials of Risk Management 88(2006).本书的日译版,参见三浦良造等译《リスクマネジメントの本質》(共立出版,二〇〇八年)。

③ Crouhy et al., id., at 89.

④ Kurt A. Desender, The Influence of Board Composition on Enterprise Risk Management Implementation 5(October 1, 2007), available at http://ssrn.com/abstract=1025982.

与。该规定的制定,就是对短期的业绩挂钩型薪酬激励制度招致的过度风险的反省。

即便对本案判决可以进行上述解读,但实际在特拉华州法上,董事恐怕不会承担商业风险管理体系构筑义务了。其理由之一是风险管理的最佳实践做法和法律遵守体系相比,目前还处在发展过程中。另一个理由是风险管理体系所能带来的收益为何,与法律遵守体系相比还并不十分清晰,且风险承担和风险管理还存在混同的问题。

4. 再论美国法上的董事体系义务

(1) 美国法上董事体系义务的确立。数十年来,董事监督义务始终是美国公司法学界长盛不衰的研究领域。在美国法上,董事会可以将业务权限向下授权,但须同时对业务执行进行监督。对此,《修订标准公司法》规定,董事会的监督权限不得授权他人,《特拉华州普通公司法》第 141(a)条也有类似规定。[1]而当公司发生合规等风险致损时,原告往往以董事违反监督义务为由提起诉讼。Graham 案是以董事怠于履行监督义务追究其合规体系责任的首例。[2]特拉华州法院在本案中认为,董事并不承担构筑合规体系的义务,[3]同时指出,董事发现可疑情形后消极处置的,须承担责任。类似判决还有 Smith v. Van Gorkom 案。[4]可见,董事监督义务作为一项积极义务早于董事体系义务而存在。

20 世纪 70 年代美、日竞争的背景下,最高法院法官亚瑟·J.高柏(Arthur J. Goldberg)提出,外部董事应当承担监督职能,后艾森伯格也反复强调,美国公司逐渐形成"监督型董事会"模式。[5]同时,大公司采用的 M 型组织结构所引发

---

① See Stephen M. Bainbridge, Corporate Governance After the Financial Crisis, New York: Oxford University Press, 2012, pp.151—152.

② See Robert C. Clark, Corporate Law, New York: Aspen Publishers, 1986, p.130. See Bainbridge, ibid, at 149.

③ Graham v. Allis-Chalmers Mfg. Co., 188 A.2d, p.130(Del. Sup., 1963).

④ 董事会必须以批判的眼光对其所获取的信息进行评估。Smith v. Van Gorkom, 488 A.2d, p.858, 872(Del. 1985).

⑤ See James D. Cox and Thomas Lee Hazen, The Law of the Corporations(3rd ed), New York: Aspen Publishers, 2010, pp.7, 9—10.

的信息偏差又使得董事会难以发现可疑情形。①科菲遂指出,如继续坚持 Graham 案,则董事会的监督职能将失去其意义。②1978 年,联邦经营者圆桌会议达成了大公司应建立合规体系的共识,③但体系义务仍未被明确纳入信义义务中。

直到 20 世纪 80 年代内部人交易频发后,1991 年诞生了联邦法院判决指引性文件《联邦量刑指南》(由联邦量刑委员会发布),在其第 8 章"组织的量刑"中增加了对公司犯罪的新的量刑政策,即只要公司制定并实施了"为防止法律违反而有效的程序",就可以作为减轻量刑的事由,其中就包括了"信息传递体系"。实际上,1978 年联邦经营者圆桌会议发布的董事手册中就已提出"信息传递"的重要性,认为董事有必要在公司构筑一个有效的信息报告机制并维持其运行。

美国法律协会(ALI)的《公司治理原则:分析与建议》的态度首先转变,④其认为大型公司董事会必须构建一种能辅助其积极进行监督的程序或者其他手段。⑤在 Graham 案的三十多年后,特拉华州法院在 Caremark 案中认为,股份公司董事会应该诚信地努力构筑一个信息报告体系,董事的体系义务在特拉华州判例法中才被正式确立下来。

(2) 美国法上体系义务的审查标准。其一,"诚信(good faith)标准"与"二要件说"。在董事监督义务的法院审查中,经常就"诚信"在董事信义义务中的地位(属于忠实义务还是注意义务)产生争议,⑥总结其主要原因有二:第一,在

---

① See Melvin A. Eisenberg, The Board of Directors and Internal Control, Cardozo Law Review, Vol.19, 1997, p.237.

② See John C. Coffee, Jr., Beyond the Shut-Eyed Sentry: Toward a Theoretical View of Corporate Misconduct and Effective Legal Response, Virginia Law Review, Vol.63, 1977, pp.1099, 1184.

③ "The Role and Composition of the Board of Directors of the Large Publicly Owned Corporation—Statement of the Business Roundtable", Business Lawyer, Vol.33, 1978, pp.2083, 2101.

④ 《公司治理原则:分析与建议》第 4.01 条指出,Graham 案的判断已与现实不符。

⑤ American Law Institute, Principles of Corporate Governance: Analysis and Recommendations, Vol.1, 1994, p.165.

⑥ 参见朱羿锟:《论董事问责的诚信路径》,载《中国法学》2008 年第 3 期;任自力:《美国公司董事诚信义务研究》,载《比较法研究》2007 年第 2 期;朱羿锟:《论董事问责标准的三元化》,载王保树主编:《商事法论集》2012 年第 21 卷。

特拉华州公司法下,董事注意义务分为在董事会决策过程中积极地进行决策,及对公司经营进行监督两个层面,①前者采用"重大过错"标准,并逐渐形成商业判断规则,用以排除法院对决策内容的实质审查;后者则一般认为不能直接适用商业判断规则,并在排除适用商业判断规则时对一些要素产生争议。②第二,董事缺乏"诚信"究竟属于违反忠实义务还是注意义务,同是否允许董事援引公司基础章程免责条款(《特拉华州普通公司法》第102(b)(7)条),是否允许费用补偿(《特拉华州普通公司法》第145(b)条),乃至适用董事责任保险等密切关联,简言之,如董事被认定缺乏"诚信"则无法获得免责。

Caremark 案中,公司职员违反《医疗中介回扣防止法》,约定由医生向患者推荐公司的服务或产品,而公司向医生支付回扣。法院认为,缺乏"诚信"属于董事注意义务范畴,换言之,董事会是否决策以及如何决策体系(也即信息报告体系)及其具体内容属于商业判断规则的范畴。③此后很长一段时间,对"诚信"的认识几乎处于混乱状态,④直到 Stone 案,⑤南方银行因其雇员违反联邦《银行保密法案》及《反洗钱法》而被处以 5000 万美元罚款。特拉华州最高法院认为"诚信(good faith)"仅是"obligation",是忠实义务的一项具体内容。⑥法院同时指出,认定董事违反监督义务即认定缺乏"诚信"需满足两个要件:第一是,董事完全没有构筑和实施信息报告体系;第二是,董事虽然构筑或实施了体系,但有意识地对体系是否发挥功能不进行监督。

Stone 案的双要件说对 Caremark 案判决的实质性变更主要体现在两个方面:首先,第一要件否定了董事会经过商业判断不构筑体系亦可获得免责的情

---

① See Melvin A. Eisenberg, The Duty of Care of Corporate Directors and Officers, University of Pittsburgh Law Review, Vol.51, 1990, pp.945, 951—952.

② 由于不需要也不允许董事作出(比如不进行监督的)具体决策,董事监督义务一般不适用商业判断规则。日本学界的通说同美国法类似,参见[日]近藤光男:《判例法中的经营判断规则》,梁爽译,法律出版社 2019 年版,第 5 页。

③ In re Caremark Intern. Inc. Derivative Litigation, pp.970, 698 A.2d 959(1996).

④ See Martin Petrin, Assessing Delaware's Oversight Jurisprudence: A Policy and Theory Perspective, Virginia Law and Business Review, Vol.5, 2011, pp.442—443.

⑤ Stone v. Ritter, 911 A.2d, pp.362, 369(Del. 2006).

⑥ 只有……勤勉义务和忠实义务……在违反时才可能直接导致责任,而不诚信则可能间接导致责任。Stone v. Ritter, 911 A.2d, p.370.

况,也即,假使董事会考虑费用成本而未构筑相关体系的,将直接构成监督义务违反,且不受商业判断规则的保护。①其次,第二要件强调了原告必须使法官确信董事确属"有意识地放弃义务"且已接近于"不忠实"的心理状态。Stone案之后的 Desimone 案(2007)、②Wood 案(2008)③中,特拉华州法院都沿袭了上述谨慎的司法态度,法院认为仅在董事会存在惯常性、结构性懈怠义务时才能认定董事责任。

当然,对于第一要件,美国学界的意见并不统一,比如艾森伯格主张大型股份公司的董事应对公司的体系错误(systematic error)负责;④班布里奇(Bainbridge)习惯用"every dog gets one bite"来形容,他认为狗主人在狗(哪怕仅一次)咬过人之后才应认识到其具有咬人的本性,但如果狗从来没有咬过人,那么狗主人没有责任(去进行日常防范),因此体系义务的适用范围是有条件的。⑤而克拉克(Clark)认为,对于不能使公司利益最大化的合规体系,考虑到费用问题,应该交由公司自由裁量而不宜法律强制。詹妮弗(Jennifer)指出,当联邦刑事法规定"体系"能为公司带来可观的"罚金减轻"的效果后,其方可视作一项"基于公司利益成立的董事的积极义务",Stone 案的判决有其合理性。⑥

同时,法院认为体系的具体内容属于商业判断规则的范畴。美国法律协会 1992 年编写的《公司治理原则:分析与建议》第 4.01(c)条对商业判断规则的表述选用了"rationally"一词,并与"reasonable"区别使用,对此,美国法律协会给出的官方注释为,前者是一种非客观的标准,换言之,就是要充分认可并尊重董事拥有广泛的裁量权,因而董事(会)只需构筑一个最小限度合理的合

① See Stephen M. Bainbridge, The Convergence of Good Faith and Oversight, UCLA Law Review,Vol.55, 2008, p.603.

② Desimone v. Barrows, 924 A.2d, p.908(Del. Ch. 2007).

③ Wood v. Baum, 953 A.2d, p.141(Del. 2008).

④ See Melvin A. Eisenberg, The Structure of Corporation Law, Columbia Law Review, Vol.89, 1989, pp.1461—1525.

⑤ See Bainbridge, Caremark and Enterprise Risk Management, 11(UCLA Law School Working Paper Mar. 2009), p.28.

⑥ See Arlen Jennifer, The Story of Allis-Chalmers, Caremark, and Stone: Directors' Evolving Duty to Monitor, New York University Law and Economics Working Papers, Vol.160, 2008, pp.7, 9.

规体系即可(回避州法上的责任)。

又一次重大变化发生在 Blue Bell 案中。2015 年 Blue Bell 公司生产的食品引发消费者患上"李氏杆菌病"。从 2009 年到 2013 年间,联邦食品药品管理局、阿拉巴马州监管当局、俄克拉荷马州监管当局相继发现工厂在食品生产、储存等环节存在合规缺陷,并伴有食品污染风险,此外,第三方检验机构也发现俄克拉荷马州生产设施以及得克萨斯工厂中的李氏杆菌细菌检测呈阳性,但高级管理人员并没有把这些信息传递给董事会。最终,堪萨斯州有 5人、得克萨斯州有 3 人因为公司产品而患病,堪萨斯州的 5 名患者中 3 人死亡。后来公司所有产品被召回,并接受了联邦食品药品管理局的"停业整改"命令,公司遂陷入流动性危机。原告认为被告董事没有诚信地在公司内构筑一个可以确保公司合规机制有效的信息传递、报告体系。而被告董事则以执行官、高管均定期对董事会就"业务问题"(operational issues)进行报告,[1]即存在信息报告体系等为由进行抗辩。

特拉华州衡平法院对双要件进行审查后,认可了被告关于存在信息报告体系的抗辩。[2]原告上诉,特拉华州最高法院撤销原判。最高法院指出,高管向董事会的业务报告是通常的流程,如果仅依据该抗辩而判原告败诉,则该双要件将成为"空想"(chimera)。[3]Caremark 标准是要求董事会构筑一个专门针对公司核心业务的合规风险进行监督、报告的体系。原告则举证了以下材料:董事会下不存在负责食品安全的委员会;董事会对有关食品安全的合规体系构筑没有定期获取报告的规定;董事会就食品安全风险不存在固定时间段的讨论;高管已知"红旗,或者至少是黄旗信号",但董事会并未做相应记录。特拉华州最高法院据此认为,原告已成功证明该公司不存在对于最核心问题(食品安全)的信息传递体系。

该案使得特拉华州法院认识到了原告举证要件二的难度,[4]从而将审查重

---

① Marchand v. Barnhill, 2018 WL 4657159, p.17(Del. Ch. 2018).

② Ibid., at 18.

③ Marchand v. Barnhill, 212 A.3d 805, pp.14—15(Del. 2019).

④ See Eric J. Pan, Rethinking the Board's Duty to Monitor: A Critical Assessment of the Delaware Doctrine, Florida State University Law Review, Vol.38, 2011, p.210.

心再次转向要件一。

其二,"红旗信号"(或者红色警报)标准。Graham 案中,法院认为触发董事监督义务的条件是发生了"值得怀疑的事由"(可能存在违法行为),Caremark 案中,法院将此要素表达为"红旗信号"(red flags),其包括预示已发生不正当行为的事实,有可能给公司带来严重损害,董事对其必须有所作为的重大事件或者信息。Stone 案之后的案例中,特拉华州最高法院更加明确,即便公司存在一定的体系,还要审查董事有否妥善应对"红旗信号",比如在Abbott Laboratories 案中,①大型制药公司 Abbott 因为产品不符合安全标准,在 1993 年到 1996 年间连续受到联邦食品药品管理局至少 10 次以上函告和警告。1999 年 11 月 2 日,公司同联邦食品药品管理局达成了罚金为 1 亿美元的行政和解(concent decree),最终造成公司 1999 年第三个季度损失一亿六千八百万美元。该案同 Caremark 案中完全没有构筑"体系"不同,是在"体系"已被构筑的前提下,法院认为一系列外部警告已构成"红旗信号",而董事在知道这些消息后并未做出任何应对,同样的判决路径也出现在McCall 案②中。

但美国学者指出,法院认定"红旗信号"的标准并不明确。③比如在Citigroup 案④中,由于董事并未对次贷危机引起的商业风险采取控制措施,导致公司从事的金融衍生产品交易发生 550 亿美元亏损。对于要件一,法院审查发现公司审计和风险管理委员会在 2006 年召开了 11 次会议,2007 年召开了 12 次会议,因而法院认为 Citigroup 公司的审计和风险管理委员会等"持续发挥着功能"。针对要件二,法院认为董事对商业风险管理体系和对合规体系承担责任的程度是完全不同的,原告所举证的公共信息(比如许多专家公开发

---

① In re Abbott Laboratories Derivative Shareholders Litigation,325 F.3d,p.795(7th Cir. 2003). 伊利诺伊州《事业公司法》第 2.10 条(b)(3)的规定同上述《特拉华州普通公司法》第 102 条(b)款(7)项类似。

② McCall v. Scott,239 F.3d,p.808(6th Cir. 2001).

③ See Anne Tucker Nees, Who's the Boss? Unmasking Oversight Liability within the Corporate Power Puzzle, Delaware Journal of Corporate Law,Vol.35,2010,pp.199,205.

④ In re Citigroup Inc. Shareholder Deriv. Litig.,964 A.2d,pp.106,107,125(Del. Ch.,2009).

表评论,以及一些金融机构已开始破产等)仅能证明董事可能做了一个"糟糕"的商业判断,而不构成"红旗信号"。同样,Goldman Sachs Group 案①中的法院认为,即使董事监督义务在风险管理体系层面是可诉的,但董事对公司可承受的风险总水平的判断和采取的具体措施并不在法院实质审查范围之内。

虽然部分美国学者对 Goldman Sachs Group 案判决非常肯定,②但反对者亦不在少数,比如拜布丘克(Bebchuk)认为,法院在金融危机之后仍然如此宽松地对待董事过度冒险的行为,实在不合时宜。③其他批评者则认为,法官在相关案件中很容易察觉董事们(对公司经营)的"不关心、不诚信"状态,法院完全无视了公司应在董事会体系督导之下经营的原则。④

5. 小结

综上,企业经营模式的演进、监督型董事会的形成、合规问题在联邦法层面愈发受到重视,以及股东诉讼等要素共同推动了美国法上的董事监督义务逐渐演变为体系义务,即董事(会)需承担体系的设计、维护、监督的责任。⑤笔者对此还想指出另一个值得关注的概念"内部控制"。自《反海外腐败法》(1977)之后,内部控制的概念逐渐扩大到内部会计控制以外的领域,而 COSO 发布的《COSO 内部控制整体框架》对内部控制的定义包括了:确保合规;确保公司财报信息的可信度;确保业务执行效率。安然事件后出台的《SOX 法案》(2002)就要求公司必须构筑"内部控制体系",其关注的正是上述《COSO 内部控制整体框架》的第二点定义,而第一点定义的合规体系则在州法层面通过董

---

① In re the Goldman Sachs Group, Inc., Shareholder Litigation., Civil Action, 2011 WL 4826104(Del. Ch. 2011).

② See R. T. Miller, Oversight Liability for Risk-Management Failures as Financial Firms, Southern California Law Review, Vol.84, 2010, p.47.

③ See Lucian A. Bebchuk and Holger Spamann, Regulating Bankers' Pay, Georgetown Law Journal, Vol.98, 2009, p.247.

④ See Kelli A. Alces, Debunking the Corporate Fiduciary Myth, Journal of Corporation Law, Vol.35, 2009, pp.252, 329. See also Stephen M. Bainbridge, Caremark and Enterprise Risk Management, Journal of Corporate Law, Vol.34, 2009, pp.979—980.

⑤ See Claire Hill and Brett McDonnell, Reconsidering Board Oversight Duties after the Financial Crisis, University of Illinois Law Review, Vol.3, 2013, pp.859, 861; See also Jennifer, The Story of Allis-Chalmers, Caremark, and Stone: Directors' Evolving Duty to Monitor, New York University Law and Economics Working Papers, Vol.160, 2008, pp.1, 3.

事监督义务的延伸得到确立,这也是 Stone 案判决的重要背景。由于在监督型董事会中,董事一般不会因监督而使自己受益,因而特拉华州法院可能更倾向于使董事放开手脚而不愿让其承担过重的监督责任。上述因素综合起来,导致了特拉华州法院对于董事监督义务、体系义务的地位、责任认定中的戏剧性一幕,其集中体现在对体系义务审查的"二要件"及"红旗信号"的审查标准中。

对于要件一,法院一般认为体系内容属于商业判断,而对于要件二,"诚信"归于忠实义务,形成了新的董事忠实义务,但增加了追责难度,从而使特拉华州最高法院在 Blue Bel 案中再次将审查方向转向要件一。一个值得关注的情况是,特拉华州最高法院愈发注重讨论体系的具体内容,比如员工手册、反托拉斯法等法案的员工学习会、采用面向所有员工的热线电话或者电子媒介支持投诉,以及更为具体的信息传递系统等,或许其在努力尝试为审查体系时的商业判断勾勒更清晰的方案。与此同时,虽然判例法确定了董事(会)应同时承担"合规体系"和"风险管理体系"义务,[①]但两者在"红旗信号"的认定上又体现出极大差异。有学者指出是否属于"红旗信号"可考察以下几个方面:首先,可对公司财产造成损害的可能性是否重大来评判;[②]其次,可考察信号的来源;再次,可考察信号发生的频度,如同狗主人对恶狗具有积极的管制义务一样,还可将频度与可能造成的损害额相结合。

因此可以说,几十年来特拉华州法院在董事监督义务、体系义务审查方法上出现反复甚至矛盾的重要交点正是商业判断规则及其具体适用。

(二) 日本

1. 日本法上董事体系义务的确立

日本法上的董事体系义务亦与董事监督义务相关。日本公司董事并不因董事地位当然享有业务执行权,[③]同时,日本最高法院昭和四十八年(1963

---

① See Veasey, The Challenges for Directors in Piloting Through State and Federal Standards in the Maelstrom of Risk Management, Seattle University Law Review, Vol.34, 2010, pp.1, 8.

② 包括将来可能使公司遭受重大损害的行为,也可认定为"红旗"信号。

③ 神田秀树『会社法(第 19 版)』(弘文堂,2017 年)218 頁注(3)参照。

年)五月二十二日判决认为,其他董事作为董事会成员承担对代表董事等业务执行的监督责任。①现行日本《公司法》第 362 条第 2 款第 2 项、第 416 条第 1 款第 2 项中也规定了其他董事会成员应监督业务执行董事的执行。此外,业务执行董事还应当对分管领域实施"指挥监督(包含商业使用人②)"。③如今日本学界认为,董事履行监督义务的对象应扩展到公司经营的业务整体。

日本学界通说认为应以明知或应知公司内存在可疑事实作为触发董事监督责任的前提。④然而实务中,董事往往以不知道该事实来抗辩,学界也认识到,董事的实时监督是不现实的。因此,神崎克郎首倡引入"体系义务"。⑤但此后日本商法中并未明确体系义务,直到美国《SOX 法案》颁布,日本才在 2006 年修订颁布《公司法》《金融商品交易法》,规定公司应该构筑"内部控制机制"。而"体系义务"则主要指董事(会)应当构筑"体系"(对"体系"主要内容进行决策)并确保其持续有效运行。⑥

现行日本《公司法》第 348 条第 3、4 款规定,资本金为 5 亿日元或者负债 200 亿日元以上的大型股份公司必须构筑内部控制体系。同时,日本于 2014 年新设了在董事会下设置专门委员会的公司,将业务监督权限赋予了专门委员会。为使其获得更多信息,⑦有公司设置监查委员会则必须构筑内控机制、设定内控机制的类别等规定。且从日本法规定看,股份公司董事会的监督职权不可委任,决定体系的具体内容以及执行的监督是董事会的专属职权。

2. 日本法上董事体系义务的审查标准

(1)"相当的因果关系"标准。由于日本法用两个条文分别表述监督义务

---

① 最高裁判所 1973 年 5 月 22 日判决,最高裁判所民事判例集 27 卷 5 号 655 页。

② 参见[日]近藤光男:《日本商法总则·商行为法》,梁爽译,法律出版社 2016 年版,第 56—67 页。日本商法上的"商业使用人"指已履行商业登记,拥有公司代理权的"经理人",其一般具有总括性的代理权,而中级使用人则是某种营业或特定事项的代理人,比如某事业部门的经理人,即某部门的"部长"等。

③ 田中亘『会社法(第 2 版)』(東京大学出版会,2018 年)269 页参照。

④ 龙田节、前田雅弘『会社法大要(第 2 版)』(有斐閣,2017 年)120 页参照。

⑤ 神崎克郎「会社の法令遵守と取締役の責任」法曹時報 34 卷 4 号 1 页参照。

⑥ 藤原俊雄「内部統制システムの構築と取締役の義務」民事法情報 1 号 47 页参照;岩原绅作「大和銀行代表訴訟事件一審判決と代表訴訟制度改正問題(上)」商事法務 1576 号 11 页参照。

⑦ 参见[日]近藤光男:《最新日本公司法》,梁爽译,法律出版社 2016 年版,第 192、319 页。

和体系义务,日本学界一说认为体系义务是监督义务的延伸,[1]有法院判决认为,大公司董事会设置的体系内容合理,可认为其已履行监督义务;[2]另一说则认为二者并列。但日本学界均认为此二种义务是董事基于委任关系衍生出的善良注意义务和作为义务。根据债务责任"二分说",董事义务除自我交易等属"结果债务"以外,均为"手段债务",[3]法院应当审查行为与结果间是否存在"相当的因果关系"。而确认存在"相当的因果关系"需以存在"可回避性"(即董事是否能够回避、防止通常情况下的损害发生)[4]和"可预见性"(即董事对于不当或者违法行为存在的可疑情形是否属于"已知、应知、可知")[5]为前提。

不同董事的地位、职责差异,会使得其与损害结果之间"相当的因果关系"之程度各异。近藤光男指出,代表董事、业务执行董事的"相当的因果关系"更容易认定。比如在相关案件中法院表示,[6]上述两类董事不得以"不知情"免责。[7]而对于非执行董事,则应考虑到其尽力也可能无法阻止不当行为。[8]日本法院就曾作出如果非业务执行董事对公司创始人、领导者服从,但只要付出了足够的监督、劝说的努力就不承担责任的判决。[9]同时,法院还会衡量非业务执行董事对损害结果的影响程度按比例认定责任。[10]类似案例有 Dasikin 案[11]和日本航空电子工业案[12]等。

---

① 伊勢田道仁「取締役の監視義務と信頼の原則」法と政治 69 巻 4 号(2019 年)1 頁参照。

② 大阪地方裁判所 2000 年 9 月 20 日判决,判例時報 1721 号 3 頁。

③ 即将侵权债务分为"结果债务"(重视结果)和"手段债务"(重视行为过程),比如医疗行为即属于手段债务。潮見佳男「民法からみた取締役の義務と責任」商事法務 1740 号 32—34 頁参照。

④ 内田貴『民法 II』(東京大学出版会,2011 年)388 頁参照;笠原武郎「監視監督義務違反に基づく取締役の会社に対する責任について(二)」法政研究 70 巻 1 号(2003 年)68 頁。

⑤ 近藤光男『新版注釈会社法(6)』(有斐閣,1987 年)257、280—281 頁参照。

⑥ 東京高等裁判所 1979 年 7 月 19 日判决,判例タイムズ371 号 153 頁、東京地方裁判所 2007 年 7 月 25 日判决,判例タイムズ1288 号 168 頁。

⑦ "神户制钢股东诉讼"中法院认为"代表董事仅以'不知'这一辩解不能免除责任"。

⑧ 日本公司大多实行"逐级晋升"的人力资源政策,非执行董事很可能是代表董事(董事长)的旧部下,因而监督效果有限。

⑨ 大阪高等裁判所 1999 年 7 月 21 日判决,判例時報 1698 号 142 頁。

⑩ 依据日本《民法》第 719 条规定的共同侵权行为的规则。

⑪ 大阪高等裁判所 2006 年 6 月 9 日判决,判例時報 1979 号 115 頁。

⑫ 東京地方裁判所 1996 年 6 月 20 日判决,判例時報 1572 号 27 頁。

（2）商业判断规则。日本法院也适用商业判断规则（日语为经营判断原则）审查体系内容。在大和银行案[①]的判决中，日本法院首次使用了"内部控制体系"（日语为"内部統制システム"）一词，法院认为体系的具体内容属于经营判断的问题。和美国法院不同的是，日本法院会对其进行实质审查。即法院应在尊重董事经营判断裁量权的基础上，从董事会意思决定的过程（程序）及内容层面，基于一般经营者的标准，审查其是否存在特别不合理或不恰当之处。

然而，掌握尊重自由裁量和实质审查间的平衡较难。从立法体例看，日本法上的"合规体系"同"风险管理体系"分属于不同的体系（上文所述，日本《公司法实施规则》第100条规定了7种体系）。在养乐多案中，公司因从事高风险交易，造成巨额亏损。东京高等法院认为，董事会对风险管理体系的裁量度应当比合规体系更为广泛。[②]对此，一部分日本学者认为，法院应在"类型化的不合规行为"中缩小商业判断规则的裁量范围，而对于那些并不违法的交易风险管理体系，应扩大商业判断规则的适用。[③]但另一部分学者则批评认为，风险体系本不应在商业判断规则保护的范围内。[④]

商业判断规则也影响了对于"相当的因果关系"的审查。在大和银行案中，董事会仅就业务分离而并未对人事安排进行决议，使得某甲兼管多种业务后，能轻易篡改清单、擅自进行交易。该案中，虽非直接负责该部门工作的董事因主张无法预见此种人事安排而得以免责，但其人事安排并未列入董事会决议的做法，针对该行业来说是否正确，本身就是值得商榷的。

法院审查体系内容及措施，结合其企业规模以确定其"可回避性"。在"リソー案"[⑤]中，公司出现财务造假，法院结合该公司规模，根据公司已聘请外部审计，并由外部监事进行审计监督、设置了内部监查室和监查官，设置群众信

---

① 大阪地方裁判所 2000 年 9 月 20 日判决，判例タイムズ 1047 号 201 頁。

② 東京高等裁判所 2008 年 5 月 21 日判决，金融商事判例 1293 号 12 頁。

③ 青木浩子「会社法と金融商品取引法に基づく内部統制システムの整備」浜田道代＝岩原绅作編『会社法の争点』（有斐閣，2009 年）153 頁参照。

④ 野村修也『会社法判例百選（第 3 版）』（有斐閣，2011 年）113 頁参照。

⑤ 東京地方裁判所 2018 年 3 月 29 日判决，判例時報 2426 号 66 頁。

箱等做法,认定其已达到可避免通常的不当行为的程度。而在日本系统技术公司案①中,公司的业务部长 B 为谎报业绩,在公司有价证券报告书上实施了虚假记载。日本最高法院指出,"公司事业部门与财务部门相分离;并构建了通过检查财务部报告营业额的机制……因此公司构建的管理体系已经达到了能够预防通常可以估计到的违法行为的程度"。由此可见,日本法院的审查会综合衡量企业规模等,评价其体系是否能够防止通常的违法行为。而当从业人员采用通常无法被察觉的方式实施不法行为时,董事、代表董事往往能够免责。

在"リソー案"中,评估机构提交的公司内控调查报告指出,②作为公司创始人的执行董事设定的人事评价制度不当,是公司在会计上出现不当处理的原因之一——从业人员上上下下均为了达成业绩不择手段,代表董事则只关心经营的扩张。有学者认为,这也可称为企业不法行为的"远因"。特别是在典型的一人领导(代表董事、董事会会长、社长均为同一人)的公司中,作为领袖人物的经营者制定并实施上述经营方针本身就违反了结果回避的期待。③而在日本系统技术公司案中,实际上 B 还兼任经营部部长,案件主要起因是 B 指示下属职员伪造客户订单且该违规行为反复持续两年之多。有日本学者指出,关键职位存在兼职本身代表着对人力资源管理的疏忽,从"可预见性"和"可回避性"出发,包括代表董事在内的全体董事责任都还存在一定的讨论空间。④

(3)重点案例。第一,大和银行案。合规计划可以作为量刑中的从轻减轻事由。1996 年下水道串通投标案件中,东京高等裁判所判决认为,被告法人结成价格卡特尔触犯刑法,然而可基于其合规计划酌情从轻处理,即"公司认识到事件严重性并深刻反省,通过机构及人事调整等,意图防止再犯",正面肯

---

① 最高裁判所 2009 年 7 月 9 日判决,金融商事判例 1330 号 36 页。

② 2014 年 2 月 10 日「第三者委員会の調査報告書受領に関するお知らせ」,https://www.riso-kyoikugroup.com/ir/pdf/2014/20140210.pdf,第 3 页,2021 年 11 月 18 日访问。

③ 長畑周史「代表取締役について不正会計等を防止するための監視義務及び内部統制システムを構築すべき義務を怠ったとは言えないとされた事例(リソー教育事件)」横浜市立大学論叢社会科学系列 Vol.72(2021 年)137 頁参照。

④ 大川俊「従業員の不正会計と代表取締役の内部統制システム構築義務」沖縄大学法経学部紀要 11 月号(2011 年)69 頁参照。

定了合规计划作为事后情节的刑法意义,也能够激励企业制定实施合规计划。该判决将合规计划作为事后的一个情节来考虑,将其理解为"自我认识到作为法人的社会责任,并不再以组织的形式实施犯罪的证明"。[①]该案判决后,东京地方裁判所平成十四年(2002 年)一月十六日[②]的判决中,提及缴纳所有税款、配合调查、设置合规委员会等,认定其事后的整备合规计划可作为量刑情节予以考虑。

在大和银行股东代表诉讼中,裁判所判决其股东、监事承担巨额赔偿责任,肯定了董事义务的内容包含内部治理机制的构建义务。而整备合规体制作为体系义务的具体内容,也在认定责任层面起到了作用。社会对此的认识度提高了,支持这种见解的学说也具备较大影响力。[③]该案的判决[④]是第一次具体谈及"内部控制体系构筑义务"的判决。其提出,公司要实现正常运营,应准确把握各类风险情形,并设定相应预案,也即构筑风险管理体制(内部控制机制)。其大纲制定作为公司经营重要事项,应由董事会决议,由执行者根据大纲负责制定其分管领域的具体体制。因此,执行者负有构筑体系的义务,其他董事负有监督其履行构筑义务的监督职责。同样,一般情况下监事也负有该义务。

但该法院也提出,该体系的具体内容及措施,是随着实务中风险和问题的出现、学术的发展而不断完善的。因此,从确保经营稳定的角度看,案件审理当下所要求的管理水平并不适宜作为本案判断标准。另外还应充分尊重经营者们商业判断下广泛的裁量权。

综上,大和银行案判决认为,部分直接管理的上级董事因怠于履行上述义务应当承担责任。但"对未在检查部和纽约支行任职的董事(包括代表董事)来说",其虽具有监视义务,但针对检查部在确认该等余额时采用了不适当的检查手续一事,因原告并未举证存在应引起董事怀疑的"特别情节",因而不能认

① 原田國男「社会奉仕活動と量刑」「量刑判断の実際」(现代法律出版、2003)214 頁。

② 東京地判平成 14 年 1 月 16 日(LEX/DB INTERNET28075341)。

③ 伊勢田道仁「会社の内部統制システムと取締役の監視義務」金沢法学 42 卷 1 号(2000)80 頁以下。

④ 大阪地方法院平成 12 年 9 月 20 日判决(判例タイムズ一〇四七号八六頁)。

定其违反监视义务。该判决所建立的规则在自此之后的判例中也被继续坚持。

第二，神户制钢公司股东代表诉讼。在神户制钢公司股东代表诉讼中，裁判所表示，基于企业分工的细化，实时把握全体员工的行为是不现实的，因此董事应当构建体系以防止不当行为。这一司法判决也强有力地使董事深化了对合规计划重要性的认识。

第三，2002 年的商法修改。此次修改引入了设置专门委员会等的公司制度，此外还设定了董事的体系构筑义务，以使得专门委员会能够适时适宜地监督执行者的行为。①

第四，Dasikin 案。该公司因其在以"ミスタードーナッツ（mister donut）"为商号的加盟店中销售含有禁用食品添加剂的肉包被媒体曝光，导致 mister donut 营业额下跌而对其赔付了大量金钱。Dasikin 公司的股东遂以公司董事违反注意义务为由，提起股东代表诉讼。②原告股东认为，就内部控制体系而言，被告董事违反了针对防止添加剂的合规体系构筑义务，此外还怠于采取损害回复措施。原审判决③否定了违反与"混入""销售"有关的内部控制体系构筑义务的责任，而对原告主张的被告怠于采取措施，则部分予以认可。双方当事人都提出了上诉。

针对"混入"，该判决指出，Dasikin 公司将肉包制作委托给了ハチバン食品公司，不能因 Dasikin 公司对被委托公司的信任而对其予以非难，而即便 Dasikin 公司没有独立对产品质量进行检查，也"不能认为其没有采取保证质量的相关必要措施"，因此不认为其违反了内部控制体系构筑义务。

另外，针对"销售"，该判决则展开了以下详细论述，驳回了原告的主张："公司要实现正常运营，应准确把控因其业务种类、性质等可能导致各种风险的情况，如信用风险、市场风险、流动性风险、行政事务风险、系统风险，并采取相应的防范措施，即应当开展风险管理工作，公司应当依据其业务规模、特征

① 片木晴彦「監査役と監査委員会」民商法雑誌 126 巻 4・5 号（2002）560 頁以下、森田章「取締役の機能の分離」民商法雑誌 126 巻 4・5 号（2002）509 頁以下、山下友信「委員会等設置会社における取締役・執行役の責任」民商法雑誌 126 巻 6 号（2002）811 頁以下。
② 大阪高等法院平成 18 年 6 月 9 日判决，判例タイムズ 一二一四号一一五頁。
③ 大阪地方法院平成 16 年 12 月 22 日判决，判例タイムズ 一一七二号二七一頁。

等建立相应的风险管理体制（也就是内部控制体系）。"

"不过，应当构筑的风险管理体制的内容，只能随着因风险现实化而引发的各种事件、事故及相应的经验积累，以及风险管理学术研究的发展而逐步充实。因此，将当下所要求的风险管理体制水平作为本案判断标准并不太恰当。""另外还应注意的是，风险管理体制的具体内容应当为何，基本属于商业判断的问题，应充分尊重作为公司经营专家的董事的广泛的裁量权。"

然后，针对本案营业部门的负责人"违反禀议规定""故意不向董事会报告，在背后秘密实施违法行为"的情节，该判决认为："尚不能要求董事会事先考虑到上述情况，负担这样体系构筑义务：使员工不仅服从自己所属的营业部门的指挥命令并传递相关信息，而且传递其所属部门以外的其他部门的信息。"

Dasikin 案在认可内部控制体系构筑义务的存在，以及该等义务的具体内容属于商业判断的问题这两点上与大和银行案相同。而且，"风险管理体制的内容，只能随着经验积累和学术研究的发展而逐步充实"和"以当前所需要的风险管理体制水平作为本案判断标准并不太恰当"这两个观点也与大和银行案相同。在具体运用上，则认为董事没有义务构筑防止具体负责人"违反禀议规定，秘密实施违法行为"的体系。换一种说法，董事可以将具体负责人是否会遵从其构筑的体系这一点纳入考虑，而这种考量与大和银行案的"如不存在应引起董事怀疑的特别情节的"，董事则可免责的观点有相同之处。

第五，养乐多案。养乐多案判决[1]中，制造、销售乳酸菌饮料的养乐多总公司将公司资金投入资本运作，从事金融衍生品交易，却导致了巨额损失，原告股东因此以总公司的董事为被告，提起了股东代表诉讼。虽然法院认定从事交易的董事应负责任，但其他董事是否违反监视义务则成为在内部控制上有争议的问题。

养乐多案判决作出了如下论述，否定了董事的责任："金融衍生品交易是一种以少量资金从事大额交易的高杠杆金融活动，具有较高的投机性，参与交

---

[1]　东京高等法院平成 20 年 5 月 21 日判决（判例タイムズ 一一七四号一五〇頁）。

易者对市场动向的预测正确的，便可获得高额收益，相反，预测一旦错误，便会产生巨额损失。任何人都不可能完美预测市场动向，所以不可能完全避免损失的发生。因此，公司在其经营的本业之外，从事金融衍生品交易的，除了要尽可能收集与市场动向有关的信息，对此展开分析、研判后再作出适当的判断，还要制定风险管理方针，构筑有效的管理体系，以避免这种金融衍生品交易产生的损失导致公司出现存亡危机，在损失发生的情况下，将其影响限制在一定范围以内。"

"应当具体制定什么风险管理方针，如何进行管理，如上所述，应当综合考虑公司的规模等各种因素，无法抽象地决定其内容，因而具有广泛的裁量空间。另外如上所述，当没有公认的金融衍生品交易的管理方法时，我们在评判董事对风险管理体制构筑问题上所作的判断是否适当，应以当时的知识和经验为标准。"

该判决对负责衍生品交易的董事也作了相同判断。对负有统筹管理、监视公司业务责任的代表董事，该判决认为，不能要求代表董事亲自对每个交易的详情一一仔细审查，以相信下级部门"在恰当执行职务为前提"，只要不存在特别值得怀疑的情节，就可依据其报告展开调查、确认工作，并可认为董事已经尽到其注意义务。针对分管董事的责任也是同理。

养乐多案判决虽然没有使用内部控制体系这一用词，但就风险管理体制的内容具有广泛裁量空间，以及是否恰当构筑了风险管理体制的标准应以当时的知识和经验来判断这两点作出了论述。后者与大和银行案、Dasikin案判决相同，前者的"广泛裁量空间"、代表董事原则上可以信赖分管负责董事的行为合法这一点也相同。因此，养乐多案判决可以说是沿袭了既往一系列判例的观点。

综合以上判例，大致可以总结出以下四方面的内容：（i）董事负有内部控制体系构筑义务；（ii）内部控制体系的具体内容属于商业判断问题，对公司董事来说，其存在自由裁量的空间；（iii）内部控制体系的内容是逐渐完善的，不能以当下所要求的风险管理体制水平作为判断标准，而应以案发当时的水平进行判断；（iv）就内部控制体系的具体运用，董事可以信赖具体负责人的行为合法,在"不存在特别值得怀疑的情节"的情况下,不会违反善管注意义务。如上面的分析,自大和银行案判决以来这个判断过程便一直得到了坚持。

首先,就上述判例观点的(i),对公司法上的大公司(日本《公司法》第2条第6项)和专门委员会设置公司(日本《公司法》第2条第13项)的董事来说是法定义务(日本《公司法》第348条第4款、第362条第5款、第416条第2款),同时其他公司董事也有相应义务的观点应当没有争议。

其次,就(ii)来说,养乐多案的判决没有使用商业判断或裁量空间这些用语。但是,Y公司分别设置了独立的业务部门和财务部门;在营业部之外,还设置了BM科和CR部,规定需经此两机构审查后方可向财务部报告营业额;且Y公司与监查法人之间有审计合同,该监查法人与上诉人的财务部均定期向客户邮送应收账款结余确认书,因此认定"Y公司的合规机制已经达到了一般情况下能够避免违法行为发生",并据此否定了H等人的过失。也就是说,无论事后发生任何损害,都不能以内部控制体系(风险管理体制)的具体内容为由追究董事和公司的责任。这种观点和商业判断规则一样,为内部控制体系构筑留下了裁量空间,与此前的判例属于同一种思路。

再次,虽然并没有就(iii)的观点展开详细论述,但Y公司在事发后,宣布业务部门和财务部门开始联合对剩余应收账款进行管理,并由独立于业务部门的管理部门负责确认债权余额的工作。[①]此事显示了"公司事后构筑可预防此前违法行为再次发生的内部控制体系的可能性"。基于这种考虑,养乐多案判决在作出是否违反内部控制体系构筑义务的判断时,其判断标准为违法行为发生时的标准,而非以审理时的当前时点为标准。

在内部控制体系的具体应用方面,养乐多案判决认为本案违法行为是营业部员工运用巧妙的欺诈和伪造手法"以通常难以想到的方法实施的行为",并且不存在"本案之前该作案手法已有人使用过之类,Y公司代表董事H应当预见到本案可能发生的特别情节"。也就是说,董事只须防止通常能够想到的

---

① 《关于前一年度营业额篡改的预防策略及公司内部处分》,http://www.jast.com/pdf/20050318saihatsuboushi.pdf。

违法行为和有预见其发生可能性的违法行为即可,这种观点和既往判例的"不存在值得怀疑的特别情节"就不认为违反善管注意义务是内容相同的。

(4)判决的妥当性——内部控制体系构筑的内容。那么,综上几个判例的判断内容是否妥当?如下文所述,针对上述立场,存在相当有力的反对观点。下面将就内部控制体系构筑义务的内容,通过与该反对说进行对比,阐明其正当性。

反对说认为,依据判例,公司负有内部控制体系构筑义务(i),其具体内容应适用商业判断规则(ii),且应以行为当时的水平进行判断(iii)是否妥当值得商榷。反对说(以下称"野村说")的立场和见解如下:"虽然从企业的收益与其承担的风险成正比的角度来说,愿意承担何种程度的风险属于企业经营战略的问题,但既然法律不鼓励企业构筑冒险型的内部控制体系,将商业判断规则适用于内部控制体系就欠缺妥当性。应当首先确定一个最低水平的体系构筑义务,在此前提下超过该水平,逐步进行充实的内容才属于经营者的裁量范围。"①

但上述见解存在问题。该类判例要解决的问题并非内部控制机制的"冒险性"。自大和银行案以来的一系列判例,以及养乐多案判决的问题在于"董事对其无法直接参与的,员工实施的违法行为是否应当负责","董事应当承担内部控制体系构筑义务,原则上不能因为无法亲自监督员工的行为就可以免责",但是,从限定董事责任范围的目的出发,"在员工使用了巧妙的伪装手段等让董事承担责任过于严苛的情况下不负责任"。其适用"商业判断规则"或"裁量空间"这样的说法,也可见得其目的并不在于"认可董事采取冒险策略"。

上述见解还指出,在应当构筑的最低水平体系之上的部分属于商业判断的范畴。但由于体系的具体内容多种多样,如上所述,判例涉及的问题包括"有价证券报告书虚假记载""违反食品卫生法"等各个方面,因此上述见解如主张对这些不同方面的问题都存在一个最低的、统一的法定标准,恐怕是无法

---

① 参见野村修也《内部統制への企業の対応と責任》企業会計 Vol.58 No.5(二〇〇六年)。另参见野村修也《判批》別冊ジュリスト一八〇号一二四頁(二〇〇六年)。

实现的。

从董事不得因为员工处于组织的末端，就对其动向毫不关心这个意义上来说，内部控制体系有其存在的必要，董事应负有相关构筑义务（即便不是大公司）。但是，如果这些概念成为迫使董事和公司对企业中各种各样的违法行为不受范围限制地承担赔偿责任的工具的话，则有过分偏颇之嫌。内部控制体系的内容在适用商业判断规则、承认其应有一定裁量空间的前提下，才可认定董事在一定情形下，享有对事后产生的损害免责的余地。从这一点上来说，判例的立场是妥当的。

而且，内部控制体系的内容是随着案例和讨论的积累而逐步充实的，即便要求其达到一定的水平，也不可能在短时间内实现，只可能在长时间的案例积累和研究后才能实现。且在企业环境每天都在发生变化的现实中，内部控制体系的构筑恐怕还要根据各种具体情形充分进行摸索才行。正因如此，判断董事是否应对内部控制体系的内容负责时，上述商业判断规则和裁量空间的概念不可缺少，而且不能以相关讨论已有所进展的现在为标准，只能以当时的水平为标准进行判断。既往判例就这一点也具有妥当性。

那么，适用商业判断规则的具体结论也是妥当的吗？对此，养乐多案判决的一审、二审在承认存在导致违法行为发生风险的前提下，一审指出"董事过于轻信不存在违法行为"，二审指出"董事未直接向财务部确认"，据此认定董事具有过失。可以看出，作为内部控制体系未能有效发挥作用的论据，"未直接确认"在这里被认为是一个大问题。

但是，内部控制体系还具有"通过构筑这种体系，便可认定董事已履行完毕其监视义务"的功能。也就是说董事只要构筑了内容充分的内部控制体系，就可被认为已履行义务。如果再要求其承担直接确认的义务，则不仅属于叠床架屋、没有意义，而且可能严重损害公司业务的执行效率。因此，一审、二审的判断有一定问题。从内部控制体系的内容来看，正因为董事构筑了足以防止违法行为的体系，员工才不得不采取通常难以预想到的巧妙方法，董事才可因缺乏预见可能性而免责，养乐多案判决指出这一点，并据此否定董事存在过失是妥当的。

（5）内部控制体系构筑的具体运用。如前所述，在董事对内部控制体系的具体运用上，既往判例认为"不存在特别值得怀疑的情节的"；养乐多案判决则认为员工使用巧妙的伪装使得虚假记载"不存在应当预见的特别情节"的，董事便没有违反善管注意义务。这是一种认为只要代表董事构筑了有效运作的内部控制体系，就可以信赖员工会按照内部控制的要求行动的理念。

"野村说"认为，董事是在内部控制体系的安排下，接受代表董事的委任，各自履行其职务的。因此董事对其他董事的信赖应当得到保护，形成一个令每个董事得以专注于自身职务的责任体系，才能使这种协作关系发挥效用。此种观点和判例也是同一立场。

虽然内部控制体系首要的功能一般被认为是"防止违法行为发生"，但"保证业务效率"也是其重要功能。如果董事总是预先设想其他董事或员工会采取不遵守内部控制的行动，从而不得不对内部控制体系的具体运作状况等逐一进行查验的话，很可能会显著降低业务效率。因此，内部控制体系构筑后，应当认为董事只须对通常能够预防的违法行为进行监督即可，而对难以预见的行为等导致的损失，依据上述信赖原则，则应免责。因此既往判例、养乐多案判决和"野村说"就此的论述是妥当的。

（6）小结。由于立法例、适用对象交叉，以及将商业判断规则作为实质审查原则并与"相当的因果关系"相互结合，这些因素使得日本法上董事的监督义务和体系义务在具体责任分担层面的论点比美国法更为复杂。具体来说，代表董事、执行董事由于其本身还存在"指挥权下的监督"，因而并不因体系的构筑而降低监督义务的要求，①而非业务执行董事则可根据体系的构筑、实施内容和情况来认定义务履行状况。而当确实不存在"相当的因果关系"时，所有董事都有无须担责的可能。

同时，"相当的因果关系"往往也渗透着商业判断规则的影响。首先，日本学界一般认为董事监督义务不适用商业判断规则，但当董事知晓"可疑情形"后采取何种措施应尊重董事裁量，因此，在考察董事监督义务时也存在商业判

---

① 近藤光男『判例法理：取締役の監視義務』（中央経済社，2018 年 3 月 30 日）8 頁参照。

断的适用空间。①其次,由于对商业判断的"广泛尊重",尤其在认定非业务执行
董事责任的层面,客观上产生了和美国法类似的效果。再次,审查"相当的因
果关系"往往受到商业判断规则的影响,尤其是在何种情况下才能完全切断
"相当的因果关系"并不明确。近藤光男指出,如果法院简单认可董事裁量,
则会导致同商业判断规则本来的理念完全相反的结果,甚至可能阻碍董事
妥善履职。最后,由于岗位兼任诱发的问题同时发生在大和银行案和日本
系统技术公司案中,而当职员实施的行为基于"巧妙的方法"或者"共谋"时,
董事亦极有可能不承担责任。然而大量案件的共性是,当事业部门经理(商
业使用人)等重要职位出现兼职、兼任的情况下,核心部门可能无法实际发
挥效用。可以说,如果法院仅认为只需在整体上构建一定的职务及部门业
务相互分离等体系,对于"可回避性"的审查亦不考虑体系是否实质有效,则
不仅体系本来的制度目的将无法达成,董事责任规范也可能失去应有的规
制效果。

五、域外法上的合规体系构筑

(一) 美国

实施合规计划被理解为企业对自身经营适当性的注意,这也因此使得美
国法院愈发重视合规体系义务的内容。②近年来,也逐渐开始强调对于企业遵
守法令的组织体文化(organizational culture)这一点。③20 世纪 90 年代中期
后,许多美国企业开始实践更高水准的合规计划,除最基本的重视遵守法律的
体制下,还重视伦理价值判断。④

---

① 大杉谦一「役員の責任」江头宪治郎編『株式会社法大系』(有斐閣,2013 年)326 頁参照。
② United States Sentencing Commission,U.S.Sentencing Guidelines Manual〔hereinafter U.S.S.
G.〕,§8A1.2 comment.3(k)(2003).
③ Lynn Sharp Paine, "Managing for Organizational Integrity", Haru. Bus. Reu., March-April
1994, at 106, 111—17.
④ 在美国,曾对伦理官员协会的 2000 名成员进行问卷调查,在该调查中回答说制作了同时考虑
法令遵守与伦理两方面的合规计划的达到了 86%,回答说只制作了限定于法令遵守的合规计划的仅占
6%(See http://www.eoa.org/EOA_Resources/Reports/MS2000_(Public Version).pdf)。

合规计划主要通过以下两点来保障企业、职工和第三人的安全、利益[①]：预防企业内的不当行为；明确发生不当行为时的应对方法与报告程序。可以说，其并不仅仅是为预防违法犯罪行为存在。为了达到合规计划期望的保障利益的目标，企业合规计划的具体内容会随着行业、规模、组织等发生具体特定的变动。但大体上，可分为 3 个部分来进行构建：制作及实施具体且通俗的行动指南；设置实施合规计划的负责人或者相关机构；设定发现不当行为时的处理程序及措施。

1. 与合规计划相关的人和组织

（1）经营者的参与。为达成合规计划的目标，经营者作为核心，其配合和支持是必需的。这里要求经营者率先理解计划，尽力将相关信息传达给员工，组织其研修，对其进行监督。为确保合规计划的有效性，决策机关也必须参与合规计划制定实施的整个阶段。

（2）合规专员。有许多企业在内部设置了有别于经营者的专门责任者来统括合规计划相关事务，[②]这样专业负责合规计划的制定、实施、监督以及实施后续的惩罚等的责任者被称作合规专员。其作用大体可归纳为以下五点：[③]

[①] Kenneth K. Marshall, R. Malcolm Schwartz & Brian J. Kinman, Auditing and Monitoring Systems, in Compliance Programs and the Corporate Sentencing Guidenlines: Preventing Criminal and Civil Liability $11:45(Jeffrey M. Kaplan et al eds., 1993—95); Richard S. Gruner, Corporate Crime and Sentencing 818—20(1994); Harvey L. Pitt & Karl A. Groskaufmanis, Minimizing Corporate Civil and Criminal Liability: A Second Look at Corporate Codes of Conduct, 78 Geo. L. J. 1559, 1561—62(1990); Charles J. Walsh & Alissa Pyrich, Corporate Compliance Programs as a Defense to Criminal Liability: Can a Corporation Save Its Soul?, 47 Rutgers L. Rer. 605, 645—46 (1995); Karl A. Groskaufmanis, Corporate Compliance Programs as a Mitigating Factor, in Corporate Sentencing Guidelines: Compliance and Mitigation §5. 02[1](Jed S. Rakoff et al. eds., 1997).

[②] 川合弘造/フレデリック・W・ガイニー・前揚注(16)論文 39 頁以下、田中宏司・前揭注(14)論文 89 頁。

[③] Jordan, Designing and Implementing a Corporate Code of Conduct in the Context of an "effective" Compliance Program, Preventive L. Rep., Winter 1993, at 4—5；但是，针对组织体的《联邦量刑指南》中只是规定，"组织体的上层成员中特定的某人必须承担监督遵守该基准及其程序的全体性责任"〔U.S.S.G., supra note 2, at §8A1.2[comment.3(k)(2)]〕，并没有明确规定合规专员的具体作用。

第一,制作及修改合规指南手册。①为实施有效的合规计划,将具体的行动规范制作成书面的指南手册提供给从业人员。②且要求将制作的手册内容聚焦于在企业经营活动中最重要的条文上(即违法可能性最高的条文)。③在美国,还要求其对监督机关作出的判例、指南进行详细的研究。再者,还必须及时更新;必须使用通俗易懂的语言和结构,明确、具体地记载在法律上被允许以及不被允许的行为。④此外,应当将指南手册以书面的形式发放给从业人员,并且应当以可实时查阅的形式供其浏览。另外,定期地举办研讨会、讲习会等,使从业人员对该指南手册的内容达到充分的理解,以实现较高程度的普及率和落实效率。⑤

第二,预防违法行为、监督从业人员的行动。在美国,该种监察被称为合规监察(compliance audit),从判例中可以得知,多是由独立监察人⑥或监察委

---

① Jordan, Designing and Implementing a Corporate Code of Conduct in the Context of an "effective" Compliance Program, Preventive L. Rep., Winter 1993, at 4—5; Walsh & Pyrich, Corporate Compliance Programs as a Defense to Criminal Liability: Can a Corporation Save Its Soul?, 47 Rutgers L. Rer., at 647.

② Richard A. Whiting, Antitrust and the Corporate Executive II, 48 Va.L.Rev.1, 4—103(1962); Dan K. Webb & Steven F. Molo, Some Practical Considerations in Developing Effective Compliance Programs: A Framework for Meeting the Requirements of the Sentencing Guidelines, 71 Wash. U.L.Q.375, 390—91(1993); Walsh & Pyrich, Corporate Compliance Programs as a Defense to Criminal Liability: Can a Corporation Save Its Soul?, 47 Rutgers L. Rer., at 646.针对组织体的《联邦量刑指南》中也提出,作为合规计划的内容,"要设置一定的基准与程序,使得从业人员及部门能够遵守,并能够合理地减少犯罪发生的可能性"|U.S.S.G., at 8A1.2[comment.(n.3(k))]1。另外,川越宪治「企业法务における独占禁止法ーコンプライアンス・プログラムについてー」自由と正义45巻4号[1994]7頁以下、田中宏司「コンプライアンス・プログラム入門②」取締役の法務51号(1998)89頁。

③ Walker B. Comegys, Antitrust Compliance Manual 388—40(2d ed.1992); Kirk S. Jordan, Designing and Implementing a Corporate Code of Conduct in the Context of an "effective" Compliance Program, Preventive L. Rep., Winter 1993, at 3, 5.

④ Jeffrey M. Kaplan, Step One: Establish Compliance' Standards and Procedures, in Corporate Compliance After Caremark 283, 285—98(Carole L. Basri et al. co-chaired 1997).

⑤ 关于具体的研修方法,Joseph E. Murphy, Training "in a Practical Manner" in Compliance After Caremark 453, 455—78(Carole L. Basri et al. co-chaired 1997).田中宏司「米国の企业倫理・コンプライアンス動向」JCPAジャーナル8巻5号(1996)25頁、川越宪治「金融機関における独占禁止法コンプライアンス・プログラム作成への一指針」金融法务事情1327号(1998)21頁。

⑥ 与会计监察相关,讨论独立监察人在监察法令遵守方面的作用的,参见 V・M・オリリーほか(中央监查法人訳)「モンドごメリーの監査論」(中央经济社、第2版、1998)37頁以下、及1075頁以下。

员会(audit committee)来实施。①

第三,已经实施违法行为的,应当由其按照预先的明文规定严格对其执行相应的惩戒处分,以保证其权威性。

第四,发现违法行为及时报告、推动企业采取合理应对措施。

第五,从达成合规计划目标的立场和态度出发,为经营方针的决策、各类交易的进行提供法律上的帮助和指导。

2. 整备发现违法行为后的应对措施②

(1) 在美国的合规计划中,不仅规定了预防违法行为的必要措施,还规定了应对程序。比如"道德热线"(ethics hotline),也被称为合规热线,是一种匿名举报工具,允许员工举报并可能揭发非法、不道德、不正当行为。

(2) 告知法律执行机关相关信息,以及协助各类机构的相关调查。此外,还要求对监察结果、报告等进行再次验证。③

(3) 对实施违法行为者的惩戒。要求基于正当程序对违法行为人实施惩戒处分。④此外,必须规定应采取的措施,以救济针对企业的不当行为可能产生的损害。

3.《公司治理原则:分析与建议》

(1) 成书背景。美国法律协会从维持企业稳定经营的主体、方法、程序等方面,在 1992 年通过《公司治理原则:分析与建议》⑤一书公开了自己的研究结果。书中认为,企业法人应当在与自然人相同的规定范围内活动;⑥并且为了

---

① 关于美国的监察委员会的作用,参见土桥正「アメリカにおける監査委員会制度の展開―動告から立法化へ」監査 139 号(1980)15 頁以下、同「米国法律協会(ALI)の会社の管理プロジェクト―分析および動告(3)・(4)」国際商事法務 18 巻 9 号(1990)990 頁以下、18 巻 10 号(1990)1122 頁以下、前田重行「会社の構造」証券取引法研究会国際部会訳編「コーポレート・ガバナンス―アメリカ法律協会「コーポレート・ガバナンスの原理:分析と勧告」の研究」(日本証券経済研究所、1994)138 頁以下、島田公明「アメリカの監査制度」森淳二朗ほか編「企業監査とリスク管理の法構造―蓮井良憲先生、今井宏先生古稀記念」(法律文化社、1994)312 頁以下。但是也有学者指出,由于违法行为也可能发生在监督部门,所以比起委任监察人员,由合规专员来实施能够更加维持监督的客观性、确保其效果。

② Comegys, Antitrust Compliance Manual, at 339—40; MacLaury, supra note 19, at 98—99.

③④ Walsh & Pyrich, Corporate Compliance Programs as a Defense to Criminal Liability: Can a Corporation Save Its Soul?, 47 Rutgers L. Rer., at 648.

⑤ The American Law Institute, Prineiples of Corporate Governance: Analysis and Recommendations(1994).

⑥ Id.commente to 2.01(b)(1).

保持企业经营稳定性、业务合法性，应授予董事会监督职能。

（2）概要框架与意义。该书基于现状，对董事会制度提出了新看法：将实际业务执行权完全授予执行董事，董事会主要担任监督职责。①这样的分工能充分实现董事会作用，并进一步完善合规制度。②

4. 企业雇主责任与合规管理制度

在法人刑事责任的认定中，美国联邦表现出了非常消极的态度。其判决判例至今为止，都未能正面认可合规管理机制作为有关"合理注意义务"的抗辩的效力。其他方法对于合规也同样欠缺特定的或者综合性的解释潜力。从"价值与道德变迁"理论来解释，刑事合规涉及的是对诸如"商业诚信"等新的价值与道德的强化，也可以说是旧道德的复苏。③在民事层面则有所不同。合规制度可作为民事诉讼被告的抗辩要点之一，同时还有限制或否定原告诉求的作用。④

5. 重要案例

在伯林顿工业诉讼案⑤中，伊利诺伊州东部联邦地方法院认为，雇主责任应适用过错原则，而被告企业不知道且不应当知道性骚扰行为的存在。而第

---

① 森本滋「コープレインガバナンスと商法改正」龍田節ほか編「商法・経済法の諸問題」(商事法務研究会，1994)120頁。川演昇「企業の健全性と監督機能」(有斐閣，1997)10頁以下，証券取引研究会国際部訳編「コーボレート・ガバナンス―アメリカ法律協会「コーボレート・ガバナンスの原理：分析と勧告」の研究-」(日本証券経済研究所，1994)。

② 山田純子「取締役の監視義務——アメリカ法を参考にして」森本滋ほか編「企業の健全性確保と取締役の責任」(有斐閣，1997)228頁以下参照。此外，在1994年，美国法律家协会的公司、银行与商法部门出版了新版，《公司董事指导》与《公司治理原则：分析与建议》看法类似，强调监视公司是否遵守法律属于董事会的职责。[American Bar Association, Section of Corporation, Banking and Business Law, Corporate Director's Guidebook, 49 Bus. Law 1243, 1267(rev.ed.1994)]

③ 参见 L. Kuhlen, Grundfragen(Fn.1), S.1(13)。

④ Anton R. Valkas & Robert R. Stauffer, "Investigation and Disclosure of Violations", in Compliance Programs and the Corporate Sentencing Guidelines 13.04 at 7(Jeffrey M. Kaplan et al. eds.1993).

⑤ Burlington Industries, Ine, v.Ellerth, 524 U.S.724(1998).关于养乐多案的更多日文文献：中窒裕也「アメリカにおけるセクシャル・ハラスメント法理の新展開」ジュリスト1147号(1998)10頁以下，キャロライン・ウェルチ(木村仁訳)「アメリカにおけるセクシャル・ハラスメント」近機大学法学47巻2号(1999)72頁以下，竹川雅治「アメリカにおけるセクシャル・ハラスメントに対する使用者責任の新しい動向」札幌法学10巻1・2号(1999)163頁以下。林弘子「アメリカにおけるセクシャル・ハラスメント法理の再検討最近の連邦最高裁判決を中心に―」日本労働法学会誌94号(1999)37頁以下，山川龍「Burlington Industries, Inc.v.Ellerth, U.S., S.Ct.2257(1998)，セクシャルハラスメントと使用者責任の判断基準」[2000]アメリカ法140頁以下。

七联邦巡回上诉法院则认为,雇主责任适用无过错原则。伯林顿工业公司再次提起上诉后,州最高法院认为,雇主责任属于替代责任,若上司对下属实施职业上的例如解雇、制造升职障碍、进行不合理的工作调动等雇佣行为,作为雇主的企业需承担侵权责任。本判决引导企业设立并明确了合规管理机制,推动了合规注意义务的发展。①

我们可以发现,对于董事民事责任的案例,在美国的州层面上有逐渐增多的趋势。以前,在特拉华州的判例中,法院并不认为董事具有履行构筑公司内部协调机制的义务,而内控机制就是属于该机制的一种。在阿里斯·查莫斯工业公司一案②中,州最高法院认为,董事会可知或应知的不正当行为征候不明确,无法追究其责任,也不认为董事会有建立监督体系的义务。此前该州判例大多认为董事会没有构建公司内部协调机制(包含合规管理制度)的义务。

此后,该案在上诉中达成和解。特拉华州最高法院承认此案达成和解,意味着以《联邦量刑指南》中关于企业组织的规定为依据,认为董事会须通过合规管理制度履行监督义务,并对未完全履行义务所造成的企业损失负责。③大萧条后的市场重建以及国际竞争使得以 CEO 为代表的精英管理层地位日盛。与此相对应的则是法律上对公司监管的放宽,商业判断规则成为董事和管理者逃脱责任的保护伞,以及在理论界出现重新支持公司自治的"契约论"和公

---

① Mark R. Attwood, Crossing the Line; When Co-Worker Romance Turns to Conflict, in Advanced Corporate Compliance Workshop 2003, at 1189, 1195(co-chairs Carole L. Basri et al. 2003).此外,クネス・J・ローズ《セクシャル・ハラスメントによる訴鈴のために経営者がなすべきこと》国際法務戦略 11 巻 6 号(2002)25 頁以下。ポール・サルバトーレ・キャサリン・H・パーカー「セクハラ等差別訴訟防止のためのオンライン・トレーニング実際」国際法務戦略 11 巻 6 号(2002)35 頁以下も参照。

② Graham v.Allis-Chalmers Manufacturing Co., 188 A.2d 125(Del.Sur.1963).

③ 关于凯马克国际公司派生诉讼案更多日文资料:伊势田道仁,伊势田道仁「会社の内部統制システマと取締役の監視義務」金沢法学 42 巻 1 号(1999)63 頁以下 70 頁以后,同「従業員の違法行為と取締役の監視義務」商事法務 1526 号(1999)44 頁,武井一浩「米国型取締役会の実態と日本への導入上の問題」「執行役員性の実施事例,別冊商事法務 214 号」(商事法務研究会,1998)123 頁以下,川口幸美「コンプライアンスの整備・運用と取締役の注意義務」経営と経済 80 巻 4 号(2001)21 頁以下参照。

司法的管理主义理论。①

（二）德国

1.合规责任承担主体的认定

德国联邦法院的皮革喷雾剂案②中,对刑事责任进行判断,首先确定企业自身应当承担的作为和不作为义务；其次才会调查基于个人在组织内部职位而产生的个人刑事责任。③德国联邦法院指出,员工个人义务的范围取决于企业的义务。④该解决角度着眼于企业,体现了对刑法外评价标准的准确理解。基于该评价标准,首要的归责主体是法人,从法人的对外义务中才能推导出企业中功能承担者的义务。

企业的对外义务原则上由企业领导层承担,但是企业领导层也可以将这些义务委派给下级雇员。⑤这意味着,任务承接者所承担义务的性质和范围先由委派者即企业所承担义务的性质和范围确定,并且以此为界限：即只能阻止与企业相关的犯罪行为。与企业相关的行为指的是,利用企业经营的事实和法律效果而实施的行为。将任务委托给雇员或第三人并不当然排除企业领导层的企业主责任。在特定情况下委托人可能在委任第三人之后仍然是义务的承担者。⑥

司法判例中肯定一般企业主责任的论据则是：企业营运的情境会创造更高的实施违法甚至犯罪的风险,而作为企业领导机构经营自由的反面,对这种

① 为了解释公司法的基本特征,法学家们已经描绘了无数的模型。这些模型可以用不同方法进行分类,但是有两种基本类型是不能忽略的：管理主义与股东至上。前者将公司作为一个由专业管理者主导的官僚科层(a bureaucratic hierarchy)。董事们是傀儡,而股东则并不存在。管理者因而成为自治群体,可以自由追逐他们选择的利益。参见 William W. Bratton, The New Economic Theory of the Firm：Critical Perspectives from History, 41 STAN. L. REW. 1471(1989)；Stephen M. Bainbridge, The Board of Directors as Nexus of Contracts：a Critique of Gulati, Klein & Zolfs Connected Contractsn Model，from http://papers.ssm.com/abstract＝299743。

② BGHSt 37，106(113 f.).

③ BGHSt 37，106(113f.)；亦见 Dencker, S.13 ff。

④ 对此详见 Kulen, in：BGH-FG, S.647(663 f.)。

⑤ 部分文献将这种义务委派从规范上置于《德国刑法典》第14条之下；持此观点 Kuhlen, in：Maschmann, S.11(17)；亦见 Ransiek, AG 2010，147(151)。

⑥ LK-Weigend, 13 Rn.60；Tiedemann, Wirtschaftsstrafrecht AT, Rn.185.

风险的控制也应由领导机构承担。司法判例还认为,即使合规官对企业下级雇员没有指令权,他们一般也有义务阻止来源于企业的违法犯罪行为,与之相反,司法判例认为内部审计员没有相应的义务,因为这些岗位原则上仅仅为企业利益而设立。[1]对法务部门的主管的要求也是一样,他们的任务也同样着眼于实现企业利益,而不是实现企业管理。

合规官是由法律规定的专员,直接隶属于董事会或企业领导机关这样的集体决策机构。合规官虽然只对特定的专业或地区负责,但必须向集体决策机构全体汇报,从而决策机构才能执行其监督义务。合规官必须独立于他履行任务所在的分公司或子公司,在此范围内他们无需服从任何指示。对专员的委任应由企业领导层在企业内以适当的方式公告。对此,应采用由企业管理层在"最高层"普遍使用的公告方式,如通告、指示等。

(1)合规官的保证人地位。德国联邦最高法院曾在判决中作为附随意见(obiter dictum)指出,合规官应"一般性地"作为《德国刑法典》第13条第1款意义上的保证人,为企业雇员在企业工作中所实施的犯罪行为承担责任。合规官应监督企业的目标任务是否全部得到遵守,而不论所涉及的是法律、伦理,还是其他范畴。[2]

合规官一般应服从董事的指示,[3]并且只有审阅权、知情权和上报权(Eskalationsrecht)。[4]他具体承担了哪些任务,是由企业特有的状况以及授权委托的目的决定的。所以需要区分授权委托的目标方向是否只是对内的,即被委托人只需要揭露针对企业的义务违反行为并阻止这样的行为在未来再次发生;还是说被委托人还必须对从企业发出的、针对外部第三人的违法行为提出异议并制止该行为。

但是,如果任务被划分得过于狭窄,就不会产生保证人责任。合规部门通常

---

① BGH JZ 2010,1018(1020).

② 合规专员职位及其任务详见 Hauschka, Corporate Compliance, 9; Lösler, WM 2008, 1098 ff. Spindler, WM 2008, 905 ff.; Veil, WM 2008, 1093 ff.; Schneider, ZIP 2003, 645 ff.。

③ Casper, in: Karsten Schmidt-FS, S.199 ff.; Rolshoven/Hense, BKR 2009, 425(427)赞同该观点。

④ Lösler, WM 2008, 1098(1104).

都由具有等级结构的多人构成,其中部分人受委托对个别任务领域负责,他们处于相对较低的责任层级。毫无疑问,对合规部门的领导而言,其自我答责已经达到了所要求的程度。只是对明显更低的职位,才会遇到所谓的界分难题。

(2) 阻止履行任务过程中犯罪行为的义务。只有对源于"作为危险源的企业"的犯罪行为才会考虑保证人地位的问题,对此已经没有争议了。[①]如果我们把企业主责任看作是设立企业之自由的反面,那么企业主就必须管控所有源于其具体经营活动的危险,因此可以要求让企业领导机构承担保证人地位,以普遍地阻止其他管理人员或职员在履行委托给他们的任务时对第三人实施的犯罪行为。

2. 德国法上的董事合规义务

自 20 世纪 90 年代公司丑闻频发之前,学界便认为,监督职务履行是董事指挥义务(德国《股份法》第 76 条)的重要组成部分。[②]这样的观点要求董事作为一个整体,在公司内部组建一个机制,以达到对高管全面、无死角、高效的监督。[③]也有人认为,董事作为执行者有义务监督自己分管的部门,但在这种情况下监督义务的具体内容却几乎没有讨论。

20 世纪 90 年代初,公司丑闻频发后,有学者主张,董事会的全面指挥义务的具体内容应当包括:把握和支配公司运营的整体动向,为减少公司损害而建立以及运作内部监督机制(Kontrollsystem)的注意义务。[④]同时,主张针对上述高管的具体监督对策应当有:建立完备的内部监督机制、内部控制机制以及维持该机制的运作;制定企业经营计划,以之作为监督的评价标准。[⑤]至于董事针对自己分管部门的监督,可在部门内部确立层级式的监督体系架构:首先由其挑选出具备相当执行能力的管理者,并给予该管理者适当的监督指示,再由管理者负责监督其各自下属的员工。此外,还应制定固定的规则监督有关高管人员,确保其谨慎履行其职责。[⑥]

---

① 此详见 Schünemann, Unternehmenskriminalität, S.62 ff.; Spring, S.135 ff., 238 f.。
② Martens, a. a. O.(Fn.9), S.195 ff.
③ Martens, a. a. O.(Fn.9), S.197.
④ Semler, a. a. O.(Fn.25), S.15 f.
⑤⑥ Götz, a. a. O.(Fn.15), S.338.

学者认为,建立上述监测和监督制度是董事会指挥义务的重要组成部分。基于此观点,董事会不得通过内部业务规章将该义务委任于下属员工或其他个人。①董事会应当建立一个与公司规模、业务规模、公司活动以及公司参与竞争的市场相匹配的监测和监督机制。

基于 1998 年颁布的《有关公司企业领域的控制与透明度的法案》(KontraG),德国《股份法》新增了第 91 条第 2 款的内容。该款内容,同基于《有关公司企业领域的控制与透明度的法案》而追加制定的《商法典》②第 317 条第 4 款、第 321 条第 4 款有如下关联:《商法典》第 317 条规定了决算审计员进行年度决算的审计对象以及范围,该条第 4 款则规定:"针对上市公司,必须在审计范围内评估董事会是否采取适当措施合理履行了德国《股份法》第 91 条第 2 款所设定的义务,以及基于此所必须设立的监督机制是否有效发挥了其作用。"同时,《商法典》第 321 条第 4 款规定,上述评价结果应当纳入审计报告书(该款第 1 句),并且需要说明是否有必要采取措施改善公司内部的监督机制。《有关公司企业领域的控制与透明度的法案》通过追加《商法典》第 317 条第 4 款、第 321 条第 4 款的内容,扩大了决算审计的范围和审计报告的内容,其依据的规定便是德国《股份法》第 91 条第 2 款。③

由于第一节中所述监测、监督机制的建立在实践中已经较为固定和成熟,④德国《股份法》第 91 条第 2 款仅强调了构筑公司内部组织是董事会一般指挥义务的一部分,明确了需要注意适当的风险管理和适当的内部监查。⑤即便在制定《有关公司企业领域的控制与透明度的法案》之前,也已经有许多公司将决算审计员针对机制的评价结果纳入情况报告书。⑥然而,虽实践中已发展成熟,但法律层面上却没有针对该问题的具体规定,因此,不同企业所构筑的机制以及评价的内容并不统一。

在这种情况下,立法者的方针已经转变:由让公司依据自身情况酌情建立

---

① Götz, a. a. O.(Fn.15), S.338 f.
② Handelsgesetzbuch vom 10.5.1897(RGBL. S.219).
③ Regierungsbegründung, Bundestags-Drucksache 13/9712, S.15 rechte Spalte.
④⑥ Hommelhoff/Mattheus, a. a. O.(Fn.25), S.251.
⑤ Regierungsbegründung, S.15 rechte Spalte.

机制,转变为凡是股份公司,董事都应当依法建立机制,并由决算审计员对其进行评估,并将其纳入公司的审计报告。因此新增了德国《股份法》第91条第2款。①德国《股份法》第91条第2款规定:董事会必须采取适当措施,确保能够在早期阶段识别威胁公司存续的迹象,尤其应当建立监督机制。本节将以其行文为依据,分析该条款所确立的义务内容。

首先,对于该监督机制所必须把握的"威胁公司存续的迹象",此"迹象"并非指风险状态本身,而是于风险状态中发生的、对企业来说不正常的一种变化。②其次,"威胁公司存续"是指对公司或集团公司的财产状况、收益状况、财务状况产生重要影响。③虽也存在一种更加限定的观点指出其增加了企业的破产风险,④但该破产的法律限制被认为和上述立法意图(指挥义务的明确化)并不对立。⑤政府的理由说明草案中,给出了一些"威胁公司存续的迹象"的例子,比如风险交易、财务造假、违反法律法规等。⑥该款所要求的以建立监督机制为首的适当措施,必须将上述迹象"在早期阶段识别"。此处"早期"指董事识别上述迹象的时间点是仍具备足够时间来采取措施以保证公司存续的。⑦

至于"适当的措施",应当由董事针对其可裁量指挥的范围内可疑的、不正常的迹象,同时充分考虑不同具体企业的特殊性来决定。⑧只有董事在上述时间点内识别出上述迹象,才能够肯定该措施的适当性。⑨董事对于该适当措施的裁量权与"尤其应当建立监督机制"说法之间的关联可以解释如下:一方面,措施是否适当,确实是董事可自由裁量的范围,当存在多个适当的措施可供选择时,允许董事有选择其中的一种或多种措施的空间。但另一方面,建立监督机制又是一项强制性的必要措施。⑩

---

① Hommelhoff/Mattheus, a. a. O.(Fn.25),S.251.

②⑤ Hüffer, a. a. O.(Fn.20),§91 Rn.6.

③⑥ Regierungsbegründung, a. a. O.(Fn.35),S.15 linke Spalte.

④ Hüffer, a. a. O.(Fn.20),§91 Rn.6 m. w. N.

⑦ Regierungsbegründung, a. a. O.(Fn.35),S.15 rechte Spalte.

⑧⑨ Hüffer, a. a. O.(Fn.20),§91 Rn.7.

⑩ Kort, a. a. O.(Fn.8),§91 Rn.48.

该款规定的义务的具体范围,根据政府的理由说明草案,取决于企业当时的规模、业务领域和结构,以及它通过资本市场的融资情况,①其中关键的决定性因素是企业规模。②其所要求的监督机制的主要内容是明确有关业务执行的权利义务所在、确立报告机制以及对公司信息资料的梳理和保存。③根据政府的理由说明草案,由于《商法典》第290条意义上的母公司,威胁其存续的迹象有可能会始于子公司,所以该监督义务、体系建立义务,在现有公司法的可能性范围内,应当将其主体扩展到集团公司。④

3. 违反建立及维护早期预警机制义务

西门子案⑤之前,尚无案例对德国《股份法》第91条第2款规定的义务问题进行过讨论。德国学界认为,"以'纸上谈兵'方式构想制定的义务内容,一直以来都缺乏实践的检验"。⑥而在西门子案中,公司主张其前董事承担损害赔偿责任,是基于不完备的内部控制机制的董事责任问题的主要案例,在实务上、学术上都具有重大意义。⑦

如上所述,违反德国《股份法》第91条第2款规定的董事会成员,根据该法第93条第2款第1句的规定,应作为共同债务人对违反义务从而给公司造成的损失负责。公司依据德国《股份法》第93条第2款第1句要求董事承担责任时,应当对损害的发生、损害的数额以及违反该职责与损害之间的因果关系承担举证责任。⑧最重要的是,关于证明损害赔偿额,只要证明能为计算数额提供充分证据的事实本身即可。⑨相反,根据德国《股份法》第93条第2款第2句,被起诉的董事会成员,要对自己没有违反职责承担举证责任。

---

① Regierungsbegründung, a. a. O.(Fn.35), S.15 linke Spalte.
② Kort, a. a. O.(Fn.8), §91 Rn.70.
③ Hüffer, a. a. O.(Fn.20), §91 Rn.10; Kort, a. a. O.(Fn.8), §91 Rn.52.
④ Regierungsbegründung, a. a. O.(Fn.35), S.15 rechte Spalte.
⑤ LG München I, ZIP 2014, 570 = BB 2014, 850 = DB 2014, 766.
⑥ Fleischer, Aktienrechtliche Compliance-Pflichten im Praxistest: Das Siemens/Neubürger-Urteil des LG München I, NZG 2014, 321.
⑦ Fleischer, a. a. O.(Fn.63), S.322.
⑧⑨ BGHZ 152, 280 = NZG 2003, 81.

六、域外法上的合规建设对我国的启示

现代国家已经以某种方式在一定程度上对公法(比如刑事实体法)作了扩张,但由于物力和人力的缺乏,在某些关键领域,它不能保证法律能够在必要的范围内得以贯彻。立法者通过法定的或附随的自治化提高扩张后的法律在这些领域中贯彻的可能性。为逃避扩张的公法或者监管关系下产生的难以估量的违法危险与部分大额的经济惩罚所带来的威胁,公司将单个制造商所承担的整体义务依据部门进行划分,以大体上明确制造、发展、生产及控制,销售、检验等与安全问题紧密相关的基础阶段的主管人和责任人。而组织机构必须考虑到可能的人事选任失误以及沟通和协调出现问题,由此产生了企业领导层的选任、监督、控制和信息义务。

域外有学者认为,全面的选任、监督、控制和信息义务首先约束企业的领导机构,如果其未能全面履行负担的预防义务,就会面临广泛的刑事处罚风险。由于错误源头众多而且涉及大量人员,对监督、控制和组织义务的承认会导致企业中责任的成倍增加。[1]由此导致刑事责任的合法性存在疑问。

从美国经验看,将《联邦量刑指南》具体化之后的合规计划的内容只是达到了企业遵守法令展开活动时所要求的最低限度的水准。那么更进一步,能否将合规计划作为企业等法人在刑法上的注意义务的内容,当怠于采取系统性的对策来保障遵守法令时追究法人本身的过失责任呢? 倘若不以法人代表的过失责任为前提这一路径是可行的,那么根据企业法人的性质——在本质上有别于自然人的"系统"或"组织构造"——来课以刑事责任是可能的。此外,也会形成对企业给予实施合规计划较强的激励。在美国,一直以来正是从这样的观点出发讨论合规计划的意义的。

无独有偶,2010 年 4 月,英国颁布了史上最严格的《2010 年反贿赂法》。其执行力度日趋严厉,该法案涉及的主要违法行为具体表现为三种:提供、许诺或给予贿赂;要求、同意接受或接受贿赂以及向外国官员行贿;针对企业,提

---

① Scheidler, ZUR 2010,16(18)持此观点;参见 Rotsch, Individuelle Haftung, S.82。

出"没有预防贿赂"的新罪名。英国司法部专门解释了企业需要采取哪些程序来预防贿赂的发生,即遵循"以风险为依据"的六大原则。

其一,相称的程序。企业要制定与其面临的贿赂风险相称的反贿赂程序,这些程序还要和企业活动的性质、规模及复杂程度相一致。程序本身要明晰、实用、易理解,并能被有效执行。其二,高层的承诺。企业高级管理层要承诺积极反贿赂,这将有利于在企业内部建立起反贿赂的文化。其三,风险评估。企业需要定期评估并详细记录其所面临的内外贿赂风险的性质和程度。其四,尽职审查。企业要采取恰当的态度和风险意识,对为企业服务或将为企业服务或代表企业的个人进行尽职调查,降低贿赂风险。其五,有效沟通。企业要确保通过内部沟通和外部沟通(包括有效的培训),使其预防贿赂的政策和程序扎根于企业内部,让员工知晓并理解。其六,监控、审核和评价。企业可以建立一系列内部和外部的审核程序,如内部财务控制程序、员工调查、问卷调查、培训反馈等;也可以考虑采用定期正式的审核,汇报审核结果并上交给高级管理层;还可以寻求外部认证,但外部认证不是必需的程序,也不是作为证明企业反贿赂程序"合适"的必要抗辩。

由上也可以看出,让企业承担合规管理责任和企业内部个人原因与组织原因是有关的。在类似犯罪中,除了直接的个人原因之外,在其背后或多或少地存在引发个人原因的背景状况。在大量的企业犯罪中,可以看到事故原因大多存在于组织原因之中。问题在于此处的组织原因究竟是什么。企业活动系统是会衍生违法行为的组织还是会衍生有缺陷的组织这一问题,从根本上来说是企业自身的责任问题。但是,如果将企业合规管理系统完全委决于企业自身的话,由于企业向来是以追求利润为目的的,所以其中蕴含着为了追求利润而无视法规的风险。遏制企业犯罪的方法之一便是在事前以行政手段对企业活动详加规制。即所谓许可行政。虽然这制约了企业的自由领域,但从国家以及社会的角度来看,可以维持高效的企业系统。公司法视野下的合规管理体系普适性规则也就有了探讨的正当性和必要性。

第六章 公司法下合规体系的普适性规则与企业对策

一、合规体系的普适性规则

(一) 合规体系规则的性质

前章所述,全世界的监管机构乃至司法已经意识到要让企业合法合规经营,只是惩罚并非长久之道,更重要的是"激励"企业主动作为。美国监管机构实施《反海外腐败法》的实践即是"激励"企业主动作为的典型例子。《反海外腐败法》采用"胡萝卜加大棒"策略,一方面挥舞"大棒"打击违法行为,另一方面将合规计划作为"胡萝卜",即便企业涉嫌违规可能受到行政或刑事处罚,如果企业主动配合调查、已经建立完善合规计划、保证将进一步改进合规计划,企业将受到"奖励",包括达成行政和解协议、不被起诉、减轻处罚等。以上激励机制已经通过美国司法部和美国证券交易委员会的文件实现了制度化和常态化。

目前,我国尚没有在刑法和刑事诉讼法上制度化无罪处理或附条件不起诉的激励机制,但即便在现在的制度框架下,对于涉嫌犯罪的企业而言,合规制度既可以成为企业无罪的直接依据,也可以成为减轻刑事处罚的依据。在被称为"企业合规无罪抗辩第一案"(2017年雀巢公司员工侵犯公民个人信息案)中,兰州市中级人民法院以企业已经建立有效合规管理体系为由,认定雀巢公司并不存在单位犯罪的主观意志,将单位责任与员工个人责任进行了分割。这些或许可以成为合规体系的相关规则进入公司法的理由,但合规体系规则的性质应该如何厘定?

　　科斯开创的合同理论以及法经济学对公司法理论的最大贡献,莫过于确认"股东利益最大化"是公司法最具效率的制度和规则安排,从而巩固公司法的私法地位和属性。那么,公司法引入"合规体系"应当采取何种规则路径?艾森伯格教授曾主张公司法的规则按内容可分为结构性规则、分配性规则、信义性规则,按性质可分为赋权性规则、任意性规则、强制性规则。进入 21 世纪,Morton Horowitz、Cf.Kent Greenfield 等学者反思公司的"私人性",坚持"重构公司法",其"公司法是公法"的主张令人关注。从内容上看,"合规体系"既涉及公司的结构性规则,也涉及信义性规则,从美国、日本、德国等创设"合规体系"的经验,以及其引入"合规体系"的普适性规则时的立法例来看,一般均采用强制性规则,那么强制性规则的边界在哪里?

　　公司法不宜过分侵入公司内部治理已经成为公司法学界的共识。从美国的经验来看,其要求公司建立内部"合规体系"的做法也饱受诟病。因为有关公司内部治理的规范本身应该属于州公司法的范畴,而联邦层面的美国证监会介入之后,强制要求公司设置"合规体系",其构成"越权"。[①]但美国证监会并不以为然,认为法律执行需要明确的法律根据,因而在《反海外腐败法》以及合规规范的制定上,证监会非常积极。因为美国证监会以维持资本市场公正性为己任,所关心的与其说是防范企业行贿行为,不如说更加关心企业的"做假账"问题,也就是账外债务的问题。因此,美国证监会基于使企业的财务行为更加规范的目的,大力推进了合规管理和"合规体系"入法。[②]

　　由于大规模企业构建内部控制势必付出极大的成本,且不同类型、形态和从属不同行业的企业,其内部控制的需求势必不同,在美国颁布实施《SOX 法案》第 404 条的规则时,其证监会明确拒绝就需要管理层进行的评估范围或数量予以一一规定。从美国《SOX 法案》的规范路径来看,该法案第 302 条将合规体系描述为"有关发行人以及其连结报表子公司相关的重要信息,通过上述企业的内部人员,在定期报告制作的期间内,能够使上述信息被公司董事以及

　　① 　Robert J. Malley, Far-Reaching Equitable Remedies Under Securities Act and the Growth of Federal Corporate Law, 17 Wm. & Mary L. Reav. 47, 52—59(1975).
　　② 　Wallace Timmeny An Overview of the FCPA, 9 SYR.J.INT-L & COM.235, 236(1982).

高管获知的机制"。同时，该法案第404条规定了管理层应对内部控制进行评价，且第404条"最终细则"明确规定，《COSO内部控制整体框架》可以作为评估企业内部控制的标准。

从美、日经验来看，体系义务之所以被纳入董事监督义务的范畴，公司法制度层面的竞争是一个重要诱因。但体系义务作为一项强制性规则，其入法也并非毫无争议。首先，体系的建设可能靡费甚巨。Romano指出，在美国证监会积极推动"内控体系"入法后，年收入超过50亿美元的公司平均每年会因此被迫多支付数百万美元，某些上市公司初期的体系建设费用甚至高达数十亿美元。①这些公司之所以愿意投入大量资金用于体系建设，是因为在美国法的框架下，合规体系已成为对违反刑法、法律的公司的法律地位和后果具有重要影响的因素。

仔细观察日本法规定的体系类型可以发现，其与《COSO内部控制整体框架》对内部控制目标的定义②极为相似，日本法甚至在条文中直接使用了"内部控制体系"（内部統制システム）一词。在美国法框架下，《SOX法案》直接规定的内部控制体系（第302、404条）主要针对的是目标②，而目标①等所涉及的体系（主要是指一种信息传递机制）由各州判例法发展演进而来。对此，日本做出的制度安排是由日本《金融商品交易法》承担确保目标②的功能，由日本《公司法》承担确保目标①的功能。但事实上，日本法上的诸多体系对于公司内部治理的合规与效率，乃至董事责任追究的实效并不明显。③因此，我国要在进一步明确制度目的的基础上，适时地引入体系义务。

其次，必须在进一步明确合规制度目的、建立一定的制度激励和外部激励机制的基础上，将合规体系作为一项"框架型"的强制性规范纳入公司法。合

---

① Roberta Romano, The Sarbanes-Oxley Act and the Making of Quack Corporate Governance, Yale Law Journal, Vol.5, 2005, pp.1533—1537.

② 《COSO内部控制整体框架》对内控目标有三个定义：①确保合规；②确保公司财报信息的可信度；③确保业务执行效率。

③ 日本学者指出，如果公司法要求公司构筑体系的制度目的并不明确，则董事责任认定也会变得更加困难。参见青木浩子:「会社法と金融商品取引法に基づく内部統制システムの整備」浜田道代=岩原紳作編『会社法の争点』(有斐閣,2009年),153頁参照。

规体系很难在公司制度的自发演进中生成,只依靠外部监管则难以毕竟其功,仍然需要内部合规体系补足缺漏。一方面,按照法经济学的观点,"失范的公司自治"可能导致公司法的诱致性变迁,①其诱因主要是降低交易成本。然而,"合规体系"在建立的初期会给公司带来巨大的财政压力,可能对"商业效率"造成负面影响,因此很难期待"自发演进"中"第一行动集团"的公司会普遍地、积极地引入"合规体系"并确保其"持续有效地运作"。另一方面,随着公司规模的扩大,作为政府监管能力的补充,在不过度影响私人自治的前提下,让这些企业分担政府的监管成本是合理的。

"缺省性"规则抑或"软法"并非最优选择。科斯教授开创的合同理论以及法经济学的研究成果引发了公司法规则属于"强制法"还是"赋权法"的争论,②其结果是确认了"股东利益最大化"原则是公司法最具"效率"的制度安排,从而巩固了公司法"私法"的属性和地位。班布里奇教授对董事会中心主义(director primacy)进行的研究也将股东利益最大化原则放在了突出地位。③坚持公司契约论的美国学者普遍认为"缺省性规则"(default rule)能更好地实现"股东利益最大化",④一些日本学者也持类似观点。⑤然而江头宪治郎教授却指出,"股东利益最大化"只不过是"退而求其次"(日语表述为:次善の策)的立法策略,而且与之相关的法律规范体系并不严密,⑥因而扩大"缺省性规则"的范畴并非最优选择,美国对公司契约论持怀疑态度的学者也有相同观点。⑦事实上,"缺省性规则"不仅对当事人的决定毫无影响,⑧更重要的是,实

----

① 林毅夫:《关于制度变迁的经济学理论:"诱致性变迁"与"强制性变迁"》,载科斯等:《财产权利与制度变迁》,上海三联书店 1994 年版,第 374 页。

② Symposium on Contractual Freedom in Corporate Law,89 Colum.L.REV,1395(1989).

③ Stephen M. Bainbridge,Director Primacy:The Means and Ends of Corporate Governance,97 Nw.U.L.REV,547—550(2003).

④ Jonathan R. Macey,Corporate Governance:Promises Kept,Promises Broken,Princeton University Press,6(2008).

⑤ 田中亘:《ステークホルダーとガバナンス》,《企业会计》2005 年第 57 卷第 7 号,第 57 页。

⑥ 江头宪治郎:《株式会社法(第 4 版)》,有斐阁 2011 年,第 20 页。

⑦ Kent Greenfield,The Failure of Corporate Law,127(2006);Douglas G. Baird and M. Todd Henderson,Other People's Money,60 Stan.L.REV,1309(2008).

⑧ Bernard S. Black,Is Corporate Law Trivial? A Political and Economic Analysis,84 Nw.U.L.REV.542,544(1990).

证研究表明,公司法上的"缺省性规则"大多被公司在公司章程或内部规章中毫无变动地加以援引。换言之,对于这些公司来说,缺省性规则同强制性规则在实践层面并未表现出明显区别。①

合规体系作为一项"具有一定强制力的规则",是公司法在提升企业价值和防范企业风险之间的平衡,也是公司法在"效率"与"公平"两者间的平衡。公司法具有经济政策的属性,这就决定了公司法必须符合市场经济原理。日本 2005 年对公司法进行的结构改造包括:有利于提升企业价值的经营形态(日本公司法废除了有限公司的形态,在对公司机关设置的规制上更加自由);有利于企业成长的资本运作和分配(日本公司法废除了最低资本金制度并引入类别股制度)等。同时,作为股东及债权人合法权益受到侵害后的补救措施(作为一种出口规则),必须更好地确保"公司经营"的公正性和防范企业风险。因为不论内部机关的自由化、股东权利相对化,抑或资本多数决支配、经营者控制,任何制度的反面都有可能引发公司的违法行为。②如果不遵守最小限度的规则,则更会损害公司法的"公平"理念,"合规体系"正是这一类体现公司法"公平"理念的规则,属于特殊的公正规范(firm-specific fairness norms)。③

艾森伯格教授提出,公司法的规则按内容可分为"结构性规则""分配性规则""信义性规则"。④汤欣教授进一步指出,在大规模公司和公众公司中,居于核心地位的结构性规范和信义性规范一般是强制性的。⑤从内容上看,"合规体系"既涉及公司的"结构性规则",也涉及"信义性规则",因此,"合规体系"的规则也应当是强制性的。王保树教授认为,违反公司法规定的以"履行义务"为内容的强制性规范,并非否认违反该规范的行为的效力,而是要防止该违反行

---

① Henry Hansmann, Corporation and Contract, 8 Am.L. & Econ.Rev, 1(2006).

② 森淳二郎:《会社支配の効率性と公正性確保》,上村達男、森淳二郎编:《会社法における主要論点の評価》,中央経済社 2007 年版,第 41 页。

③ Robert Cooter & Melvin A. Eisenberg, Fairness, Character and Efficiency, 149 U.Pa.L.REV, 1717(2001).

④ Melvin A. Eisenberg, The Conception that the Corporation is a Nexus of Contracts and the Dual Nature of the Firm, 24 Iowa J. Corp.L, 819, 829(1999).

⑤ 汤欣:《论公司法的性格——强行法抑或任意法?》,载《中国法学》2001 年第 1 期。

为发生。①比如董监高违反信义义务的法律后果,并不是要否认公司机关行为的效力,而是要解决上述人员的责任问题,并防范该类行为再次发生。因此,有关公司法引入合规体系的规范应属于"管理性的强制性"规范。

再次,对于我国而言,由于公司高管在一定程度上已成为公司日常经营的中心角色,②因此,一个信息传递、报告机制对于"可疑情形或者红旗信号"发生时的信息传输至关重要。③

(二) 合规义务的主体

从合规制度的主旨来看,公司内的所有主体,包括股东、董事、监事、高级管理人员、普通员工,甚至在一些合规框架中,公司的交易对手方也都是合规的参与者。因此,合规义务的主体不仅限于董事,合规应当是涵盖以上所有主体的一项体系。合规体系应当被作为适用于大型公司的普适性的组织法规则引入公司法。合规体系的重点既包括合规管理,又包括合规治理。原则上,所有的公司都应当合规,但从我国的实际情况和合规成本收益角度分析,合规体系只应作为大型公司的普适性规则。

但合规监督的职能是否只能由董事会来承担,这在学界存在着一定的争议。与日本极为相似的是,我国公司治理结构中亦存在着与董事会并列而存在于股东大会之下的监事会制度。从日本经验来看,由于董事具有参与董事会决议的权利,专门委员会中的委员董事甚至还有提名董事等权利,因此,日本法规定,公司必须在专门委员和监事会之间做出选择。可见,日本的立法者有意让两种监督机制进行竞争。倘若未来我国公司法取消监事会,或将监事会列为非必须设置的公司机关,④鉴于股东大会客观上无法承担业务监督职能,因而合规监督职能客观上只能由董事会承担。⑤在这个意义上,在我国公司法修订时,可将董事会的大多数职权规范定位为任意性规范,可以上移或下放,⑥但唯独

---

① 王保树:《从法条的公司法到实践的公司法》,载《法学研究》2006 年第 6 期。

②④ 赵旭东:《中国公司治理制度的困境与出路》,载《现代法学》2021 年第 3 期。

③ Hillary A. Sale, Monitoring Caremark's Good Faith, Del.J.Corp.L, Vol.32, 2007, p.724.

⑤ 当然,小规模公司乃至有限公司等依然可以考虑由股东会直接承担监督职责。赵旭东:《中国公司治理制度的困境与出路》,载《现代法学》2021 年第 3 期。

⑥ 许可:《股东会与董事会分权制度研究》,载《中国法学》2017 年第 2 期。

不能将监督职能进行授权、委托。

同时,考虑到合规成本收益问题,是否设立由外部董事或独立董事组成的合规委员会应由公司自主决定。合规的主要职责在于董事会,合规机构的设立属于董事会的意定事项,但合规机构的职权划分应当在公司法权力分配的框架下进行。实践中,企业可以设立专门的"合规部"或"合规管理部",但一般企业都会把合规职能与法务或风险管理等职能相整合,设立"法律合规部",有的甚至与内部审计职能相整合,设立"合规审计部"或"法律审计部"。国资委发布《中央企业合规管理指引(试行)》后,一些中央企业开始在集团层面设立首席合规官,有些企业则直接让首席法律顾问兼任。首席合规官、首席法律顾问等如果确定由其承担合规义务,应该在公司章程中载明,同时,其应向董事会负责,公司法应当赋予合规委员会和合规官以独立的调查权和追责权,同时法律地位、履职的条件需要在重构董事会职能并确立董事监督义务的基础上实现。

(三)公司董事及管理层的合规义务与责任

20 世纪 90 年代以来,合规管理制度在企业家们的努力倡导与扩展下,不断提高自身质量。[①]其中最大的原因即 1991 年美国《联邦量刑指南》针对组织的部分对合规管理制度进行确认。虽然《联邦量刑指南》的存在使得合规管理程序标准过高,但客观来看,从 20 世纪 80 年代开始得到强调的"企业的社会责任"以及"商业伦理"逐渐在各个企业中深入人心,今天的美国企业实施合规管理的水平已达到很高的层次。

为了"保障企业的稳定经营",美国法律协会从维持企业稳定经营的主体、方法、程序等方面,在 1992 年通过《公司治理原则:分析与建议》[②]一书公开了自己的研究结果。书中认为,企业法人需要提升地位,在与自然人相同的法律

---

① 关于各法领域内部合规管理制度的实施状况的资料:「(特集)分野別にみた在米日本企業幹部が訴訟りスクから身を守るために」国際法務戦略 5 巻 11 号(1994)3 頁以下、「(特集)分野別にみたコンプライアンス・プログラムの見直し」国際法務戦略 7 巻 11 号(1998)4 頁以下などを参照。

② The American Law Institute, Principles of Corporate Governance: Analysis and Recommendations (1994).

规定范围内活动。①并且为了保持企业经营的稳定性,需要授予董事会监督职能,以维持公司行为、业务的合法性。②在该书中,其以现实为基础对如今的董事会制度提出新的解读,将实际业务执行权完全授予执行董事,董事会主要担任监督职责。③这样的分工可以使董事会的作用完全实现,并推动合规管理制度的引入与完善,且在企业管理中可以发挥重要作用。④

我国的《企业内部控制基本规范》第 12 条规定,董事会负责内部控制的建立健全和有效实施。对于"负责"的理解,从美国《SOX 法案》的条文可以看出,内部控制和合规的义务主要集中在公司董事及经营管理层,例如他们必须做到:内控评价强制接受审计;确保构建及维持合规体系持续有效;保证这些官员能知道该公司及其合并报表子公司的所有重大信息,尤其是报告期内的重大信息。在这个过程中,高管必须对汇总的信息进行确认并署名,⑤这能有效阻却董事的"不知情抗辩"。⑥然而,美国在联邦法层面虽然设置上述规定,但在具体案件中追究公司董事以及高管的内部控制责任往往需要依靠州法层面的支持。如果董事进行经营判断时仅涉及注意义务范畴,则包括特拉华州在

---

① Id. commente to 2.01(b)(1).

② Richard S. Gruner, Director and Officer Liability for Defective Compliance Systems: Caremark and Beyond, in Corporate Compliance After Caremark 57, 59—60(Carole L. Basri et al. co-chaired 1997).

③ 森本滋「コープレインガバナンスと商法改正」龍田節ほか編「商法・経済法の諸問題」(商事法務研究会,1994)120 頁。川演昇「企業の健全性と監視機能」(有斐閣,1997)10 頁以下,証券取引研究会国際部訳編「コーボレート・ガバナンス―アメリカ法律協会「コーボレート・ガバナンスの原理:分析と勧告」の研究-」(日本証券経済研究所,1994)。

④ The American Law Institute, Principles of Corporate Governance: Analysis and Recommendations (1994), Comment to 4.01(a)(1)—(a)(2).山田純子「取締役の監視義務——アメリカ法を参考にして」森本滋ほか編「企業の健全性確保と取締役の責任」(有斐閣,1997)228 頁以下参照。此外,在 1994 年,美国法律家协会的公司、银行与商法部门出版的新版,《公司董事指导》与《公司治理原则:分析与建议》看法类似,强调监视公司是否遵守法律属于董事会的职责。American Bar Association, Section of Corporation, Banking and Business Law, Corporate Director's Guidebook, 49 Bus.Law 1243, 1267 (rev.ed.1994).

⑤ 即在(对内部控制有效进行的评价)签字前 90 天内进行并披露相关结论(包括缺陷和欺诈行为以及更正措施)。

⑥ 比如安然公司前任 CEO 的 Skilling 曾在听证会上为自身辩护称不知道发生会计不当行为。可见:Matthew M. Benov, The Equivalence Test and Sarbances-Oxley: Accommodating Foreign Private Issuers and Maintaining the Vitality of U.S. Markets, 16 Transnat'l Law.439, at note 33(2003)。

内的许多州法院会适用"商业判断规则",①因而董事获得免责的概率很大。因此,将董事的"内部控制义务"划入注意义务范畴时,美国联邦法的效果存在一定的局限性。也正因为如此,董事的"内部控制义务"或者"合规义务"的定位问题曾引发特拉华州最高法院和衡平法院之间以及美国公司法学界对于董事信义义务长达十多年的"二分法"和"三分法"争论。②

日本和德国在将合规体系引入公司法时也有类似经历,日本神户大学法学院神崎克郎教授在他的论文中主张"合规体系"的内容"应鉴于公司的规模、经营的内容以及组织的集中度,针对个别公司的具体情况决定"。③也有学者主张"具体的机制"内容虽然依靠商业判断,但其必须不低于一个"最低水准",④但是内部控制范围极广,具体基准也比较少,什么才是"最低水准"实难判断。⑤

在经历很长一段时间的争论后,日本 2006 年《公司法》第 362 条第 2 款第 6 项规定董事构建内控机制的义务,而日本《公司法实施规则》第 100 条则规定构建内控机制的若干具体内容。同样,在德国,1998 年通过《有关公司企业领域的控制与透明度的法案》(KonTraG)。该法案就董事(vostand)在内部监视体制(beiwach Üngssystem)中承担的义务作了规定,并在德国《股份法》第 91 条第 2 款中得以体现。⑥但是,日本和德国的公司法学界乃至实务界都在如何认定董事"合规义务"标准问题上产生不小分歧。⑦

---

① 在适用商业判断规则的案件中,法院对于董事决策过程进行审查,如"过程"符合义务标准后,就可直接推定决策内容并无不当,对于决策的质量和内容等排除司法审查,这是因为董事商业判断是否合理完全可以由股东通过选任或者罢免董事的决议来实现。可参见:Principles of Corporate Governance: Analysis and Recommendations, American Law Institute Pub. at 135。

② 梁爽:《董事信义义务结构重组及对中国模式的反思——以美、日商业判断规则的运用为借镜》,载《中外法学》2016 年第 1 期。

③ [日]神崎克郎:《会社の法令遵守と取締役の责任》,《法曹时报》第 34 卷第 4 号第 14 页(1982)。

④ [日]野村修也:《会社法判例百選(第 2 版)》,有斐阁,第 113 页(2011)。

⑤ [日]青木浩子:《会社法の争点》,滨田道代・岩原紳作编,有斐阁,第 153 页(2009)。

⑥ 德国《股份法》第 91 条第 2 款规定:"董事必须在公司内备置一套措施,以期可以尽早发现危及企业存亡的事件,特别是应该整备内部监视机制。"

⑦ 杨大可:《论风险管理体系概念在法律层面的引入——以监事会的完善为目标》,载《当代法学》2015 年第 1 期。

笔者认为,①我国公司法对合规进行回应需先解决两个基本问题,其一是董事会职能的重新定位,包括确立董事会的监督职能,明确董事承担业务监督义务;其二是明确董事不作为责任的追责路径,并在适当时机引入体系规则和董事的体系义务。

从美、日经验来看,董事体系义务均与董事会的监督职能及董事的监督义务密切关联,而我国法对于两者都是欠缺的。我国新《公司法》第 123 条只规定了股份公司董事会每年召开的次数,其余第 67 条、第 120 条、第 180 条、第 181 条、第 188 条均未直接涉及董事的经营监督。但在公司实践中,相对于召开次数和时间均有限的董事会会议,业务监督实际上是董事会工作的应有之义,因此,首先应当明确董事会具有业务监督职能,在此基础上明确董事承担经营监督义务。我国《公司法》修订时,董事会职权大多可定位为任意性规范,职权可以上移或下放,但唯独不能将监督职权进行授权、委托。从美、日经验看,董事会存在"监督型"和执行 + 监督的"双责型"两种模式。相比完全采用美国的"监督型董事会",日本的"双责型董事会"或许更容易被我国所接受,但关键要对业务执行董事和非业务执行董事的监督义务、体系义务认定做出厘清。就合规而言,即便在董事会下设"合规委员会",其法律地位、履职的条件需要在重构董事会职能并确立董事监督义务的基础上实现。

我国新《公司法》第 122 条规定,股份公司董事长由董事会过半数选任,这与有限公司董事长产生由章程自治明显不同;新《公司法》第 126 条又规定股份公司的经理由董事会决定聘任或者解聘,经理需对董事会负责。因此,在逻辑上或可认为董事会成员对董事长、总经理的业务执行实施监督,但我国突出的是董事长、法定代表人乃至业务执行人之间的关系不明问题。一方面,我国公司内部治理中时常体现出集权化特征。在我国公司治理结构中,如果董事长兼任总经理并出任公司法定代表人时,监督的有效性乃至合规体系的实效性可能会降低。②因此,或许可以限制董事长的权限,包括限制章程、董事会对董事长进行过分权限委托的情形。同时,还必须增强董事会获取业务信息的

---

① 梁爽:《美、日公司法上的董事合规、内控义务及其对我国的启示》,载《中外法学》2022 年第 2 期。
② 已有不少实证研究表明,两职兼任现象与内部控制失效呈显著正相关。

渠道；另一方面，我国公司的业务执行权并不当然来自董事身份，[①]董事长或总经理都能作为公司的法定代表人。如果董事会成员乃至全体业务执行者之间的关系不明，则监督的效果也会受损。

合规进入公司法是现实与逻辑的结果。[②]我国不论是刑法上，[③]抑或是行政责任层面都还未有明确的因体系而能使公司获得责任减免的规则，因此，强制公司构筑合规体系还缺乏一定的制度激励。我国应当在进一步明确制度目的之基础上，适时引入体系义务。由于公司高管一定程度上已成为公司日常经营的中心角色，[④]因此，一个信息传递、报告机制对于"可疑情形或者红旗信号"发生时的信息传输至关重要，[⑤]从美国法的经验看，其尤为关注"信息传递与报告体系"。实际上，"中兴"等公司的重大体系缺陷正是在于合规部门没有向董事会直线报告和反馈的渠道，而高管或者销售部门可以轻易突破合规管控。我国的某些规范也已注意到了"信息传递和沟通"的重要性，比如《证券公司全面风险管理规范》第 30 条就强调公司应当构筑"信息沟通体系"。[⑥]但公司显然不能简单设置一通"热线电话"就草草了事，对此，"Caremark 案""Stone案""Blue Bel 案"均强调董事会应当构筑一个针对公司核心经营、主营业务的合规性事项上进行监督、报告的体系。[⑦]

董事注意义务的界定标准是公司法引入合规的基础，而我国法缺少商业判断规则等审查路径，也直接影响了将合规与否、成效大小作为判断公司犯罪

---

① 参见甘培忠、周淳：《上市公司定期报告信息披露违法董事责任认定研究》，载《北方法学》2012 年第 3 期。

② 参见邓峰：《公司合规的源流及中国的制度局限》，载《比较法研究》2020 年第 1 期。

③ 比如我国刑法学者已积极推进相关研究，参见陈瑞华：《企业合规制度的三个维度——比较法视野下的分析》，载《比较法研究》2019 年第 3 期；陈瑞华：《刑事诉讼的合规激励模式》，载《中国法学》2020 年第 6 期；李本灿：《企业犯罪预防中合规计划制度的借鉴》，载《中国法学》2015 年第 5 期。

④ 参见赵旭东：《中国公司治理制度的困境与出路》，载《现代法学》2021 年第 2 期。

⑤ See Hillary A. Sale, Monitoring Caremark's Good Faith, Delaware Journal of Corporate Law, Vol.32, 2007, p.724.

⑥ 其规定，证券公司应当在各业务部门、风险管理部门、经理层、董事会之间建立畅通的风险信息沟通机制，确保相关信息传递与反馈的及时、准确、完整。

⑦ 比如包括确保雇用常勤的顾问律师并使其与董事会保持适当接触，顾问律师与业务执行董事之间，乃至与高管之间存在迅速的信息传递机制等。

责任的考量因素。①董事监督义务和体系义务被作为一项典型的不作为责任，而如何认定体系内容的合理性，并审查董事是否恰当履行义务应是法院评价的核心。美、日经验对我国至少有以下启示：其一，应妥善适用商业判断规则，合理认定"红旗信号"等可疑情形。对于我国而言，可将商业判断规则作为法院对董事义务履行进行实质审查的方法，可在《公司法》中以明文方式确立董事履行注意义务应满足的条件或者程序。就"红旗信号"而言，相比于外部报道或评估，公司内部人制作的报告是董事更容易接近且更正确的信息源，因而更容易被视为"红旗信号"。立法、行政的监管方针、措施等对公司业务可能产生重大影响，也能列为"红旗信号"。上述信号的存在，能让法官更容易认定董事的不作为责任；其二，合理审查"相当的因果关系"，区别认定非业务执行董事和业务执行董事的责任。从美、日经验来看，对只承担监督职能的非业务执行董事（比如"监督型董事会"中担任监查委员会的委员，及"双责型董事会"中的非业务执行董事），司法态度都趋于宽容。

在所有权与经营权相分离的上市公司中，由董事、高管行使上市公司的经营权，监事行使监督权。从现行的公司法框架和规定出发，合规机制的具体构建以及合规管理有效实施需要充分的介入权，但又需要保持一定的独立性，现有框架下合规应该由董事会负责；②监事会对董事会进行监督；③各部门经理层在负责企业日常运行的同时，对职能范围内的合规事项负责。④就问询监管的预警应对而言，独立董事和监事都不足以完全应对。在公司内部治理结构中，可以赋予合规责任人相应职能，并完善相关权力和责任体系。⑤而由谁来担

---

① 参见邓峰：《公司合规的源流及中国的制度局限》，载《比较法研究》2020 年第 1 期。

② 独立董事不能成为合规责任人，独立董事的虚设以及架空在实践中和相关实证检验中也得到了证实。独立董事的虚设原因如下：从独立董事提名形成方式来看，由董事会、监事会、股东提名再由股东表决通过，董事会及大股东的参与程度非常高。这种提名形成方式就很难让独立董事保持实权；上市公司在具体的运行过程中，独立董事并非日常经营人员，参与程度不高，同时对独立董事"独立性"的要求虽然增加了独立董事判断的客观性，但又疏远了独立董事与具体的日常经营工作。

③ 就经营监督而言，监事及监事会的监督职能最为广泛、主动性最强。但监事一方面并不参与日常经营决策，且囿于职能范围和专业能力等因素的限制，监事对经营事项的日常监督在客观上比较困难。因此，我国当下公司治理模式中的监事及监事会可能无法成为合规管理的主要责任人。

④ 参见《中央企业合规管理指引（试行）》（2018 版）第 5 条、第 6 条、第 7 条。

⑤ ISO 发布的《合规管理体系要求及使用指南》中明确倡议设立合规官。

任这一合规责任人？最终需要重新设立合规职能部门，现阶段的当务之急是完善合规责任人的职责体系，合规责任人在我国公司内部治理结构中应该在董事会项下设立。而合规职能部门在现行的治理结构下更贴近于管理层：

第一，合规制度的要素包括高管合规、风险管理、外部审计、内控体系、监管机关合作等内容，①在高管合规、风险管理、内控审计等内容基本明确由公司的管理层负责。根据上述实证研究，问询监管与公司其余财务指标呈显著的相关关系。合规涉及面非常广泛，单独将问询因素与其他事项割裂并不能起到很好的合规效果。同时规避相关违规处理也属于风险管理与内部控制的共同目标，为了能够有效应对合规监管，合规官需要充分的信息介入权。

第二，由于我国对董事注意义务违反的认定标准仍不够清晰，②尽管不少事项可以被列为董事注意义务的行列，但是真正归责时，因为认定标准的模糊性，董事又能以各种事由"金蝉脱壳"。因此如果直接设置合规官作为合规部门的主要责任人，合规部门应设置在董事会之下，但合规官的职权应与传统管理层作出区分。合规责任人有纠正不合规事项的主动性，③同时合规事务需要与其他日常事务分离并保证不受干涉。就应对问询函而言，我们初步认为，相较于直接设置合规部门，在四大委员会之外设置合规委员会更加合理。④

（四）合规体系的具体要求

1. 合规体系的共同特征

从研究经验看，大多数公司采取的合规体系结构有许多共同特征，在域外法上，这些特征大多是从美国《联邦量刑指南》对于有效合规计划的最低要求、《COSO 内部控制整体框架》、ERM 风险管理框架和 ISO 合规国际标准衍生出来的。这些特征具体包括：第一，有效的内部合规结构要包含书面的业务准则

---

① 参见邓峰：《公司合规的源流及中国的制度局限》，载《比较法研究》2020 年第 1 期。
② 参见梁爽：《董事信义义务结构重组及对中国模式的反思》，载《中外法学》2016 年第 1 期。
③ 参见李本灿：《合规官的保证人义务来源及其履行》，载《法学》2020 年第 6 期。
④ 合规委员会的设置自由程度较高，设置成本低，且在现行的法律法规之下有据可依。

或行为准则,很多企业行为准则还规定了准则执行机制;[1]第二,有效的内部合规系统会包含一些监控和审计系统,这些系统能够发现公司内部人员的不当行为;第三,有效的内部合规需要有一个举报系统,这一系统不但应该做到举报信息传递的通畅,还应当具备完善的保密性,从而杜绝那些对举报者的报复;第四,在内部合规系统建立起来后,其实施效果必须有专人负责,一般由特定的高级管理人员担任。[2]

然而我们也必须注意,除司法机关、监察机关被赋予了侦查权以外,其他组织、机构或个人都没有法律意义上的侦查权。企业反舞弊调查不能对人身和财产采取任何强制措施,且调查行为的边界只能限于法律和行政法规规定的范围之内,更不能发生非法拘禁、非法获取公民信息、侵犯个人隐私的法律风险,导致为了"合规"而引发新的"不合规"。[3]

2. 收集信息的方法

收集信息的方法很多,在实践中公司应选择适合组织规模、性质和复杂性的各种工具。一般包括:通过热线电话、投诉和其他反馈(包括举报)所收集到的信息;非正式讨论、研讨会和分组座谈会;抽样和诚信测试;认知调查的结果;直接观察、正式访谈、工厂巡视和检查;审核和评审;利益相关方的询问、培训需求和培训过程中的反馈(尤其是员工的反馈)。

组织应当考虑在内部信息传递机制中设置定期报告制度。从报告的频次

---

① Andrew Brien, Regulating Virtue: Formulating, Engendering and Enforcing Corporate Ethical Codes, 15(1)Bus. & Professional Ethics J.21(1996); Richard S. Gruner, Developing Judicial Standards for Evaluating Compliance Programs: Insights from EEO Litigations, 1317 PLI/CORP.162, 169 (2002) (hereinafter Gruner).

② U.S. Sentencing Guidelines Manual & 8A1.2(k)(2)(2001).美国《联邦量刑指南》中的其他必要的最小步骤包括:企业必须小心谨慎,不把权力授予有违法倾向的员工;一旦违规行为被发现,企业必须采取一切合理的步骤,适当地应对违规,并防止此类似的违规;行为守则必须得到持续执行。U.S. Sentencing Guidelines Manual & 8A1.2(k)(2001).

③ 参见孔某某与某系统科技苏州有限公司生命权健康权身体权纠纷二审案,(2014)苏中民终字第02259号民事判决书。实践中,有些公司要求员工将用于工作的个人电脑上交公司检查,甚至有些公司自创所谓的"保证金",这些做法没有法律依据。重点关注电子证据取证的合法性问题,建议参照《关于办理刑事案件收集提取和审查判断电子数据若干问题的规定》(法发〔2016〕22号)确定的规则,由专业人士进行。

和计划性来看,合规报告可以分为常规报告、例行报告、重大合规事件紧急报告等。组织需要为不同种类的合规报告提供与之相适应的流程和系统,并向组织的分管部门提供准确、完整的信息。组织应鼓励员工反映并报告不符合法律和其他不合规的事件,应在合规程序中清晰地设定报告义务。

3. 关于合规的内部调查

进行内部调查的一个好处是让公司能够尽早厘清案情全貌,从而适时止损,并尽早组织对于后续可能到来的民刑事程序的抗辩。

进行内部调查的另一个好处是让公司决定向检调单位公开哪些信息和指控,以及公司应如何回应这些指控。内部调查①分为两种类型:一是主动型,即有确凿的迹象表明存在违反法律或公司既定政策的情况,就应进行内部调查,以便实时采取救济措施。如一些公司为了避免内部舞弊,设有内部检举制度,一旦接获检举,公司即应行内部调查;二是被动型,此类调查多是为了回应外部事件,如遭遇传唤、调查或者被起诉等。现实中多数内部调查兼具这两种情况。

当内部调查发现不存在犯罪行为时,调查报告应该作为公司严肃对待指控的证据保存好,以证明其对被指控的问题进行了彻底调查并且发现指控不实。在后续发生不当索赔或报复的情况下,书面报告作为抗辩证据就更为重要。内部调查还能够提供给公司有关潜在风险的信息,以便公司作出更为恰当的商业决策。

如果调查结果表明只存在可以轻易补正的小问题,除非有法律义务要求报告,公司最好还是不要主动报告,因为针对公司调查的成本可能会很高,从成本角度来说这是不经济的。同时,调查过程必须是全面的,并最终呈现为一份详尽且具有说服力的调查报告。这份报告还应当包含调查结束后的合理期限内公司能够实施的、具体的建议。公司应做好准备处理调查结果,展示它们如何从该事件中习得教训,以及相应地对公司政策、程序和操作流程作出改变。

对国家而言,推动公法程序的私法化有两大好处:其一,通过使公司以建

---

① Barry F. McNeil & Brad D. Brain, Internal Corporate Investigations 1—6(2007).

立监督体系或开展内部调查的方式将合规的成本负担转嫁给公司,这样国家就可以降低部分刑事追诉的开销;其二,公司内部调查的结果经常可以使国家层面的刑事追诉成为可能,或者至少会对其发挥明显的推动作用。[①]

4. 合规体系的其他要素

除此之外,合规体系需要业务合规的培训和建设公司合规文化。对于前者,关键是把法律、规范以及政策用员工能够理解的语言并能广泛获知的方法进行解读和普及,对高风险的员工应该进行单独培训,而对于低风险的员工,只需进行基于风险的网络培训。同时,公司还应针对合规培训建立一定的评估机制,检验培训效果。

合规体系是复杂的,比如为应对《反海外腐败法》,美国公司还有可能需要管理第三方,因为《反海外腐败法》的管辖及于公司第三方的问题。事实上,在《反海外腐败法》的框架下,第三方的风险甚至比公司内部的风险还大。为此,公司必须具备与第三方开展业务的正当理由;公司应当要求第三方填写一份问卷,其中包括的信息如公司最终受益者的身份、公司结构、公司是否曾被指控或判有贿赂或腐败等违法行为、公司是否普遍关注《反海外腐败法》,以及公司是否有行为准则或合规计划。对第三方的调查不仅需要搜集各种数据并进行跟踪,甚至还要派出专人进行实地考察以取得相关信息。这些信息将被收集并分析是否存在危险信号。即便签订合同当时不存在危险信号,公司还需要确保第三方将其活动记录在案,并且每年要让第三方证明其没有从事任何违反《反海外腐败法》的行为,要保证第三方的员工参加每年的《反海外腐败法》培训,还要谨慎地定期审计第三方的账簿和记录,以确保发票中没有任何内容表明他们代表公司进行行贿。

从上述研究中可以总结出,部门法、监管领域、合规管理具有其共性:首先,合规不仅是成功和可持续组织的基础,也是一个机会。因为组织要想长期获得成功,就需要保持诚信和合规的文化,并考虑利益相关者的需求和期望。

[①] 张远煌、龚红卫:《合作预防模式下民营企业腐败犯罪的自我预防》,载《政法论丛》2019 年第 1 期。

其次,合规是一个组织履行其义务的结果,通过将其融入组织的文化以及为其工作的人的行为和态度中,使其具有可持续性。再次,一个覆盖全组织范围的有效的合规管理体系可以使一个组织表明其遵守相关法律的承诺,包括立法要求、行业规范和组织标准,以及良好的公司治理标准、最佳实践、道德和社区期望等。复次,监管和司法机构也可以从这一国际标准中受益。在许多管辖范围内,法院在决定对违反相关法律的行为处以适当处罚时,已开始通过其合规管理体系来考虑一个组织对合规的承诺。最后,合规是良好的勤勉管理的关键要素,合规也有助于组织的社会责任。

二、与合规相适应的公司法修改及其他对策

(一) 加强《公司法》对人的监督

公司的治理目标是在不损害其他利益相关者的前提下最大限度地促进公司利益的实现,从而满足股东的长期、最大利益。所以,实现公司治理目标就必须关注效率。这里的效率应包含两个层次:

第一,管理的效率。管理需要效率,没有效率的管理不是公司所需要的。管理也不能没有监督,没有监督的管理是危险的。因此,不能为了管理的效率而否定监督的必要性。同样,监督需要关注管理的效率。为此,不论是监事会,还是独立董事,其监督应坚持三个原则:监督职权均源于公司法、与公司法配套的法规和公司章程,非法定和章定的职权监督者不得行使;监督需要严格遵循公司法、与公司法配套的法规、公司章程和公司议事规则所确定的程序实施;监督者不直接干预公司的经营管理事务。

第二,监督的效率。所谓监督的效率,是指监督确实能发生实效。如果将监督职权交给两个不同的监督机构行使,则容易出现相互推诿、结果谁也不监督的情况。再者,由两个机关共同行使监督权不可避免地要增加监督成本。因此,必须贯彻一元监督的原则,这不仅可以使监督机构有责任感,还可以降低监督成本,提高监督效率。[①]

① 曹冬媛:《日本公司监督模式的制度选择及其启示》,载《江西社会科学》2017 年第 1 期。

在德国公司治理体系下，监事会的监督义务和董事会的定位稍有差距。董事会站在公司经营者角度，整体领导和监督公司的合规机制建构和事项执行；监事会则站在监督者的角度，监督董事会履行合规义务的行为。监事会的监督义务整体可分为三个层面：常规性监督（如定期分析合规报告等）、促进性监督（如发现瑕疵后的质询、督促整改）、塑造性监督（主动调查、通过人事权改组董事会）。监事会还可将合规的、具体的、可精确界定的监督义务委托给下设委员会。

监事会具有法定的监督义务，必然就存在违反义务的责任。但实践中，监事违反义务与公司损害间的因果关系往往难以证明。在勃兰登堡州高等法院一例判决中，法院认为，虽然监事会可以仅在各类报告中体现其监督义务，但如果公司已出现不利状况，如该案中，被告公司监事会成员明知公司满足提起破产申请的条件，就有义务督促业务执行机构提出破产申请。虽监事之督促不构成义务，但鉴于公司权力关系，可预期执行者会遵从。因此被告公司监事会对此存在过错，应承担责任。

就我国而言，1993 年《公司法》规定了监事会的合法性监督权和妥当性监督权。另外，职务监督不限于业务行为的监督，也及于非业务行为的监督。实践中，的确有一些股份公司的监事会较好地行使了法律赋予的职权，纠正了董事会和经理人员的不当行为。但是，绝大部分公司的监事会并没有积极行使其监督权，对公司中那些违法或违反公司章程的行为视若无睹。

无论采用监事会制度，还是采用独立董事制度，必须加强对人的监督。董事和监事不仅是公司机关成员，还是自然人个体。有研究认为，在 1993 年《公司法》的框架下，我国公司监事会的监督之所以存在着功能不彰的"花瓶"倾向，一个重要原因是监事会没有抓住对人的监督这个根本。在我国引进独立董事制度后，虽然法律也要求上市公司设立董事会专门委员会，但对专门委员会的建设特别是独立董事通过专门委员会发挥作用的重视程度明显不够。国外的实践表明，独立董事很难在没有设置专门委员会的情况下发挥作用。应该将现行法中的独立董事职权进行重构，凡是能归入专门委员会职权的，均应作为专门委员会的职权。现行法规定，董事会应设立战略、审计、提名、薪酬与考核等专门委员会。但是，仅有委员会的组织形式并不能解决独立董事在选择经营者和决定经营者报酬中发挥关键性作用的问题，还必须通过公司法的改革，理顺董事会和专门委员会之间的关系。新《公司法》首次引入了以"审计委员会"替代"监事会"的治理模式，也为进一步推进董事会治理模式下的合规管理提供了条件。

设立合规部门的方式可以分成两种类型：设立于审计委员会之下，或独立创设一个合规委员会。合规委员会与审计委员会的相同之处在于，二者均具备监督执行阶层与管理阶层的能力。尽管大多数的企业倾向于直接将合规部门设于审计委员会之下，因为从成本方面考量，独立设立合规部门的成本较高，在上述两种设立方式均能达到前述之监督效力的情况下，当然以设立于审计委员会下为有利的选择。公司也应可以选择建立由独立董事组成的合规委员会，当组成人员与审计委员会不同时，相当于允许具有不同专业知识的人进入监督团队，于决策方面提供了各专业领域间不同的建议。然而，独立设置委员会也有其弊端，例如无法对财务和非财务合规事项进行共同监督。因此，较为理想的选择是设置一个综合的"审计与合规委员会"并任命首席合规官，从而更加有效实施合规管理。

审计委员会全部由独立董事组成，且其人数不得少于三人，其中至少有一位具备会计或财务的专业知识背景。公司应在公司章程中就审计委员会的组织规程进行规定，公司法应当明确审计委员会的监督权，至少明确审计委员会应具备相当董事会的职权，即审计委员会作为董事会成员，可以参与公司决策。审计委员会与董事会一样，都是合议制机关，其决议应有全体成员二分之一以上同意方能通过。审计委员会会议应至少每季度召开一次。与此同时，公司的合规体系、内部控制体系以及对体系的有效性评估都应由审计委员会通过后再提交董事会进行决议。审计委员会应有权请公司相关部门、经理人员、会计师、法律顾问或其他人员列席会议及提供相关的必要信息，公司法甚至可以规定上述人员应定期向审计委员会进行报告的制度。

公司经营的过程中必然存在风险，风险管理已成为公司经营管理中必不可少的环节。就公司风险的评估，许多公司已设有明确的程序，其中最有效的方式是通过风险委员会来评估。但也有很多公司并未设立独立的风险委员会,这种情况下,审计委员会就需要在风险评估和控制问题上担起主要责任。只有审计委员会建立起完整的风险评估程序,才能够辨识出高阶风险。鉴于高阶风险的重要性,每个高阶风险都必须交由审计委员会中的特定成员负责处理。最不理想的情形是,公司既未设立风险委员会,也没有审计委员会,在这种情况下,公司必须确保董事会每年召开固定次数的会议用来专门讨论风险及应对策略。

信息是公司经营中不可或缺的资源,是对公司经营行为进行评价的重要依据。①在现实中,有关公司经营管理的信息极易被高级管理人员独占。高级管理人员作为公司业务的决策者和执行者获取公司信息本来是无可厚非的,但是他们无权垄断信息,这是因为公司中处于监督者地位的人或者组织也需要获取信息以实现其监督职能。在缺乏信息的情况下,公司内部的监督极易流于形式。因此,有必要进一步扩大并保障公司少数股东、监事和独立董事等监督人员的知情权,确保公司内部的监督程序能够顺利运行。

首先,应当进一步对股东知情权进行扩张,让"股东有权获得任何他们希望了解的信息";②其次,在我国现行公司法的框架内,应当将股东查阅权从有限公司延伸到股份公司,但也应当对股东查阅权进行必要的限制,以防止股东损害公司利益;再次,公司法应明确规定监事有权从董事、经理处获得履行监督义务所必须的信息;最后,在赋予监事信息获取权的前提下,应对执行董事、经理的信息提供义务进行相应的规定,否则可能使监事的信息获取权沦为一纸空文。

(二)改善独立董事制度

独立董事制度在我国实行已有一段时间,有必要对其实效进行评估,以明确未来改进的方向。一方面,监管部门应充分认识到独立董事制度的缺陷,独立董事制度并非万能灵药,单独依靠独立董事制度不可能完全消除上市公司

---

① 〔美〕理查德·T.德·乔治:《经济伦理学》,李布译,北京大学出版社 2002 年版,第 361 页。
② 〔美〕理查德·T.德·乔治:《经济伦理学》,李布译,北京大学出版社 2002 年版,第 346 页。

中的不合规现象。但是,也不能因为独立董事制度在短期内无法表现出显著效果而放弃它。政府主管部门,甚至是立法机构应当对如何改善独立董事制度进行充分的研究论证。与英美国家发达、充分的外部市场体系和机构投资者不同,我国缺乏这样的约束机制,因此有必要发挥政府"有形之手"的作用。①

1. 保证独立董事的独立性

(1) 任职资格方面。可以延长独立董事职务关系的冷却期至3年;在商业联系方面,限制关联交易的数额,可以借鉴《国务院办公厅关于上市公司独立董事制度改革的意见》(2023)关于重大关联交易的界定,即不超过总额高于300万元或高于上市公司最近经审计净资产值的5%的关联交易。

(2) 提名方面。独立董事的首次提名,可以由董事会、监事会、单独或者合并持有上市公司已发行股份1%以上的股东来完成。后续的提名应由提名委员会或者独立董事组成的特别委员会负责,并如实披露候选人的背景、资历、独立性要求等具体信息。

(3) 任命方面。独立董事应该由股东大会采用累积投票制选举产生,从而尽可能保护中小股东的利益。

(4) 评估方面。上市公司应该建立独立董事履职的评估机制,比如独立董事定期向股东大会述职,成立专门的机构负责对独立董事形式标准与实质标准的审查,以确定独立董事是否适格。

(5) 激励方面。首先,要建立独立董事的社会信用机制,培育建立独立董事的自律组织,加强投资者对独立董事的监督,以强化声誉机制的约束力。其次,应认真研究独立董事的薪酬级别、薪酬结构与支付方式,尽量在激励与独立之间保持平衡。再次,完善独立董事的董事责任制度。最后,确立独立董事

① 据《中国证券报》2004年3月1日报道,北京证券管理办公室创全国独立董事监管制度先河的《北京辖区上市公司独立董事联系制度》,于近日启动。联系制度规定,经检查发现上市公司存在较为严重的违法违规问题,需上市公司独立董事进行有关调查;公司整改不力,或公司管理层向董事会隐瞒真实情况不报而造成董事失察、疏于履行董事职责时;对辖区上市公司进行内部通报批评时,将执行该联系制度。独立董事联系制度具体执行方式包括:约见独立董事谈话、向独立董事发监管函、向独立董事送达并由独立董事向公司董事会宣读监管部门有关监管文件、听取独立董事的相关情况反馈和调查独立董事履行职责情况等。北京证券管理办公室将对公司独立董事履行职责和诚信情况进行评价并持续记录备案。参见王泓:《独董联系制度创立》,载《中国证券报》2004年3月1日。

的责任保险机制,避免独立董事畏惧巨额赔偿而从上市公司"逃遁"。

2. 确保独立董事作用的发挥

主要通过以下途径实现:

第一,加强独立董事的任职培训,促进其对自身职责的理解,提升其工作能力。

第二,确保独立董事的知情权。首先,应当对管理层课以更多的信息提供和解释义务,比如必须在董事会召开前一周将董事会会议材料发放到独立董事手中。其次,建立中小股东、公司职工以及普通管理者与独立董事之间的沟通机制,使他们的意见或举报能够及时反映给独立董事。

第三,设置专门委员会制度。上市公司至少应该设置审计委员会或者关联交易委员会,其任职成员必须有三分之二以上为独立董事,且至少包括一名会计专业人士。

第四,规范独立董事行使职权的程序。规范独立董事审议重大关联交易的程序与表决规则,并在公司章程中明确规定独立董事提议召开临时股东大会不被采纳时应如何处理。

第五,规范独立董事的工作时间和兼任数量。公司法应规定独董每年投入上市公司的最短时间、参加董事会的最低次数;限制独立董事兼任的数量,将独立董事最多可兼任的公司数量从5家改为3家(最新的《上市公司独立董事管理办法》第8条已作出明确规定)。

第六,确立独立董事对公司管理层进行监督的评估体系。确立精细的评估体系有利于独董行使监督职能,也减少了独董评估的误差。

3. 职工监事

对于职工参与问题,我国可在不同类型的企业中,采用不同形式的职工参与或者民主管理形式。

对于全民所有制企业来说,国家是全民所有制企业的直接所有者,当然有权选择是否采用民主管理或者职工参与机制。然而,由于我国政权的社会主义性质,社会各界普遍相信人民乃国家的主人,是国家财产的最终所有者,全民所有制企业绝不能像私人企业那样排斥职工参与或者民主管理。在这种特殊产权结构下,国资委发布相关文件贯彻民主管理或者职工参与,不完全是国家法律的强制,而是企业股东或者投资者(即国家)自由意思的反映。对于国有公司来说,即使是采用资方与职工享有同等表决权的参与体制也不为过。

对于私有企业来说,由于我国的私有企业一开始大多是在改革开放之后由原来的国有企业改制而来的,私有企业当时课以自主决定是否延续改造前的职工参与和民主管理体制。但现实中很多国有企业在改制私企后放弃了这些体制,这或许有一定的合理性,但难免会对职工利益造成不可避免的损害。

我国还有不少的大型企业,对于这些企业来说,由于其超大的企业规模,导致其经营活动会对社会和其他利益相关者产生巨大的影响。因此,无论是私营的大型企业,还是国有的大型企业,职工参与都是非常重要的。但是对于小型企业来说,应充分尊重企业所有者的自由,不应该强制其设置严格的职工参与机制。

4.规制大股东行为

中国绝大多数上市公司的股权结构属于集中型的股权结构。虽然这一现象在股权分置改革中正在发生变革,但在短期内难以产生根本性的变化。相应的,集中性股权结构给我国公司治理带来的最显著影响,就是控股股东支配问题。在控股股东支配的情况下,难以避免发生控股股东非法侵害公司和小股东利益的行为,具体包括:虚假出资;操纵上市公司发行价格;通过与子公司的不公平关联交易向上市公司转嫁包袱,为母公司提供贷款担保;无偿占有上市公司资金,长期不归还;采取不分配利润的政策,剥夺少数股东股利获得权;通过与董事会合谋操纵上市公司业绩,如通过不正常的会计方法,改变公司财务政策,使公司虚增利润。

控股股东滥用权力的道德风险,主要是控股股东与中小股东的代理成本问题。在股权结构集中的公司里,为了防止控股股东滥用权力,公司内部监督机制必须将重点放在控股股东身上。为了与之相适应,必须加强董事会的独立地位,尤其是加强独立董事的参与度。同时,也需要对监事会的独立地位进行再造,并在合规体系构建的过程中,让控股股东也承担合规义务。

（三）董事体系义务的重新构建

1. 董事监督义务

从美、日经验来看，董事的体系义务与董事会的监督职能及董事的监督义务有着密切的联系，而我国法律对于两者的规定都尚付阙如。我国《公司法》只规定了股份公司董事会每年召开的次数，对有限公司董事会每年的召开次数并未作出规定，且均未直接规定董事会的监督职责。但在实践中，相对于召开次数和会议时间均有限的董事会会议，董事会的工作重心理应是对公司经营管理的监督。因此，首先需要在《公司法》层面明确董事会具备业务监督职能，并在此基础上明确董事负有经营监督义务。

就董事会的合规职能而言，比较常见的做法是在董事会下设置一个合规委员会，但是其法律地位和独立履职的条件在业界并未达成共识。合规委员会的法律地位和履职条件需要以重构董事会职能为前提，在明确董事监督义务的情况下才能实现。我国新《公司法》第 122 条规定，股份公司董事长由董事会过半数选任，这与有限公司董事长产生由章程自治明显不同；新《公司法》第 126 条又规定股份公司的经理由董事会决定聘任或者解聘，经理需对董事会负责。因此，在逻辑上或可认为董事会成员有权对董事长、总经理的业务执行实施监督。关键问题是要对业务执行董事和非业务执行董事的监督义务、体系义务认定做出厘清。

董事作为董事会成员，应当在彼此之间履行监督义务，而这项监督义务不同于职能分管董事对其下级高级管理人员的监督义务，应当在构建董事监督义务的基础上，进一步构建体系等义务作为监督义务的重要内容。因此，我们建议将合规义务纳入董事信义义务体系，结合合规体系与内控体系将合规义务定位于勤勉义务，并对监督义务应设立事前免责事由与事后免责事由。

2. 商业判断规则的适用

刘斌认为合规是典型的"胡萝卜加大棒"政策的产物，违反合规义务将带来高额行政罚款，符合合规义务可以带来事后减轻责任等"胡萝卜"。但是如果合规义务强制程度过高，会导致只有"大棒"没有"胡萝卜"。①

---

① 刘斌：《公司合规的组织法定位与入法路径》，载《荆楚法学》2022 年第 3 期。

邓峰教授指出,我国法上商业判断规则等审查路径的阙如,直接影响了将合规与否、成效大小作为判断公司犯罪责任的考量因素。[1]傅穹、陈洪磊认为应通过司法程序性审查路径引入商业判断规则,通过司法解释与指导案例将该规则成文化。[2]李依怡认为商业判断归责应当作为董事违反勤勉义务的免责事由。[3]

对于商业判断规则在我国的适用,应当注意以下几点:

其一,应合理适用商业判断规则,审慎认定"红旗信号"等可疑情形。就域外经验看,董事监督义务和体系义务均是典型的不作为义务,如何认定体系内容的合理性,并审查董事是否已恰当履行义务是法院评价的核心。美国法的演进过程曲折而富有戏剧性,[4]就商业判断规则的双要件中争议最大的"红旗信号"的认定和"诚信"地位而言,这虽然与各州立法关于董事免责的规定相关,其连接点却是商业判断规则。有美国学者主张,如果要实现对董事责任的追究,必须对《特拉华州普通公司法》第102(b)(7)条进行修订(甚至直接删除),同时还须放弃商业判断规则。实际上,美国法的症结在于其将商业判断规则作为一项排除法院实质审查的司法原则。

我国学界对商业判断规则的研究由来已久,有学者认为,董事监督义务、体系义务不应适用"商业判断规则",[5]这种意见值得商榷。赵旭东教授指出,以会议形式集体决议来执行监督不可行,这是由董事监督义务不允许经过协商决策的性质所决定的,但不论从成本收益分析角度,还是域外经验来看,体系的内容应由董事会、执行董事等根据公司规模和行业特性来决定。[6]即便当董事发现"可疑情形"或"红旗信号"之后,虽然监督义务的性质决定了不由得董事自主裁量是否采取措施,但究竟采取何种程度的措施,董事在这一问题上

① 邓峰:《公司合规的源流及中国的制度局限》,载《比较法研究》2020年第1期。
② 傅穹、陈洪磊:《商业判断规则司法实证观察》,载《国家检察官学院学报》2021年第2期。
③ 李依怡:《论董事勤勉义务的判断标准与判断前提》,载《民商法论丛》2022年第73卷。
④ 梁爽:《董事信义务结构重组及对中国模式的反思——以美、日商业判断规则的运用为借镜》,载《中外法学》2016年第1期。
⑤ 姜荣吉:《公司内部控制的有效性与董事责任的判定》,载《天津法学》2014年第3期。
⑥ Regina F. Burch, Director Oversight and Monitoring: The Standard of Care and the Standard of Liability Post-Enron, WYO. Law Review, Vol.6, 2006, pp.481, 498.

应当具有一定的自由裁量空间。

叶金强教授认为,针对董事注意义务可以不再讨论商业判断规则,而是按照理性商人的标准认定董事的过错,[①]但邓峰教授指出,"理性人"标准的波动和英美法上的商业判断规则都不是非常清晰。[②]日本法将商业判断规则作为实质审查标准的做法可以避免类似美国法上"good faith"等的理论争辩,但日本法院对商业判断规则的适用也并未形成一套明确的标准。[③]不论是将商业判断规则作为一项排除法院实质审查的原则,从而在前端引发"诚信"等问题的争论,还是将商业判断规则作为一项既尊重董事会裁量又对董事会决策从内容、程序两个方面进行考察的实质审查标准,其在董事监督义务、体系义务中的适用都会遇到问题。与此同时,如公司合规、内控等管理体系本身就已包括公司业务执行权及职务分担等规则,这种分担或者规则本身是否合理,乃至于公司关键职位的兼职兼任亦都存在按照行业、公司本身的特殊性讨论商业判断的适用余地。

因此,对于我国而言,可以将商业判断规则作为一项法院的实质性审查标准,比如可在新《公司法》第180、181条、第182—186条之后设立条文,以明文规定的方式确立董事履行注意义务应满足的条件或者程序,并在涉董事责任案件中不断积累商业判断规则以及董事不作为责任的审判经验。法院在适用商业判断规则的过程中应做到有的放矢,有时为了达到理想的适用效果甚至需要在灰色地带寻求实质正义和社会效率的平衡。

比如就"红旗信号"而言,一份第三方的报道或者评估,抑或是一部来自公司内的报告都可能被认定为危险信号,但由于公司内部人制作的报告董事更容易获得,而且可能也是可靠性最高的信息源,因此在实践中更容易被认定为"红旗信号"。同时,立法、行政层面的监管措施也会对公司业务产生重大影响,也会被认定为"红旗信号"。上述信号的存在,使得法官更容易认定董事是

---

① 比如,叶金强教授曾认为董事勤勉义务可依商业判断规则来判断,参见叶金强:《私法中理性人标准之建构》,载《法学研究》2015年第1期;然而叶教授不久后的论文中又认为"引入商业判断规则论似可以休矣",参见叶金强:《董事违反勤勉义务判断标准的具体化》,载《比较法研究》2018年第6期。

② 邓峰:《代议制的公司》,北京大学出版社2015年版,第167页。

③ [日]近藤光男:《判例法中的经营判断规则》,梁爽译,法律出版社2019年版,第1—3、18页。

否构成不作为责任。

但当上述情况出现在"双责型董事会"成员身上时，对于能否认定"红旗信号"的论点会有些复杂。比如当公司的内部调查没有发现违法、违规问题时，能否直接认定包括董事在内的所有董事对于违法行为不具有"可预见性"。再比如，当公司受到行政机构的监管时，似乎也很难认定非义务执行董事必须共同承担连带责任。此外，如果公司出现了紧急情况，法院也可能会采取比商业判断规则更加缓和的审查基准进行综合判断。

其二，合理审查"相当的因果关系"。赵旭东教授指出，在认定董事责任的问题上，需改变董事会成员承担连带责任的追责观念。从美、日经验来看，对于只承担监督职能的非业务执行董事（比如"监督型董事会"中担任监查委员会的委员，以及"双责型董事会"中的非业务执行董事），司法态度都趋于宽容。但从我国实践来看，在一些案件中，法院甚至存在"有意认定"之嫌，[①]而在证监会的一系列行政处罚中，尽管独立董事采取了与年审注册会计师沟通、要求公司对涉案子公司进行内部审计、对代持股事项进行多次沟通询问等行动，证监会仍认定其未实施有效监督。

有学者认为，应当在法律中明确规定董事的免责事由，从而为董事积极履职提供正向激励。[②]例如，可以在新《公司法》第180条后段增加"前款人员在履行职责过程中，因疏忽大意给公司造成损失的，应当承担赔偿责任"的规定。[③]还有学者认为可以借鉴日本经验，在公司法中引入减轻或免除董事责任的制度（日本《公司法》第425条至第427条）的建议。[④]然而从董事责任认定具有的法律抑制效果看，应该尽量减少使用"重大过错""一般过错"这种含义模糊不清的词汇。一方面，法官需要在个案中对这些词汇的含义进行释明，不同法官的认定可能不同，这会导致争议的产生；另一方面，如果允许对董事的责任进行减轻，容易偏离董事责任规范应有的规制效果。

---

① 张红、石一峰：《上市公司董事勤勉义务的司法裁判标准》，载《东方法学》2013年第1期。

② 吕成龙：《上市公司董事监督义务的制度构建》，载《环球法律评论》2021年第2期。

③ 罗培新：《世行营商环境评估之"保护少数投资者"指标解析——兼论我国公司法的修订》，载《清华法学》2019年第1期。

④ 王艳梅、祝雅柠：《论董事违反信义务赔偿责任范围的界定》，载《北方法学》2019年第2期。

应将关注的重点放在"相当的因果关系"的认定上,结合实践中的案例,总结出可以免除或减轻董事不作为责任的具体情形。从日本法的经验看,如果公司存在一人身兼数职的情况,例如一人同时担任公司创始人、代表董事、董事会主席等职务,那么这种事实本身就可以成为非执行董事减免责任的抗辩事由。此外,在按照比例原则认定责任的情况下,如果司法审查过于简单,则很容易使得董事的监督义务和体系义务沦为一种结果责任。因此,必须在立法层面明确在个案中需要审查哪些方面,或者说具备了哪些情节才能够减免或免除董事的责任。具体来说,这些情节可能包括非义务执行董事的产生方式、其与业务执行者之间的具体关系以及其采取了何种措施(不仅仅是召集或参与董事会会议并投票反对,还涉及是否及时调查、反复劝阻或制止、向其他董监事乃至股东及时披露信息并进行举报等纠正、补救与整改措施等)等。

在美国法上,排除董事责任的一个例子是,如果董事完全忽视了"体系"的建构和运作过程,或者对"红旗信号"视而不见时,董事就不能获得商业判断规则以及《特拉华州普通公司法》第102(b)(7)条的保护。同样,在日本法上,在已经有明显的迹象使得董事认识到危险即将发生的情况下,如果董事仍然采取放任的态度,那就没有必要减免其责任,即使通过章程或股东大会决议,亦不得免除相关责任。

3. 对"诚信、善意"的理解

在客观标准上,善意主要体现为董事遵守法律法规和公司章程。以2009年国资委《董事会试点中央企业董事会规范运作暂行办法》为例,其第63条列举了董事履行勤勉义务的行为指引:(1)投入足够的时间和精力履行董事职责,除不可抗力等特殊情况外,外部董事一个工作年度内在同一任职公司履行职责的时间应当达到国资委规定的时间;(2)出席公司董事会会议、所任职专门委员会会议,参加董事会的其他活动,除不可抗力等特殊情况外,董事一个工作年度内出席董事会定期会议的次数应当不少于总次数的四分之三;(3)在了解和充分掌握信息的基础上,独立、客观、认真、谨慎地就董事会会议、专门委员会会议审议事项发表明确的意见;(4)熟悉和持续关注公司的生产经营与改革管理情况,认真阅读公司的财务报告和其他文件,及时向董事会报告所发现的、董事会应当关注的问题,特别是公司的重大损失和重大经营危机事件;(5)自觉学习有关知识,积极参加国资委、公司组织的有关培训,不断提高履职能力;(6)如实向国资委提供有关情况和资料,保证所提供信息的客观性、完整性;(7)法律、行政法规和公司章程规定的其他勤勉义务。

在主观标准上,善意包括了董事无明显过失。"《公司法》规定的勤勉义务的内容偏向于遵守法律义务,没有考虑主观要件。这种规定存在立法上的疏漏,董事等违反注意义务的行为应当包含玩忽职守的行为。即董事执行公司职务时玩忽职守,给公司造成损失,应当承担赔偿责任。但董事超过经营范围所导致的结果,如果公司损失,该董事没有过失或故意,则不需要承担损害赔偿责任。"①

我国《企业内部控制基本规范》第 4 条规定"成本效益"是内部控制的基本原则之一。将有限的资源运用在最关键的环节,是内部控制评价成本效益原则的体现。因此,考虑平衡成本与收益的关系,确保企业经营效率,内部控制体系的具体建设以及其具体内容,应当作为董事"商业判断"的范畴。然而董事虽有一定的裁量权,但仍必须按照公司的规模和行业种类来进行,在董事违反内部控制义务的认定标准上,应当坚持三个标准相互结合:

第一,常态下使用"合理性"标准。常态下董事内部控制义务的履行属于商业判断范畴。内部控制的内容应鉴于公司的规模、经营的内容以及组织的集中度,视个别公司的具体情况决定。且该系列内部控制的具体内容应当"合理",而我们必须明确,财务报告的内部控制不可能防止或检测出所有的差错,包括错误陈述或者欺诈。美国 1934 年《证券交易法》第 13(b)(7)条则对"合理保证"定义为"审慎主管在履行本身事务中,自己认为满意的详细标准和保证程度"。可见,"合理性"是一种主观标准。

---

① [日]佐藤孝弘:《董事勤勉义务和遵守法律、公司章程的关系——从比较法的角度》,载《时代法学》2010 年第 8 期。

第二,对于特殊缺陷采用"重大性"标准。董事对内部控制的评估不是一种机械式、核对式的标准行为,对内部控制进行的评估,如果过于程式化或过于详细,就无法突出风险,也就无法达到内部控制的基本目的。应该将资源投入最可能存在最大风险的领域,董事的重心不是识别、记录和测试广义控制所涉及的每一个单一步骤,应该突出控制的目的,并测试符合广义控制目标的具体措施形成的组合的有效性。[①]

第三,必要时使用"忠实性(诚实性)"标准。如上所述,常态下董事内部控制义务的履行属于"注意义务"范畴,并适用商业判断规则。而恶意放弃职务就不属于"注意义务"的范畴,应属于忠实义务的范畴。比如"有意识的或者故意使公司违法"以及"未建设内部控制体系"和"完全无视董事义务",因为这不是能力问题,而是董事在主观动机上产生问题。

此外,我国公司法规定忠实义务的义务人是公司董事、监事和高管,但我们所理解的属于传统忠实义务的新《公司法》第 188 条,规定的对象却没有监事。监事参与内部控制正可以体现监事的忠实义务,如果董事会不建设内控机制,或者就是否建设内控机制没有做出任何探讨,而监事会一直视而不见,或者监事会已经掌握企业内部的一些消息(如举报),但不进行任何响应的,即可认为监事会违反忠实义务,该法理对独立董事也同样适用。然而,监事对董事会建立与实施内部控制进行监督是何意义,监事对公司的中层机构以及下层监视组织有无一定的监督义务等问题仍值得研究。这些问题也直接关系到内部控制职责的划分。在这个问题上,和我国一样采用监事制度的德国以及日本法的经验或许值得借鉴。[②]

[①] 东京大学的岩原绅作教授认为,风险管控机制和合规体系加起来构成了企业的"内部控制体系",岩原绅作:《大和银行事件代表诉讼事件第一审判决与代表诉讼改正问题(上)》,商事法务 1576 号 11 页。

[②] 在德国股份公司中,董事是经营者,但日本股份公司中的董事则是董事会成员。在德国法中监事会必须履行一般的监事义务(德国《股份法》第 111 条第 1 款),也就是说,监事必须监督董事履行义务。而《德国商法》第 317 条第 4 款规定的上市公司决算检查人也必须就检查报告书(《德国商法》第 321 条第 4 款规定必须记载检查人对董事执行内控义务的评价)向监事会进行报告。也就是说,监事会对德国《股份法》规定的"措施"或者"监视机制"是不直接发生关系的。只是监督董事有没有履行义务而已。

4. 公司法所允许风险具体化的标准

第一，基于特定领域不同的行为关系。比如，在土木工程、医疗行为、技术型生产和销售、行业部门等领域，一般谨慎原则表现为不同的形式。有些谨慎义务需要其他法律部门的发展才能够不断完善。

第二，谨慎义务规则中的责任分配。责任是权力、影响力和知识的映射，企业中每一个人的责任都对应于其所处的战略性职位。一般而言，谨慎规则仅适用于行为人可以自主掌控的行为领域。可认识性和可避免性是判定谨慎义务的两个重要因素，只有存在可认识性和可避免性的情况下，才能认定违反了谨慎义务。

第三，过去的事件。如果一个员工在过去已经实施过犯罪行为，那么他再次实施犯罪行为的可能性就会增大。但是，提高犯罪可能性的视角不应仅局限于行为人先前是否接受过处罚。可以作为标准的还有政府机构的措施[1]承诺。有争议的是，对于员工错误行为进行处罚是否有利于降低他们再犯的可能性。这里在一定程度上涉及预防性刑法的一个支柱性问题。我们可以从施加了惩戒这个事实得出结论，再犯可能性提高的效果能够通过惩罚的先行性负担（至少是部分）得到平衡。从一个员工先前的犯罪行为得出的结论，并不能用于直接推断出新员工也具有升高的犯罪倾向。[2]

第四，"红旗"标准。在境外的学术文献中，学者们对于已经发生的或将要发生的具有可罚性的行为的早期警示性指标清单进行了普遍的讨论，特别是按照预防腐败的要求进行了讨论。[3]企业领导人具有组织性义务，必须设置相应的风险发现系统。在风险发现系统的实际运行过程中，应当将把员工犯罪行为概然性的研究作为对人事风险进行管理的切入点。企业领导者在构建企业监督体系时，必须在可期待的范围内对其所能获得的全体员工的违法犯罪倾向指标进行慎重考虑。如果公司领导者发现了危险指标的存在就可以推论

---

[1]　Große Vorholt, Wirtschaftsstrafrecht, 2. Aufl.(2007), Rn.63.

[2]　So aber Bay Ob LG NJW 2002, 766; Bussmann/Matschke CCZ 2009, 132, 133.

[3]　Vgl.Z.B.Vahlenkamp/Knauß, Korruption, (1995), S.88 ff., 153 ff.; Benz/Heißner/John, in: Dölling(Hrsg.), Handbuch der Korruptionsprävention, (2007), S.67 ff.;《股份法》第 91 条第 2 款也要求尽早识别危及继续存在的发展态势；vgl, auch Wirtz WuW 2001, 342, 350.

出员工实施犯罪的可能性有上升的趋势。对此,目前已经有了符合规则的对照清单。①

第五,特别状况。司法判决显示,法官们认为企业成员的犯罪倾向在一定的状况下会提高。在监督义务的框架内,司法判决要求在危机状况下,通过授权者对被授权者实施强有力的监督——这也得到了主流观点的赞同。②但这种观点有可能在总体上是错误的,它会不正当地扩大监督义务的范围。在公司危机中,由于公司往往会倾向于追求与合同相对方、放款者等进行谈判,这对企业负责人来说会产生额外的时间花费。对转移权限进行过强的限制,在经济层面可能会对公司有意义的补救尝试产生阻碍作用。

5. 董事违反信息披露制度对股东承担的责任

信息披露作为现代证券市场的核心原则之一,要求在证券的发行、上市及交易过程中,有关主体公开的资料或信息要具有内容上的完整性、真实性、准确性和有效性以及时间上的及时性、空间上的易得性、形式上的适应性。作为公司的经营管理人员,董事就其违反信息披露制度,从事虚假陈述的行为承担证券法上的法律责任,是防范和制裁证券欺诈行为的重要手段。我国原来的《证券法》《股票发行与交易管理暂行条例》《禁止证券欺诈行为暂行办法》《刑法》等众多的法律法规,尽管规定了证券发行人及董事、监事和高级管理人员等有关主体在信息披露方面的法律责任,但这些规定主要是强调行政责任与刑事责任,对民事赔偿责任则少有规定。自最高人民法院先后发布《关于受理证券市场因虚假陈述引发的民事侵权纠纷案件有关问题的通知》《关于审理证券市场因虚假陈述引发的民事赔偿案件的若干规定》等司法解释后,针对董事和高级管理人员的案件不断增多。《证券法》历经多次修改,进一步强化了董事、监事和高级管理人员虚假信息披露的法律责任。

---

① Vgl. Stephan/Seidel, in: Hauschka (Hrsg.), Corporate Compliance, 2. Aufl. 2010, & 25 Rn.249 ff.

② BGHSt 37, 106, 124; zu 8 266 StGB; BGH(Z)NJW 1997, 130, 132 und BGH(S)NJW 2002, 2480; Schlüchter, in: Eser/Kullmann/Meyer-Goßner/Odersky/Voss(Hrsg.), FS Salger, (1995), 139, 163; Schall, in: Schünemann(Hrsg.), Deutsche Wiedervereinigung, Band III-Unternehmenskriminalität, 1996, 99, 115; Roxin, Strafrecht AT 2, 2003, § 32 Rn.142.

虚假陈述行为包括虚假记载或不实陈述、误导性陈述以及重大遗漏三种情况。同时,我国《证券法》第 68 条还规定了董事、监事和高级管理人员在信息披露方面的义务。从司法实践来看,根据最高人民法院《关于受理证券市场因虚假陈述引发的民事侵权纠纷案件有关问题的通知》,可以提起民事诉讼的虚假陈述行为仅限于在提交或公布的信息披露文件中作出违背事实真相的陈述或记载这一情形。由此,法院受理的因虚假陈述所引起的民事赔偿仅包括虚假记载和不实陈述,对于损害投资者的误导性陈述以及重大遗漏被排除在案件受理范围以外,这给实践带来了很多困难。考察各国证券法,认定虚假陈述的因素主要有以下方面:

(1)虚假陈述的重大性问题。虚假陈述可以请求赔偿的标准在于虚假陈述的内容是否具有"重大性"(materiality),美国证券交易委员会根据《1933 年证券法》授予的行政立法权,颁布实施的监管规则 C(Regulation C)中将"重大"定义为"普通谨慎的投资者在购买注册证券之前必须被合理地告知的信息"。美国证券交易委员会所发布的 10b-5 规则中对"重大性"的定义是:被虚假陈述的事实足以促使理性投资者倾向于认为该事实在其作出投资判断时非常重要。[1]联邦最高法院在一系列案件中强调了重大性问题,认为信息是否重要取决于一位理性持股人在进行选择之前是否有很大可能认为这些信息是重要的。[2]美国学者认为,所谓"重要事实"是指一个谨慎的投资人在作出一个明智的投资决策前应当知道的事实,而不管该投资人实际上是否购买该证券。[3]

一般认为,重大性应指遗漏的内容足以使理性投资者作出错误的投资判断。确定重大性存在两个重要标准,第一是"理性"的标准。只要普通投资者可能认为被遗漏的信息是重大的,那么,法院就可以认定该信息具有重大性。[4]第二是

---

① 17 C.F.R. § 240.10b-5(1997).

② Basic Inc. v. Levinson, 485 U.S. 224, 108S.Ct.978.

③ David L. Ratner, Securities Regulation: Selected Statutes, Rules and Forms. West Pub. Co., 1990, p.172.

④ 这一原则并非绝对。根据侵权法的一般原则,如果虚假陈述者明知或应知投资者会将虚假陈述的信息视为重要信息,那么即便理性投资者不认为该信息是重大的,该信息也具有重大性。参见胡基:《证券法之虚假陈述制度研究》,载《民商法论丛》(第 12 卷),法律出版社 1999 年版,第 654 页。

"足以促使"的标准。重大性认定上的"足以促使"标准是指虚假陈述会严重影响投资者的投资判断。

（2）虚假陈述的因果关系认定——信赖标准问题。传统民法上的因果关系是指行为人的行为与损害事实之间的因果关系，是将行为人的行为作为因果关系中的原因对待的。但在信息披露民事责任的因果关系要件中，除了行为人的虚假陈述行为外，投资者对该陈述的信赖也是认定原因的更重要的标准。判断"信赖"的标准有两个：原告相信被告的陈述、原告基于这种相信而决定进行交易。

认定因果关系主要考察的是证券交易当时的虚假信息与损害后果之间是否具备因果关系。所谓交易当时的损害，是指在交易发生当日买卖证券的价格与当日该证券的真实或公平价值之间的差价。①实际上，在交易行为完成之后，投资者仍然可能遭受损害，即发生在买入或卖出证券之后的、交易当时的损害之外的其他损害。对于这一因果关系的存在，原告必须积极地证明，因为交易之后的损害与不实信息披露之间并不存在必然联系。

一般来说，承担虚假陈述民事责任的主体主要有：发起人或发行人；发行公司负有责任的董事和其他高级管理人员；承销商及其董事和高级管理人员；中介机构及其责任人员。

对多个行为人的虚假陈述给投资者造成的损失，目前，绝大多数国家的证券法规定虚假陈述的行为人之间承担连带责任。②我国的证券立法承袭了这一做法。使行为人承担连带责任的优点是增加了被告的范围，从而增大了原告获得赔偿的可能性。但连带责任的不足在于有可能导致过错较小的被告承担过大的赔偿责任。

---

① 最高人民法院《关于审理证券市场因虚假陈述引发的民事赔偿案件的若干规定》第18条规定：投资人具有以下情形的，人民法院应当认定虚假陈述与损害结果之间存在因果关系：（1）投资人所投资的是与虚假陈述直接关联的证券；（2）投资人在虚假陈述实施日及以后，至揭露日或者更正日之前买入该证券；（3）投资人在虚假陈述揭露日或者更正日及以后，因卖出该证券发生亏损，或者因持续持有该证券而产生亏损。该条款对虚假信息与损害后果之间的因果关系作出了准确的界定。同时，该司法解释对不具有因果关系的情况也进行了说明。

② 例外的立法是美国。根据1995年美国《私人证券诉讼改革法》，认定行为人在一定情况下承担比例责任。

（3）责任抗辩与比例责任。发行人应对虚假陈述行为承担无过错责任。除发行人以外的其他主体，各国证券法基本上都采取了过错推定的原则，董事若无过错并已经尽到相当注意、合理调查、恪尽职守时，可免除或减轻赔偿责任。我国司法实践更加倾向于通过考察董事是否勤勉尽责来认定董事是否可以免责。根据《关于审理证券市场因虚假陈述引发的民事赔偿案件的若干规定》，对于发行人的董、监、高而言，其抗辩事由限于"一般合理的谨慎"或"相当的注意"。

财报不实的民事责任较为复杂，不同赔偿义务人的主观要件不同，因而存在比例责任制的特殊责任分配制度。财报不实民事责任的赔偿义务人包含发行人、负责人、曾在财报上签章的公司员工及会计师。

过失导致财报不实者负比例责任，但是行为人间是不真正连带关系，无内部分担额，而发行人不通用比例责任制。从案例中可以更加理解其含义，假设原告应受赔偿金额为 100 万元，被告 5 人包含故意违法的董事长及总经理，非故意违法的会计师、财务长及董事甲，过失比例经认定分别是董事长 30%、总经理 30%、会计师 20%、财务长及董事甲均为 10%。因董事长及总经理是故意违法，所以不能适用比例责任制，原告可选择单独向董事长及总经理请求100 万元，或是向会计师请求 20 万元，向财务长及董事甲各请求 10 万元，再向董事长或（及）总经理请求 60 万元。

（四）内部治理与合规治理规则改进

从美、日经验看，董事会存在"监督型"和执行 + 监督的"双责型"两种模式，在完全由独立于经营者的董事组成专门委员会履行监督的美国法中，对董事监督义务、体系义务的争议主要围绕"诚信""红旗信号"及"商业判断规则"的适用展开；而在日本的执行 + 监督"双责型董事会"模式下，在董事具体责任分担层面的论点比美国法更为复杂。这里必须指出的是，坚持经营和监督相分离并不代表董事会成员必须全部由独立董事组成，早先的一项研究发现，直至近期，东京主板市场上市公司中还有 20% 的公司仅选任了一名独立董事，且其他公司大多数也都只选任了两名独立董事。[1]相比完全由独立董事组成与采

---

① http://www.jpx.co.jp/news/1020/20160617-01.html，2021 年 7 月 21 日访问。

用美国的"监督型董事会",日本的"双责型董事会"或许更容易被我国所接受,但在此之前尚需解决我国特有的董事长、法定代表人,乃至业务执行人之间的关系不明问题。

一方面,我国公司内部治理中时常体现出集权化特征。在我国公司治理结构中,在董事长兼任总经理并出任公司法定代表人时,监督的有效性乃至合规体系的有效性可能会降低。①因此,或许可以限制董事长的权限,包括限制章程、董事会对董事长进行过分权限委托的情形,只有当董事长的权限被限制时,有效监督才有可能落到实处。同时还必须增强董事会获取经营信息的渠道,在这个意义上,日本法上的一些规定,如执行董事必须每3个月1次以上就自身职务执行情况向董事会进行报告(日本《公司法》第417条第4款);专门委员会从其委员中选定的人必须毫无迟延地就该委员会职务执行的情况向董事会进行报告(日本《公司法》第417条第3款);监查委员会中的委员均享有广泛的调查权以及征收报告的权限(日本《公司法》第405条第1款),都是我国重构董事会监督职能时值得借鉴的规则。

另一方面,我国公司中的业务执行权并不当然来自董事身份,②董事长或总经理都可以担任公司的法定代表人。从域外经验看,董事会对总经理的监督与其对董事长的监督在内容和程度上是有所区别的,但当总经理或者董事长担任法定代表人时,董事会对其进行的监督是否应当相同?同时,如果公司章程明确其他董事,乃至其他经理负责公司业务执行,其与法定代表人之间的关系又当如何?可以说,如果董事会成员乃至全体业务执行者之间的关系不明,则监督的效果也会下降。在这个意义上,日本法上的董事(包括提名、监查等委员会中的董事)不得兼任公司的支配人及其他商业使用人(日本《公司法》第331条),以及在设置专门委员会的公司中,如公司存在2人以上的执行董事,则董事会应就各位执行董事所分管的职务以及上下指挥命令等其他和执行董事相互之间关系有关的事项进行决定(日本《公司法》第416条第1款)等

---

① 已有不少实证研究表明,两职兼任现象与内部控制失效呈显著正相关。

② 甘培忠、周淳:《上市公司定期报告信息披露违法董事责任认定研究》,载《北方法学》2012年第33期。

规定值得借鉴。

　　然而,仅凭公司在自治中建设合规体系,很难达到理想效果,必须发挥公司法上的其他合规监督职能。事实上,早在《SOX 法案》制定前,美国证券交易委员会就曾建议公众公司董事会采用"伦理规程",其包括业务执行官及公司职员向上层管理层乃至董事会提供一定的业务信息的规程。美国证券交易委员会原以为董事会获得的信息越多,就越能及早发现违法迹象,从而尽早发挥其监督职能。但现实是,《SOX 法案》第 406 条制定后,大多数专家都建议公司采用极为克制的伦理规程,因为如果公司制定了广泛的伦理规程,但无法较好地实施,则公司在诉讼中被问责的可能性甚至会比完全没有实施伦理规程更高,这样一来,《SOX 法案》第 406 条的立法目的就落空了。[①]因此可以说,仅凭公司法或者寄希望于以公司自治的方式引入合规监督等管理体系难以达到理想的效果。

　　对于我国而言,为使公司合规的实施效果更加理想,还有必要考虑让控股股东、实际控制人承担义务和责任的问题。如果公司同时设有监事会,监事会也应负责对董事会是否已构建合规体系进行监督。可以通过合规评价的方式推进合规监管的落实,并建立配套的追责机制,确保能对公司进行有效追责。在立法层面,遵守合规应当作为公司尤其董事责任的减轻或免除机制入法,并将其作为责任豁免的法定事由,而违反合规义务需要追究其法律责任。

三、公司法中特殊诉讼制度的激活

(一) 股东派生诉讼的激活

　　新《公司法》第 189 条和第 190 条分别规定了股东直接诉讼和派生诉讼。第 189 条规定股东有权提起派生诉讼,但为了防止滥诉现象的产生,仅规定了

---

　　① Notes, The Good, The Bad, and Their Corporate Codes of Ethics: Enron, Sarbanes-Oxley, and the Problems with Legislating Good Behavior, Harv. Law Review, Vol.116, 2003, pp.2123, 2124, 2127, 2138—2140; See also Usha Rodrigues & Mike Stegemoller, Placebo Ethics: A Study in Securities Disclosure Arbitrage, Va. Law Review, Vol.96, 2010, pp.1, 5.

股东的原告资格和派生诉讼的前置程序,并未规定公司在股东派生诉讼中的诉讼地位,也未规定诉讼费用的承担与胜诉利益的归属。《公司法司法解释(四)》虽然规定原告股东在胜诉或部分胜诉的条件下,可以请求补偿诉讼的必要费用,但对于股东而言,在提起诉讼时,股东既要承担全部诉讼费用,又要面对诉讼结果不确定、胜诉利益归属不明等诸多困扰,这对股东提起派生诉讼的动力造成了负面影响。就此而言,《公司法》对股东提起股东派生诉讼的条件进行严格限制,在实质上降低了股东派生诉讼的价值。[1]

但是,学界对于股东派生诉讼有无前置程序的限制这一问题,存在不同看法。多数学者在分析原《公司法》第 151 条(新《公司法》第 189 条)后认为,该条明确设置了股东派生诉讼的前置程序。[2]然而,从文义上分析,原《公司法》第 151 条第 1、2 款(新《公司法》第 189 条)并没有强制性地设置股东派生诉讼的前置程序,因为该条款中使用了"股东可以"的表述,换言之,股东在提起股东派生诉讼前是否要履行前置程序完全由股东自主决定。

任意性的前置程序比强制性的前置程序更适当。一方面,任意性的前置程序授予了股东自主决定的权利,进一步明确了股东派生诉讼的制度价值。另一方面,在股东选择启动前置程序后,如果董事(会)或监事(会)拒绝提起诉讼,它们就彻底失去在股东派生诉讼中提出程序异议的机会。

从多年实践来看,原《公司法》第 151 条(新《公司法》第 189 条)的司法适用不足问题,远比股东滥诉更为严重。基于这种判断,《公司法司法解释(四)》在坚持《公司法》现有规定的基础上,放松了对股东派生诉讼的过度限制,降低了股东提起派生诉讼的成本,明确了派生诉讼中胜诉利益的归属,奠定了股东派生诉讼的逻辑起点。

董事虽说是经营的专业人士,但也并非绝对保证公司的事业一定成功。可以想象,如果频繁地以"经营失败"为由追究董事对公司的责任,不仅会限制

---

① 叶林:《股东派生诉讼规则之司法解释的逻辑和要点》,载《人民法院报》2017 年 9 月 5 日。
② 陈群峰:《试论我国股东派生诉讼前置程序规则的完善》,载《人民司法》2013 年第 9 期;刘凯湘:《股东代表诉讼的司法适用与立法完善》,载《中国法学》2008 年第 4 期;朱慈蕴:《股东派生诉讼的前置程序研究》,载《政法学刊》2010 年第 3 期。

董事的经营活动,而且愿意担任董事的人会越来越少。因此,实务界广泛呼吁应该区分基于充分调查和合理判断作出的经营决策给公司带来的损失和因违法行为和重大过失而带来的损失。商业判断规则就是一种"司法不介入"的规则,其正是指"在公司法上董事作出的商业判断即使造成了公司的损失,法院不得事后评价其得当与否"的规则。①董事如果因违反"信义义务"而被股东提起"代表诉讼"时,在日本或是美国(诉讼委员会的判断一般也需要遵循商业判断规则),②法院一般都要遵循这项裁判规则。

虽然美国立法界和理论界至今未能成功地给商业判断规则下一个统一的定义,但美国法律协会在《公司治理原则:分析与建议》中对商业判断规则的定义仍影响最大,董事决策行为必须满足:与所从事的交易无利害关系;该决策是在充分收集信息和了解情况的基础上作出的;合理地相信该决策对公司是最有利的,并诚实地进行判断。③商业判断规则是一个既定的假设,在该假设成立的前提下,推定董事作出的商业决策正确。

董事违反"勤勉义务"与日本法上的违反"善良管理注意义务"的意义相同,是判断被告董事履行职务的重要标准,与适用商业判断规则关系密切。当然,日本法院对商业判断规则的理解和把握同美国有所不同,日本法院不将商业判断规则作为一项排除司法审查的规则,而是将其作为一种法院介入的原则,即法院在一般情形下广泛认可董事在经营判断上享有广泛的自主裁量权,然后根据个案的事实情况,对经营判断的程序以及内容进行司法审查。④

---

① Dennis J. Block, Nancy E. Barton, Stephen A Radin, The Business Judgment Rule: Fiduciary Duties of Corporate Directors, 1695—1696, Aspen Law & Business(5th ed. 1998). 有关日本方面的研究,参见戶塚登:《経営判断の法則(1)(2)》,《阪大法学》第 129 号第 1～65 页,同第 127 号第 1～66 页(1983 年);川濱昇:《米国における経営判断原則の検討(1)(2)》,《法学論叢》第 114 卷第 2 号第 79～101 页(1983 年);近藤光男:《経営判断と取締役の責任—経営判断の法則適応の検討》第 16～89 页(中央経済社 1994 年版)等。

② 只要诉讼委员会的成员符合独立性的要求,尽职作了调查,法院通常都会适用商业判断规则批准驳回诉讼的请求,但是不同州的法院在对个案进行司法审查时表现出了不同的态度。

③ 一般认为,1940 年纽约州的 Litwin v. Allen 案是最为被广泛引用的案例,而 Shientag 法官确立了今天被使用的商业判断规则。参见邓峰:《代议制的公司:中国公司治理中的权力和责任》,北京大学出版社 2015 年版,第 143 页。

④ 参见梁爽:《董事信义义务结构重组及对中国模式的反思》,载《中外法学》2016 年第 1 期。

我国公司法学界对商业判断规则的研究成果已有很多,对董事"信义义务"以及商业判断规则的研究归根结底是为更好地进行董事责任追责之诉服务的,但我国董事追责之诉的现状却不容乐观:"三鹿奶粉"案中公司被罚人民币近5000万元,公司董事没有承担任何民事赔偿责任。2013年发生的"光大乌龙指案"中已有证券投资者进行证券侵权之诉,却没有一位股东从维护公司利益出发,依据我国《公司法》规定,要求董事填补公司发生的损害。就全国而言,我国董事追责案件的数量仍然偏少。有实证研究表明我国董事追责案件中违反董事"勤勉义务"的案件明显较少,但违反忠实义务的案件数量也不高。[①]这同我国依然没有将"股东代表诉讼制度"进行"活性化"有着必然联系。因此,我国下一阶段的首要任务或是进一步"激活"股东代表诉讼制度。

首先,从诉讼费用的角度来看,《公司法司法解释(四)》虽然作出了一些有利于提高原告股东诉讼积极性的规定,比如其第26条规定:"原告股东诉讼请求部分或者全部得到人民法院支持的,公司应当承担股东因参加诉讼支付的合理费用。"其征求意见稿第35条规定:"股东胜诉后,请求公司承担合理的律师费以及为诉讼支出的调查费、评估费、公证费等合理费用的,应予支持。"可见均明确规定了公司承担"合理费用",但何为"合理",在司法实践中认定的标准可能比较困难。

从美国的经验来看,诉讼费用的计算有一套独特的规则。具体内容包括:诉讼当事人仅负担自己的诉讼费用;律师从胜诉或和解的损害赔偿金中取得胜诉酬金。如果原告胜诉,通常在收取上述经费之外,律师还可以收到30%左右的胜诉酬金。胜诉酬金制度无疑是导致美国诉讼案件数量庞大的原因之一。在该制度驱使下,律师不仅可能唆使股东尽快调解结案,甚至可能左右诉讼的走向。对此,美国实务界乃至法院常用"指标法"(lodestar method),即根据律师代理案件的时间来计算律师费用。但是,会不会因为采用了这种指标

---

① 罗培新及楼建波等研究发现,我国法院一般采用"正常经营行为标准",即仅看董事行为是否获得公司授权、是否在职权范围内等,而不对经营决策的合理性进行实质审查。参见罗培新等:《我国公司高管勤勉义务之司法裁量的实证分析》,载《证券法苑》2010年第3卷;亦可参见楼建波等:《公司法中董事、监事、高管人员信义义务的法律适用研究——以北京市法院2005—2007年间的相关案例为样本的实证研究》,载《商事法论集》2012年第1期。

（每小时收费不得超过多少）的方法，反而负面激励了代理律师肆意拖延诉讼时间？也需要进一步考量。另外，当原告股东同时具有律师身份时，以股东身份从股东代表诉讼的胜诉判决中获得的间接利益几乎为零，但律师报酬却相当可观。

股东代表诉讼制度的"活性化"对策是多方面的，仅仅要求公司在一定情况下承担原告的诉讼费用这一项肯定是远远不够的。我国当下仍将股东代表诉讼视作"财产类案件"，按照我国 2007 年的《人民法院诉讼费用交纳办法》，财产类案件的诉讼费需依诉讼请求的金额"比例收取"，从而造成原告起诉时承担了巨大的经济压力。在这点上，日本的"激活对策"值得参考。日本的股东代表诉讼制度原是美国的"舶来品"，但同美国"股东代表诉讼"很早就作为股东权得到了广泛适用不同，日本直到 1993 年《商法》修订前该制度几乎没有发挥作用。造成这种差异的一个重要原因是两国的诉讼费。在美国，联邦法院以前一律收取 120 美元（现在是 350 美元），[①]而日本长期根据诉讼标的额收取手续费，类似我国将该类案件作为"财产类案件"的做法。但 1993 年，日本正式明确将股东代表诉讼列为非财产诉讼，将诉讼费一律规定为 8200 日元（约合人民币 400 余元），[②]原先日本股东代表诉讼的年受理案件数量不过 10 件，但上述改革后的数年间股东代表诉讼的案件受理量猛然增加到每年 200 件。[③]目前，我国已设立了"中证中小投资者服务中心"，且根据《证券法》的规定，其行使股东代表诉讼的权利不再受《公司法》持股比例及持股时间等的限制，在一定程度上达到了更加促进股东讼诉的目的和效果。但就如何更好保障和支持中小投资者服务中心诉讼，还需进一步研究。

当然，在诉讼案件量明显上升的同时，对于股东"滥诉"的恐惧也随之增加。为了避免"滥用诉权"或者"恶意诉讼"，日本《公司法》中存在"诉讼担保"制度。但是，这种担保制度能不能起到效果，会不会再次造成股东的诉讼困难？此

---

① 根据 2006 年 11 月 13 日的调查结果，纽约州每件诉讼的手续费是 210 美元，特拉华州是 600 美元，伊利诺伊州的库克郡是 294 美元。

② 参见梁爽等：《股东代表诉讼的理论与制度改进》，法律出版社 2013 年版，第 88 页。

③ 参见梁爽等：《股东代表诉讼的理论与制度改进》，法律出版社 2013 年版，第 22—23 页。

外,股东可能也存在其他获得担保费用支持的途径(比如在美国法上数个股东提起共同诉讼满足持股条件后就可以回避费用担保,有时还有诉讼基金的支持等),这些都有可能降低"诉讼担保"制度的实际效果。

同时,在对股东代表诉讼制度实施"活性化"策略的同时,我们还必须注意合理降低董事等对经营管理中的固有风险所带来的赔偿责任的心理顾虑,激励其开拓精神。或可在我国《公司法》中明确:如董事违反法定不作为义务的,则公司章程不得免除或者限制董事责任;而如果董事仅违反忠实义务中高层次要求的积极义务或其他注意义务的,则可以采用定额赔偿的方式(比如赔偿额为过去若干年从公司获取财产性收益的多少倍等)或者可允许公司章程对董事赔偿责任的上限作出规定。① 由于业务执行董事、非业务执行董事,以及监事等从公司获取薪酬以及其他收入水平不同,最后的赔偿额必定会不同。

(二)双重股东代表诉讼的激活

随着经济社会的发展,越来越多的企业集团开始出现,关联公司、母子公司、交叉持股等模式层出不穷。而当母公司主要使用子公司展开其经营业务时,如果因为子公司董事的义务违反使得母公司乃至母公司股东遭到了损害,按照原则,母公司股东也无法追究子公司董事的责任。对此,《公司法司法解释(四)》征求意见稿曾给出解决方案,根据征求意见稿第 31 条的规定,原《公司法》第 151 条(新《公司法》第 189 条)所称的"董事、高级管理人员""监事会""监事"包括全资子公司的董事、高级管理人员、监事会、监事。这几乎成为我国"双重股东代表诉讼"的原型,然而正式发布的司法解释中删除了该条规定,但在我国新《公司法》中又引入了相关规定,可见立法者的态度曾在这个问题上有所反复。

同我国《公司法》不同的是,日本《公司法》上存在一种由母公司股东追究子公司董事责任的穿越式的"股东代表诉讼"制度。从 1993 年日本最高法院

---

① 比如日本《公司法》第 425 条允许公司股东会普通决议免除董事因善意无重过失的注意义务违反造成的损害责任,其上限为:以董事接受公司财产性利益的年度额为基准,代表董事为 6 年总额,独立董事和监事等为 2 年总额,其他一般董事为 4 年总额。

的"三井矿山股东代表诉讼案"①开始,学界和司法实践逐渐接受了"在全资子公司利益受到侵害时,子公司的损害应当视为母公司的损害,而母公司的股东应当对此承担责任"的观点。但由于这种观点突破了母子公司之间的独立性,长期以来理论界和实务界的争议也非常大。从公司法的一般法理来看,作为母公司的股东,为什么不去追究母公司董事在子公司管理上的责任?按照股东代表诉讼制度的本意,确实应该由母公司股东和子公司股东各自在独立人格的母公司或子公司内追究董事责任。然而一般来说,母公司也不会积极地去追究子公司董事的责任。因此,或有必要采用一种突破传统公司法规范的方法以避免传统公司法规范直接适用于母子公司架构出现法律适用上的障碍。②

当然,这种"诉权"的穿越也会带来诉讼"连发"的恐惧,尤其是连环公司的情况下,如果所有母公司股东都可以对子公司董事直接提起代表诉讼的话,也会出现极其复杂的情形。因此,日本法上的这种穿越型诉权的"母公司"股东仅限于"最顶层(最终)完全控股母公司",因此,这种代表诉讼制度又被称作"多重股东代表诉讼"(意指可以穿透多重夹层公司)。这是平成26年(2014年)日本《公司法》修改时最新引进的制度,即特定责任追究之诉(多重股东代表诉讼)制度。这里所称之"最顶层(最终)完全控股母公司"是指某公司的完全控股母公司,且该母公司之上不再有完全控股母公司的情形。6个月以上连续持有某公司的最终完全控股母公司的股东总表决权数(完全无表决权股东除外)的1%(如果公司章程作出了更低比例的规定,则从公司章程规定的比例)以上的股东,或者持有该最终完全控股母公司等的已发行总股份数(公司自我股份除外)的1%(如果公司章程作出了更低比例的规定,则从公司章程规定的比例)以上的股东,可以对子公司(法律条文的表述为该股份公司,本书以下记述为子公司)提起责任追究之诉的先诉请求(日本《公司法》第847条之3第1款之规定)。

另外,成为诉讼对象的责任仅仅限于对母公司来说重要的子公司的役员

---

① 日本最高裁判例1993年9月9日民集第47卷第7号第4814页。
② 参见叶林:《公司法研究》,中国人民大学出版社2008年版,第302页。

(董监高)行为。即,责任原因事实发生之日,该(子)公司的账面价格为最终完全控股母公司总资产额的五分之一(该比例可以由公司章程降低)以上,只有这样的责任才被称为"特定责任"(日本《公司法》第847条之3第4款之规定)。这种限制性规定在引入"双重股东代表诉讼"制度之初,是比较谨慎且有一定必要的。同时,在中国《公司法》上,本身还存在另一种变相获取该制度部分效果的可能,那就是对我国新《公司法》第189条所规定的"他人"进行解释。

我国早在此次公司法修订之前就发生过类似案例,例如2016年陕西省高级人民法院审理的"海航酒店控股集团有限公司与赵某海、陕西海航海盛投资有限公司、陕西皇城海航酒店有限公司损害公司利益责任纠纷案"中二审民事判决书认为:"在本案中,海航投资公司系皇城酒店公司的唯一股东,海航投资公司是母公司、皇城酒店公司是子公司,海航投资公司与皇城酒店公司之间形成了绝对的资本控制关系。在海航投资公司内部,海航控股公司持有其60%股权,赵某海系持有其40%股权的股东。此时否定赵某海作为海航投资公司股东提起本案诉讼的原告主体资格,则无法保护皇城酒店公司的利益,进而导致海航投资公司利益受损,亦与《公司法》第一百五十一条的立法本意相悖。故赵某海作为原告提起本案损害公司利益责任纠纷诉讼主体适格。"①

在我国新《公司法》修订前,虽然原法第151条没有言明股东可以穿越地提起"双重股东代表诉讼",但我国股东代表诉讼的被告可以是公司以外的"他人",因此,如果将子公司董事理解为"他人",或可获得同允许"双重"乃至"多重股东代表诉讼"部分效果。②因为双重股东代表诉讼中原告如果胜诉,被告董事就必须向子公司回复利益,而母公司也会间接获得利益的回复。因此,对于母公司股东而言,回复母公司的利益可能是其最初目的,上述案例中法院在判决书中也认为,"无法保护皇城酒店公司的利益,进而导致海航投资公司利益受损,亦与《公司法》第一百五十一条的立法本意相悖"。因此如果将对"他人"的解释扩大至全资子公司的董事等人员,同时,原告如能够证明母公司间接受

---

① 陕西省高级人民法院(2016)陕民终228号二审民事判决书。
② 在美国,股东代表诉讼的被告不仅可以是董事,还包括第三人。第三人不仅包括员工、控股股东或债权人,还包括与公司无关的第三人(并未排除全资子公司的董事)。

到了多少损害,并允许其对全资子公司董事提起代表诉讼,就可以获得双重股东代表诉讼制度的部分实质效果(回复母公司利益),这可能更符合新《公司法》第189条的立法本意。

当然,《公司法司法解释(四)》征求意见稿第35条第2款曾明确,股东因公司的全资子公司利益受到损害,依据新《公司法》第189条提起诉讼,请求被告向全资子公司承担民事责任的,应予支持;请求被告向公司承担民事责任的,不予支持。征求意见稿中规定的是"全资子公司利益受到损害",但并没有规定如果原告股东成功举证公司利益受到损害的情形。从理论上看,如果原告成功举证公司受到了损害,当然可以要求子公司董事对公司进行利益回复。

当然,我国新《公司法》在第189条第4款中新增了"双重股东代表诉讼制度",规定:"公司全资子公司的董监高或他人侵犯公司全资子公司合法权益造成损失的,有限责任公司的股东或股份有限公司连续180日以上单独或者合计持有公司百分之一以上股份的股东,可以书面请求全资子公司的监事会或董事会向人民法院提起诉讼或者以自己的名义直接向人民法院提起诉讼。"事实上,这里还有两个问题亟待解决,第一,如果该全资母公司的上层还有全资母公司时,上层全资母公司是否会产生诉讼干扰的问题,以及第二,既然已经认可双重股东代表诉讼,那为什么不继续穿透,换言之,如果全资母公司的上层还有全资母公司,则位于上层的全资母公司为何不能穿透去起诉全资孙公司的董监高呢? 这些问题还需要进一步研究和讨论。

四、公司经营中的合规对策

(一) ISO 标准与合规

ISO19600 为企业建立一套有效的合规管理体系提供了指南。ISO19600 所提供的合规管理体系的内容涵盖体系的设计、开发、实施、评价、维护和改进。2021 年 4 月又发布了 ISO37301《合规管理体系要求与使用指南》,它是 ISO19600 的修订替代版,主攻"组织治理"(governance of organizations)方向。它们都用于指导组织的合规管理体系建设、运行、评价和持续改进。二者最大的不同就是 ISO37301 是 ISO 的 A 类标准,可用于认证;ISO19600 属于 B

类标准,其标准名称为"合规管理体系指南"。A类标准是管理体系要求标准,标准名称中一般带有"requirement",可以用来向市场证明组织的某个管理体系是否符合ISO的要求,证明方式一般是通过内部审核和外部审核予以评定,评定通过后,取得认证证书。ISO37301(以下称"ISO标准")适合于所有公司组织。可以作为各类公司组织"合规"的依据。一方面可以使组织及其员工的行为和行为结果合规,另一方面在需要时还能够据此标准追溯组织是否符合合规管理体系规定的内容,或者证实是否承担了合规义务、达到了合规要求。其还可以作为合规认证和政府机构监管的依据。①

根据ISO标准,合规体系有效性需要确立"最高管理者"。最高管理者可以是一个人(党委书记或董事长),也可以是一组人(党组成员或董事或经营班子),它对应的是"最高管理层"或"高层管理人员"。最高管理者之所以应当承担合规体系是否有效的最高责任或最终责任,是因为其在公司组织中拥有授权和关键资源控制的能力或权力。当然,ISO标准也指出,如果体系(如质量管理体系、信息安全管理体系等)仅覆盖组织的一部分,则最高管理者是指那些指挥和控制组织该部分的人员。因此,大中型集团公司在建立合规管理体系时,可以按业务板块进行,此时,该业务板块的负责人就是最高管理者。

根据ISO标准,所谓"风险",是指不确定性对目标的影响。不确定性是指对某个事件及其后果或可能性的信息缺失或了解片面的状态,在ISO37301中,合规风险被定义为不遵守组织合规义务的后果和发生的可能性。该定义强调了合规风险的负面影响,并指出判定合规风险的两个因素:不合规的后果及其发生的可能性。

风险管理程序应该要包含什么呢?第一步通常要确认每个事业群(each business group)的风险方法是透过企业策略与财务风险的分析,并且要延伸到更广的总体经济与环境面的趋势,"由下而上"的方法必须与"由上而下"的方法并用,借由风险讨论会的方式评估相关的影响与可能性,再画出一张风险高

---

① 朴美善、温利峰、郭靖婷:《ISO37301与ISO19600差异分析》,载《质量与认证》2021年第3期。

低图。危险系数较高的风险事项可以由审计委员会、风险管理委员会讨论。

企业风险管理委员会的设计对企业的风险管理体系而言,将能直接诱发下列观念的转化与实践:第一,树立风险管理的共识,即风险文化(risk culture);第二,设定共同的风险定义,使得每个人都表达相同的风险语言(risk language);第三,促进跨部门风险讨论的组织架构成型;第四,督促风险管理整合至主要业务程序,透过整合管理建立风险管理方法论,如塑造完整的 ERM (Enterprise Risk Management)架构。ERM 架构分成四大目标:策略性(strategic);晋连(operations);报告(reporting);遵循(compliance),以及八个互相关联且与企业管理过程契合的构成要素:内部环境(internal environment);目标设定(objective setting);事件识别(event identification);风险评估(risk assessment);风险回应(risk response);控制活动(control activities);信息与沟通(information & communication);监督(monitoring)。

企业风险管理委员会的职能设立也能让董事会及管理阶层间的风险管理策略建立直接沟通渠道。董事会可透过企业风险管理委员会或风控长来深入了解企业整体风险管理体系运行状态,并能透过实时的沟通进而由上而下地进行风险控制,帮助企业规避可能面临的风险损失。风险管理因为牵涉机会成本,管理的同时也要面对如何运用有效资源的难题,理想的风险管理正是希望以最少的资源化解最大的危机,企业风险管理委员会的职能即是集中统筹运用管理资源于风险管理上,减少占用其他具有潜在报酬活动的资源,进而全力发挥企业各部门的战斗力。

根据 ISO 标准,所谓"合规义务"(compliance obligation)是指合规要求或合规承诺,一般可定义为:基于国家、政治、法律、道义等方面的要求,企业应尽的合规责任。ISO 标准具体认为,企业组织首先应该做到"监视"(monitoring),是指检查、监督的过程,因此,监视并非一次性活动,而是对某种情况定期或连续进行观察的过程。ISO 标准还指出,在风险管理、内部控制、内部审计中,"monitoring"可以被译为"监督",但不能译为"监测"或"监控"。监控既包含监视,也包含控制。

ISO 标准认为,有责必究是一个在组织内部建立和保持合规的关键要素。

必须设计出一份简明扼要的问责规范或企业宗旨,建立一个由监管人员和非监管人员组成的道德审议委员会来监督公司内部活动,并且在不道德行为出现时采取适当措施,也是可行之策。设计出的监管系统应当做到恩威并施,既要奖励有道德的行为,又要惩罚不道德的行为。职业道德也可以被纳入员工绩效评价体系中,不论是对雇员还是管理者都是如此。一方面,如果员工出现不道德行为或行为不端,公司需要对他们问责。另一方面,采取惩罚措施之前正当程序是必需的,但是一旦不端行为事实确凿,监管人员必须惩戒甚至解雇从事不当行为的员工。即使犯错的雇员确实已经改过自新,惩罚也不应缺位,否则会给其他员工造成不良的示范效应。

当然,我们也必须区别 ISO 标准和公司的内部规则。粗略地说,规则与标准均尝试直接规范代理关系的具体内容,要求代理人不得采取可能造成损及本人利益的行为,但是"规则"是具体针对某些特定行为,以保护股东及债权人,如股利分配的限制与最低注册资本的要求;而标准是保留给裁判者事后判断代理人是否遵循该等规则的抽象依据,例如"诚信"(good faith)或"完全公平"(entirely faith)。标准通常应用于公司内部事务关系,如内部人自我交易等问题,因为此类情形过于复杂,规则难以周全,时常出现漏洞需要立法填补,故不如保留由裁判者认定。

规则与标准之成效多半取决于执行力度,原则上,规则较能机械地执行,但需要制定机关事前投入大量心力,以确保规则设计精确妥当。相反,标准要求法院事后深度介入评估,透过判决数量的累积,逐步建构一套行为指引。

(二) 公司对合规义务的维护

合规义务的维护,也就是合规义务的更新,是指组织应建立有效的程序以识别法律、法规、准则及其他合规义务的变化,以确保持续合规。在实践中,可以通过以下途径来获取关于法律和其他合规义务变更的信息:企业指定专人或设立专门邮箱,并列入相关监管部门的收件人名单;企业加入专业团体或行业协会,成为其会员;企业订阅与合规相关的信息或服务;企业领导者或合规负责人定期或不定期地与监管部门负责人会晤并交流信息;企业领导者与法律顾问保持密切沟通。

以银行为例，关于合规部门的组织方式和具体职责，银行应当以与风险管理策略和组织架构相当的结构组建合规部门，为合规风险管理确定优先考察的事项。组建合规部门应当遵循独立性原则，独立性的概念包含四个相关要素：第一，合规部门应在银行内部享有正式地位；第二，应由一名集团合规官或合规负责人全面负责协调银行的合规风险的识别和管理；第三，在合规部门职员特别是合规负责人的职位安排上，应避免他们的合规职责与其所承担的其他职责产生利益冲突，以免他们的独立性被削弱；第四，合规部门职员为履行职责，应能够获取必需的信息并能接触到相关人员。银行合规部门应当具备能够有效履行职责的资源，为合规部门提供的资源应该是充分和适当的，以确保银行内部合规风险的有效管理。合规部门应当协助高管履行合规风险的有效管理，具体职责应当予以明确，包括建议、指导与教育，合规风险的识别、量化与评估，监测、测试与报告、法律责任与联络等，内部审核机关应当定期审查合规部门的工作。

关于跨境和外包问题。对于跨境问题，银行必须遵守开展业务所在国家或地区适用法律和监管的要求，而合规部门的组织形式和架构以及合规部门的管理职能也必须遵循该地的法律和监管规定。银行可以在当地的附属机构、分行，或在其没有实体机构的国家或地区进行国际业务。法律和监管规定在各个国家或地区可能不同，也可能因银行所开展的业务类型以及所在地实体机构的管理不同而存在一定差别。选择在某个国家和地区开展业务的银行，必须符合该地的法律和监管要求。例如，以附属机构形式营业的银行必须符合东道国的法律和监管要求。而某些国家或地区对外国银行的分支机构提出专门要求。当地业务单元有责任确保每一国家或地区所要求的特定合规职责由具有适当的当地知识和专门技能的人员来履行，并由合规负责人与银行的其他风险管理部门共同监督；对于外包问题，合规管理也被当作银行内部的一大重要风险管理项目。由合规部门负责的具体工作可以被外包，但合规负责人有义务对外包进行合理监督。联合论坛（即巴塞尔银行监管委员会、国际证券委员会组织和国际保险监督官协会）提出了被监管机构业务外包的高级原则，委员会鼓励各银行参照实施。银行应该确保任何外包安排都不会妨碍监管机构的有效监管。无论合规部门具体工作的外包程度如何,董事会和高级管理层仍然要对银行遵循所有适用法律、规则和准则负责。

(三) 发挥管理层的领导作用

公司治理机构和企业最高管理者应通过下列方式证明其对合规管理体系的领导作用和承诺:

(1) 确立并坚持组织的核心价值观;

(2) 建立组织的合规方针和合规目标,并与组织的价值观、目标和战略保持一致;

(3) 制定并实施合规管理的方针、程序和过程,以实现合规目标;

(4) 分配合规管理体系所需资源;

(5) 确保合规管理体系融入组织的业务过程;

(6) 传达合规管理体系的重要性和符合合规管理体系要求的重要性;

(7) 指挥和支持相关人员,提升合规管理体系的有效性;

(8) 支持其他相关管理者,使他们在自己担责的领域中展现出合规领导力;

(9) 确保运行指标和合规义务保持一致;

(10) 确立并维护问责机制,包括对合规和不合规事件的及时报告;

(11) 确保合规管理体系实现它的预期成果;

(12) 推进持续改进。

ISO37301 对组织的治理机构、最高管理者等如何发挥领导作用作出了明确规定,具体包括以下五点:治理机构和最高管理者要展现对合规管理体系的领导作用和积极承诺;遵守合规治理原则;开发、培育并在组织各个层面宣传合规文化;制定合规方针;确定治理机构、最高管理者、合规团队、管理层及员工相应的职责和权限。

(四) 制定合规方针

合规方针是指由最高管理者正式发布的关于组织合规的宗旨和方向。制定合规方针时至少要明确以下内容:合规管理体系的范围;合规与组织的规模、性质、复杂性和运行环境有关的体系运用与体系环境;合规融入运行方针、程序、过程的程度;合规团队的独立和自治程度;管理和报告合规事项的责任;管理内部和外部利益相关方关系的原则;所要求的行为和问责的标准;不合规的后果。

合规方针在编制、传播、使用、更新等方面要达到如下要求:为文件化信息可供使用;以通俗易懂的语言书写,便于所有员工均能容易地理解其原则和目的;必要时翻译为其他语言;在组织内明确传达,并让所有员工随时可用;便于相关方获取;要求更新,以保持相关。

企业在建立合规方针时应高度重视以下方面:合规方针应与组织的价值观、目标和战略保持一致,且应经过治理机构的批准;合规方针建立组织实现合规的总原则和措施承诺;合规方针设定组织所要求的责任和绩效水平及评估措施的期望;合规方针应适用于组织活动产生的合规义务;合规方针不应是孤立的文件,应有其他文件支持,包括运行方针、程序和过程。

（五）厘清组织的角色、职责和权限

治理机构和最高管理者的积极参与和监督是建立有效合规管理体系不可分割的一部分。这有助于确保员工充分理解组织的运行方针和程序,以及如何将其运用在他们的工作中,并确保他们有效地履行合规义务。

一方面,最高管理者应确保在组织内分配并传达相关角色的合规职责和权限。对企业而言,董事长和领导班子应根据企业的组织架构（源于业务模式和业务活动）和合规义务分配相关角色的合规职责和权限。另一方面,治理机构和最高管理者应为合规团队分配职责和权限。这里的合规团队一般是指合规管理的牵头部门或专业部门,如合规部或法律合规部等。合规团队的特定责任并不能减轻其他员工对合规问题予以报告的职责。

许多组织由专人（如企业合规师）负责日常的合规管理工作,有些组织由跨职能的合规委员会协调整个组织的合规管理工作。还有一些组织（取决于其规模）,也有人员全面负责合规管理工作,但这些人员可能是其他角色或职能之外的职责,包括现有的委员会、组织的内设部门,或者把部分工作外包给合规专家。这不应被视为免除了其他管理层的合规职责,因为所有管理者对合规管理体系都发挥一定的作用。因此,在他们的职务描述中清晰地设定他们各自的合规职责十分重要。

（六）明确管理层的合规职责

管理层职责的范围较广,包含高级经理层和中级管理层。管理者的合规职责会随着权限、影响力和其他因素的水平而变化,如组织的性质和规模。但是,有些职责有可能是各类组织共有的。

管理层应负责其职责范围内的合规管理工作,具体包括:

（1）与合规团队合作并支持合规团队,鼓励员工也这样做;

（2）以身作则地遵守合规管理的方针、程序、过程并参加和支持合规培训活动;

（3）在合规管理的运行中识别和沟通合规风险;

（4）积极鼓励、指导、辅导和监督员工的合规行为;

（5）鼓励员工提出其所关注的合规问题;

（6）积极参与合规相关事件和问题的管理与解决;

（7）提高员工履行合规义务的意识,并指导员工满足培训和能力要求;

（8）将员工的合规职能列入其职务描述;

（9）将合规绩效纳入员工绩效考核（如关键绩效指标、目标和晋升准则等）;

（10）将合规义务纳入员工职责范围内的现有业务实践和程序;

（11）与合规团队协力,一旦发现不合规则实施纠正措施;

（12）对外包业务进行监督,确保外包服务商考虑合规义务。

（七）明确包括管理者在内的所有员工的合规职责

人是企业最基础的生产力要素之一,只有人人具备合规意识,人人主动承担合规责任,企业的合规管理才能真正落地。ISO37301 将"employee"替换成"personnel",将合规对象扩展至所有工作人员,包括外包人员、劳务派遣人员等。包括管理者在内的所有员工应坚持履行与其职位和职务相关的合规义务;按照合规管理体系要求参与培训;使用作为合规管理体系一部分的、可获得的合规资源以及报告合规疑虑、问题和缺陷。

（八）最高管理者在合规中的角色

最高管理者的关键职责如下：

（1）调整组织对合规的承诺，使其与组织的价值观、目标和战略保持一致，以便恰当地定位合规；

（2）宣传组织对合规的承诺并建立合规意识，以激励员工接受合规管理体系；

（3）鼓励所有员工接受、实现他们所负责或应负责的合规目标的重要性；

（4）创造一个鼓励报告不合规并且报告的员工不会受到报复的环境；

（5）鼓励员工提出有利于合规绩效持续改进的建议；

（6）确保合规已融入更广泛的组织文化及文化改变的计划中；

（7）迅速识别并采取措施纠正或解决不合规；

（8）确保组织方针、程序和过程支持和鼓励合规；

（9）确保运行目标和指标不会危害合规行为。

（九）提出关切并实施调查

提出关切并实施调查是 ISO37301 的新增内容。提出关切（raising concerns）是对合规疑虑的汇报，调查过程（investigation processes）是对这些汇报或报告的调查。调查过程是指对合规疑虑的汇报实施调查，以调查、评估、评价和处理可疑的或实际违规的事件。调查程序应以公平公正为原则，由无利益冲突且有能力胜任该项工作的人员独立开展。

保持合规疑虑汇报渠道的畅通和建立合理的调查程序，是组织识别和预防合规风险、改进合规管理体系的有效方法。ISO37301 在合规方针中要求组织倡导提出（或报告）合规疑虑的行为，并禁止任何形式的报复；同时在沟通条款中增加了员工提出合规疑虑的沟通流程要求。

ISO19600 对合规管理体系的运行（operation）做了三个方面的说明：一是对运行的策划和控制；二是要建立合规控制和合规程序；三是对外包过程进行管理。运行立足于执行层面，在 ISO37301 中，则是从以下四个方面对"运行"作出规定：一是实施为满足合规义务和合规目标所需要的过程及需要采取的措施；二是建立并实施所需过程的准则和控制措施，同时定期检查和测试这些控制措施,并保留记录;三是建立举报程序,鼓励员工善意报告疑似或已发生的不合规情况;四是建立调查程序,对可疑或已发生的违反合规义务的情况进行调查、了解和评估。

由何人负责进行内部调查,取决于违规情节的轻重。一些轻微的违规情形:如午休时间过长等,人资部门即可处理。除此之外,多数情况由律师加以负责是比较理想的,主要原因在于进行调查后无可避免地需要分析公司的权利、义务以及潜在责任,而这些法律分析由律师处理将最为妥适。出于成本考量,由内部法务部门进行将使调查费用相对便宜。而调查独立性的考量在面谈过程中将更加凸显,如果由公司内部法务面谈公司的员工并且提供法律意见,则公司内部法务将会发现其调查很难保有独立性。此外,如涉及高阶主管的违法行为时,更不宜由内部法务进行调查。

相较之下,由外部律师进行调查将无上述疑虑,且外部律师经验较丰富,对于此类案件的处理更为娴熟。然而由内部法务进行调查并非百害而无一利,除上述成本考量的优点外,内部法务通常对公司的业务、程序更加熟悉,更愿意评估文件的重要性或文件的缺失,更了解涉案人员的个性。因此,在大多数情况下,最有效的方法是由外部律师会同内部法务一起进行调查,以获得两者各自的优点。

在某些案例中,举报者最先将信息告知了公司内部合规主管。如果公司可以在规定的时间窗口内展开调查,他们将极有力地控制风险敞口并处于有利地位,并且将清楚知道自己所可能受到的伤害。当出现"红色或者黄色信号"时,法务、监察、合规等部门人员可以组成专门小组进行专门调查和反馈。如企业内部发生案件,参与员工往往不止一人。因而还有必要进行先期调查,并注重对每名参与员工的甄别。在查清案件基本事实、初步收集证据的前提下,公司可考虑向主管部门进行报案,寻求公权力介入。比如美国证券交易委员会就规定了120天的时间窗口,公司在120天内采取调查措施以回应举报者就可以确保那些因职务之便接触信息的内部审计师等人员可以将不合规信息保留在公司内部,而不是汇报给政府监管部门。通常情况下,错误越严重,越需要向监管者主动报告。

如果问题从属性上看相对轻微，则让公司内部的合规单位组织调查即可，诉讼律师并不适合进行独立的调查工作。这是因为调查人员必须持完全中立的立场并且毫无偏见，而诉讼律师则是为他的客户服务，这会使得调查的可信度受到影响。同时，保留一个外部调查者，由公司外的个人或企业组织调查可以增强可信度，而雇用公司的长期法律顾问主导独立的内部调查会使得调查过程的可信度降低。

（十）合规报告内容的管理

治理机构、管理层和合规团队应确保他们能够及时有效并持续充分地了解合规管理体系的绩效，包括所有相关的不合规事项，并积极推动建设鼓励和支持充分和坦诚报告的文化。

内部报告制度的安排应设定适当的报告准则和义务；确立定期报告的时间；建立便于对新出现的不合规进行特别报告的异常报告系统；建立合适的系统和过程；向组织的恰当职能部门或区域提供准确和完整的信息；对向治理机构提交的报告的准确性进行签字确认，包括合规团队的签字。组织应把有关合规的报告融入组织的常规报告中，应为重大不合规和新出现的问题单独编写报告，应对所有不合规做适当报告，应鼓励员工反映并报告不符合法律和其他不合规的事件，应在合规方针和合规程序中清晰地设定报告义务，并通过其他方法加以强化。

合规报告包括以下内容：组织按要求向任何监管机构通报的任何事项；合规义务的变化及其对组织的影响，以及为了履行新义务而拟采用的措施方案；对合规绩效的测量，包括对不合规和持续改进的测量；可能的不合规的数量及其详细内容，以及随后对它们的分析；采取的纠正措施；关于合规管理体系有效性的信息，以及合规绩效和趋势方面的信息；与监管部门的接触和关系进展；审核和监视活动的结果。从报告的频次和计划性来看，合规报告还可以分为常规报告、例行报告、重大合规事件紧急报告等。组织需要兼顾各种合规报告，为不同合规报告提供流程和机制。

合规方针应促进常规报告时间范围之外的实质性重大事件的立即报告。这需要组织建立一套针对重大突发合规事件的报告机制和响应机制，以保证组织持续合规。

(十一) 合规文化

合规是一种底线思维,合规文化是企业文化的一部分。文化是看得见、感受得到的。企业的合规文化蕴含在其制度、标准作业程序(SOP)之中,如果长期坚持,养成习惯,那么最后就能形成良好的合规文化。好的合规文化能培养员工好的合规意识。在培育合规文化时,注重思想、制度、激励和监督四道防线,强调"思想道德上不想,制度程序上不能,激励机制上不必,监督惩处上不敢",可以为企业合规经营提供全面保障。

第一阶段,无论哪种行业,无论在什么企业都存在着应当遵守的合规文化的共同事项。另外,虽说未必是犯罪行为,但成为严格的行政规制对象的,或是明确地被当成民法上的不法行为的事项也被包含在了共同事项中。

第二阶段,考虑到行业的特殊事由(有的情况下是企业规模),通过添砖加瓦可以设定出具有柔性的合规文化。但是,柔性的合规也不能夸大我国的企业特殊性,从而歪曲合规文化的本质。

第三阶段,在以上各阶段的基础上企业也可以纳入独特的规则,从而制定更细致的合规文化。这应当被称为公司风气、公司规范或是企业法则等,也许还包括员工接待顾客的礼仪、做法等。

(十二) PDCA 循环

大部分的合规办法,哪怕美国的《反海外腐败法》,抑或日本《公司法》都没有为公司应该如何设计合规体系提供官方标准模板,就是因为企业的合规体系在设计和实施上都与企业的运营、特定风险点和企业的运作息息相关。因此,提供合规模板反而不利于企业设计一个真正可以管控企业运营风险点的合规体系。但从域外经验研究看,如果要求公司必须合规,那么公司就应当至少在两个方面投入精力:(1)合规体系设计是否合理;(2)合规体系在实践中是否持续有效?因而,为了确保持续有效的合规体系,公司还必须做到持续改进(continual improvement)。持续改进是指提高绩效的循环活动或过程。该术语也是 ISO 管理体系中的基本术语之一,它基于 ISO 的 PDCA 循环。PDCA循环是由美国质量管理专家沃特・阿曼德・休哈特(Walter A. Shewhart)博士首先提出的,由爱德华兹·戴明(Edwards Deming)博士采纳、宣传,在日本获得普及,所以又称为"戴明环"。全面质量管理和 ISO9001 的思想基础及方法依据就是 PDCA 循环。PDCA 循环的含义是将质量管理分为四个阶段,即Plan(计划)、Do(执行)、Check(检查)和 Act(修正),然后把各项工作按照PDCA 循环去推进:首先要制订计划,然后按计划去实施,接着要检查实施效果,最后将成功的经验和做法纳入标准,将不成功的留待下一个循环去解决。PDCA 循环是质量管理的基本方法,也是企业管理各项工作的一般规律。

(十三) 以问询函预警下的合规为例

问询函兼具信息效应和监督效应,问询函在督促上市公司主动减少信息不对称程度的同时,能够有效地监督上市公司的违规行为。首先从问询函的问询特征和上市公司的回函来看:上市公司一般均需回函并就相关事项进一步说明。尽管不少上市公司回函周期非常长,但是上述提到的相关实证研究表明,回函时间越长,回函的可读性越低,[1]这对投资者和监管者也是非常重要的预警。一方面,回函及时的上市公司能够主动减少不对称信息,而回函不及时甚至不回函的上市公司则会向投资者和监管者传递相反的信号。同时问询函的问询事项越多,也直接说明了信息的不对称程度更高;另一方面,被问询对象存在违规的盖然性较大,而违规者粉饰信息的动机愈发强烈。从客观上看,问询的事实说明了上市公司存在具体违规事项的可能。问询的事项越多说明存在违规事实的可能性越大。

从具体的实证研究来看,实证检验能够直接说明问询函的监督效应。而以上的实证检验无法直接说明问询函的信息效应,但结合数值和实际情况,在不少情形下,上市公司收到问询函后做出了合理的解释说明。[2]事实证明,监督

---

[1]　See Cassell Cory A. & Cunningham Lauren M. & Lisic Ling Lei, The Readability of Company Responses to SEC Comment Letters and SEC 10-K Filing Review Outcomes, Review of Accounting Studies, Vol.24, 2019.

[2]　尽管存在今年被问询,下一年甚至更久被处理的情形,但是就问询阶段而言,确实减少了信息的不对称。可对收函公司的回函速度、回函内容以及回函质量来直接评测问询函的信息效应。本书数据对于问询函的信息效应仅做间接说明。本书的数据分析中,收函不等于违规处理,间接说明了问询函的信息效应。

效应在理论和实践上是存在且强有效的。尽管收到问询函不等于受到处理，但是问询函需要得到公司的充分重视：首先，问询函的监督效应是强力的，在很大程度上，问询函能够觉察上市公司可能存在违规事实；其次，问询函的针对性较强，一般分为实质上的违法问题和披露违法问题，对于问询函的重视起码能够解决披露不规范的问题；最后，对于问询函的重视并不需要花费过多的成本，回函是对问询函的针对事项进行解释说明，同时对相关事项进行倒查，对于问询函的重视能够带来可观的效应——公司不存在违法事实，能够合理解释和避免处理。若存在违法事实可及时补救以及追责。

由此可见，收函后合规责任人需要承担以下事务：首先，在程序上合规责任人需要保证回函的及时性以及回函内容的完整性；其次，合规责任人充分分析问询函的问询内容，对问询内容及相关事项进行倒查，能够及时纠正的违规行为则及时纠正。不能及时纠正的违规行为和披露不当行为，合规责任人需及时披露、做好备案工作并加强与相关部门的沟通交流，降低合规事件的影响；最后，处理相关事件后及时对相关责任人追责，并修整公司的管理漏洞，同时做好合规教育工作。

第七章　合规机制的再思考与未来展望

一、合规机制构建与推广的再思考

(一) 系统法学与合规推广的四个阶段

目前合规进入公司法的法理依据,更多只能通过描述性阐述,无法完全采用法理解释。实际上,在刑事合规领域也存在类似问题,就是公司合规这一难题作为法律系统与经济系统的交叉区域加以定位("合规是从经济系统角度观察如何监管经济的一种方式")是令人信服的。人们也可以将合规功能在系统论上理解为"法律系统和经济系统互相加剧刺激的表现"。但是,如果将法律与经济的各自系统逻辑作为这种刺激的理由,并在法定的合规方面将两个系统在结构上的结合作为出发点,则合规在公司法领域就仅仅只是被做了抽象的描述,因此系统论的方法同样存在不足。

且公司治理作为公司法的基本问题,其目标首先在于帮助公司实现自身价值,因而公司法引入合规时,应当重视合规规则、公司治理规则在提高公司效率上的积极作用,提升公司运行效率和增强投资者信心是公司法和公司治理规则的核心目的。国务院于 2019 年 10 月 22 日发布《优化营商环境条例》便体现出对此种目标的追求,因此,无论是贯彻优化营商环境的改革思想,还是为了满足我国企业在境外市场融资的需求,即使不完全为了参与国际市场竞争,至少也要关心境外市场对我国公司治理的期待。从企业角度而言,保护自身境外资产安全和运营稳健,避免因违反所在国合规要求而遭遇西方国家的"长臂执法",要建立完备的合规制度,使自身的行为于法有据。我国有需求也有理论制度基础将其尽快上升为明确具体的法律规定,为我国公司治理提供新路径。

协商治理模型对私人参与者在治理过程中的作用有限,尤其各种协商治理模型在很大程度上都没有解决一个重要问题,即治理在何种程度上作为协商关系或相关契约被合理分析。很多内部合规责任机制是对模糊、不完善法律规定的行业反应,这些反应是由法院或监管机构批准的,即"不完全契约治理理论"。这些协商治理模型阐明一种机制——以内部合规为基础的责任辩护机制。治理在某种程度上被合理分析为一种相关的契约或协商关系,这种契约和协商关系正如法律本身,是很不完善的。这些模型低估私人参与者在重新协商过程(即实施治理阶段)中的机会主义行为。

其一,被监管团体在努力遵守新的法律要求时,会通过正式或不正式的标准规范和实践来填补契约空白。其二,被监管团体通常不自己填补空白,而是依赖法律合规专业人员解释模糊或不完备法律规定所给出的建议。尽管政策制定者拒绝那些和原始契约条款不一致的空缺填补解释,但是政策制定者经常缺少专业知识,很难在事后区分谋取私利或低效的解释与服务于公共利益的解释。

因此,分阶段分析治理过程有助于清晰阐述不完全契约治理理论。第一阶段,需要依靠制定正式的政策。第二阶段,对新兴法律感兴趣的各方对规则进行解释,填补契约空白。第三阶段,当某个单一空缺填补解释开始在法律和所规制领域占据统治地位时,扩散和制度化随之出现。第四阶段,法院和监管机构应当对这些法律解释的有效性进行评估。

1. 第一阶段:政策制定

第一阶段需要依靠制定正式的政策。许多利益集团,包括受规制方,都有可能大量参与正式政策的制定过程。因为正式政策必然是不完整的。

2. 第二阶段:法律解释

在第二阶段,新的法律开始填充内容。值得注意的是,被监管团体(如企业管理人员)很少自己学习新的法律,[①]而很多治理模型隐含的假设是企业知

---

① 多数企业管理人员并没有直接的法律知识来指导其作为董事会成员的行为,相反,他们更多地依赖于律师的建议。

道法律是怎么规定的。然而,法律体系并没有系统性的机制来保证被监管人知晓治理他们的法律。不完整的法律使这一过程更加复杂。当法律不完整时,政策制定者、利益团体和被监管团体等法律"中间人"都必须在契约充分制定前协商法律的含义。相应地,这些参与者就在重新商议过程中带上利己主义和偏袒的动机。

(1) 法律合规专业人员。在解释法律阶段,法律合规专业人员的角色尤为重要。不应将法律合规专业人员视为新法规的公正过滤者,相反,他们在建设法律制度时也存在一定动机和偏好。[①]

法律合规专业人员可能出于经济利益而夸大法律风险,但并不意味着这种夸大是有意的或是有目的的。相反,法律合规专业人员可能无意识地夸大法律风险,要么是因为专业规范要格外谨慎,要么是因为许多法律专业人员获得法律知识的资源本身也是有偏见的。[②]此外,法律专业人员夸大法律风险还可能因为专业人员相信最符合自身利益的也是最符合客户利益的。

(2) 受监管团体(企业)。尽管如前所述,企业高管不太可能从一手来源直接了解新法律,但这并不意味着他们不参与构建监管其行为的法律制度。他们会拥护这样一种法律解释:可以他们已符合相关法律制度的要求,但却没有达到监管的规范目标。同样,如果管理层认为其他方面提供的解释会过分限制治理的自由裁量权或会破坏当前的商业行为,管理层可能会拒绝在谈判过程中对其他方面(如法律合规专业人员、法院或机构)提供解释。

在考虑企业对法律的架构时,不容忽视的一点是部门之间的竞争,企业内

---

①　并非只有法律合规专业人员可能以自利的方式构建法律责任。例如,精神病医疗职业团体可能已经以一种反映精神健康职业利益的方式构建了 Tarasoff 案(发生于 1976 年,主张精神病医疗人员负有对于第三方的谨慎义务,避免第三方遭受其病人的伤害威胁)。See Tarasoff v. Regents of the Univ. of Cal., 13 Cal.3d.177, 529 P.2d 553(1974), withdrawn and replaced by 17 Cal.3d 425, 551 P.2d 334(1976). 而实证数据显示,多数的医疗专家是通过这些职业团体了解到 Tarasoff 案所施加的职业责任的,而非通过律师或者原始法律来源。Givelber et al., supra note 130, at 460.

②　Id. at 413,例如,"律师可能会将其主要责任理解为警告客户法律风险的存在,确保客户不会低估现行法律规则和标准"。然而,出于与经济利益解释的分裂,兰格沃特和拉斯缪森最后否认了这一解释。换言之,规范只有在服务于某些目的的时候才会产生并存活下来。过分谨慎这一行为的最明显的目的是提高法律专业的福利待遇。Id.at 414.

的各部门因为职位、威望和有限资源而斗争。如果一种法律的解释会增强某一部门(如法律合规部门)相较其他部门的权利,那么这个部门的管理者就很可能积极推动对他们部门最有利的法律解释的发展。[①]

3. 第三阶段:普及和制度化

在第三阶段,如同大部分法律合规专业人员一样,由于发起人在构建法律时就带有利己主义的色彩。许多材料都是由法律合规专业人员为了吸引客户而制造的。因此,他们不仅有夸大法律风险的动机,也有夸大法律合规专业人员通过创造性方式和解释解决风险的能力的动机。因此,许多研究表明面向人事和从业者的法律期刊倾向于明显夸大法律风险。[②]

4. 第四阶段:正式合法化

到了第四阶段,法院和监管机构在填补法律空白中也发挥了重要的作用。随着对于某一空白填补结构的共识的出现,及这一共识被监管团体和法律合规界制度化,法院和行政机构被召集起来确定这种解释是否符合最初设想的契约条款。尽管理论上,此时法院和行政机构可以因其与初始政策目标不符(因此与契约条款不符)而拒绝这种解释,然而出于各种原因这种情况并不会发生。

法院和行政机构可能面临有限的专业知识、时间、预算和对遵守法律的不完善指导等问题。[③]相反,企业和法律合规专业人员则尽最大努力按照公共利益和规定的原有目标对选定结构进行包装。因此,法院和监管机构经常根据行业标准来衡量法律遵守情况,几乎没有调查受管制团体和其他自主行为者

---

① 一些实证研究追溯研究了某些人事工作实践中的措施,如工作评估和晋升测试。20世纪40年代期间,人事专员们推行这些措施来建立并维持他们在企业内的策略性地位。这是一个工会活动不断上升的时期,而人事专员以拥有遏制工会的权力来标榜自己。See e.g., James P.Baron et al., War and Peace; The Evolution of Moden Personnel Administration in U.S. Industry, 92 Am. J. Soc.250 (1986).

② See e.g., Edelman et al., The Endogeneity of Legal Regulation(20世纪80年代刊出的面向人事和从业人员的法律出版物显著夸大了内部申诉程序的法律利益);学术类杂志则相反,对于法律的观点显得更加客观公允。

③ 尽管我们经常认为,行政机构与法院相比,具有时间、专业知识的优势,然而行政机构一定程度上也具有这些缺陷,此外,行政机构更容易受到行业俘获(industry capture)的影响。

在建立这些标准方面发挥的作用。①此外,由于法院是反应式的,只能决定那些诉诸诉讼的案件和争议,却几乎不能独立构建潜在遵守法律的方式。尽管司法裁决可能表明现存推行合规的方法是否符合法律,但法院不可能发明一项新的合规方法,而该方法还未在被管制团体成员之间取得显著成效。

(二) 合规法律体系构建的路径选择

合规法律体系的路径选择主要包括三种类型:

其一,强制性合规。对相关企业提出建立合规体系的要求,违反合规义务将遭受行政处罚。最为典型的是在金融领域,2016 年保监会强制要求保险公司建立三道防线的合规体系,拒不履行将受一定处罚,以巨大潜在风险倒逼企业建立相应的合规机制。

其二,激励性合规。将公司构建合规体系作为减轻、免除责任的条件。例如,2020 年最高人民检察院推进的合规不起诉改革试点工作。对于企业而言,刑事制裁的严厉后果很可能对企业的生存和发展造成严重打击。对于国家与社会而言,罚不如防,刑事合规相较于刑事处罚效果更好,还能节约大量司法资源。

其三,倡导性合规。前两种合规通过法律强制力可以促使合规实现,但目前因为缺乏上位法依据,强制性规定难以出台,激励性规定也因法律规定缺失与解释上的模糊而难以适用。而倡导性规则虽具有灵活性,但往往流于形式而难以生效。

以上合规路径都需要企业制定合规计划,构建完备的合规制度,包括明确合规的基本规则、合规组织、权限分配、调查举报和信息传递流程、责任承担等。同时,企业合规计划的实施效果还须受到严格的监督和评估。

(三) 合规推广的困境

关于如何建立合规管理体系,国际标准化组织早已推出 ISO37001《反贿赂管理体系标准》和 ISO19600《合规管理体系指南》。放眼国内,2017 年下半

---

① 这并不意味着法院和行政机构必然不经思索地盲目批评行业标准。事实上,一些著名的裁定曾坚持认为,这样的标准与惯例对于法规遵循来说是不充分的。问题在于,法院与行政机构通常会对那些表面上成功的行业的法律回应表达一定的尊重,因此它们更偏爱维持现状。

年,深圳市市场监督管理局及原质量监督检验检疫总局、中国国家标准化管理委员会先后推出首个地方版《反贿赂管理体系》和首个国家版《合规管理体系指南》。这些标准指南不仅明确合规管理体系的关键要素,还对企业如何建立、实施、评价和改进合规管理体系给出相应指导和建议。

根据监管部门的要求,企业合规计划需要在制度设置、实际应用和执行情况三方面设计良好,有效运作。整体而言,金融保险领域企业已经建立相对完善的合规和风险防控体系。对于侧重于反洗钱领域的专项合规,位于深圳市的央企和国企已经开始将合规制度融入现有的公司治理体系。深圳市金融领域的企业普遍建立完善且符合企业风险点的合规体系,并依据体系建立具有实操性的制度,以某业务主要位于中国但近年逐步向海外市场扩张的金融保险集团公司为例,该公司从上至下建立了"251"全面风险管理体系,其中"2"是指集团和专业公司双重风险控制;"5"是指针对主要业务领域设立资产质量、流动性、信息安全、合规操作风险、品牌信誉五个核心的风险控制体系,将管理流程和体系无缝衔接;"1"是指统一设立的管控平台,由集团公司对风险进行统筹、管理和控制。

然而,我们也必须看到,自从 2017 年相关规范增订后,2019 年仍发生七大银行理财专员监守自盗事件。合规部门仍不盛行,尽管设立规范,却与规范所欲达成之功效仍有差距。深圳市为数众多的民营企业在合规建设方面发展不一,大部分中小企业目前尚没有建立完整、系统和有效的合规体系。

首先,从经营公司的观点来看,公司乃以获利为主要经营方向,进行任何决策时,势必考虑该决策对公司所带来的效益。而合规的实践之所以不被看好,与高风险经营策略存在一定关系。因为低风险经营策略多半不会成为合规计划推行者关注的对象,且因风险低,合规成本相对亦较低,故愿意落实合规计划的意愿相对则较高。相应地,高风险经营策略者若要做到有效合规,成本则相对较高,而当财务报告显示合规部门投入成本较高时,则需进一步向投资人解释为什么投入较高的成本,理由在于企业发生违法事件风险高,这一系列的信息,对投资者而言均属较负面的信息,容易影响企业于市场上的行情,亦非经营者所乐见。

其次,从经营者本身利益出发,现今高级管理层如经理人、董事,其报酬多与公司市场行情相关,当公司行情因其经营决策而提高时,高级管理层报酬也相应提高。合规计划需长期有效进行,才能够发现其效力,高级管理层于该企业所待的期间则属短期,仅需短期内将公司市值炒高,即可获利出场,至于长期的合规失灵则非其所需顾虑的事项。

实际上,大多数协商治理理论都包含自我监管机制,而不是内部合规结构。例如,行业标准制定和合作执行,这一点在本书中没有具体说明。然而,鉴于内部合规结构糟糕的实践成效,以及私人机构侵吞由法律政策所产生的社会效益(由不完全契约治理理论强调),应当产生比现有法律文献的提议更慎重的方法。美国法律制度对内部合规结构作为责任判定要素的热情拥护与协商治理模型日益增长的影响一致。该模型旨在通过更多的合作治理来促进政府管制和诉讼程序的完善。合作治理赋予被监管团体和其他利益相关者一定的治理权。但这一模式的支持者们轻视了机会主义行为在重新协商阶段(即贯彻执行阶段)带来的危险。这些机会主义行为往往出自那些利用法律的不完备性的获利者,即企业和包括律师在内的法律合规专业人员。因此,内部合规结构并不能阻止企业内的犯罪行为,旨在为企业提供市场合法性和减轻法律责任。这导致了两个潜在的问题:对企业不当行为的威慑力不足;高代价却低效力的内部合规结构的大量出现。

在提出上述针对合规的困境后,相对应的措施可分成两种途径:将高级管理层责任与合规执行效力挂钩,且必须能追溯至已非位于该职位之经营者;营造一种企业文化,一种鼓励揭露企业风险与合规资源是值得投入的文化,且使投资人从根本上了解投资风险高低与法律遵守成本投入的必要。

对于前者,必须注意不应对高级管理层过分苛责,避免经营者过度浪费资源于合规规划上,造成反效果。此外,什么样的合规规划属于"适当有效"的,虽可事先做出一定抽象的建议规范,由于各个企业风险性质不同,也可能因时间不同而有不同的看法,故此部分有赖主管机关与司法单位针对个案、特定性质企业,去进行具体方向的建议。

至于企业文化的营造与改变投资人对合规与企业风险的观感,则非一朝一夕即可构思出一套适当的具体方式。这部分或可参考美国司法部指南,文化的建立从企业高层以身作则开始,主动积极地参与合规计划,并传递合规概念于企业上下员工,不分职位均应受合规计划的规范,鼓励员工,使其理解无论地位高低,违法行为均非于企业所允许发生的事。同时,积极分析违法行为发生时,若有合规规划与没有合规规划之损失差异使投资人明白有效的合规资源投入,有助于避免违法行为发生时企业可能遭受的高额罚款,甚至是吊销营业执照的风险,在完全揭示合规规划与企业风险并加以分析后,应对投资人理解合规重要性有相当程度的帮助。

(四) 公司法规则的再思考

合规制度内涵丰富且要求多样。从外在控制角度来看,合规既是法律要求也是道德要求;从企业内部运行的角度来看,合规是一种企业自律行为;从社会文化角度来看,合规是一种企业文化。即使对合规实现了公司法的表达,但依然需要通过进一步完善公司治理、加强诚信建设、降低公司的道德风险、营造宽松的营商环境,来实现公司合规的有效实施。关于合规责任的法律规定:第一,应当将违反合规义务作为产生法律责任的依据。对公司不仅要追究刑事责任,也要追究民事责任。只有当处罚远超收益时,才能迫使企业遵守合规要求;第二,将违反合规义务作为董监高承担责任的依据。在制度设计上,应将遵守合规作为减轻或免除责任的法定事由。[1]

上述问题之外,比如集团公司、合并报表的母子公司之间如何确立"合规体系"的问题也非常棘手。按照美国《SOX 法案》第 302 条的规定,母子公司的董事、管理层之间也应当建立某种"信息沟通渠道"。这种沟通渠道究竟属于公司法上的责任,还是企业内部管理规程的内容? 比如日本《公司法》第 100 条第 3 款第 4 项规定,设置监事的公司,其子公司的董事、会计参与、监事、执行董事以及其他执行公司职务的人员(日本《公司法》第 598 条第 1 款规定)向母公司监事进行报告的机制,但具体如何构建该机制仍是难题。

---

[1] 赵万一:《合规制度的公司法设计及其实现路径》,载《中国法学》2020 年第 2 期。

"合规体系"乃至"企业内部控制体系"的研究对于公司法研究非常重要。如何在我国法框架下要求企业建立良好的"内部控制体系",其他问题还包括："合规"的具体标准问题;"合规"对于公司治理效果的影响问题;"内部控制"与"公司治理"的关系问题,例如前述美国法和日本公司法都要求母公司对合并报表子公司的"内部控制"承担责任;使"合规"更具实效性的其他法律问题,比如会计师法(会计师责任)、劳动法(保护公司内部举报人)等。

二、过度合规的反思——以长臂管辖为例

(一) 过度合规产生的原因及定义

"过度合规"(over compliance)这一概念的出现,与美国政府长期以来将经济制裁手段作为推行外交政策的利器,借助美元、美国市场、美国金融体系的多重优势力量,迫使他国遵守美国的外交政策密不可分。目前,学界对"过度合规"这一概念未有通说,根据实践中企业的具体做法,可以将"过度合规"定义为企业由于忌惮遭到美国的对外经济制裁,出于保护自身的目的被迫作出的合规行为。

例如,"长臂管辖"要求有管辖连接点的企业建立反海外腐败合规,就政府监管和管制而言,企业是否依法经营历来是监管部门的工作重点,而"长臂管辖"将这一制度扩张至全球企业经济活动,也将反海外腐败合规的要求延伸至所有可以建立管辖连接点的企业。以美国政府为例,随着美国监管机构对本国企业的商业贿赂行为管制的加强,美国政府希望以此约束外国企业和个人的行为,确保美国企业的竞争优势。

美国通过主要贸易伙伴和传统同盟将本国标准复制到包括英国、法国在内的其他国家的国内法,通过制定国际条约将企业合规上升至"国际共识",通过修改本国法律及司法实践将"长臂管辖"延伸至域外的外国公司。只要企业存在海外运营业务,无论是否位于美国、英国或法国,都需留意自己是否将受到美国、英国或法国的反海外腐败法律的管辖,以上三国均不同程度采用"长臂管辖",利用最小联系原则将并非直接身处本国的外国企业和外国个人纳入管辖。企业面临的问题主要有以下几点:

1. 实体法律冲突

企业经营所处的不同地区和国家存在不同的法律规定，可能属于不同法系，因此从实体制度、程序要求到部门架构、司法体系等，都可能存在冲突。例如，各国法律对是否允许企业向行政部门官员支付"疏通费"存在冲突。美国《反海外腐败法》允许小额且合理的疏通费，但英国《2010年反贿赂法》则严格禁止疏通费的存在，无论该疏通费是否给予特定的行政官员以处理特定的行政事项。

出现以上的法律冲突客观上无可避免，因为各国法律存在不同程度的差异。因此，企业需要在法律专业人士帮助下，结合实际运营情况，考虑法律冲突对企业业务的影响，作出全面评估。

2. 执法标准不同

如何定义"腐败"是全球各法域面临的难点。尽管各地区和各国的法律对于腐败和贿赂的认定均是从犯罪主观意图、主体、客体、客观行为加以认定，但各地区和各国的执法、司法机构对于犯罪要求的认定和评判标准存在差异。

例如，在美国诉维克多·科泽尼和弗里德里克·伯克案（United States v. Viktor Kozeny and Frederic Bourke, JR.）中，被告辩称阿塞拜疆的法律存在例外情况和合理抗辩，即如果行贿者在行贿后自愿报告或主动举报该贿赂行为，则行贿者将不承担法律责任并免于被起诉，法律只处罚受贿者。但此类抗辩并非当然被美国法院认可。因此，对企业来说需要熟悉当地法律规定，避免海外运营中的经济活动违反当地法律对于腐败和贿赂的认定。

3. 如何把控员工、子公司、第三方和被并购企业的违法行为

企业开展海外业务的另一个难点是如何控制当地员工、子公司、第三方（如当地合作机构、分销商等）和被并购企业的合规管理。

在司法实践中，英美法对企业法律责任的追究遵循"严格责任"的法理，即法律推定企业对于员工、子公司、第三方和被并购企业的违法犯罪行为具有主观过错，需要承担相应的法律责任。要推翻以上推定的法律责任，企业需要承担举证责任，而最具有说服力的无罪抗辩理由是企业是否建立并落实合规体制。例如，企业往往可以通过针对员工和中高层的定期合规培训，来证明自己

对员工和管理层尽到了注意和管理义务。此外,一旦企业通过内部风控和调查发现了违规行为,如果进一步对责任人进行追责和处罚,企业也可以此证明自己对公司的合法合规经营尽到注意义务。

（二）过度合规对企业造成的负面影响

1. 对经济绩效的负面影响

合规监管需要成本,不仅涉及信息公开、管理机构设置和董事、监事报酬等费用,还包括审计成本。一般来说,相对于统一部门监管,监管机构混杂会造成竞争劣势。例如美国《SOX 法案》施行之后,由于企业在伦敦证券交易所上市承受更低的合规成本,2005 年大多数国际大规模的首次公开发行(IPO)在英国伦敦而不是美国纽约进行。对比与不受《SOX 法案》制约的企业,受到《SOX 法案》规制的上市公司在关键公告期间股票价格明显下滑。合规监管确实为公司增加额外的规范成本,更糟糕的是,公司为适应监管所投入的规范成本可能只为实现"形式合规"而未实质改善内部管理有效性。

此外,在美国长臂管辖影响下,"过度合规"已演变为从事国际贸易的企业保护自己的一种方式。可能美国商务部仅仅对特定主体实施一级制裁,但企业出于对正常开展业务的担心,也采取停止与被制裁对象交易的措施,变相扩大制裁范围,助长美国的制裁威力。如此,不管对于被制裁主体还是"过度合规"企业,都会导致交易机会的丧失和交易成本的上升,最终造成经济绩效的减损。有学者通过实证研究发现,公司合规承诺指数与公司绩效存在倒 U 型曲线关系,一定程度的合规承诺对公司绩效具有促进效应,而过度合规承诺则会对公司绩效带来抑制效应。[①]

2. 对公司内部治理的负面影响

合规并非公司内生性的产物,而是由政府等管理机构从外部强加给公司内部治理结构,过度合规更是如此。合规的动力并非来自传统的企业支持者,即不是来自股东、经理、员工、债权人或客户。相反,合规的动力来自政府。合

---

① 陈永安、刘汉民、齐宇:《合规与公司绩效:促进还是抑制?——基于上市公司合规指数的计量和实证检验》,载《证券市场导报》2020 年 10 月。

规性实际上是政府通过事前激励、事后强制等策略和信号强加给企业的命令，强制推行旨在合规的治理结构是政府行使权力的一种新方式。在实施这些结构时，政府并不制定公司必须遵守的规则，就像它通过新的法律和法规时所做的那样，也不调整其传统工具（强制执行的数量和制裁的规模）以确保遵守现有的法律和法规。相反，政府通过规定企业必须如何合规，强制实施专门设计的治理结构，以改变企业开展业务的方式。

公司以营利为目的开展经营活动，公司内部治理结构的安排也应当遵循促进公司良好运作的原则。在过去的十年中，合规行业已蓬勃发展，在许多公司中，合规部门已成为与法律部门齐名的部门。合规部通常由首席合规官（Chief Compliance Officer，CCO）领导，直接向首席执行官（CEO）报告，通常也向董事会报告。此外，公司大量招聘合规人员，一些大公司聘请数百甚至数千名合规官。由此可见，过度的合规逐渐导致公司偏离了原本的战略方向和价值取向，为了合规而合规，多重监管降低公司运营效率，使得公司内部机构冗余，整体治理水平下降。

企业加强内部合规治理，是在中国经济由高速发展阶段转入高质量发展过程的背景下，实现企业可持续、高质量发展的必然要求，是在经济全球化新形势下进行国际贸易必须具备的通行证。[1]合规是企业"走出去"行稳致远的前提，合规管理能力是企业国际竞争力的重要方面。[2]但迫于美国单边经济制裁压力，所采取的"过度合规"的合规行为，只会对企业的发展造成严重阻碍。

在公司内部合规治理研究的范畴下无法给出解决"过度合规"的答案，因为"过度合规"是美国实施对外经济制裁过程中的产物。如何解决"过度合规"问题，与如何应对美国的对外经济制裁是一体两面的关系，需要对国内法律基础以及国际政治局势进行综合考量，构建完整的应对经济制裁的措施，以此消除"过度合规"的负面效应。

由于起步晚、经验少，大多数国内企业的合规体系建设工作仍处在探索和

---

[1] 崔瑜：《论企业合规管理的政府监管》，载《行政法学研究》2021年第4期。

[2] 《发展改革委相关负责人就〈企业境外经营合规管理指引〉答问》，国家发展和改革委员会网，https://www.ndrc.gov.cn/fggz/lywzjw/zcfg/201812/t20181229_1047063.html。

尝试阶段。逐步完善的社会信用体系可能使违规企业受到各执法机关的联合惩戒，也是另一重要原因。2017年《关于加强和规范守信联合激励和失信联合惩戒对象名单管理工作的指导意见》要求建立健全守信联合激励对象和失信联合惩戒对象名单制度，完善守法诚信褒奖和违法失信惩戒的联动机制。[①] 2018年《关于加强和规范守信联合激励和失信联合惩戒对象名单管理工作的指导意见》明确要求社会信用体系建设部际联席会议成员单位抓紧制定各领域内"红黑名单"认定与监管实施意见。[②]

（三）过度合规的应对

近几年，美国为了遏制中国的经济发展，频繁地对中国的企业与个人进行"长臂管辖"，限制企业的进出口贸易。如果企业只是为了防止受到域外的长臂管辖，就不断提高合规成本，试图遵守外国法的每项规定，这也是行不通的。因为这不仅会大幅提高企业的经营管理和风险防控的成本，而且也会违背我国在公司法领域引入合规的初衷。让企业承担合规管理责任与企业的组织形态有关，一个有效的合规体系或合规承诺在一定程度上可以作为企业违反合规责任的必要抗辩，成为公司法人合规责任减免的重要考量因素。所以合规要求的核心并不是让企业一味地遵守外国法，而是为了让企业至少在形式上合法，首先满足合规的各项客观标准，从而尽量避免国内法和国外法的合规管辖，如此才能更好地实现企业目标。

三、合规机制的未来展望

合规本应各不相同，但反讽的是，大多数公司的合规均大同小异。我国合规基础性条件的缺失，导致现有合规实践出现异化。首先，随着我国经济发展和跨国商事实践的扩张，民法、刑法、商法等法律规则随之不断深化，但演化进度各不相同，且部门法之间呈现割裂趋势，具体而言：(1)公司两权分立不足、组织化水平低下、权力集中于股东会；(2)董事义务和责任承担规则设计不足，

---

① 发改财金规〔2017〕1798号。
② 发改办财金〔2018〕87号。

司法救济缺位;(3)民法中的法人制度侵蚀着公司治理,而刑法中缺少有效的合规豁免制度。其次,这些制度上的不足对我国合规实践造成不良影响:(1)合规丧失自律的内涵,成为公司义务的扩充;(2)对跨国公司的合规标准适用出现域内和域外的割裂;(3)监管部门颁布的合规指南缺少具体的标准和尺度;(4)监管部门独立性不足,合规"预先汇报"制度形同虚设。[①]

从全球范围来看,对于公司法引入一项新机制的讨论不外乎以下若干方面:第一,公司法的"私法"属性与国家管制的平衡问题;第二,封闭公司的"意思自治"强化和公众公司内部治理的全球趋同问题;第三,包括公司本身在内的公司内外各类主体的利益平衡、主体权利义务一致,以及相关司法裁判规则如何确立的问题;第四,公司法作为"组织法"的路径对"合同"路径能有多大突破的问题以及公司法作为商事部门法如何凸显"效率"(降低交易成本)的问题。中国在将合规体系引入公司法时,同样会面临上述问题。

此外,在刑法方面,我国虽然历来传统是将刑事犯罪在刑法中统一进行规定,在对于丰富的市场经济活动,以及日新月异的金融创新,刑法往往很难及时予以回应,只能通过不断增加刑法修正案的形式来解决,但这导致刑事罪名增多,刑法的自治性与体系性降低。

因此,仅凭公司法或者寄希望于以公司自治的方式引入合规监督等管理体系可能难以达到理想的效果。对于我国而言,为使公司合规、风险管理得到更有效实施,还有必要考量让控股股东、实际控制人承担义务和责任的问题。而美国近年的公司治理理论呈现出向"股东权限强化"逐渐演进的趋势,其董事会模式以及董事监督义务、体系义务的未来发展仍值得我国学界持续关注。[②]

---

① 邓峰:《公司合规的源流及中国的制度局限》,载《比较法研究》2020年第1期。
② 梁爽:《美、日公司法上的董事合规、内控义务及其对我国的启示》,载《中外法学》2022年第2期。

参 考 文 献

一、著作类

[1] [澳]斯蒂芬·波特姆利:《公司宪治论》,李建伟译,法律出版社 2019 年版。

[2] [韩]崔埈璿:《韩国公司法》,王延川、崔嫱燕译,中国政法大学出版社 2020 年版。

[3] [美]弗兰克·伊斯特布鲁克、丹尼尔·费希尔:《公司法的经济结构》,罗培新、张建伟译,北京大学出版社 2005 年版。

[4] [美]克里斯多夫·M.布鲁纳:《普通法世界的公司治理:股东权力的政治基础》,林少伟译,法律出版社 2016 年版。

[5] [美]莱纳·克拉克曼、亨利·汉斯曼:《公司法剖析:比较与功能的视角》,罗培新译,法律出版社 2012 年版。

[6] [美]理查德·T.德·乔治:《经济伦理学》,李布译,北京大学出版社 2002 年版。

[7] [美]乔治·斯蒂纳等:《企业、政府与社会》,张志强译,华夏出版社 2002 年版。

[8] [日]近藤光男:《判例法中的经营判断规则》,梁爽译,法律出版社 2019 年版。

[9] [日]近藤光男:《日本商法总则·商行为法》,梁爽译,法律出版社 2016 年版。

[10] [日]近藤光男:《最新日本公司法》,梁爽译,法律出版社 2016 年版。

[11] [日]相泽哲:《公司法制定的过程和概要》,于敏、杨东译,法律出版社 2006 年版。

[12] [英]博伊尔:《少数派股东救济措施》,段威等译,北京大学出版社 2006 年版。

[13] [英]哈特:《法律的概念》,中国大百科全书出版社 1996 年版。

[14] [英]伊凡·亚历山大:《真正的资本主义》,杨新鹏等译,新华出版社 2000 年版。

[15] [英]珍妮特·丹恩:《公司集团的治理》,黄庭煜译,北京大学出版社 2008 年版。

[16] 滨田道代、吴志攀等主编:《公司治理与资本市场监管》,北京大学出版社 2003 年版。

[17] 常俊峰、李晓玎、甘雨来、花林广:《上市公司刑事合规与犯罪预防》,中国政法大学出版社 2022 年版。

[18] 陈坚:《企业合规改革研究》,法律出版社 2022 年版。

[19] 陈瑞华、李玉华:《企业合规改革的理论与实践》,法律出版社 2022 年版。

[20] 陈瑞华:《企业合规基本理论》(第 2 版),中国法律图书有限公司 2021 年版。

[21] 储育明、朱庆作:《企业合规管理理论与实践》,法律出版社 2022 年版。

[22] 邓峰:《代议制的公司:中国公司治理中的权力和责任》,北京大学出版社 2015 年版。

[23] 邓峰:《普通公司法》,中国人民大学出版社 2009 年版。

[24] 高慧:《注册制之企业上市合规阶梯》,中国法制出版社 2020 年版。

[25] 郭凌晨、丁继华、王志乐:《合规企业合规管理体系有效性评估》,企业管理出版社 2021 年版。

[26] 郭凌晨、王志乐主编:《合规全球公司的可持续发展》,中国经济出版社 2014 年版。

[27] 黄辉:《现代公司法比较研究》,清华大学出版社 2019 年版。

[28] 姜海波:《中国上市公司财务年报合规管理信息披露状况研究》,吉林人民出版社 2021 年版。

[29] 梁爽:《股东代表诉讼的理论与制度改进》,法律出版社 2013 年版。

[30] 刘俊海:《股东权法律保护概论》,人民法院出版社 1995 年版。

[31] 柳磊、官学清、何龙灿、苏梅主编:《上市公司股份合规交易与管理手册》(第 2 版),中国财政经济出版社 2022 年版。

[32] 卢代富:《企业社会责任的经济学与法学分析》,法律出版社 2002 年版。

[33] 梅慎实:《现代公司机关权利构造论》(修订版),中国法制出版社 2002 年版。

[34] 安建主编:《中华人民共和国公司法释义》,法律出版社 2013 年版。

[35] 施天涛:《公司法论》(第 3 版),法律出版社 2014 年版。

[36] 孙敬水:《独立董事制度:公司治理的创新和革命》,安徽大学出版社 2003 年版。

[37] 汤欣:《公司治理与资本市场法制》,法律出版社 2015 年版。

［38］童德华主编：《企业管理刑事合规制度概论》，清华大学出版社2022年版。

［39］王保树等主编：《全球竞争体制下的公司法改革》，社会科学文献出版社2003年版。

［40］王保树等主编：《实践中的公司法》，社会科学文献出版社2008年版。

［41］叶林：《公司法研究》，中国人民大学出版社2008年版。

［42］张华林：《会计法制建设法理基础研究》，法律出版社2009年版。

［43］张开平：《英美公司董事法律制度研究》，法律出版社1998年版。

［44］张云霄：《企业合规总论》，中国政法大学出版社2022年版。

［45］赵旭东主编：《公司法评论》，人民法院出版社2005年版。

［46］赵震江、付子堂：《现代法理学》，北京大学出版社1999年版。

［47］朱慈蕴：《公司法原论》，清华大学出版社2011年版。

［48］朱慈蕴：《公司内部监督机制》，法律出版社2007年版。

［49］朱羿锟：《董事问责标准的重构》，北京大学出版社2011年版。

［50］邹海林：《责任保险论》，法律出版社1999年版。

二、外文论文类

［1］Ajibo, C. C. & Ajibo, K. I. Mandatory versus Discretionary Rule Dichotomy in the Harmonization of Corporate Governance Codes: Lessons for Nigeria, Journal of African Law 63, 385—411(2019).

［2］Allen, R. S. & Montgomery, K. A. Applying an Organizational Development Approach to Creating Diversity, Organizational Dynamics 30(2), 149—161(2001).

［3］Alchian, A. A. & Demsetz, H. Production, Information Costs, and Economic Organization, IEEE Engineering Management Review 62(2), 777—795(1972).

［4］Alexander, C. R., Bauguess, S. W., Bernile, G., Lee, Y.-H. A. & Marietta-Westberg, J. Economic effects of SOX Section 404 Compliance: A Corporate Insider Perspective, Journal of Accounting & Economics 56, 267—290(2013).

［5］Alfitri. Why Do Companies Pay Their Alms Tax(Zakat)? Case Studies of Compliance with Corporate Zakat Obligation in Islamic Commercial Banks in Indonesia. Proceedings of 1st International Conference of Law and Justice—Good Governance and Human Rights in Muslim Countries: Experiences and Challenges(iclj 2017) 162, 23—26(2017).

［6］Anonymous. Corporate Compliance Survey—By the Corporate Compliance

Committee, ABA Section of Business Law, Business Lawyer 63, 195—216(2007).

[7] Arlen, J. Prosecuting Beyond the Rule of Law: Corporate Mandates Imposed through Deferred Prosecution Agreements, Journal of Legal Analysis 8, 191—234(2016).

[8] Arrive, J. T. & Feng, M. Corporate Social Responsibility Disclosure: Evidence from BRICS Nations, Corporate Social Responsibility and Environmental Management 25, 920—927(2018).

[9] Baer, M. H. Compliance Elites, Fordham Law Review 88, 1599—1630(2020).

[10] Bajra, U. & Cadez, S. Alternative Regulatory Policies, Compliance and Corporate Governance Quality, Baltic Journal of Management 15, 42—60(2020).

[11] Benedek, P. Compliance Management—a New Response to Legal and Business Challenges, Acta Polytechnica Hungarica 9, 135—148(2012).

[12] Boros, A. & Fogarassy, C. Relationship between Corporate Sustainability and Compliance with State-Owned Enterprises in Central-Europe: A Case Study from Hungary, Sustainability 11, 5653(2019).

[13] Bu, Q. The Culture Variable Vis-a-Vis Anti-bribery Law: A Grey Area in Transnational Corporate Criminal Liability, European Business Organization Law Review 19, 183—213(2018).

[14] Butler, T., Emerson, B. & McGovern, D. Compliance-as-a-service in Information Technology Manufacturing Organizations: An Exploratory Case Study, Information Technology in the Service Economy: Challenges and Possibilities for the 21st Century 267, 43(2008).

[15] Chang, Y. & Lin, L. Y.-H. Do State-Owned Enterprises Have Worse Corporate Governance? An Empirical Study of Corporate Practices in China, European Business Organization Law Review 23, 711—734(2022).

[16] Cleven, A. & Winter, R. Regulatory Compliance in Information Systems Research—Literature Analysis and Research Agenda, Enterprise, Business-Process and Information Systems Modeling 29, 174—186(2009).

[17] Cook, K. L. B. Corporate Compliance Programs—Who Needs Them? 2012 Ieee Aerospace Conference(2012).

[18] Crous, C. The Free State Department of Education: An Audit and Corporate Governance Perspective, Proceedings of the 9th European Conference on Management Leadership and Governance 24—34(2013).

［19］Cunningham, L. A. A Prescription to Retire the Rhetoric of "Principles-Based Systems" in Corporate Law, Securities Regulation, and Accounting, Vanderbilt Law Review 60, 1411(2007).

［20］Deakin, S. & Hobbs, R. False Dawn for CSR? Shifts in Regulatory Policy and the Response of the Corporate and Financial Sectors in Britain, Corporate Governance—an International Review 15, 68—76(2007).

［21］Di Lorenzo, V. Business Ethics: Law as a Determinant of Business Conduct, Journal of Business Ethics 71, 275—299(2007).

［22］Diamantis, M. E. & Laufer, W. S. Prosecution and Punishment of Corporate Criminality, Annual Review of Law and Social Science 15, 453—472(2019).

［23］Doyle, J. T., Ge, W. & Mcvay, S. Accruals Quality and Internal Control Over Financial Reporting, Accounting Review 82(5), 1141—1170(2007).

［24］Eckstein, A. The Virtue of Common Ownership in an Era of Corporate Compliance, Iowa Law Review 105, 507—573(2020).

［25］Egels-Zanden, N. & Wahlqvist, E. Post-partnership Strategies for Defining Corporate Responsibility: The Business Social Compliance Initiative, Journal of Business Ethics 70, 175—189(2007).

［26］Eisenberg, M. A. The Conception that the Corporation is a Nexus of Contracts, and the Dual Nature of the Firm, Journal of Corporation Law 24, 819—829(1999).

［27］Fasterling, B. Development of Norms Through Compliance Disclosure, Journal of Business Ethics 106, 73—87(2012).

［28］Feleaga, N., Dragomir, V. & Feleaga, L. Corporate Governance Codes: are They Fresh or Trite? Proceedings of the 5th European Conference on Management Leadership and Governance 30—37(2009).

［29］Fitz-Gerald, S. J. & Wiggins, B. Information Security Law: The Emerging Standard for Corporate Compliance, International Journal of Information Management 30, 98(2010).

［30］Gadinis, S. & Miazad, A. Corporate Law and Social Risk, Vanderbilt Law Review 73, 1401—1477(2020).

［31］Goldsmith, M. & King, C. W. Policing Corporate Crime: The Dilemma of Internal Compliance Programs, Vanderbilt Law Review 50, R17-(1997).

[32] Goncharov, I., Werner, J. R. & Zimmermann, J. Does Compliance with the German Corporate Governance Code Have an Impact on Stock Valuation? An Empirical Analysis. Corporate Governance—an International Review 14, 432—445(2006).

[33] Gribnau, H. Corporate Social Responsibility and Tax Planning: Not by Rules Alone, Social & Legal Studies 24, 225—250(2015).

[34] Haelterman, H. Breaking Silos of Legal and Regulatory Risks to Outperform Traditional Compliance Approaches, European Journal on Criminal Policy and Research 28, 19—36(2022).

[35] Hamdani, A. & Klement, A. Corporate Crime and Deterrence, Stanford Law Review 61, 271—310(2008).

[36] Haugh, T. Nudging Corporate Compliance, American Business Law Journal 54, 683—741(2017).

[37] Haugh, T. The Criminalization of Compliance, Notre Dame Law Review 92, 1215—1269(2017).

[38] Hauschka, C. E. Compliance in the Corporate Law and Current Development in the Discourse, Verbraucherschutz Im Kreditgeschaft-Compliance in Der Kreditwirtschaft: Bankrechtstag 2008 29, 103—137(2009).

[39] Henry, D. Agency Costs, Ownership Structure and Corporate Governance Compliance: A Private Contracting Perspective, Pacific-Basin Finance Journal 18, 24—46(2010).

[40] Hernandez Basualto, H. Applicability of a Corporate "Compliance Defense" in Chilean Sanctioning Administrative Law, Revista Chilena De Derecho 45, 427—451 (2018).

[41] Hess, D. Catalyzing Corporate Commitment to Combating Corruption, Journal of Business Ethics 88, 781—790(2009).

[42] Hock, B. Policing Corporate Bribery: Negotiated Settlements and Bundling, Policing & Society 31, 950—966(2021).

[43] Hollis, A. et al., The Discovery and Reporting of Internal Control Deficiencies Prior to Sox-mandated Audits, Journal of Accounting & Economics 44, 166—192(2007).

[44] Hooghiemstra, R. & van Ees, H. Uniformity as Response to Soft Law: Evidence from Compliance and Non-compliance with the Dutch Corporate Governance Code, Regulation & Governance 5, 480—498(2011).

〔45〕Ibrahim, D. M. Individual or Collective Liability for Corporate Directors? Iowa Law Review 93, 929—971(2008).

〔46〕Jain, A., Kansal, M. & Joshi, M. New Development: Corporate Philanthropy to Mandatory Corporate Social Responsibility(CSR)—a New Law for India, Public Money & Management 41, 276—278(2021).

〔47〕Jumde, A. The Law on CSR in India: an Analysis of Its Compliance by Companies Through Corporate Disclosures, Journal of Corporate Law Studies 21, 253—282(2021).

〔48〕Kabir, M. H. Swaziland Corporate Governance with Regard to the New Companies Act of 2009, International Conference on Asia Pacific Business Innovation and Technology Management(apbitm) 25, (2011).

〔49〕Kakade, S. & Haber, M. Detecting Corporate Environmental Cheating, Ecology Law Quarterly 47, 771—822(2020).

〔50〕Khanna, V. & Dickinson, T. L. The Corporate Monitor: The New Corporate Czar? Michigan Law Review 105, 1713—1755(2007).

〔51〕Knuplesch, D. & Reichert, M. A Visual Language for Modeling Multiple Perspectives of Business Process Compliance Rules, Software and Systems Modeling 16, 715—736(2017).

〔52〕Kruessmann, T. Towards a Fresh Engagement in Rule-of-Law Cooperation: Supporting the Compliance Movement in Russia, Review of Central and East European Law 44, 333—365(2019).

〔53〕Kulikowska, A. Respect the Principles Corporate Governance and the Market Position of the Company, Economic Development and Management of Regions 171—176(2011).

〔54〕Kuo, S. S. & Means, B. Climate Change Compliance, Iowa Law Review 107, 2135—2181(2022).

〔55〕Ladia, A. Blockchain: A Privacy Centered Standard for Corporate Compliance, It Professional 23, 86—91(2021).

〔56〕Lazarides, T. Compliance vs Alignment. Ecmlg 2007: Proceedings of the 3rd European Conference on Management, Leadership and Governance 131—138(2007).

〔57〕Li, B. & Liu, J. Research of Corporate Compliance in China: Review and Reflections, International Journal of Law Crime and Justice 71, 100559(2022).

[58] Lin, L.-W. Mandatory Corporate Social Responsibility? Legislative Innovation and Judicial Application in China, American Journal of Comparative Law 68, 576—615(2020).

[59] Lu, S. P. Corporate Codes of Conduct and the FTC: Advancing Human Rights through Deceptive Advertising Law, Columbia Journal of Transnational Law 38, 603—629(2000).

[60] MacNeil, I. & Li, X. "Comply or Explain": Market Discipline and Non-compliance with the Combined Code, Corporate Governance—an International Review 14, 486—496(2006).

[61] Martinez, V. R. Complex Compliance Investigations, Columbia Law Review 120, 249—307(2020).

[62] McGreal, P. E. Corporate Compliance Survey, Business Lawyer 64, 253—277(2008).

[63] Michie, J. & Oughton, C. The Corporate Governance of Professional Football Clubs in England, Corporate Governance—an International Review 13, 517—531(2005).

[64] Miller, R. T. Oversight Liability for Risk Management Failures at Financial Firms, Southern California Law Review 84(1), 47—123(2011).

[65] Millon, D. Why is Corporate Management Obsessed with Quarterly Earnings and What Should Be Done About It?, The George Washington Law Review 70(5—6), 890—920(2002).

[66] Mnif, Y. & Tahari, M. Corporate Governance and Compliance with AAOIFI Governance Standards by Islamic Banks, International Journal of Islamic and Middle Eastern Finance and Management 13, 891—918(2020).

[67] Monciardini, D., Bernaz, N. & Andhov, A. The Organizational Dynamics of Compliance With the UK Modern Slavery Act in the Food and Tobacco Sector, Business & Society 60, 288—340(2021).

[68] Mun, E. Negative Compliance as an Organizational Response to Legal Pressures: The Case of Japanese Equal Employment Opportunity Law, Social Forces 94, 1409—1437(2016).

[69] Nazar, M. & Nishat, M. Desirable Code of Corporate Governance for Non-listed Companies—an Experience from Pakistan, Confronting Contemporary Business Challenges Through Management Innovation 1635—1648(2013).

[70] Nietsch, M. Corporate Illegal Conduct and Directors' Liability: an Approach to Personal Accountability for Violations of Corporate Legal Compliance, Journal of Corporate Law Studies 18, 151—184(2018).

[71] Nunez Izquierdo, M. E., Garcia-Blandon, J. & Baum, C. F. Evaluating the Impact of Compliance with Governance Recommendations on Firm Performance: The Case of Spain, International Journal of Finance & Economics 26, 3788—3806(2021).

[72] Oded, S. Inducing Corporate Compliance: A Compound Corporate Liability Regime, International Review of Law and Economics 31, 272—283(2011).

[73] Pacella, J. M. The Regulation of Lawyers in Compliance, Washington Law Review 95, 947—995(2020).

[74] Parella, K. Improving Human Rights Compliance in Supply Chains, Notre Dame Law Review 95, 727—793(2020).

[75] Parker, C. The Ethics of Advising on Regulatory Compliance: Autonomy or Interdependence? Journal of Business Ethics 28, 339—351(2000).

[76] Parker, C. & Nielsen, V. L. Corporate Compliance Systems Could They Make Any Difference? Administration & Society 41, 3—37(2009).

[77] Piscopo, J. M. & Muntean, S. C. Corporate Quotas and Symbolic Politics in Advanced Democracies, Journal of Women Politics & Policy 39, 285—309(2018).

[78] Polidori, P. & Teobaldelli, D. Corporate Criminal Liability and Optimal Firm Behavior: Internal Monitoring Versus Managerial Incentives, European Journal of Law and Economics 45, 251—284(2018).

[79] Pollman, E. Corporate Oversight and Disobedience, Vanderbilt Law Review 72, 2013—2046(2019).

[80] Puchniak, D. W. & Lan, L. L. Independent Directors in Singapore: Puzzling Compliance Requiring Explanation, American Journal of Comparative Law 65, 265—333(2017).

[81] Reibstein, R. The Experiences of Four Corporate Officials Managing Compliance with the Massachusetts Toxics Use Reduction Act, Journal of Cleaner Production 19, 498—504(2011).

[82] Rejchrt, P. & Higgs, M. When in Rome: How Non-domestic Companies Listed in the UK May Not Comply with Accepted Norms and Principles of Good Corporate Governance. Does Home Market Culture Explain These Corporate Behaviours and

Attitudes to Compliance? Journal of Business Ethics 129, 131—159(2015).

[83] Renders, A., Gaeremynck, A. & Sercu, P. Corporate-Governance Ratings and Company Performance: A Cross-European Study, Corporate Governance—an International Review 18, 87—106(2010).

[84] Robina Ramirez, R. & Palos-Sanchez, P. R. Environmental Firms' Better Attitude towards Nature in the Context of Corporate Compliance, Sustainability 10, 3321(2018).

[85] Root, V. Coordinating Compliance Incentives, Cornell Law Review 102, 1003—1086(2017).

[86] Rorie, M. An Integrated Theory of Corporate Environmental Compliance and Overcompliance, Crime Law and Social Change 64, 65—101(2015).

[87] Rose, C. Firm Performance and Comply or Explain Disclosure in Corporate Governance, European Management Journal 34, 202—222(2016).

[88] Sale, Hillary, & A. Monitoring Caremark's Good Faith, Delaware Journal of Corporate Law 32, 724(2007).

[89] Schroeder, T. Corporate Crime, the Lawmaker's Options for Corporate Criminal Laws and Luhmann's Concept of "Useful Illegality", International Journal of Law Crime and Justice 57, 13—25(2019).

[90] Sharpe, N. F. Prioritizing Process: Empowering the Corporate Ethics and Compliance Function, University of Illinois Law Review 1321—1352(2019).

[91] Shrives, P. J. & Brennan, N. M. A Typology for Exploring the Quality of Explanations for Non-compliance with UK Corporate Governance Regulations, British Accounting Review 47, 85—99(2015).

[92] Simila, J., Polonen, I., Fredrikson, J., Primmer, E. & Horne, P. Biodiversity Protection in Private Forests: An Analysis of Compliance, Journal of Environmental Law 26, 83—103(2014).

[93] Slomski, V. G. et al. Compliance of Management Practices Instituted in the Third Sector Based on Governance Guidelines Established by Brazilian Organizations, Sustainability 14, 5366(2022).

[94] Strine, L. E. Delaware's Corporate-law System: Is Corporate America Buying an Exquisite Jewel or a Diamond in the Rough? A Response to Kahan & Kamar's Price Discrimination in the Market for Corporate Law, Cornell Law Review 86, 1257—

1282(2001).

[95] Urban, G. Corporate Compliance as a Problem of Cultural Motion, Rutgers University Law Review 69, 495—532(2017).

[96] Veasey, C. The Challenges for Directors in Piloting Through State and Federal Standards in the Maelstrom of Risk Management, Seattle University Law Review 34, 1—8(2010).

[97] Weissmann, A. & Newman, D. Rethinking Criminal Corporate Liability, Indiana Law Journal 82, 411—451(2007).

[98] Zhao, J. Reimagining Corporate Social Responsibility in the Era of COVID-19: Embedding Resilience and Promoting Corporate Social Competence, Sustainability 13, 6548(2021).

三、中文论文类

[1] 白慧林、王治宇:《论董事的劳动关系——以企业集团国有控股公司派出的董事为视角》,载《法律适用》2009 年第 4 期。

[2] 蔡元庆:《美国的董事责任保险制度》,载《西南政法大学学报》2003 年第 4 期。

[3] 曹冬媛:《日本公司监督模式的制度选择及其启示》,载《江西社会科学》2017 年第 1 期。

[4] 曹兴权、洪喜琪:《证券虚假陈述中监事民事责任研究——兼论〈证券法〉第 85 条的适用》,载《北方法学》2021 年第 5 期。

[5] 陈洁:《实际控制人公司法规制的体系性思考》,载《北京理工大学学报(社会科学版)》2022 年第 5 期。

[6] 陈景善:《董事合规义务体系——以董事会监督机制为路径依赖》,载《中国法律评论》2022 年第 3 期。

[7] 陈群峰:《试论我国股东派生诉讼前置程序规则的完善》,载《人民司法》2013 年第 9 期。

[8] 陈瑞华:《论企业合规的性质》,载《浙江工商大学学报》2021 年第 1 期。

[9] 陈瑞华:《论企业合规在行政监管中的地位》,载《上海政法学院学报(法治论丛)》2021 年第 6 期。

[10] 陈瑞华:《企业合规制度的三个维度——比较法视野下的分析》,载《比较法研究》2019 年第 3 期。

[11] 陈瑞华:《刑事诉讼的合规激励模式》,载《中国法学》2020 年第 6 期。

［12］陈甦、陈洁:《证券法的功能分析和重构思路》,载《环球法律评论》2012 年第 5 期。

［13］陈永安、刘汉民、齐宇:《合规与公司绩效:促进还是抑制?》,载《证券市场导报》2020 年第 10 期。

［14］陈运森、邓祎璐、李哲:《证券交易所一线监管的有效性研究:基于财务报告问询函的证据》,载《管理世界》2019 年第 3 期。

［15］崔文玉:《公司治理的新型机制:商刑交叉视野下的合规制度》,载《法商研究》2020 年第 6 期。

［16］崔瑜:《论企业合规管理的政府监管》,载《行政法学研究》2021 年第 4 期。

［17］邓峰:《董事会制度的起源、演进与中国的学习》,载《中国社会科学》2011 年第 1 期。

［18］邓峰:《公司合规的源流及中国的制度局限》,载《比较法研究》2020 年第 1 期。

［19］邓峰:《中国公司理论的演变和制度变革方向》,载《清华法学》2022 年第 2 期。

［20］邓峰:《中国公司治理的路径依赖》,载《中外法学》2008 年第 1 期。

［21］邓祎璐、李哲、陈运森:《证券交易所一线监管与企业高管变更——基于问询函的证据》,载《管理评论》2020 年第 4 期。

［22］董淳锷:《公司法改革的路径检讨和展望:制度变迁的视角》,载《中外法学》2011 年第 4 期。

［23］冯果:《整体主义视角下公司法的理念调适与体系重塑》,载《中国法学》2021 年第 2 期。

［24］冯文婷、孙志煜:《论〈民法典〉职务代理的立法完善——基于〈民法典〉第 170 条第 1 款的规范解析》,载《江汉论坛》2022 年第 4 期。

［25］傅穹、陈洪磊:《商业判断规则司法实证观察》,载《国家检察官学院学报》2021 年第 2 期。

［26］傅穹:《公司利益理念下控制股东诚信义务的本土治理与重构》,载《学术论坛》2021 年第 4 期。

［27］甘培忠、周淳:《上市公司定期报告信息披露违法董事责任认定研究》,载《北方法学》2012 年第 3 期。

［28］顾海峰、卞雨晨:《内部控制、董事联结与企业创新——基于中国创业板上市公司的证据》,载《管理学刊》2020 年第 6 期。

［29］郭富清:《我国独立董事的制度悖论、缺陷与解决途径——对"康美药业案"引发的独立董事辞职潮的思考》,载《学术论坛》2022 年第 1 期。

［30］郭雳、吴韵凯：《虚假陈述案件中证券服务机构民事责任承担再审视》，载《法律适用》2022 年第 8 期。

［31］胡宁、曹雅楠、周楠、薛爽：《监管信息披露与债权人定价决策——基于沪深交易所年报问询函的证据》，载《会计研究》2020 年第 3 期。

［32］黄爱学：《论证券市场自律监管的地位》，载《学术交流》2012 年第 12 期。

［33］黄胜忠、刘清：《企业内部控制与合规管理的整合》，载《财会通讯》2019 年第 6 期。

［34］季卫东：《为企业合规性投石问路》，载《财经》2008 年第 221 期。

［35］贾登勋、王勇：《现代公司制度的法理基础》，载《兰州大学学报社科版》1999 年第 1 期。

［36］姜荣吉：《公司内部控制的有效性与董事责任的判定》，载《天津法学》2014 年第 3 期。

［37］蒋大兴：《公司董事会的职权再造——基于"夹层代理"及现实主义的逻辑》，载《现代法学》2020 年第 4 期。

［38］蒋大兴：《公司自治与裁判宽容——新公司法视野下的裁判思维》，载《法学家》2006 年第 6 期。

［39］蒋大兴：《走向"合作主义"的公司法——公司法改革的另一种基础》，载《当代法学》2021 年第 6 期。

［40］景春兰：《对雇主"替代责任说"的反思与批判》，载《政法论丛》2016 年第 4 期。

［41］李安安：《资本市场法律移植的制度反思与变革》，载《证券法苑》2015 年第 1 期。

［42］李本灿：《合规官的保证人义务来源及其履行》，载《法学》2020 年第 6 期。

［43］李本灿：《企业犯罪预防中国家规制向国家与企业共治转型之提倡》，载《政治与法律》2016 年第 2 期。

［44］李本灿：《企业犯罪预防中合规计划制度的借鉴》，载《中国法学》2015 年第 5 期。

［45］李传轩：《绿色治理视角下企业环境刑事合规制度的构建》，载《法学》2022 年第 3 期。

［46］李建伟：《论我国上市公司监事会制度的完善——兼及独立董事与监事会的关系》，载《法学》2004 年第 2 期。

［47］李建伟：《股东压制的公司法救济：英国经验与中国实践》，载《环球法律评论》2019 年第 3 期。

[48] 李建伟:《论上市公司中小股东权益保护与立法完善》,载《政法学刊》2005 年第 5 期。

[49] 李建伟:《论我国独立董事产生机制的重构》,载《法律科学(西北政法学院学报)》2004 年第 2 期。

[50] 李开甫:《简论我国公司监事会制度的不足与完善》,载《法学评论》2005 年第 2 期。

[51] 李琳、张敦力、夏鹏:《年报监管、内部人减持与市场反应——基于深交所年报问询函的研究》,载《当代财经》2017 年第 12 期。

[52] 李维安、戴文涛:《公司治理、内部控制、风险管理体系框架——基于战略管理视角》,载《审计与经济研究》2013 年第 4 期。

[53] 李晓溪、饶品贵、岳衡:《年报问询函与管理层业绩预告》,载《管理世界》2019 年第 8 期。

[54] 李晓溪、杨国超、饶品贵:《交易所问询函有监管作用吗?——基于并购重组报告书的文本分析》,载《经济研究》2019 年第 5 期。

[55] 李依怡:《论董事勤勉义务的判断标准与判断前提》,载《民商法论丛》2022 年第 1 期。

[56] 李云峰:《公司的共同治理及理论分析》,载《天津师范大学学报(社会科学版)》2003 年第 3 期。

[57] 李占猛、杨宏伟:《美国公司独立董事制度研究》,载《国外财经》2000 年第 4 期。

[58] 梁爽:《董事信义义务结构重组及对中国模式的反思——以美、日商业判断规则的运用为借镜》,载《中外法学》2016 年第 1 期。

[59] 梁爽:《美、日公司法上的董事合规、内控义务及其对我国的启示》,载《中外法学》2022 年第 2 期。

[60] 梁爽:《内部控制机制的法律化路径》,载《金融法苑》2015 年第 1 期。

[61] 林少伟:《董事异质化对传统董事义务规则的冲击及其法律应对》,载《中外法学》2015 年第 3 期。

[62] 林一英:《公司监督机构的立法完善:超越单层制与双层制》,载《法学杂志》2022 年第 4 期。

[63] 刘柏、卢家锐:《交易所一线监管能甄别资本市场风险吗?——基于年报问询函的证据》,载《财经研究》2019 年第 7 期。

[64] 刘建功:《〈公司法〉第 20 条的适用空间》,载《法律适用》2008 年第 1 期。

[65] 刘俊海:《论公司社会责任的制度创新》,载《比较法研究》2021 年第 4 期。

[66] 刘俊海:《我国〈公司法〉移植独立董事制度的思考》,载《政法论坛》2003 年第 3 期。

[67] 刘凯湘:《股东代表诉讼的司法适用与立法完善》,载《中国法学》2008 年第 4 期。

[68] 刘兆侠:《资本多数决制度下的控股股东义务与股东权益保护》,载《商业时代》2013 年第 30 期。

[69] 龙卫球、李清池:《公司内部治理机制的改进:"董事会—监事会"二元结构模式的调整》,载《比较法研究》2005 年第 6 期。

[70] 楼秋然:《〈公司法〉第 20 条中"滥用股东权利"规定的理论与实践》,载《西部法学评论》2016 年第 3 期。

[71] 罗礼平:《监事会与独立董事:并存还是合一——中国上市公司内部监督机制的冲突与完善研究》,载《比较法研究》2009 年第 3 期。

[72] 罗培新:《公司法学研究的法律经济学含义》,载《法学研究》2006 年第 5 期。

[73] 罗培新:《世行营商环境评估之"保护少数投资者"指标解析——兼论我国公司法的修订》,载《清华法学》2019 年第 1 期。

[74] 吕成龙:《上市公司董事监督义务的制度构建》,载《环球法律评论》2021 年第 2 期。

[75] 马一德:《公司治理与董事勤勉义务的联结机制》,载《法学评论》2013 年第 6 期。

[76] 毛逸潇:《数据保护合规体系研究》,载《国家检察官学院学报》2022 年第 2 期。

[77] 米莉、黄婧、何丽娜:《证券交易所非处罚性监管会影响审计师定价决策吗? ——基于问询函的经验证据》,载《审计与经济研究》2019 年第 4 期。

[78] 聂萍、潘再珍:《问询函监管与大股东"掏空"——来自沪深交易所年报问询的证据》,载《审计与经济研究》2019 年第 3 期。

[79] 裴炜:《刑事数字合规困境:类型化及成因探析》,载《东方法学》2022 年第 2 期。

[80] 彭真明、陆剑:《德国公司治理立法的最新进展及其借鉴》,载《法商研究》2007 年第 3 期。

[81] 任自力:《美国公司董事诚信义务研究》,载《比较法研究》2007 年第 2 期。

[82] 商浩文、叶威:《论中国企业反洗钱刑事合规风险及其防控》,载《河南社会科学》2020 年第 5 期。

[83] 施天涛:《〈公司法〉第 5 条的理想与现实:公司社会责任何以实施?》,载《清华

法学》2019 年第 5 期。

　　[84] 施天涛:《公司治理中的宪制主义》,载《中国法律评论》2018 年第 4 期。

　　[85] 施天涛:《让监事会的腰杆硬起来——关于强化我国监事会制度功能的随想》,载《中国法律评论》2020 年第 3 期。

　　[86] 石少侠:《论公司内部的权力分配与制衡》,载《中国法学》1996 年第 2 期。

　　[87] 舒金春:《论合规监管的路径选择与制度建构》,载《浙大法律评论》2022 年第 8 期。

　　[88] 孙国祥:《刑事合规的理念、机能和中国的构建》,载《中国刑事法杂志》2019 年第 2 期。

　　[89] 孙跃:《数字经济时代企业数据合规及其构建》,载《广东社会科学》2022 年第 8 期。

　　[90] 谭世贵、陆怡坤:《优化营商环境视角下的企业合规问题研究》,载《华南师范大学学报(社会科学版)》2022 年第 4 期。

　　[91] 汤欣:《论公司法的性格——强行法抑或任意法?》,载《中国法学》2001 年第 1 期。

　　[92] 陶雄华、曹松威:《证券交易所非处罚性监管与审计质量——基于年报问询函信息效应和监督效应的分析》,载《审计与经济研究》2019 年第 2 期。

　　[93] 汪青松、宋朗:《合规义务进入董事义务体系的公司法路径》,载《北方法学》2021 年第 4 期。

　　[94] 汪青松、赵万一:《股份公司内部权力配置的结构性变革——以股东"同质化"假定到"异质化"现实的演进为视角》,载《现代法学》2011 年第 3 期。

　　[95] 汪晓华:《民事职务行为司法判定的逻辑理路——兼论〈中华人民共和国民法总则〉第 61 条、第 170 条之体系安排》,载《河北法学》2019 年第 3 期。

　　[96] 王保树:《从法条的公司法到实践的公司法》,载《法学研究》2006 年第 6 期。

　　[97] 王保树:《公司法的全面改革不能着眼于堵漏洞、补窟窿》,载《环球法律评论》2014 年第 1 期。

　　[98] 王诚、魏雅雪:《企业合规治理:平台经济反垄断行政执法新视角》,载《东岳论丛》2022 年第 4 期。

　　[99] 王春峰、黄盼、房振明:《非处罚性监管能预测公司违规吗?》,载《财政金融》2020 年第 5 期。

　　[100] 王东光:《组织法视角下的公司合规:理论基础与制度解释——德国法上的考察及对我国的启示》,载《法治研究》2021 年第 6 期。

［101］王泓：《独董联系制度创立》，载《中国证券报》2004 年 3 月 1 日。

［102］王华杰：《公司控制股东诚信义务及其民事赔偿责任》，载《法律适用》2004 年第 10 期。

［103］王建文：《论我国构建控制股东信义义务的依据与路径》，载《比较法研究》2020 年第 1 期。

［104］王伟、李艳：《论董事责任保险制度》，载《保险研究》2002 年第 1 期。

［105］王彦明、赵大伟：《论中国上市公司监事会制度的改革》，载《社会科学研究》2016 年第 1 期。

［106］王艳梅、祝雅柠：《论董事违反信义义务赔偿责任范围的界定》，载《北方法学》2019 年第 2 期。

［107］王长华：《公司法人机关理论的再认识——以董事对第三人的责任为视角》，载《法学杂志》2020 年第 6 期。

［108］伍坚：《限制董事改选数量：交错董事会的中国模式》，载《证券市场导报》2007 年第 6 期。

［109］谢鸿飞：《论民法典法人性质的定位法律历史社会学与法教义学分析》，载《中外法学》2016 年第 6 期。

［110］邢会强：《证券市场虚假陈述中的勤勉尽责标准与抗辩》，载《清华法学》2021 年第 5 期。

［111］徐彦冰：《法定代表人制度的弊端及其完善》，载《法学》2004 年第 7 期。

［112］文艺、徐阳光、蒋安：《论我国独立董事与监事会关系的冲突与协调》，载《财经理论与实践》2003 年第 1 期。

［113］许可：《股东会与董事会分权制度研究》，载《中国法学》2017 年第 2 期。

［114］闫雨：《生态合规与企业环境违法犯罪预防》，载《广东社会科学》2022 年第 5 期。

［115］杨大可：《论风险管理体系概念在法律层面的引入——以监事会的完善为目标》，载《当代法学》2015 年第 1 期。

［116］杨代雄：《越权代表中的法人责任》，载《比较法研究》2020 年第 4 期。

［117］杨峰、秦靓：《我国绿色信贷责任实施模式的构建》，载《政法论丛》2019 年第 6 期。

［118］杨海波、李建勇：《问询监管的市场反应——基于深交所数据的实证分析》，载《北京工商大学学报（社会科学版）》2019 年第 2 期。

［119］杨力：《中国企业合规的风险点、变化曲线与挑战应对》，载《政法论丛》

2017 年第 2 期。

［120］姚金海、潘榕芳：《上市公司控股股东受信义务的引入》，载《证券市场导报》2009 年第 6 期。

［121］叶金强：《董事违反勤勉义务判断标准的具体化》，载《比较法研究》2018 年第 6 期。

［122］叶金强：《私法中理性人标准之建构》，载《法学研究》2015 年第 1 期。

［123］叶林、刘辅华：《构建上市公司股东大会网络通讯表决制度的法律思考》，载《当代法学》2005 年第 5 期。

［124］虞政平、王朝辉、吴飞飞：《论公司人格否认规则对实际控制人的适用》，载《法律适用》2021 年第 2 期。

［125］袁碧华：《法定代表人制度的困境和自治理念下的革新》，载《政法论坛》2020 年第 6 期。

［126］袁蓉丽、王群、李瑞敬：《证券交易所监管与股价同步性——基于年报问询函的证据》，载《管理评论》2021 年第 1 期。

［127］翟淑萍、王敏、白梦诗：《财务问询函能够提高年报可读性吗？——来自董事联结上市公司的经验证据》，载《外国经济与管理》2020 年第 9 期。

［128］翟淑萍、王敏、毛文霞：《财务报告问询函与上市公司融资约束》，载《金融论坛》2020 年第 10 期。

［129］翟淑萍、王敏：《非处罚性监管提高了公司业绩预告质量吗——来自财务报告问询函的证据》，载《山西财经大学学报》2019 年第 4 期。

［130］张红、石一峰：《上市公司董事勤勉义务的司法裁判标准》，载《东方法学》2013 年第 1 期。

［131］张俊喜、李建标：《公司制度的治理优化——〈公司治理〉读后感》，载《经济论坛》2004 年第 1 期。

［132］张雅萍：《公司侵权股东个人责任制度研究——关于我国〈公司法〉第 20 条的思考》，载《法学论坛》2016 年第 6 期。

［133］张岩：《问询函监管与企业的真实盈余管理对策》，载《当代财经》2020 年第 3 期。

［134］张远煌、龚红卫：《合作预防模式下民营企业腐败犯罪的自我预防》，载《政法论丛》2019 年第 1 期。

［135］赵丙艳、叶春明：《交易所问询函的信息含量与投资者行为选择》，载《当代经济管理》2020 年第 10 期。

［136］赵玲：《股东至上主义再思考》，载《法学杂志》2009 年第 8 期。

［137］赵万一：《合规制度的公司法设计及其实现路径》，载《中国法学》2020 年第 2 期。

［138］赵旭东：《公司法修订中的公司治理制度革新》，载《中国法律评论》2020 年第 3 期。

［139］赵旭东：《公司治理中的控股股东及其法律规制》，载《法学研究》2020 年第 4 期。

［140］赵旭东：《论虚假陈述董事责任的过错认定——兼〈虚假陈述侵权赔偿若干规定〉评析》，载《国家检察官学院学报》2022 年第 2 期。

［141］赵旭东：《中国公司治理制度的困境与出路》，载《现代法学》2021 年第 2 期。

［142］郑国洪：《问询函监管影响审计收费的作用机制研究》，载《西南政法大学学报》2020 年第 4 期。

［143］郑晓剑：《揭开雇主"替代责任"的面纱——兼论〈侵权责任法〉第 34 条之解释论基础》，载《比较法研究》2014 年第 2 期。

［144］中国上市公司内部控制指数研究课题组：《中国上市公司内部控制指数研究》，载《会计研究》2011 年第 12 期。

［145］周天舒：《中国公司治理法律规则发展模式的再探讨：一个路径依赖的视角》，载《中国法学》2013 年第 4 期。

［146］朱慈蕴、［日］神作裕之：《差异化表决制度的引入与控制权约束机制的创新——以中日差异化表决权实践为视角》，载《清华法学》2019 年第 2 期。

［147］朱慈蕴、吕成龙：《ESG 的兴起与现代公司法的能动回应》，载《中外法学》2022 年第 5 期。

［148］朱慈蕴：《股东派生诉讼的前置程序研究》，载《政法学刊》2010 年第 3 期。

［149］朱慈蕴：《资本多数决原则与控制股东的诚信义务》，载《法学研究》2004 年第 4 期。

［150］朱大明、行冈睦彦：《控制股东滥用影响力的法律规制——以中日公司法的比较为视角》，载《清华法学》2019 年第 2 期。

［151］朱羿锟：《论董事问责的诚信路径》，载《中国法学》2008 年第 3 期。

［152］宗俊俊：《浅谈利用 PDCA 循环方法建立公司质量管理体系实例》，载《轻工标准与质量》2021 年第 5 期。

［153］佐藤孝弘：《董事勤勉义务和遵守法律、公司章程的关系——从比较法的角度》，载《时代法学》2010 年第 8 期。

附件 1 合规类政策法规文本

政策法规名称	效力	法规类别	发布单位	编号	发布日期	生效日期
国务院办公厅关于进一步加强贸易政策合规工作的通知	现行有效	国务院规范性文件	国务院办公厅	国办发〔2014〕29 号	2014.06.09	2014.06.09
《中央企业合规管理办法》	现行有效	部门规章	国务院国有资产监督管理委员会	国务院国有资产监督管理委员会令第 42 号	2022.08.23	2022.10.01
《证券公司和证券投资基金管理公司合规管理办法(2020 修正)》	现行有效	部门规章	中国证券监督管理委员会	中国证券监督管理委员会令第 166 号	2020.03.20	2020.03.20
《民政部单位财会工作合规标准》	现行有效	部门规章	民政部	民审发〔1989〕50 号	1989.11.20	1989.11.20
市场监管总局关于印发《企业境外反垄断合规指引》的通知	现行有效	部门规范性文件	国家市场监督管理总局	国市监反垄〔2021〕72 号	2021.11.15	2021.11.15
国家发展改革委办公厅关于印发《价格指数行为评估和合规性审查操作指南(试行)》的通知	现行有效	部门规范性文件	国家发展和改革委员会(含原国家发展计划委员会,原国家计划委员会)	发改办价格〔2021〕775 号	2021.10.11	2021.10.11
最高人民检察院、司法部、财政部等关于印发《关于建立涉案企业合规第三方监督评估机制的指导意见(试行)》的通知	现行有效	部门规范性文件	最高人民检察院等	高检发〔2021〕6 号	2021.06.03	2021.06.03

续表

政策法规名称	效力	法规类别	发布单位	编号	发布日期	生效日期
商务部公告 2021 年第 10 号——关于两用物项出口经营者建立出口管制内部合规机制的指导意见	现行有效	部门规范性文件	商务部	商务部公告 2021 年第 10 号	2021.04.28	2021.04.28
《经营者反垄断指南》	现行有效	部门规范性文件	国务院反垄断委员会	国反垄发〔2020〕1 号	2020.09.11	2020.09.11
国家外汇管理局关于印发《银行外汇业务合规与审慎经营评估办法》的通知	现行有效	部门规范性文件	国家外汇管理局	汇发〔2019〕15 号	2019.05.15	2019.05.15
中国银保监会关于开展"巩固治乱象成果 促进合规建设"工作的通知	现行有效	部门规范性文件	中国银行保险监督管理委员会（已撤销）	银保监发〔2019〕23 号	2019.05.08	2019.05.08
中国银保监会办公厅关于加强中资商业银行境外机构合规管理长效机制建设的指导意见	现行有效	部门规范性文件	中国银行保险监督管理委员会（已撤销）	银保监办发〔2019〕13 号	2019.01.09	2019.01.09
国家发展改革委、外交部、商务部等关于印发《企业境外经营合规管理指引》的通知	现行有效	部门规范性文件	国家发展和改革委员会（含原国家发展计划委员会、原国家计划委员会等	发改外资〔2018〕1916 号	2018.12.26	2018.12.26
国资委关于印发《中央企业合规管理指引（试行）》的通知	现行有效	部门规范性文件	国务院国有资产监督管理委员会	国资发法规〔2018〕106 号	2018.11.02	2018.11.02
中国人民银行关于进一步加强征信信息安全管理的通知（附：金融信用信息基础数据库接入机构征信合规与信息安全年度考核评级管理办法）	现行有效	部门规范性文件	中国人民银行	银发〔2018〕102 号	2018.05.02	2018.05.02

续表

政策法规名称	效力	法规类别	发布单位	编号	发布日期	生效日期
国家外汇管理局关于进一步推进外汇管理改革完善真实合规性审核的通知	现行有效	部门规范性文件	国家外汇管理局	汇发〔2017〕3 号	2017.01.26	2017.01.26
中国保监会关于印发《保险公司合规管理办法》的通知	现行有效	部门规范性文件	中国保险监督管理委员会（已撤销）	保监发〔2016〕116 号	2016.12.30	2017.07.01
中国证监会关于就《证券基金经营机构合规管理办法（征求意见稿）》公开征求意见的通知	现行有效	部门规范性文件	中国证券监督管理委员会		2016.12.02	2016.12.02
中国人民银行关于加强征信合规管理工作的通知	现行有效	部门规范性文件	中国人民银行	银发〔2016〕300 号	2016.11.24	2016.11.24
中国保监会关于进一步加强保险公司合规管理工作有关问题的通知	现行有效	部门规范性文件	中国保险监督管理委员会（已撤销）	保监发〔2016〕38 号	2016.05.06	2016.06.01
国家税务总局关于印发《税收政策合规工作实施办法（试行）》的通知	现行有效	部门规范性文件	国家税务总局	税总发〔2015〕117 号	2015.10.10	2015.11.01
商务部公告 2014 年第 86 号——关于公布《贸易政策合规工作实施办法（试行）》的公告	现行有效	部门规范性文件	商务部	商务部公告 2014 年第 86 号	2014.12.12	2015.01.12
中国保监会关于印发《保险资金运用内控与合规监管规则》的通知	现行有效	部门规范性文件	中国保险监督管理委员会（已撤销）	保监发〔2014〕54 号	2014.06.22	2014.06.22
中国证券监督管理委员会关于证券公司依法合规经营、进一步加强投资者教育有关工作的通知	现行有效	部门规范性文件	中国证券监督管理委员会	机构部部函〔2007〕194 号	2007.05.23	2007.05.23

续表

政策法规名称	效力	法规类别	发布单位	编号	发布日期	生效日期
中国银行业监督管理委员会关于印发《商业银行合规风险管理指引》的通知	现行有效	部门规范性文件	中国银行业监督管理委员会（已撤销）	银监发〔2006〕76号	2006.10.20	2006.10.20
国家外汇管理局综合司关于外汇交易主体相关业务合规性审查中有关问题的通知	现行有效	部门规范性文件	国家外汇管理局	汇综发〔2006〕14号	2006.03.02	2006.03.02
中国银行业监督管理委员会关于中国银行参加广州国际信托投资公司重组方案合规性的批复	现行有效	部门规范性文件	中国银行业监督管理委员会（已撤销）	银监复〔2005〕287号	2005.11.14	2005.11.14
中国银行业监督管理委员会办公厅关于外国信用卡机构驻华代表处合规性有关问题的批复	现行有效	部门规范性文件	中国银行业监督管理委员会（已撤销）	银监办发〔2005〕81号	2005.04.07	2005.04.07
中国证券监督管理委员会关于推动证券公司自查整改、合规经营和创新发展的通知	现行有效	部门规范性文件	中国证券监督管理委员会	证监机构字〔2005〕37号	2005.04.04	2005.04.04
中国保险监督管理委员会关于保险兼业代理机构外设网点合规性等问题的复函	现行有效	部门规范性文件	中国保险监督管理委员会（已撤销）	保监办函〔2003〕136号	2003.08.26	2003.08.26
审计署关于对金融机构贷款合规性审计的意见	现行有效	部门规范性文件	审计署		1992.01.06	1991.01.06
《镇江市人民代表大会常务委员会关于深化推进企业合规改革试点工作的决定》	现行有效	地方规范性文件	镇江市人大（含常委会）		2022.06.28	2022.06.28

续表

政策法规名称	效力	法规类别	发布单位	编号	发布日期	生效日期
《佛山市工程建设项目"多规合一"合规性审查实施细则(修订试行)》	现行有效	地方规范性文件	佛山市自然资源局		2022.12.02	2022.12.02
《湖南省省属企业合规管理指引》(试行)	现行有效	地方规范性文件	湖南省人民政府国有资产监督管理委员会	湘国资〔2022〕146号	2022.08.29	2022.08.29
大连市律师协会关于申报大连市涉案企业合规第三方监督评估机制专业人员的通知	现行有效	地方规范性文件	大连市律师协会		2022.05.12	2022.05.12
省属企业"合规管理强化年"行动方案	现行有效	地方规范性文件	广东省人民政府国有资产监督管理委员会		2022.04.20	2022.04.20
《关于加强市属国有重点企业合规管理体系建设的指导意见》	现行有效	地方规范性文件	重庆市国有资产监督管理委员会	渝国资发〔2022〕6号	2022.03.12	2022.03.12
《黑龙江省经营者反垄断合规指引》	现行有效	地方规范性文件	黑龙江省市场监督管理局		2022.02.25	2022.02.25
《北京市涉案企业合规第三方监督评估机制管理委员会关于公布首批第三方机制专业人员的决定》	现行有效	地方规范性文件	北京市涉案企业合规第三方监督评估机制管理委员会		2022.02.08	2022.02.08
《广东保险专业中介机构合规管理办法》	现行有效	地方规范性文件	中国银行保险监督管理委员会广东监管局(已撤销)	粤银保监规〔2022〕2号	2022.02.07	2022.02.07

续表

政策法规名称	效力	法规类别	发布单位	编号	发布日期	生效日期
《上海市盲盒经营活动合规指引》	现行有效	地方规范性文件	上海市市场监督管理局	沪市监竞争〔2022〕14号	2022.01.10	2022.01.10
《长沙市规范新业态劳动用工管理合规手册（试行）》	现行有效	地方规范性文件	长沙市人力资源和社会保障局等		2021.12.27	2021.12.27
《广州市国资委监管企业数据安全合规管理指南（试行 2021年版）》	现行有效	地方规范性文件	广州市人民政府国有资产监督管理委员会	穗国资法〔2021〕13号	2021.12.20	2021.12.20
《内蒙古自治区社区团购电商合规经营指南》	现行有效	地方规范性文件	内蒙古自治区市场监督管理局	2021年第84号	2021.12.14	2022.01.17
《海南省市场监督管理局关于促进海南跨境电商合规经营健康发展的指导意见》	现行有效	地方规范性文件	海南省市场监督管理局		2021.11.19	2021.11.19
《律师从事合规法律服务业务指引》	现行有效	地方规范性文件	江苏省律师协会		2021.11.17	2021.11.17
《陕西省经营者反垄断合规指引》	现行有效	地方规范性文件	陕西省市场监督管理局	陕西省市场监督管理局公告〔2021〕27号	2021.11.15	2021.11.15
《明星商业广告代言行为合规指引》	现行有效	地方规范性文件	浙江省市场监督管理局		2021.10.29	2021.10.29
《天津市经营者反垄断合规指引》	现行有效	地方规范性文件	天津市市场监督管理委员会	津市场监管垄〔2021〕3号	2021.08.10	2021.08.10
《重庆市网络社区团购合规经营指南》	现行有效	地方规范性文件	重庆市市场监督管理局	渝市监发〔2021〕51号	2021.07.02	2021.08.01

续表

政策法规名称	效力	法规类别	发布单位	编号	发布日期	生效日期
桂林银保监分局办公室关于进一步开展好桂林银行业保险业"内控合规管理建设年"活动的通知	现行有效	地方规范性文件	中国银行保险监督管理委员会桂林监管分局(已撤销)	桂林银保监办发〔2021〕47号	2021.06.28	2021.06.28
《云南省属企业合规管理指引(试行)》	现行有效	地方规范性文件	云南省人民政府国有资产监督管理委员会	云国资法规〔2021〕81号	2021.06.15	2021.06.15
《大连市国资委监管企业合规管理指引(试行)》	现行有效	地方规范性文件	大连市人民政府国有资产监督管理委员会	大国资法规〔2021〕91号	2021.05.28	2021.05.28
《襄阳市国资委出资企业合规管理指引(试行)》	现行有效	地方规范性文件	襄阳市人民政府国有资产监督管理委员会	襄国资发〔2021〕11号	2021.04.30	2021.04.30
《上海保险专业中介机构合规管理暂行办法》	现行有效	地方规范性文件	中国银行保险监督管理委员会上海监管局(已撤销)	沪银保监通〔2021〕26号	2021.04.27	2021.07.01
江西银保监局办公室关于进一步加强保险专业中介机构合规管理的通知	现行有效	地方规范性文件	中国银行保险监督管理委员会江西监管局(已撤销)	赣银保监办发〔2021〕19号	2021.03.09	2021.03.09
《省出资企业合规管理指引(试行)》	现行有效	地方规范性文件	湖北省人民政府国有资产监督管理委员会	鄂国资法规〔2021〕8号	2021.02.07	2021.02.07
《贵州省金融资产类交易场所合规产品备案办法》	现行有效	地方规范性文件	贵州省地方金融监督管理局	黔金监办函〔2020〕2号	2020	2020

续表

政策法规名称	效力	法规类别	发布单位	编号	发布日期	生效日期
天津市国资委关于印发《天津市国资委监管企业合规管理指引（试行）》的通知	现行有效	地方规范性文件	天津市国资委	津国资〔2020〕12 号	2020.12.30	2021.01.01
《市属企业合规管理指引（试行）》	现行有效	地方规范性文件	徐州市人民政府国有资产监督管理委员会	徐国资〔2020〕224 号	2020.12.08	2021.02.01
《广州市市属企业合规管理指引（试行）》	现行有效	地方规范性文件	广州市人民政府国有资产监督管理委员会	穗国资法〔2020〕9 号	2020.12.01	2020.12.01
《浙江辖区证券公司分支机构合规风控自律规范（2020 年修订）》	现行有效	地方规范性文件	浙江证券业协会	浙证协〔2020〕19 号	2020.12.01	2020.12.01
重庆市住房和城乡建设委员会、重庆市地方金融监督管理局、中国人民银行重庆营业管理部、中国银行保险监督管理委员会重庆监管局关于实施住房租赁资金监管加强住房租赁企业合规经营的通知	现行有效	地方规范性文件	重庆市住房和城乡建设委员会等	渝建〔2020〕55 号	2020.11.10	2020.11.10
湖北省市场监督管理局关于发布湖北省经营者反垄断合规指引的通告	现行有效	地方规范性文件	湖北省市场监督管理局	湖北省市场监督管理局通告〔2020〕9 号	2020.09.18	2020.09.18
《天津市贸易政策合规工作实施细则》	现行有效	地方规范性文件	天津市商务局	津商法规〔2020〕8 号	2020.09.10	2020.09.10
《青岛市国资委监管企业合规管理指引（试行）》	现行有效	地方规范性文件	青岛市人民政府国有资产监督管理委员会	青国资委〔2020〕122 号	2020.09.04	2020.09.04

续表

政策法规名称	效力	法规类别	发布单位	编号	发布日期	生效日期
《河北省经营者反垄断合规指引》	现行有效	地方规范性文件	河北省市场监督管理局	河北省市场监督管理局公告 2020 年第 47 号	2020.08.31	2020.08.31
《山西省省属企业合规管理指引（试行）》	现行有效	地方规范性文件	山西省人民政府国有资产监督管理委员会	晋国资发〔2020〕5 号	2020.07.14	2020.07.14
《陕西省省属企业合规管理指引（试行）》	现行有效	地方规范性文件	陕西省人民政府国有资产监督管理委员会	陕国资法规发〔2020〕67 号	2020.04.09	2020.04.09
《广东省省属企业合规管理指引（试行）》	现行有效	地方规范性文件	广东省人民政府国有资产监督管理委员会	粤国资综合〔2020〕8 号	2020.03.03	2020.03.03
《内蒙古自治区人民政府国有资产监督管理委员会关于建立企业合规管理体系的指导意见》	现行有效	地方规范性文件	内蒙古自治区人民政府国有资产监督管理委员会	内国资法规字〔2020〕12 号	2020.01.07	2020.01.07
北京银保监局关于加强北京地区保险专业中介机构合规管理的通知	现行有效	地方规范性文件	中国银行保险监督管理委员会北京监管局（已撤销）	京银保监发〔2019〕339 号	2019.11.08	2019.11.08
《省属企业合规管理指引（试行）》	现行有效	地方规范性文件	江苏省人民政府国有资产监督管理委员会	苏国资〔2019〕110 号	2019.11.06	2019.12.06
《陕西省贸易政策合规工作实施办法的通知（2019 修订）》	现行有效	地方规范性文件	陕西省人民政府	陕政办函〔2019〕138 号	2019.08.19	2019.08.19

续表

政策法规名称	效力	法规类别	发布单位	编号	发布日期	生效日期
《浙江省企业竞争合规指引》	现行有效	地方规范性文件	浙江省市场监督管理局	浙江省市场监督管理局公告〔2019〕20 号	2019.07.09	2019.07.09
上海市地方金融监督管理局关于深入开展扫黑除恶专项斗争促进行业依法合规经营的通知	现行有效	地方规范性文件	上海市地方金融监督管理局	沪金监〔2019〕71 号	2019.06.12	2019.06.12
中国证券监督管理委员会山东监管局关于提示山东辖区新登记私募基金管理人合规风控有关事项的通知	现行有效	地方规范性文件	中国证券监督管理委员会山东监管局		2018.03.19	2018.03.19
《上海市国资委监管企业合规管理指引(试行)》	现行有效	地方规范性文件	上海市国有资产监督管理委员会	沪国资委法规〔2018〕464 号	2018.12.28	2019.02.01
《接入机构征信合规与信息安全管理暂行办法》	现行有效	地方规范性文件	中国人民银行南京分行	南银发〔2018〕130 号	2018.12.17	2018.12.17
四川银保监局筹备组关于进一步加强农业保险依法合规经营有关事项的通知	现行有效	地方规范性文件	中国银行保险监督管理委员会四川监管局(已撤销)		2018.11.09	2018.11.09
《上海市网络借贷信息中介机构合规审核与整改验收工作指引表(2017年12月)》	现行有效	地方规范性文件	上海市金融服务办公室等	沪金融办〔2017〕226 号	2017.12.26	2017.12.26
《上海市贸易政策合规工作实施细则》	现行有效	地方规范性文件	上海市人民政府	沪府办发〔2017〕59 号	2017.09.13	2017.09.13
枣庄市人民政府办公室关于进一步加强贸易政策合规工作的通知	现行有效	地方规范性文件	枣庄市人民政府	枣政办发〔2017〕40 号	2017.08.11	2017.08.11

续表

政策法规名称	效力	法规类别	发布单位	编号	发布日期	生效日期
济宁市人民政府办公室关于进一步加强贸易政策合规工作的通知	现行有效	地方规范性文件	济宁市人民政府	济政办发〔2017〕29号	2017.08.07	2017.08.07
山东省人民政府办公厅关于进一步加强贸易政策合规工作的通知	现行有效	地方规范性文件	山东省人民政府	鲁政办发〔2017〕54号	2017.07.20	2017.07.20
怒江州人民政府办公室转发云南省人民政府办公厅关于进一步做好贸易政策合规工作文件的通知	现行有效	地方规范性文件	怒江傈僳族自治州人民政府	怒政办发〔2017〕35号	2017.04.21	2017.04.21
云南省人民政府办公厅关于进一步做好贸易政策合规工作的通知	现行有效	地方规范性文件	云南省人民政府	云政办发〔2017〕29号	2017.03.24	2017.03.24
《保险公司合规管理办法》	现行有效	地方规范性文件	中国保险监督管理委员会四川监管局（已撤销）		2017.02.16	2017.02.16
《北京地区私募基金管理人诚信合规经营倡议书》	现行有效	地方规范性文件	中国证券监督管理委员会北京监管局	京证监发〔2017〕54号	2017.02.03	2017.02.03
黑龙江省人民政府办公厅关于进一步加强贸易政策合规工作的通知	现行有效	地方规范性文件	黑龙江省人民政府	黑政办发〔2017〕1号	2017.01.05	2017.01.05
《广东银行业金融机构合规述职工作指导意见（试行）》	现行有效	地方规范性文件	中国银行业监督管理委员会广东监管局（已撤销）	粤银监发〔2016〕102号	2016.12.13	2016.12.13
南京市政府办公厅关于进一步加强贸易政策合规工作的通知	现行有效	地方规范性文件	南京市人民政府	宁政办发〔2016〕94号	2016.07.04	2016.07.04

续表

政策法规名称	效力	法规类别	发布单位	编号	发布日期	生效日期
无锡市人民政府办公室关于进一步加强贸易政策合规工作的通知	现行有效	地方规范性文件	无锡市人民政府	锡政办发〔2016〕102号	2016.06.21	2016.06.21
《辽宁省贸易政策合规工作实施办法（试行）》	现行有效	地方规范性文件	辽宁省人民政府	辽政办发〔2016〕21号	2016.01.29	2016.02.13
《福建省贸易政策合规工作实施办法（试行）》	现行有效	地方规范性文件	福建省人民政府	闽政办〔2015〕153号	2015.12.17	2015.12.17
《广东省贸易政策合规工作实施办法》	现行有效	地方规范性文件	广东省人民政府	粤府函〔2015〕254号	2015.09.15	2015.09.15
桂林市人民政府办公室关于进一步加强贸易政策合规工作的通知	现行有效	地方规范性文件	桂林市人民政府	市政办〔2015〕89号	2015.09.10	2015.09.10
《天津市贸易政策合规工作规定》	现行有效	地方规范性文件	天津市人民政府	津政办发〔2015〕71号	2015.09.07	2015.09.07
青海省人民政府办公厅关于进一步加强贸易政策合规工作的通知	现行有效	地方规范性文件	青海省人民政府	青政办〔2015〕171号	2015.08.25	2015.08.25
宁夏回族自治区人民政府办公厅关于进一步加强贸易政策合规工作的通知	现行有效	地方规范性文件	宁夏回族自治区人民政府	宁政办发〔2015〕82号	2015.06.23	2015.06.23
广西壮族自治区人民政府办公厅关于进一步加强贸易政策合规工作的通知	现行有效	地方规范性文件	广西壮族自治区人民政府	桂政办发〔2015〕53号	2015.06.23	2015.06.23
石家庄市人民政府办公厅关于切实做好贸易政策合规工作的通知	现行有效	地方规范性文件	石家庄市人民政府	石政办函〔2015〕63号	2015.05.30	2015.05.30

政策法规名称	效力	法规类别	发布单位	编号	发布日期	生效日期
贵州省贸易政策合规工作具体措施的通知	现行有效	地方规范性文件	贵州省人民政府	黔府办函〔2015〕70号	2015.05.21	2015.05.21
《江西省贸易政策合规工作实施细则(试行)》	现行有效	地方规范性文件	江西省人民政府	赣府厅发〔2015〕15号	2015.04.12	2015.05.12
江苏省政府办公厅关于进一步加强贸易政策合规工作的通知	现行有效	地方规范性文件	江苏省人民政府	苏政办发〔2015〕21号	2015.03.12	2015.03.12
山西省人民政府办公厅关于进一步做好贸易政策合规工作的通知	现行有效	地方规范性文件	山西省人民政府	晋政办发〔2015〕2号	2015.01.07	2015.01.07
《山东银行业金融机构合规风险管理评估办法》	现行有效	地方规范性文件	中国银行业监督管理委员会山东监管局(已撤销)	鲁银监发〔2014〕49号	2014.12.26	2014.12.26
湖南保监局关于进一步加强依法合规经营的通知	现行有效	地方规范性文件	中国保险监督管理委员会湖南监管局(已撤销)	湘保监产险〔2014〕4号	2014.11.06	2014.11.06
内蒙古自治区人民政府办公厅转发国务院办公厅关于进一步加强贸易政策合规工作的通知	现行有效	地方规范性文件	内蒙古自治区人民政府	内政办发〔2014〕114号	2014.11.03	2014.11.03
河南省人民政府办公厅关于进一步加强贸易政策合规工作的通知	现行有效	地方规范性文件	河南省人民政府	豫政办〔2014〕136号	2014.09.11	2014.09.11
安徽省人民政府办公厅关于做好贸易政策合规工作的通知	现行有效	地方规范性文件	安徽省人民政府	皖政办秘〔2014〕154号	2014.09.05	2014.09.05

续表

政策法规名称	效力	法规类别	发布单位	编号	发布日期	生效日期
河北省人民政府办公厅关于切实做好贸易政策合规工作的通知	现行有效	地方规范性文件	河北省人民政府	冀政办函〔2014〕78号	2014.08.21	2014.08.21
甘肃省人民政府办公厅关于进一步做好贸易政策合规工作的通知	现行有效	地方规范性文件	甘肃省人民政府	甘政办发〔2014〕147号	2014.07.31	2014.07.31
中国银监会浙江监管局办公室关于进一步加强合规管理，规范经营行为的通知	现行有效	地方规范性文件	中国银行业监督管理委员会浙江监管局（已撤销）	浙银监办发〔2014〕142号	2014.06.11	2014.06.11
四川保监局关于开展保险专业中介机构主要负责人合规述职有关事项的通知	现行有效	地方规范性文件	中国保险监督管理委员会四川监管局（已撤销）	川保监发〔2013〕126号	2013.09.13	2013.09.13
中国银行业监督管理委员会上海监管局办公室关于进一步加强合规管理及发挥合规部门作用的通知	现行有效	地方规范性文件	中国银行业监督管理委员会上海监管局（已撤销）	沪银监办通〔2012〕135号	2012.10.21	2012.10.21
中国保监会北京监管局关于定期披露保险中介机构经营情况的通知	现行有效	地方规范性文件	中国保险监督管理委员会北京监管局（已撤销）	京保监便函〔2012〕100号	2012.06.12	2012.06.12
山东省金融工作办公室关于进一步加强日常监管督促小额贷款公司依法合规经营有关问题的通知	现行有效	地方规范性文件	山东省金融工作办公室	鲁金办字〔2011〕95号	2011.07.18	2011.07.18
《福建证监局持续督导督导合规监察员工作指引》	现行有效	地方规范性文件	中国证券监督管理委员会福建监管局	闽证监公司字〔2010〕2号	2010.03.11	2010.03.11

续表

政策法规名称	效力	法规类别	发布单位	编号	发布日期	生效日期
中国保险监督管理委员会河北监管局关于进一步规范人身保险公司经营管理切实促进依法合规经营的通知	现行有效	地方规范性文件	中国保险监督管理委员会河北监管局（已撤销）	冀保监发〔2010〕19号	2010.03.02	2010.03.02
《甘肃保险公司分支机构合规管理工作实施细则》	现行有效	地方规范性文件	中国保险监督管理委员会甘肃监管局（已撤销）	甘保监发〔2009〕41号	2009.03.26	2009.03.26
中国证券监督管理委员会湖南监管局关于抓紧建立合规管理制度的通知	现行有效	地方规范性文件	中国证券监督管理委员会湖南监管局	湘证监机构字〔2007〕38号	2007.05.29	2007.05.29
《上海银行业金融机构合规风险管理机制建设的指导意见》	现行有效	地方规范性文件	中国银行业监督管理委员会上海监管局（已撤销）		2005.09.09	2005.09.09
《天津市金融局关于引导我市融资租赁公司合规发展汽车融资租赁业务的意见》	现行有效	地方规范性文件	天津市地方金融监督管理局	津金监局〔2020〕8号		
阳泉市人民政府办公厅关于加强全市煤矿依法合规安全生产的通知	现行有效	地方规范性文件	阳泉市人民政府	阳政办发〔2016〕42号		2016.03.30
工业和信息化部办公厅关于开展整治专项合规性服务电子认证服务工作的通知	现行有效	部门工作文件	工业和信息化部	工信厅信发函〔2022〕183号	2022.07.22	2022.07.22

续表

政策法规名称	效力	法规类别	发布单位	编号	发布日期	生效日期
中国银保监会办公厅关于加强金融租赁公司融资租赁业务合规监管有关问题的通知	现行有效	部门工作文件	中国银行保险监督管理委员会(已撤销)	银保监办发〔2022〕12 号	2022.02.11	2022.02.11
司法部办公厅关于加强公司律师参与企业合规管理工作的通知	现行有效	部门工作文件	司法部	司办通〔2021〕98 号	2021.12.15	2021.12.15
中国银保监会办公厅关于持续深入做好银行机构"内控合规管理建设年"有关工作的通知	现行有效	部门工作文件	中国银行保险监督管理委员会(已撤销)	银保监办发〔2021〕123 号	2021.11.23	2021.11.23
国家外汇管理局综合司关于印发《银行外汇业务合规与审慎经营评估内容》的通知	现行有效	部门工作文件	国家外汇管理局	汇综发〔2021〕64 号	2021.09.26	2021.09.26
交通运输部办公厅关于维护公平竞争市场秩序加快推进网约车合规化的通知	现行有效	部门工作文件	交通运输部	交运明电〔2021〕223 号	2021.09.07	2021.09.07
中国银保监会关于开展银行保险业"内控合规管理建设年"活动的通知	现行有效	部门工作文件	中国银行保险监督管理委员会(已撤销)	银保监发〔2021〕17 号	2021.06.07	2021.06.07
国家外汇管理局关于组织开展银行外汇业务合规经营专项检查的通知	现行有效	部门工作文件	国家外汇管理局	汇发〔2014〕55 号	2014.12.31	2014.12.31
中国保险监督管理委员会关于2009年保险公司合规工作要求的通知	现行有效	部门工作文件	中国保险监督管理委员会(已撤销)	保监发〔2009〕16 号	2009.02.13	2009.02.13

续表

政策法规名称	效力	法规类别	发布单位	编号	发布日期	生效日期
中国证券监督管理委员会关于发布指导证券公司设立合规总监建立合规管理制度试点工作方案的通知	现行有效	部门工作文件	中国证券监督管理委员会	机构部部函〔2007〕134号	2007.04.12	2007.04.12
审计署、中国人民银行对金融机构贷款合规性审计的实施方案	现行有效	部门工作文件	审计署等		1992.12.17	1992.12.17
最高人民检察院关于印发《涉案企业合规典型案例(第三批)》的通知	现行有效	司法解释性质文件	最高人民检察院		2022.07.21	2022.07.21
施行最高人民检察院关于印发《企业合规典型案例(第二批)》的通知	现行有效	司法解释性质文件	最高人民检察院		2021.12.08	2021.12.08
最高人民检察院发布四起企业合规改革试点典型案例	现行有效	司法解释性质文件	最高人民检察院		2021.06.03	2021.06.03
企业知识产权合规标准指引(试行)	现行有效	行业规定	中国信息通信研究院		2021.12	2021.12
中国银行业协会关于积极开展银行业"内控合规管理建设年"活动的倡议	现行有效	行业规定	中国银行业协会		2021.06.24	2021.06.24
中国证券业协会关于发布《证券公司合规管理有效性评估指引》的通知(2021年修订)	现行有效	行业规定	中国证券业协会	中证协发〔2021〕126号	2021.05.28	2021.05.28
中国证券投资基金业协会关于发布《证券投资基金管理公司合规管理规范》的通知	现行有效	行业规定	中国证券投资基金业协会	中基协发〔2017〕7号	2017.09.13	2017.10.01

续表

政策法规名称	效力	法规类别	发布单位	编号	发布日期	生效日期
中国证券业协会关于发布《证券公司合规管理实施指引》的通知	现行有效	行业规定	中国证券业协会	中证协发〔2017〕208号	2017.09.08	2017.10.01
中国证券投资基金业协会关于私募基金中介服务机构依法合规开展业务的严正声明	现行有效	行业规定	中国证券投资基金业协会		2016.07.15	2016.07.15
中国证券业协会关于开展融资融券业务合规与风险控制评估工作的通知	现行有效	行业规定	中国证券业协会	中证协发〔2015〕81号	2015.04.17	2015.04.17
中国支付清算协会关于举办银行卡收单业务合规经营培训班的通知	现行有效	行业规定	中国支付清算协会		2014.04.02	2014.04.02
中国银行关于发送《中国银行依法合规经营责任制》的通知	现行有效	行业规定	中国银行	中银发〔1999〕112号	1999.12.24	1999.12.24
中华全国工商业联合会办公厅、司法部办公厅、最高人民检察院办公厅等关于印发《涉案企业合规建设、评估和审查办法（试行）》的通知	现行有效	团体规定	中华全国工商业联合会等	全厅联发〔2022〕13号	2022.04.19	2022.04.19

附件 2 内部控制类政策法规文本

政策法规名称	效力	法规类别	发布单位	编号	发布日期	生效日期
《电力企业内部控制制度审计试行办法》	现行有效	部门规章	水利电力部（已变更）	电审计[1996]446 号	1996.07.18	1996.07.18
《理财公司内部控制管理办法》	现行有效	部门规章	中国银行保险监督管理委员会	中国银行保险监督管理委员会令 2022 年第 4 号	2022.08.22	2022.08.22
《教育系统企业内部控制制度评审实施办法（试行）》	现行有效	部门规章	国家教育委员会（已更名）	教审[1997]2 号	1997.12.31	1997.12.31
《煤炭工业部关于煤炭企业内部控制审计实施办法》	现行有效	部门规章	煤炭工业部（已变更）	煤审综字〔1998〕第 68 号	1998.02.18	1998.02.18
财政部、证监会关于深交所主板与中小板合并后原中小板上市公司实施企业内部控制规范体系的通知	现行有效	部门规范性文件	财政部等	财会〔2021〕3 号	2021.03.19	2021.03.19
国务院国有资产监督管理委员会关于加强中央企业资金内部控制管理有关事项的通知	现行有效	部门规范性文件	国务院国有资产监督管理委员会	国资发监督〔2021〕19 号	2021.03.02	2021.03.02
国家卫生健康委、国家中医药管理局关于印发公立医院内部控制管理办法的通知	现行有效	部门规范性文件	国家卫生健康委员会等	国卫财务发〔2020〕31 号	2020.12.31	2021.01.01

续表

政策法规名称	效力	法规类别	发布单位	编号	发布日期	生效日期
国资委关于印发《关于加强中央企业内部控制体系建设与监督工作的实施意见》的通知	现行有效	部门规范性文件	国务院国有资产监督管理委员会	国资发监督规〔2019〕101号	2019.10.19	2019.10.19
《证券公司投资银行类业务内部控制指引》	现行有效	部门规范性文件	中国证券监督管理委员会	中国证券监督管理委员会公告〔2018〕6号	2018.03.23	2018.07.01
《小企业内部控制规范（试行）》	现行有效	部门规范性文件	财政部	财会〔2017〕21号	2017.06.29	2018.01.01
中国保监会关于印发《保险资金运用内部控制指引》及应用指引的通知（附：保险资金运用内部控制应用指引第1号——银行存款、保险资金运用内部控制应用指引第2号——固定收益投资、保险资金运用内部控制应用指引第3号——股票及股票型基金）	现行有效	部门规范性文件	中国保险监督管理委员会（已撤销）	保监发〔2015〕114号	2015.12.07	2016.01.01
财政部关于加强财政内部控制工作的若干意见	现行有效	部门规范性文件	财政部	财监〔2015〕86号	2015.12.04	2015.12.04
《电力行业内部控制操作指南》	现行有效	部门规范性文件	财政部	财会〔2014〕31号	2014.12.23	2014.12.23
《商业银行内部控制指引（2014年修订）》	现行有效	部门规范性文件	中国银行业监督管理委员会（已撤销）	银监发〔2014〕40号	2014.09.12	2014.09.12

续表

政策法规名称	效力	法规类别	发布单位	编号	发布日期	生效日期
公开发行证券的公司信息披露编报规则第21号——年度内部控制评价报告的一般规定	现行有效	部门规范性文件	中国证券监督管理委员会等	中国证券监督管理委员会公告〔2014〕1号	2014.01.03	2014.01.03
《石油石化行业内部控制操作指南》	现行有效	部门规范性文件	财政部	财会〔2013〕31号	2013.12.28	2013.12.28
中国证券监督管理委员会发行监管部、创业板发行监管部关于进一步加强保荐机构内部控制有关问题的通知	现行有效	部门规范性文件	中国证券监督管理委员会	发行监管函〔2013〕346号	2013.12.27	2013.12.27
财政部关于印发企业内部控制规范体系实施中相关问题解释第2号的通知	现行有效	部门规范性文件	财政部	财会〔2012〕18号	2012.09.24	2012.09.24
国务院国有资产监督管理委员会、财政部关于加快构建中央企业内部控制体系有关事项的通知	现行有效	部门规范性文件	国务院国有资产监督管理委员会等	国资发评价〔2012〕68号	2012.05.07	2012.05.07
《保险公司非寿险业务准备金基础数据、评估与核算内部控制规范》	现行有效	部门规范性文件	中国保险监督管理委员会(已撤销)	保监发〔2012〕19号	2012.03.01	2012.07.01
财政部关于印发企业内部控制规范体系实施中相关问题解释第1号的通知	现行有效	部门规范性文件	财政部	财会〔2012〕3号	2012.02.23	2012.02.23
《证券公司融资融券业务试点内部控制指引》(2011年修改)	现行有效	部门规范性文件	中国证券监督管理委员会	证监会公告〔2011〕32号	2011.10.26	2011.10.26

续表

政策法规名称	效力	法规类别	发布单位	编号	发布日期	生效日期
《证券公司融资融券业务内部控制指引(2011 年修订)》	现行有效	部门规范性文件	中国证券监督管理委员会	中国证券监督管理委员会公告〔2011〕32号	2011.10.26	2011.10.26
《融资性担保公司内部控制指引》	现行有效	部门规范性文件	中国银行业监督管理委员会(已撤销)	银监发〔2010〕101号	2010.11.25	2010.11.25
《保险公司内部控制基本准则》	现行有效	部门规范性文件	中国保险监督管理委员会(已撤销)	保监发〔2010〕69号	2010.08.10	2011.01.01
企业内部控制应用指引第 1 号——组织架构	现行有效	部门规范性文件	财政部等	财会〔2010〕11号	2010.04.15	2010.04.15
企业内部控制应用指引第 2 号——发展战略	现行有效	部门规范性文件	财政部等	财会〔2010〕11号	2010.04.15	2010.04.15
企业内部控制应用指引第 3 号——人力资源	现行有效	部门规范性文件	财政部等	财会〔2010〕11号	2010.04.15	2010.04.15
企业内部控制应用指引第 4 号——社会责任	现行有效	部门规范性文件	财政部等	财会〔2010〕11号	2010.04.15	2010.04.15
企业内部控制应用指引第 5 号——企业文化	现行有效	部门规范性文件	财政部等	财会〔2010〕11号	2010.04.15	2010.04.15
企业内部控制应用指引第 6 号——资金活动	现行有效	部门规范性文件	财政部等	财会〔2010〕11号	2010.04.15	2010.04.15
企业内部控制应用指引第 7 号——采购业务	现行有效	部门规范性文件	财政部等	财会〔2010〕11号	2010.04.15	2010.04.15

续表

政策法规名称	效力	法规类别	发布单位	编号	发布日期	生效日期
企业内部控制应用指引第 8 号——资产管理	现行有效	部门规范性文件	财政部等	财会〔2010〕11 号	2010.04.15	2010.04.15
企业内部控制应用指引第 9 号——销售业务	现行有效	部门规范性文件	财政部等	财会〔2010〕11 号	2010.04.15	2010.04.15
企业内部控制应用指引第 10 号——研究与开发	现行有效	部门规范性文件	财政部等	财会〔2010〕11 号	2010.04.15	2010.04.15
企业内部控制应用指引第 11 号——工程项目	现行有效	部门规范性文件	财政部等	财会〔2010〕11 号	2010.04.15	2010.04.15
企业内部控制应用指引第 12 号——担保业务	现行有效	部门规范性文件	财政部等	财会〔2010〕11 号	2010.04.15	2010.04.15
企业内部控制应用指引第 13 号——业务外包	现行有效	部门规范性文件	财政部等	财会〔2010〕11 号	2010.04.15	2010.04.15
企业内部控制应用指引第 14 号——财务报告	现行有效	部门工作文件	财政部等	财会〔2010〕11 号	2010.04.15	2010.04.15
企业内部控制应用指引第 15 号——全面预算	现行有效	部门规范性文件	财政部等	财会〔2010〕11 号	2010.04.15	2010.04.15
企业内部控制应用指引第 16 号——合同管理	现行有效	部门规范性文件	财政部等	财会〔2010〕11 号	2010.04.15	2010.04.15
企业内部控制应用指引第 17 号——内部信息传递	现行有效	部门规范性文件	财政部等	财会〔2010〕11 号	2010.04.15	2010.04.15
企业内部控制应用指引第 18 号——信息系统	现行有效	部门工作文件	财政部等	财会〔2010〕11 号	2010.04.15	2010.04.15

续表

政策法规名称	效力	法规类别	发布单位	编号	发布日期	生效日期
财政部、证监会、审计署等关于印发《企业内部控制应用指引》《企业内部控制评价指引》《企业内部控制审计指引》《企业内部控制配套指引》的通知	现行有效	部门规范性文件	财政部等	财会〔2010〕11 号	2010.04.15	2010.04.15
《企业内部控制基本规范》	现行有效	部门规范性文件	财政部等	财会〔2008〕7 号	2008.05.22	2009.07.01
《证券投资基金销售机构内部控制指导意见》	现行有效	部门规范性文件	中国证券监督管理委员会	证监基金字〔2007〕277 号	2007.10.12	2008.01.01
《社会保险经办机构内部控制暂行办法》	现行有效	部门规范性文件	劳动和社会保障部（含劳动部）（已撤销）	劳社部发〔2007〕2 号	2007.01.17	2007.01.17
财政部关于印发企业内部控制标准委员会工作大纲和企业内部控制标准制定程序的通知	现行有效	部门规范性文件	财政部	财会〔2006〕13 号	2006.07.25	2006.07.25
《医疗机构财务会计内部控制规定（试行）》	现行有效	部门规范性文件	卫生部（已撤销）	卫规财发〔2006〕227 号	2006.06.21	2006.06.21
《中国人民银行分支机构内部控制指引》	现行有效	部门规范性文件	中国人民银行	银发〔2006〕111 号	2006.04.10	2006.04.10
《证券公司内部控制指引》	现行有效	部门规范性文件	中国证券监督管理委员会	证监机构字〔2003〕260 号	2003.12.15	2003.12.15
《证券投资基金管理公司内部控制指导意见》	现行有效	部门规范性文件	中国证券监督管理委员会	证监基金字〔2002〕93 号	2002.12.20	2003.01.01

续表

政策法规名称	效力	法规类别	发布单位	编号	发布日期	生效日期
中国证券监督管理委员会关于做好证券公司内部控制评审工作的通知	现行有效	部门规范性文件	中国证券监督管理委员会	证监机构字〔2001〕202号	2001.10.09	2001.10.09
《进一步加强人民银行会计内部控制和管理的若干规定》	现行有效	部门规范性文件	中国人民银行	银发〔1997〕262号	1997.06.20	1997.06.20
《内蒙古自治区小额贷款公司内部控制指引(试行)》	现行有效	地方规范性文件	内蒙古自治区地方金融监督管理局		2022.01.19	2022.02.19
大连市人民政府国有资产监督管理委员会关于加强市国资委监管企业内部控制体系建设与监督工作的实施意见	现行有效	地方规范性文件	大连市人民政府国有资产监督管理委员会		2021	2021
广东省人民政府国有资产监督管理委员会关于印发《关于加强省属企业全面风险管理与内部控制工作的实施意见》	现行有效	地方规范性文件	广东省人民政府国有资产监督管理委员会	粤国资函〔2021〕380号	2021.08.03	2021.08.03
杭州市城乡建设委员会、杭州市发展和改革委员会、杭州市财政局等关于印发《杭州市国有投资工程项目建设单位内控管理的意见》的通知	现行有效	地方规范性文件	杭州市城乡建设委员会等		2021.07.08	2021.07.08
桂林银保监分局办公室关于进一步开展好桂林银行业"内控合规管理建设年"活动的通知	现行有效	地方规范性文件	中国银行保险监督管理委员会桂林银保监分局(已撤销)	桂林银保监办发〔2021〕47号	2021.06.28	2021.06.28

续表

政策法规名称	效力	法规类别	发布单位	编号	发布日期	生效日期
海南省自然资源和规划厅关于印发《海南省城镇开发边界内控制性详细规划编制技术规定（试行）》《海南省城镇开发边界内控制性详细规划数据标准（试行）》的通知	现行有效	地方规范性文件	海南省自然资源和规划厅	琼自然资函〔2021〕1361号	2021.06.28	2021.07.28
海口市水务局关于印发《海口市水务项目管理内控制度（修订版）》的通知	现行有效	地方规范性文件	海口市水务局		2021.06.08	2021.06.08
上海市财政局关于推动本市企业继续深入贯彻实施企业内部控制规范体系的指导意见	现行有效	地方规范性文件	上海市财政局	沪财会〔2021〕83号	2021.04.07	2021.04.07
合肥市残疾人联合会关于印发《财务内控管理补充规定》的通知	现行有效	地方规范性文件	合肥市残疾人联合会	合残联办〔2021〕4号	2021.01.21	2021.01.21
《关于加强市属企业内部控制体系建设与监督工作的实施意见》	现行有效	地方规范性文件	徐州市人民政府国有资产监督管理委员会	徐国资〔2020〕224号	2020.12.08	2020.12.08
河北省商务厅关于委托省机制建设项和技术进出口企业内控制度建设与验收工作的比选通知	现行有效	地方规范性文件	河北省商务厅		2020.09.02	2020.09.02
安徽省国资委印发《关于加强安徽省省属企业内部控制体系建设与监督工作的实施意见》的通知	现行有效	地方规范性文件	安徽省人民政府国有资产监督管理委员会	皖国资监督—〔2020〕76号	2020.07.16	2020.07.16

续表

政策法规名称	效力	法规类别	发布单位	编号	发布日期	生效日期
《沈阳市市属企业内部控制应用指引（暂行）》	现行有效	地方规范性文件	沈阳市人民政府国有资产监督管理委员会		2020.07.01	2020.07.01
云南省国资委、云南省财政厅关于实施企业内部控制规范的通知	现行有效	地方规范性文件	云南省人民政府国有资产监督管理委员会等	云国资财〔2020〕88号	2020.06.05	2020.06.05
广西壮族自治区国资委关于印发加强监管企业内部控制体系建设与监督工作实施意见的通知	现行有效	地方规范性文件	广西壮族自治区人民政府国有资产监督管理委员会	桂国资发〔2020〕24号	2020.04.29	2020.04.29
宁夏回族自治区国资委关于进一步加强国有企业内部控制体系建设的实施意见	现行有效	地方规范性文件	宁夏回族自治区人民政府国有资产监督管理委员会	宁资发〔2020〕19号	2020.03.31	2020.03.31
厦门市人民政府国有资产监督管理委员会关于进一步加强市属国有企业房地产营销定价内控管理的通知	现行有效	地方规范性文件	厦门市人民政府国有资产监督管理委员会	厦国资稽〔2019〕345号	2019.11.18	2019.11.18
厦门市建设局转发福建省住房和城乡建设厅关于建立建筑施工企业质量安全内控体系核查制度的通知	现行有效	地方规范性文件	厦门市建设局	厦建工〔2018〕76号	2018.04.27	2018.04.27
河北省商务厅关于印发《河北省两用物项和技术进出口企业内控机制建设验收办法》的通知	现行有效	地方规范性文件	河北省商务厅		2017.09.30	2017.09.30
福州市水利局关于进一步规范财务内控制度的通知	现行有效	地方规范性文件	福州市水利局		2017.05.10	2017.05.10

续表

政策法规名称	效力	法规类别	发布单位	编号	发布日期	生效日期
河北省国资委关于健全企业法律内控机制加强企业法治建设的指导意见	现行有效	地方规范性文件	河北省人民政府国有资产监督管理委员会		2016	2016
厦门市统计局关于印发预算、决算管理暂行办法等内控制度的通知	现行有效	地方规范性文件	厦门市统计局		2016.11.16	2016.11.16
厦门市人民政府国有资产监督管理委员会关于开展企业内控体系建设专项检查的通知	现行有效	地方规范性文件	厦门市人民政府国有资产监督管理委员会	厦国资董〔2016〕348号	2016.08.25	2016.08.25
中国人民银行南京分行办公室关于加强江苏省法人金融机构反洗钱内控制度建设的指导意见	现行有效	地方规范性文件	中国人民银行南京分行	南银办〔2015〕189号	2015.07.27	2015.07.27
贵阳市国资委关于进一步加强贵阳市国资委监管企业内部控制建设实施工作的通知	现行有效	地方规范性文件	贵阳市国土资源局	筑国资通〔2015〕44号	2015.03.25	2015.03.25
《大企业税务风险内部控制基本规范（2014 修订）》	现行有效	地方规范性文件	海南省国家税务局	海南省国家税务局公告 2014 年第 7 号	2014.08.28	2014.09.01
厦门市人民政府国有资产监督管理委员会关于开展企业内控体系建设专项检查的通知	现行有效	地方规范性文件	厦门市人民政府国有资产监督管理委员会	厦国资董〔2014〕343号	2014.09.25	2014.09.25
武汉市国资委关于推进市出资企业内部控制体系建设的指导意见	现行有效	地方规范性文件	武汉市人民政府国有资产监督管理委员会办公室	武国资发〔2013〕9号	2013	2013

政策法规名称	效力	法规类别	发布单位	编号	发布日期	生效日期
厦门市人民政府国有资产监督管理委员会关于开展企业内控体系建设专项检查的通知	现行有效	地方规范性文件	厦门市人民政府国有资产监督管理委员会	厦国资董〔2013〕327号	2013.11.28	2013.11.28
北京市人民政府国有资产监督管理委员会关于构建市属国有企业内部控制体系有关事项的通知	现行有效	地方规范性文件	北京市人民政府国有资产监督管理委员会	京国资发〔2013〕13号	2013.08.13	2013.08.13
云南省国资委、云南省财政厅关于实施企业内部控制规范的通知	现行有效	地方规范性文件	云南省人民政府国有资产监督管理委员会等	云国资统财〔2013〕146号	2013.08.08	2013.08.08
陕西省人民政府国有资产监督管理委员会、陕西省财政厅关于推进省属企业内部控制体系建设及评价工作的指导意见	现行有效	地方规范性文件	陕西省人民政府国有资产监督管理委员会等		2013.07.09	2013.07.09
江苏省人民政府国有资产监督管理委员会、江苏省财政厅关于全面开展省属企业内部控制体系建设工作的通知	现行有效	地方规范性文件	江苏省人民政府国有资产监督管理委员会等	苏国资〔2013〕73号	2013.06.14	2013.06.14
中国银行业监督管理委员会上海监管局关于临柜业务和财务管理内部控制风险提示的通知	现行有效	地方规范性文件	中国银行业监督管理委员会上海监管局（已撤销）	沪银监通〔2013〕12号	2013.02.06	2013.02.06

续表

政策法规名称	效力	法规类别	发布单位	编号	发布日期	生效日期
厦门市人民政府国有资产监督管理委员会、厦门市财政局关于加快构建我市国有控股及国有控股企业内部控制体系有关事项的通知	现行有效	地方规范性文件	厦门市人民政府国有资产监督管理委员会等	厦国资董〔2012〕357号	2012.09.06	2012.09.06
中国人民银行上海分行关于转发《中国人民银行关于加强金融从业人员反洗钱履职管理及相关反洗钱内控建设的通知》的通知	现行有效	地方规范性文件	中国人民银行上海分行	上海银发〔2012〕173号	2012.08.08	2012.08.08
深圳市国资委关于做好企业内部控制评价和审计工作的通知	现行有效	地方规范性文件	深圳市人民政府国有资产监督管理委员会		2012.07.06	2012.07.06
青岛市财政局、青岛市人民政府国有资产监督管理委员会、中国证券监督管理委员会青岛监管局关于进一步贯彻落实企业内部控制规范体系的通知	现行有效	地方规范性文件	青岛市财政局等		2012.06.06	2012.06.06
江西省财政厅、江西省审计厅、中国证券监督管理委员会江西监管局、江西省国有资产监督管理委员会关于切实做好企业内部控制规范体系贯彻实施工作的通知	现行有效	地方规范性文件	江西省财政厅等	赣财会〔2012〕11号	2012.03.23	2012.03.23
天津市财政局、天津证监局、市审计局、市国资委关于进一步推进企业内部控制规范体系工作的通知	现行有效	地方规范性文件	天津市财政局等	津财会〔2011〕18号	2011.10.13	2011.10.13

续表

政策法规名称	效力	法规类别	发布单位	编号	发布日期	生效日期
青岛市财政局、青岛市审计局、青岛市发展和改革委员会、青岛市人民政府国有资产监督管理委员会、中国证券监督管理委员会青岛监管局、中国银行业监督管理委员会青岛监管局、中国保险监督管理委员会青岛监管局、青岛市经济和信息化委员会关于认真贯彻企业内部控制规范体系的实施意见	现行有效	地方规范性文件	青岛市财政局等	青财会〔2011〕26 号	2011.07.01	2011.07.01
上海市财政局关于贯彻实施企业内部控制规范体系有关问题的通知	现行有效	地方规范性文件	上海市财政局		2011.03.28	2011.03.28
江苏省粮食局关于组织编撰《国有粮库内控手册》的通知	现行有效	地方规范性文件	江苏省粮食局	苏粮纪〔2011〕3 号	2011.03.25	2011.03.25
青岛证监局关于做好青岛辖区上市公司内部控制规范试点有关工作的通知	现行有效	地方规范性文件	中国证券监督管理委员会青岛证监局	青证监发〔2011〕37 号	2011.02.24	2011.02.24
中国证券监督管理委员会深圳监管局关于做好深圳辖区上市公司内部控制规范试点有关工作的通知	现行有效	地方规范性文件	中国证券监督管理委员会深圳监管局	深证公司字〔2011〕31 号	2011.02.18	2011.02.18
广西壮族自治区财政厅关于加强企业内部控制规范体系宣传工作的通知	现行有效	地方规范性文件	广西壮族自治区财政厅	桂财会〔2010〕45 号	2010.07.19	2010.07.19
湖北省财政厅关于印发《企业内部控制基本规范》的通知	现行有效	地方规范性文件	湖北省财政厅	鄂财会〔2008〕7 号	2008.05.22	2009.07.01

续表

政策法规名称	效力	法规类别	发布单位	编号	发布日期	生效日期
中国证券监督管理委员会湖南监管局关于督促做好证券营业内部控制相关工作的通知	现行有效	地方规范性文件	中国证券监督管理委员会湖南监管局	湘证监机构字〔2007〕25号	2007.04.20	2007.04.20
辽宁省国资委综合监督处关于加强辽宁省省属企业内控制体系建设与监督工作的实施意见	现行有效	地方规范性文件	辽宁省人民政府国有资产监督管理委员会		2021.11.29	2021.11.29
无锡市人民政府国有资产监督管理委员会关于推进市属国有企业内控机制建设的意见	现行有效	地方规范性文件	无锡市人民政府国有资产监督管理委员会	锡国资委〔2012〕10号		
四川省扶贫开发局关于委托中介机构开展2021年机关内控及绩效管理服务的竞争性磋商公告	现行有效	地方规范性文件	四川省扶贫开发局			
财政部、证监会关于进一步提升上市公司财务报告内部控制有效性的通知	现行有效	部门工作文件	财政部等	财会〔2022〕8号	2022.03.02	2022.03.02
中国银保监会办公厅关于持续深入做好银行业"内控合规管理建设年"有关工作的通知	现行有效	部门工作文件	中国银行保险监督管理委员会(已撤销)	银保监办发〔2021〕123号	2021.11.23	2021.11.23
中国银保监会关于开展银行业保险业"内控合规管理建设年"活动的通知	现行有效	部门工作文件	中国银行保险监督管理委员会(已撤销)	银保监发〔2021〕17号	2021.06.07	2021.06.07
财政部会计司关于中国企业内部控制规范体系修订完善研究征询意见公告	现行有效	部门工作文件	财政部		2018.03.16	2018.03.16
财政部会计司关于组织开展企业内部控制问卷调查工作的通知	现行有效	部门工作文件	财政部	财会便〔2015〕11号	2015.03.20	2015.03.20

政策法规名称	效力	法规类别	发布单位	编号	发布日期	生效日期
财政部办公厅、证监会办公厅关于2012年主板上市公司分类分批实施企业内部控制规范体系的通知	现行有效	部门工作文件	财政部等	财办会〔2012〕30号	2012.08.14	2012.08.14
中国银监会办公厅关于深化银行业内控和案防制度执行年活动开展情况的通报	现行有效	部门工作文件	中国银行业监督管理委员会(已撤销)	银监办发〔2012〕147号	2012.05.15	2012.05.15
财政部办公厅关于开展《企业内部控制基本规范》及配套指引实施情况问卷调查的通知	现行有效	部门工作文件	财政部	财办会〔2011〕23号	2011.08.11	2011.08.11
中国注册会计师审计准则第1152号——向治理层和管理层通报内部控制缺陷(2010年修订)	现行有效	部门工作文件	财政部	财会〔2010〕21号	2010.11.01	2012.01.01
中国保险监督管理委员会关于开展2008年度寿险公司内部控制自我评估工作有关事宜的通知	现行有效	部门工作文件	中国保险监督管理委员会(已撤销)	保监寿险〔2009〕209号	2009.03.09	2009.03.09
中国银行业协会关于积极开展银行业"内控合规管理建设年"活动的倡议	现行有效	行业规定	中国银行业协会		2021.06.24	2021.06.24
《独立董事促进上市公司内部控制工作指引》	现行有效	行业规定	中国上市公司协会		2020.07	2020.07
《证券基金经营机构债券投资交易业务内控指引》	现行有效	行业规定	中国证券业协会等	中证协发〔2018〕319号	2018.12.25	2018.12.25
《私募投资基金管理人内部控制指引》	现行有效	行业规定	中国基金业协会		2016.02.01	2016.02.01

续表

政策法规名称	效力	法规类别	发布单位	编号	发布日期	生效日期
《基金管理公司从事特定客户资产管理业务子公司内控核查要点》	现行有效	行业规定	中国基金业协会	中基协字〔2015〕254号	2015.12.07	2015.12.07
中国注册会计师协会关于印发《企业内部控制审计问题解答》的通知	现行有效	行业规定	中国注册会计师协会	会协〔2015〕7号	2015.02.05	2015.02.05
《支付机构预付卡业务内部控制指引》	现行有效	行业规定	中国支付清算协会	中支协预付卡发〔2013〕5号	2013.01.23	2013.01.23
《企业内部控制审计指引实施意见》	现行有效	行业规定	中国注册会计师协会	会协〔2011〕66号	2011.10.11	2012.01.01
《内部控制审核指导意见》	现行有效	行业规定	中国注册会计师协会	会协〔2002〕41号	2002.02.09	2002.05.01
《中国工商银行内部控制暂行规定》	现行有效	行业规定	中国工商银行	工银发〔1998〕226号	1998.12.21	1998.12.21
中国农业发展银行关于印发《关于加强内控机制建设的实施意见》的通知	现行有效	行业规定	中国农业发展银行	农发行字〔1998〕186号	1998.06.18	1998.06.18
《中国农业银行关于进一步加强和完善内部控制的决定》	现行有效	行业规定	中国农业银行	农银发〔1998〕12号	1998.01.19	1998.01.19
中国建设银行关于贯彻中国人民银行制定的《加强金融机构内部控制的指导原则》的意见	现行有效	行业规定	中国（人民）建设银行	建总发字〔1997〕第125号	1997.07.22	1997.07.22
《独立审计具体准则第 9 号——内部控制与审计风险》	现行有效	行业规定	中国注册会计师协会		1996.12.26	1997.01.01
中国人民保险公司稽核审计部关于印发《内部控制制度（系统）评审方案实施步骤》的通知	现行有效	行业规定	中国人民保险公司	保审〔1994〕11号	1994.04.11	1994.04.11

389

附件 3　风险管理类政策法规文本

政策法规名称	效力	法规类别	发布单位	编号	发布日期	生效日期
《商业银行市场风险管理指引》	现行有效	部门规章	中国银行业监督管理委员会(已撤销)	中国银行业监督管理委员会令 2004 年第 10 号	2004.12.29	2005.03.01
《商业银行流动性风险管理办法》	现行有效	部门规章	中国银行保险监督管理委员会(已撤销)	中国银行保险监督管理委员会令 2018 年第 3 号	2018.05.23	2018.07.01
《进出口工业品风险管理办法(2018 年修正)》	现行有效	部门规章	海关总署	中华人民共和国海关总署令第 238 号	2018.04.28	2018.05.01
《理财公司理财产品流动性风险管理办法》	现行有效	部门规章	中国银行保险监督管理委员会(已撤销)	中国银行保险监督管理委员会〔2021〕14 号	2021.12.10	2022.05.10
《商业银行集团客户授信业务风险管理指引(2010 年修改)》	现行有效	部门规章	中国银行业监督管理委员会(已撤销)	中国银行业监督管理委员会令 2010 年第 4 号	2010.06.04	2010.06.04
《商业银行表外业务风险管理办法》	尚未生效	部门规范性文件	中国银行保险监督管理委员会(已撤销)	银保监规〔2022〕20 号	2022.11.28	2023.01.01
《银行保险机构声誉风险管理办法(试行)》	现行有效	部门规范性文件	中国银行保险监督管理委员会(已撤销)	银保监发〔2021〕4 号	2021.02.08	2021.02.08

续表

政策法规名称	效力	法规类别	发布单位	编号	发布日期	生效日期
国家外汇管理局关于完善银行间债券市场境外机构投资者外汇风险管理有关问题的通知	现行有效	部门规范性文件	国家外汇管理局	汇发〔2020〕2号	2020.01.13	2020.02.01
《核电厂配置风险管理的技术政策（试行）》	现行有效	部门规范性文件	国家核安全局		2019.12.30	2019.12.30
《法人金融机构洗钱和恐怖融资风险管理指引（试行）》	现行有效	部门规范性文件	中国人民银行	银反洗发〔2018〕19号	2018.09.29	2019.01.01
《商业银行银行账簿利率风险管理指引（2018年修订）》	现行有效	部门规范性文件	中国银行保险监督管理委员会		2018.05.30	2019.01.01
《公开募集开放式证券投资基金流动性风险管理规定》	现行有效	部门规范性文件	中国证券监督管理委员会	中国证券监督管理委员会公告〔2017〕12号	2017.08.31	2017.10.01
《公路水路行业安全生产风险管理暂行办法》	现行有效	部门规范性文件	交通运输部	交安监发〔2017〕60号	2017.04.27	2018.01.01
中国证监会关于就《公开募集开放式证券投资基金流动性风险管理规定（征求意见稿）》公开征求意见的通知	现行有效	部门规范性文件	中国证券监督管理委员会		2017.03.31	2017.03.31
中国人民银行营业管理部、中国银行业监督管理委员会北京监管局、北京市住房和城乡建设委员会、北京住房公积金管理中心关于加强北京地区住房信贷业务风险管理的通知	现行有效	部门规范性文件	中国人民银行	银管发〔2017〕68号	2017.03.24	2017.03.24

续表

政策法规名称	效力	法规类别	发布单位	编号	发布日期	生效日期
《银行业金融机构全面风险管理指引》	现行有效	部门规范性文件	中国银行业监督管理委员会（已撤销）	银监发〔2016〕44号	2016.09.27	2016.11.01
中国人民银行关于进一步加强银行卡风险管理的通知	现行有效	部门规范性文件	中国人民银行	银发〔2016〕170号	2016.06.13	2016.06.13
中国银监会关于进一步加强银行业金融机构境外运营风险管理的通知	现行有效	部门规范性文件	中国银行业监督管理委员会（已撤销）	银监发〔2016〕5号	2016.03.24	2016.03.24
《出入境特殊物品风险管理工作规范（试行）》	现行有效	部门规范性文件	国家质量监督检验检疫总局（已撤销）	国质检卫〔2015〕269号	2015.06.23	2015.06.23
中国银监会关于印发《商业银行并购贷款风险管理指引》的通知（2015年修订）	现行有效	部门规范性文件	中国银行业监督管理委员会（已撤销）	银监发〔2015〕5号	2015.02.10	2015.02.10
国家税务总局关于加强税收风险管理工作的意见	现行有效	部门规范性文件	国家税务总局	税总发〔2014〕105号	2014.09.12	2014.09.12
国务院国有资产监督管理委员会办公厅关于2014年中央企业开展全面风险管理工作有关事项的通知	现行有效	部门规范性文件	国务院国有资产监督管理委员会		2013.11.26	2013.11.26
国务院国有资产监督管理委员会办公厅关于2013年中央企业开展全面风险管理工作有关事项的通知	现行有效	部门规范性文件	国务院国有资产监督管理委员会	国资厅发改革〔2012〕89号	2012.11.23	2012.11.23
中国人民银行关于发布《信用增进机构业务规范》和《信用增进机构风险管理办法》等两项行业标准的通知	现行有效	部门规范性文件	中国人民银行	银发〔2012〕204号	2012.08.21	2012.08.21

续表

政策法规名称	效力	法规类别	发布单位	编号	发布日期	生效日期
中国银监会关于加强商业银行债券承销业务风险管理的通知	现行有效	部门规范性文件	中国银行保险监督管理委员会(已撤销)	银监发[2012]16号	2012.04.12	2012.04.12
《企业法律风险管理指南(GB/T 27914-2011)》	现行有效	部门规范性文件	国家标准化管理委员会	国家标准管理委员会公告 2011 年第 23 号	2012.02.01	2012.02.01
国务院国有资产监督管理委员会办公厅关于 2012 年中央企业开展全面风险管理工作有关事项的通知	现行有效	部门规范性文件	国务院国有资产监督管理委员会	国资厅发改[2011]74号	2011.11.07	2011.11.07
中国证券监督管理委员会机构监管部关于督促证券公司加强证券承销风险管理的函	现行有效	部门规范性文件	中国证券监督管理委员会	机构部函[2011]547号	2011.10.25	2011.10.25
中国银监会办公厅关于做好住房金融服务加强风险管理的通知	现行有效	部门规范性文件	中国银行业监督管理委员会(已撤销)	银监办发[2011]55号	2011.03.08	2011.03.08
中国银监会关于加强融资平台贷款风险管理的指导意见	现行有效	部门规范性文件	中国银行业监督管理委员会(已撤销)	银监发[2010]110号	2010.12.16	2010.12.16
国家税务总局关于定点联系企业税务风险管理信息系统有关问题的通知	现行有效	部门规范性文件	国家税务总局	国税函[2010]513号	2010.10.27	2010.10.27
《农村中小金融机构风险管理机制建设指引》	现行有效	部门规范性文件	中国银行业监督管理委员会(已撤销)	银监发[2009]107号	2009.12.01	2009.12.01
《大企业税务风险管理指引(试行)》	现行有效	部门规范性文件	国家税务总局	国税发[2009]90号	2009.05.05	2009.05.05

续表

政策法规名称	效力	法规类别	发布单位	编号	发布日期	生效日期
中国银行业监督管理委员会办公厅关于加强商业银行债券投资风险管理的通知	现行有效	部门规范性文件	中国银行业监督管理委员会(已撤销)	银监办发〔2009〕129号	2009.03.26	2009.03.26
中国银行业监督管理委员会办公厅关于建立和完善信息科技工作联系机制及相关事项的通知	现行有效	部门规范性文件	中国银行业监督管理委员会(已撤销)	银监办发〔2009〕58号	2009.02.27	2009.02.27
中国保险监督管理委员会关于加强保险资产配置风险管理的通知	现行有效	部门规范性文件	中国保险监督管理委员会(已撤销)	保监发〔2009〕17号	2009.02.17	2009.02.17
中国保险监督管理委员会关于加强人身保险收付费相关环节风险管理的通知	现行有效	部门规范性文件	中国保险监督管理委员会(已撤销)	保监发〔2008〕97号	2008.11.13	2009.03.01
国务院国有资产监督管理委员会办公厅关于2009年中央企业开展全面风险管理工作有关事项的通知	现行有效	部门规范性文件	国务院国有资产监督管理委员会	国资厅发改〔2008〕115号	2008.10.31	2008.10.31
中国银监会办公厅关于进一步加强商业银行代客境外理财业务风险管理的通知	现行有效	部门规范性文件	中国银行业监督管理委员会(已撤销)	银监办发〔2008〕259号	2008.10.23	2008.10.23
中国银监会办公厅关于加强农村合作金融机构现金、存款和联行业务风险管理的通知	现行有效	部门规范性文件	中国银行业监督管理委员会(已撤销)	银监办发〔2008〕152号	2008.07.11	2008.07.11
中国银监会关于进一步加强房地产行业授信风险管理的通知	现行有效	部门规范性文件	中国银行业监督管理委员会(已撤销)	银监发〔2008〕42号	2008.05.26	2008.05.26

续表

政策法规名称	效力	法规类别	发布单位	编号	发布日期	生效日期
《地方政府外债风险管理暂行办法》	现行有效	部门规范性文件	财政部	财金〔2008〕20 号	2008.02.05	2008.02.05
国务院国有资产监督管理委员会办公厅关于开展编报《2008 年中央企业全面风险管理报告》试点工作有关事项的通知	现行有效	部门规范性文件	国务院国有资产监督管理委员会	国资厅发改革〔2008〕5 号	2008.01.21	2008.01.21
中国银行业监督管理委员会关于做好网上银行风险管理和服务的通知	现行有效	部门规范性文件	中国银行业监督管理委员会（已撤销）	银监办发〔2007〕134 号	2007.06.26	2007.06.26
中国银监会关于建立银行业金融机构市场风险管理计量参考基准的通知	现行有效	部门规范性文件	中国银行业监督管理委员会（已撤销）	银监发〔2007〕48 号	2007.05.20	2007.05.20
《商业银行操作风险管理指引》	现行有效	部门规范性文件	中国银行业监督管理委员会（已撤销）	银监发〔2007〕42 号	2007.05.14	2007.05.14
《保险公司风险管理指引(试行)》	现行有效	部门规范性文件	中国保险监督管理委员会（已撤销）	保监发〔2007〕23 号	2007.04.06	2007.07.01
中国银监会办公厅关于加强银行卡发卡业务风险管理的通知	现行有效	部门规范性文件	中国银行业监督管理委员会（已撤销）	银监办发〔2007〕60 号	2007.02.26	2007.02.26
中国银行业监督管理委员会关于进一步加强商业银行市场风险管理工作的通知	现行有效	部门规范性文件	中国银行业监督管理委员会（已撤销）	银监发〔2006〕89 号	2006.12.16	2006.12.16
中国保险监督管理委员会关于加强保险资金风险管理的意见	现行有效	部门规范性文件	中国保险监督管理委员会（已撤销）	保监发〔2006〕113 号	2006.10.31	2006.10.31
《商业银行合规风险管理指引》	现行有效	部门规范性文件	中国银行业监督管理委员会（已撤销）	银监发〔2006〕76 号	2006.10.20	2006.10.20

政策法规名称	效力	法规类别	发布单位	编号	发布日期	生效日期
《中央企业全面风险管理指引》	现行有效	部门规范性文件	国务院国有资产监督管理委员会	国资发改革〔2006〕108号	2006.06.06	2006.06.06
中国银行业监督管理委员会关于进一步加强外汇风险管理的通知	现行有效	部门规范性文件	中国银行业监督管理委员会（已撤销）	银监发〔2006〕16号	2006.02.28	2006.02.28
财政部关于加强排列3排列5和3D游戏风险管理的通知	现行有效	部门规范性文件	财政部		2005.02.28	2005.02.28
《商业银行房地产贷款风险管理指引》	现行有效	部门规范性文件	中国银行业监督管理委员会（已撤销）	银监发〔2004〕57号	2004.08.30	2004.08.30
《金融资产管理公司委托代理业务风险管理办法》	现行有效	部门规范性文件	财政部	财金〔2004〕40号	2004.04.28	2004.04.28
《金融资产管理公司投资业务风险管理办法》	现行有效	部门规范性文件	财政部	财金〔2004〕40号	2004.04.28	2004.04.28
《金融资产管理公司商业化收购业务风险管理办法》	现行有效	部门规范性文件	财政部	财金〔2004〕40号	2004.04.28	2004.04.28
《中小企业融资担保机构风险管理暂行办法》	现行有效	部门规范性文件	财政部	财金〔2001〕77号	2001.03.26	2001.03.26
中国证券监督管理委员会关于加强风险管理，从严处理违规违法行为的通知	现行有效	部门规范性文件	中国证券监督管理委员会	证监发字〔1995〕29号	1995.03.04	1995.03.04
《关于进一步支持临港新片区企业开展汇率风险管理有关措施》	现行有效	地方规范性文件	中国（上海）自由贸易试验区临港新片区管理委员会等	沪自贸临管委〔2022〕110号	2022.10.11	2022.10.11

续表

政策法规名称	效力	法规类别	发布单位	编号	发布日期	生效日期
《大连商品交易所风险管理办法（2022年修改）》	现行有效	地方规范性文件	大连商品交易所	大连商品交易所公告〔2022〕13号	2022.03.21	2022.04.15
《内蒙古自治区小额贷款公司全面风险管理指引（试行）》	现行有效	地方规范性文件	内蒙古自治区地方金融监督管理局		2022.01.19	2022.02.19
《湖南银行保险机构声誉风险管理实施细则（试行）》	现行有效	地方规范性文件	中国银行保险监督管理委员会湖南监管局（已撤销）	湘银保规〔2022〕1号	2022.01.17	2022.01.17
《关于加强省属企业全面风险管理与内部控制工作的实施意见》	现行有效	地方规范性文件	广东省人民政府国有资产监督管理委员会	粤国资函〔2021〕380号	2021.08.03	2021.08.03
《青岛辖区银行保险机构声誉风险管理实施细则》	现行有效	地方规范性文件	中国银行保险监督管理委员会青岛监管局（已撤销）	青银保监发〔2021〕17号	2021.05.20	2021.05.20
《浙江省交通建设工程施工安全风险管理办法》	现行有效	地方规范性文件	浙江省交通运输厅	浙交〔2021〕16号	2021.01.24	2021.03.01
《"两品一械"风险管理会商办法（试行）》	现行有效	地方规范性文件	陕西省药品监督管理局	陕药监发〔2020〕96号	2020.09.23	2020.09.23
上海黄金交易所关于加强增值税改革政策实施后业务风险管理的通知	现行有效	地方规范性文件	上海黄金交易所		2019.03.27	2019.04.01
《佛山市安全生产风险管理办法》	现行有效	地方规范性文件	佛山市人民政府		2019.01.12	2019.01.12
《法人金融机构洗钱和恐怖融资风险管理指引（试行）》	现行有效	地方规范性文件	中国人民银行上海分行	上海银发〔2018〕237号	2018.10.30	2019.01.01

续表

政策法规名称	效力	法规类别	发布单位	编号	发布日期	生效日期
《宁波市交通运输企业安全生产风险管理暂行办法》	现行有效	地方规范性文件	宁波市交通运输委员会安全生产委员会		2017.12.26	2017.12.26
上海期货交易所关于做好当前市场风险管理工作的通知	现行有效	地方规范性文件	上海期货交易所	上期发〔2017〕137号	2017.08.11	2017.08.11
广东银监局关于加强交叉金融产品业务、与非持牌金融机构合作业务风险管理的通知	现行有效	地方规范性文件	中国银行业监督管理委员会广东监管局(已撤销)	粤银监发〔2016〕98号	2016.11.30	2016.11.30
湖南省国资委关于进一步加强省属监管企业全面风险管理的通知	现行有效	地方规范性文件	湖南省人民政府国有资产监督管理委员会		2016.06.01	2016.06.01
《新乡市融资性担保公司小额贷款公司风险管理暂行办法》	现行有效	地方规范性文件	新乡市人民政府	新政办〔2016〕3号	2016.01.07	2016.01.07
上海银监局办公室关于进一步加强在沪外资银行流动性风险管理的通知	现行有效	地方规范性文件	中国银行业监督管理委员会上海监管局(已撤销)	沪银监办通〔2015〕160号	2015.12.31	2015.12.31
《新乡市房地产业类企业风险管理暂行办法》	现行有效	地方规范性文件	新乡市人民政府	新政办〔2015〕157号	2015.12.11	2015.12.11
《山东省省管企业境外投资风险管理指引》	现行有效	地方规范性文件	山东省人民政府国有资产监督管理委员会	鲁国资规划〔2015〕2号	2015.11.03	2015.11.03

续表

政策法规名称	效力	法规类别	发布单位	编号	发布日期	生效日期
河南省人民政府办公厅关于转发《河南省投资类企业风险管理暂行办法》《河南省融资性担保公司小额贷款公司风险管理暂行办法》《河南省房地产业企业风险管理暂行办法》的通知	现行有效	地方规范性文件	河南省人民政府	豫政办〔2015〕126号	2015.10.12	2015.10.12
上海银监局关于上海银行业提高专业化经营和风险管理水平进一步支持科技创新的指导意见	现行有效	地方规范性文件	中国银行业监督管理委员会上海监管局（已撤销）	沪银监发〔2015〕146号	2015.07.31	2015.07.31
《企业向境外关联方支付费用税收风险管理工作指引》	现行有效	地方规范性文件	浙江省国家税务局		2015.06.30	2015.06.30
上海银监局外资银行分行处关于要求在沪外国银行分行继续完善流动性风险管理的通知	现行有效	地方规范性文件	中国银行业监督管理委员会上海监管局（已撤销）		2015.04.24	2015.04.24
湖南省国资委关于进一步加强省属监管企业全面风险管理的通知	现行有效	地方规范性文件	湖南省人民政府国有资产监督管理委员会		2015.04.15	2015.04.15
《山东银行业金融机构合规风险管理评估办法》	现行有效	地方规范性文件	中国银行业监督管理委员会山东监管局（已撤销）	鲁银监发〔2014〕49号	2014.12.26	2014.12.26
《达州市区域集优中小企业集合票据风险管理实施办法（试行）》	现行有效	地方规范性文件	达州市人民政府	达市府办〔2014〕59号	2014.09.30	2014.09.30

续表

政策法规名称	效力	法规类别	发布单位	编号	发布日期	生效日期
《湖南保险公司分支机构偿付能力风险管理办法》	现行有效	地方规范性文件	中国保险监督管理委员会湖南监管局	湘保监发〔2014〕22号	2014.07.24	2014.07.24
中国证券监督管理委员会上海监管局关于进一步加强基金管理公司及子公司从事特定客户资产管理业务风险管理的通知	现行有效	地方规范性文件	中国证券监督管理委员会上海监管局	沪证监基金字〔2014〕28号	2014.05.04	2014.05.01
《金融机构信息技术外包风险管理规范》	现行有效	地方规范性文件	深圳市市场监督管理局	深市监标〔2014〕1号	2014.01.06	2014.06.01
《河北省保险公司保险案件风险管理评估办法(试行)》	现行有效	地方规范性文件	中国保险监督管理委员会河北监管局	冀保监发〔2013〕104号	2013.11.21	2014.01.01
《关于充分发挥律师职能作用做好企业法律顾问工作强化企业法律风险管理的意见》	现行有效	地方规范性文件	湖南省司法厅等	湘司发〔2013〕72号	2013.10.18	2013.10.18
《湖南保险公司分支机构偿付能力风险管理指引》	现行有效	地方规范性文件	中国保险监督管理委员会湖南监管局	湘保监发〔2013〕27号	2013.07.11	2013.07.11
《河北省国资委监管企业全面风险管理工作实施办法》	现行有效	地方规范性文件	河北省人民政府国有资产监督管理委员会	冀国资〔2013〕5号	2013.07.11	2013.07.11
《关于加强银行授信担保风险管理工作的指导意见》	现行有效	地方规范性文件	中国银行业监督管理委员会浙江监管局(已撤销)	浙银监发〔2013〕150号	2013.06.17	2013.06.17

续表

政策法规名称	效力	法规类别	发布单位	编号	发布日期	生效日期
《加强银行授信担保风险管理工作的指导意见》	现行有效	地方规范性文件	中国银行业监督管理委员会浙江监管局（已撤销）	浙银监发〔2013〕150号	2013.06.17	2013.06.17
宁波银监局关于进一步加强辖内银行业金融机构跨区域风险管理的通知	现行有效	地方规范性文件	中国银行业监督管理委员会宁波监管局（已撤销）	甬银监发〔2013〕42号	2013.03.22	2013.03.22
中国银行业监督管理委员会上海监管局关于加强和完善在沪银行业机构流动性风险管理的通知	现行有效	地方规范性文件	中国银行业监督管理委员会上海监管局（已撤销）	沪银监通〔2012〕155号	2012.11.06	2012.11.06
《广东银行业金融机构信息科技风险管理指导意见（试行）》	现行有效	地方规范性文件	中国银行业监督管理委员会广东监管局	粤银监发〔2012〕42号	2012.02.27	2012.03.01
山东省人民政府国有资产监督管理委员会关于进一步加强全面风险管理工作的通知	现行有效	地方规范性文件	山东省人民政府国有资产监督管理委员会	鲁国资企改〔2012〕1号	2012.01.13	2012.01.13
宁波银监局关于进一步加强存款风险管理的通知	现行有效	地方规范性文件	中国银行业监督管理委员会宁波监管局（已撤销）	甬银监发〔2011〕139号	2011.05.12	2011.05.12
《浙江省国资委关于加强省属企业全面风险管理体系建设的指导意见》	现行有效	地方规范性文件	浙江省人民政府国有资产监督管理委员会	浙国资发〔2011〕4号	2011.04.06	2011.04.06

续表

政策法规名称	效力	法规类别	发布单位	编号	发布日期	生效日期
宁波银监局关于进一步加强村镇银行风险管理工作的通知	现行有效	地方规范性文件	中国银行业监督管理委员会宁波监管局（已撤销）			2011.02.11
《厦门市市属国有企业财务风险管理办法》	现行有效	地方规范性文件	厦门市人民政府国有资产监督管理委员会	厦国资统〔2011〕26号	2011.01.21	2011.01.21
《广西壮族自治区人民政府国有资产监督管理委员会加强全面风险管理工作的指导意见》	现行有效	地方规范性文件	广西壮族自治区人民政府国有资产监督管理委员会	桂国资发〔2010〕9号	2010.01.12	2010.01.12
中国银行业监督管理委员会上海监管局关于进一步加强企业存款账户风险管理的补充通知	现行有效	地方规范性文件	中国银行业监督管理委员会上海监管局（已撤销）	沪银监通〔2010〕1号	2010.01.07	2010.01.07
中国银行业监督管理委员会上海监管局关于加强企业存款账户风险管理的通知	现行有效	地方规范性文件	中国银行业监督管理委员会上海监管局（已撤销）	沪银监通〔2009〕147号	2009.11.18	2009.11.18
上海市质量技术监督局关于印发上海市食品生产企业质量安全量化分级风险管理实施意见的通知	现行有效	地方规范性文件	上海市质量技术监督管理局	沪质技监食〔2009〕490号	2009.10.21	2009.10.21
《贵州省国资委监管企业合同风险管理指引》的通知	现行有效	地方规范性文件	贵州省人民政府国有资产监督管理委员会		2009.09.29	2009.09.29

续表

政策法规名称	效力	法规类别	发布单位	编号	发布日期	生效日期
浙江省财政厅、省银监会转发财政部银监会关于当前应对金融危机加强银行业金融机构财务和风险管理的意见	现行有效	地方规范性文件	浙江省财政厅等	浙财外金字〔2009〕35号	2009.07.17	2009.07.17
中国银行业监督管理委员会上海监管局办公室转发银监会办公厅加强商业投资证券投资风险管理的通知	现行有效	地方规范性文件	中国银行业监督管理委员会上海监管局(已撤销)	沪银监办通〔2009〕64号	2009.04.15	2009.04.15
厦门市人民政府国有资产监督管理委员会关于进一步加强市属国有企业风险管理的通知	现行有效	地方规范性文件	厦门市人民政府国有资产监督管理委员会	厦国资稽〔2008〕325号	2008.11.03	2008.11.03
中国银行业监督管理委员会上海监管局关于对外资银行风险管理相关事宜进行提示的通知	现行有效	地方规范性文件	中国银行业监督管理委员会上海监管局(已撤销)	沪银监通〔2008〕74号	2008.09.24	2008.09.24
《山东省省管企业全面风险管理指引》	现行有效	地方规范性文件	山东省人民政府国有资产监督管理委员会	鲁国资企〔2008〕22号	2008.06.10	2008.06.10
《安徽省供销商业总公司》投资企业风险管理暂行办法》	现行有效	地方规范性文件	安徽省供销合作社联合社		2007.07.02	2007.07.02.
湖北省人民政府办公厅转发国家外汇管理局湖北省分局关于企业加强汇率风险管理若干意见的通知	现行有效	地方规范性文件	湖北省人民政府	鄂政办发〔2005〕93号	2005.09.13	2005.09.13

403

续表

政策法规名称	效力	法规类别	发布单位	编号	发布日期	生效日期
《上海银行业金融机构合规风险管理机制建设的指导意见》	现行有效	地方规范性文件	中国银行业监督管理委员会上海监管局（已撤销）		2005.09.09	2005.09.09
《信托投资公司关联交易风险管理指引》	现行有效	地方规范性文件	中国银行业监督管理委员会江苏监管局（已撤销）	苏银监发〔2005〕82号	2005.07.22	2005.08.01
江苏保监局、江苏银监局关于加强汽车消费贷款和汽车消费保证保险业务风险管理的通知	现行有效	地方规范性文件	中国保险监督管理委员会江苏监管局（已撤销）	苏保监发〔2005〕142号	2005.03.31	2005.03.31
商务部、中国人民银行、国家外汇管理局关于支持外经贸企业提升汇率风险管理能力的通知	现行有效	部门工作文件	商务部等	商财函〔2022〕146号	2022.05.24	2022.05.24
生态环境部核电安全监管司关于印发《核电厂配置风险管理大纲模式与内容》的函	现行有效	部门工作文件	生态环境部	核电函〔2021〕20号	2021.08.27	2021.08.27
中国外汇交易中心关于推出债券通外汇风险管理信息服务的公告	现行有效	部门工作文件	中国外汇交易中心暨全国银行间同业拆借中心	中汇交公告〔2021〕16号	2021.03.11	2021.03.12
中国外汇交易中心关于落实完善债券通渠道资金兑和外汇风险管理有关安排的公告	现行有效	部门工作文件	中国外汇交易中心暨全国银行间同业拆借中心	中汇交公告〔2020〕45号	2020.09.24	2020.09.24

续表

政策法规名称	效力	法规类别	发布单位	编号	发布日期	生效日期
中国贸促会商事法律服务中心、中国贸促会商业行业委员会关于征集《进出口风险管理指南》团体标准起草单位和起草人的通知	现行有效	部门工作文件	中国国际贸易促进委员会		2018.10.22	2018.10.22
中国银监会关于进一步加强信用风险管理的通知	现行有效	部门工作文件	中国银行业监督管理委员会(已撤销)	银监发〔2016〕42号	2016.09.14	2016.09.14
交通运输部安全委员会关于开展安全生产风险管理试点工作的通知	现行有效	部门工作文件	交通运输部	交安委〔2015〕1号	2015.02.13	2015.02.13
住房和城乡建设部公告第194号——关于发布国家标准《大中型水电工程建设风险管理规范》的公告	现行有效	部门工作文件	住房和城乡建设部	住房和城乡建设部公告第194号	2013.11.01	2014.06.01
国家标准公告2013年第11号关于批准发布GB/T 27914-2011《企业法律风险管理指南》国家标准第1号修改单的公告	现行有效	部门工作文件	国家标准化管理委员会	国家标准公告2013年第11号	2013.07.24	2013.12.01
关于发布国家标准《城市轨道交通地下工程建设风险管理规范》的公告	部分有效	部门工作文件	住房和城乡建设部	住房和城乡建设部公告第941号	2011.02.18	2012.01.01
国务院国有资产监督管理委员会办公厅关于印发《2011年度中央企业全面风险管理报告(模本)》的通知	现行有效	部门工作文件	国务院国有资产监督管理委员会	国资厅发改〔2010〕93号	2010.11.19	2010.11.19

续表

政策法规名称	效力	法规类别	发布单位	编号	发布日期	生效日期
中国银监会办公厅关于印发《农村中小金融机构风险管理建设指引》贯彻实施方案》的通知	现行有效	部门工作文件	中国银行业监督管理委员会(已撤销)	银监办发〔2010〕110号	2010.04.15	2010.04.15
国务院国有资产监督管理委员会办公厅关于印发《2010年度中央企业全面风险管理报告(模本)》的通知	现行有效	部门工作文件	国务院国有资产监督管理委员会	国资厅发改〔2009〕102号	2009.11.24	2009.11.24
中国外汇交易中心、全国银行间同业拆借中心关于市场分析与服务[F系统]停止服务的公告	现行有效	部门工作文件	中国外汇交易中心暨全国银行间同业拆借中心	中汇交公告〔2009〕40号	2009.06.18	2009.06.18
中国银监会办公厅关于加强农村合作金融机构信息系统风险管理的通知	现行有效	部门工作文件	中国银行业监督管理委员会(已撤销)	银监办通〔2007〕227号	2007.09.24	2007.09.24
中国人民银行办公厅关于印发《中国人民银行残损人民币销毁工作岗位风险管理方案》的通知	现行有效	部门工作文件	中国人民银行	银办发〔2007〕113号	2007.04.26	2007.04.26
中国人民银行办公厅关于加强支付系统流动性风险管理及系统运行管理的通知	现行有效	部门工作文件	中国人民银行	银办发〔2006〕129号	2006.06.08	2006.06.08
中国银行业监督管理委员会办公厅关于加强对商业银行开展融资类担保业务风险管理的通知	现行有效	部门工作文件	中国银行业监督管理委员会(已撤销)	银监办发〔2003〕145号	2003.12.05	2003.12.05

续表

政策法规名称	效力	法规类别	发布单位	编号	发布日期	生效日期
中国证券监督管理委员会关于对大户持仓及风险管理情况进行一次全面检查的通知	现行有效	部门工作文件	中国证券监督管理委员会	证监发字〔1995〕12号	1995.01.23	1995.01.23
《中国工商银行外汇信贷资产风险管理暂行办法》	现行有效	行业规定	中国工商银行	工银发〔1996〕136号	1996.12.30	1996.12.30
《中国建设银行代客外汇债务风险管理业务暂行办法》	现行有效	行业规定	中国建设银行	建总发〔2002〕75号	2002.06.26	2002.06.26
上海证券交易所关于做好2019年上半年度资产支持证券信用风险管理报告报送有关工作的通知	现行有效	行业规定	上海证券交易所	上证函〔2019〕845号	2019.05.22	2019.05.22
中国证券登记结算有限责任公司关于加强债券回购业务结算风险管理的通知	现行有效	行业规定	中国证券登记结算有限责任公司		2004.04.27	2004.04.27
中国期货业协会关于风险管理公司开展仓储物流业务相关事项的通知	现行有效	行业规定	中国期货业协会		2020.09.30	2020.09.30
《深圳证券交易所交易型开放式指数基金风险管理指引》	现行有效	行业规定	深圳证券交易所		2010.09.01	2010.09.01
中国农业银行关于加强信用卡风险管理工作的意见	现行有效	行业规定	中国农业银行		1996.03.14	1996.03.14
《中国银行长城人民币信用卡风险管理暂行办法》	现行有效	行业规定	中国银行	中银卡〔1998〕16号	1998.03.02	1998.03.02

续表

政策法规名称	效力	法规类别	发布单位	编号	发布日期	生效日期
《基金管理公司风险管理指引（试行）》	现行有效	行业规定	中国证券投资基金业协会	中基协发〔2014〕11号	2014.06.24	2014.06.24
《证券公司声誉风险管理指引》	现行有效	行业规定	中国证券业协会	中证协发〔2021〕227号	2021.10.15	2021.10.15
中国支付清算协会关于进一步加强银行卡收单业务风险管理防范网络新型违法犯罪的提示	现行有效	行业规定	中国支付清算协会	中支协函〔2016〕67号	2016.10.24	2016.10.24
《证券公司金融衍生品柜台交易风险管理指引》	现行有效	行业规定	中国证券业协会		2013.03.15	2013.03.15
中华全国律师协会律师承办食品安全法律风险管理业务操作指引	现行有效	行业规定	中华全国律师协会		2013.06	
《证券公司参与股票质押式回购交易风险管理指引(2018修订)》	现行有效	行业规定	中国证券业协会	中证协发〔2018〕13号	2018.01.12	2018.03.12
中国银行间市场交易商协会关于利率互换交易内部操作规程和风险管理制度备案有关事项的通知	现行有效	行业规定	中国银行间市场交易商协会	中市协发〔2008〕第4号	2008.01.30	2008.01.30
律师为政府投资项目提供法律服务操作指引	现行有效	行业规定	中华全国律师协会		2015.10	
中国银行间市场交易商协会关于远期利率协议内部操作规程和风险管理制度备案有关事项的通知	现行有效	行业规定	中国银行间市场交易商协会	中市协发〔2007〕第10号	2007.12.18	2007.12.18

续表

政策法规名称	效力	法规类别	发布单位	编号	发布日期	生效日期
《国内货物运输保险风险管理规定》	现行有效	行业规定	中国人民保险公司	保财货[1996]16 号	1996.09.12	1996.09.12
《基金管理公司声誉风险管理指引（试行）》	现行有效	行业规定	中国证券投资基金业协会	中基协字〔2022〕194 号	2022.06.17	2022.06.17
中国农业银行关于印发《中国农业银行关于实行信贷资产风险管理的暂行规定》和《中国农业银行对〈关于实行信贷资产风险管理的暂行规定〉说明》的通知	现行有效	行业规定	中国农业银行	农银发〔1993〕246 号	1993.09.01	1993.09.01
中国期货业协会关于发布实施《风险管理公司会员信用信息报告工作规则》的通知	现行有效	行业规定	中国期货业协会		2021.12.05	2021.12.05
内部审计具体准则第 16 号——风险管理审计	现行有效	行业规定	中国内部审计协会	中内协发〔2005〕5 号	2005.03.09	2005.05.01
银行间市场清算所股份有限公司关于发布《银行间外汇市场人民币外汇询价交易净额清算规则》《银行间市场人民币外汇询价交易净额清算规则》的通知	现行有效	行业规定	银行间市场清算所股份有限公司（上海清算所）	清算所发〔2013〕16 号	2013.04.11	2013.04.11
深圳证券交易所关于发布证券业务指引第 1 号——股票质押式回购交易风险管理》的通知	现行有效	行业规定	深圳证券交易所	深证会〔2021〕750 号	2021.12.10	2022.01.01

...

政策法规名称	效力	法规类别	发布单位	编号	发布日期	生效日期
中国期货业协会关于发布实施《期货公司风险管理公司业务试点指引》及配套文件的通知	现行有效	行业规定	中国期货业协会	中期协字〔2019〕10号	2019.02.15	2019.02.15
上海证券交易所关于发布《上海证券交易所股票质押式回购交易风险管理》的通知业务指引第1号——风险管理的通知	现行有效	行业规定	上海证券交易所	上证发〔2021〕70号	2021.08.27	2022.01.01
中国证券业协会关于发布《证券公司信用风险管理指引》的通知	现行有效	行业规定	中国证券业协会	中证协发〔2019〕188号	2019.07.15	2019.07.15
上海证券交易所关于做好2017年下半年度债券风险管理报告报送工作有关事项的通知	现行有效	行业规定	上海证券交易所	上证函〔2017〕1187号	2017.11.08	2017.11.08
《中国工商银行工业流动资金贷款风险管理实施细则（试行）》	现行有效	行业规定	中国工商银行	工银工字〔1994〕22号	1994.12.02	1994.12.02
深圳证券交易所关于做好2018年下半年度资产支持证券信用风险管理报告报送工作有关事项的通知	现行有效	行业规定	深圳证券交易所	深证上〔2018〕542号	2018.11.09	2018.11.09
《中国农业银行代客外汇风险管理业务管理暂行办法》	现行有效	行业规定	中国农业银行	农银发〔2001〕65号	2001.04.04	2001.04.04
《期货公司风险管理公司标准仓单充抵场外衍生品交易保证金实施细则（试行）》	现行有效	行业规定	中国期货业协会	中期协字〔2021〕33号	2021.03.19	2021.03.19

续表

政策法规名称	效力	法规类别	发布单位	编号	发布日期	生效日期
《非银行支付机构信息科技风险管理指引》	现行有效	行业规定	中国支付清算协会	中支协技标发〔2016〕2号	2016.06.14	2016.07.01
《中国人民建设银行贷款风险管理办法》	现行有效	行业规定	中国(人民)建设银行	建总发字〔1995〕第151号	1995.11.06	1996.01.01
上海证券交易所关于做好2018年下半年度资产支持证券信用风险管理报告报送工作有关事项的通知	现行有效	行业规定	上海证券交易所	上证函〔2018〕1187号	2018.11.08	2018.11.08
银行间市场清算所股份有限公司关于扩大银行间外汇市场净额清算产品类型及开展外汇中央对手方清算业务的公告(附:银行间外汇市场人民币外汇交易中央对手清算规则、银行间外汇市场人民币外汇交易中央对手清算风险管理规则)	现行有效	行业规定	银行间市场清算所股份有限公司(上海清算所)	清算所公告〔2014〕12号	2014.10.08	2014.10.08
《上海证券交易所交易型开放式指数基金运营管理业务风险管理业务指引》	现行有效	行业规定	上海证券交易所	上证基字〔2012〕8号	2012.04.06	2012.04.06
《中华全国律师协会律师办理企业法律风险管理业务操作指引》	现行有效	行业规定	中华全国律师协会		2013.06	
中国期货业协会关于发布实施《期货风险管理公司风险控制指标管理办法(试行)》的通知	现行有效	行业规定	中国期货业协会		2021.12.24	2021.12.24

政策法规名称	效力	法规类别	发布单位	编号	发布日期	生效日期
《中国工商银行资产风险管理办法（试行）》	现行有效	行业规定	中国工商银行	工银发〔1994〕155号	1994.08.15	1994.08.15
《深圳证券交易所境外证券经营机构B股交易风险管理细则》	现行有效	行业规定	深圳证券交易所	深证会〔2009〕27号	2009.03.02	2009.03.02
深圳证券交易所关于实施《深圳证券交易所公司债券存续期信用风险管理指引(试行)》有关事项的通知	现行有效	行业规定	深圳证券交易所		2017.03.17	2017.03.17
《中国工商银行贷款风险管理试点办法》	现行有效	行业规定	中国工商银行	工银发〔1993〕21号	1994.04.12	1993.04.12
《银行间市场金融衍生产品交易内部风险管理指引》	现行有效	行业规定	中国银行间市场交易商协会	中国银行间市场交易商协会公告〔2008〕第10号	2008.10.08	2008.10.08
中国期货业协会关于风险管理公司XBRL场外权益类日报试填报的通知	现行有效	行业规定	中国期货业协会		2021.01.04	2021.01.04
深圳证券交易所关于做好2020年下半年度资产支持证券信用风险管理报送工作有关事项的通知	现行有效	行业规定	深圳证券交易所	深证上〔2020〕999号	2020.11.02	2020.11.02
《中国工商银行固定资产风险管理实施细则(试行)》	现行有效	行业规定	中国工商银行	工银技〔1995〕7号	1995.03.01	1995.03.01
中国银行关于发送《中国银行个人授信风险管理暂行规定》的通知	现行有效	行业规定	中国银行	中银险〔2001〕38号	2001.02.02	2001.02.02

续表

政策法规名称	效力	法规类别	发布单位	编号	发布日期	生效日期
深圳证券交易所关于发布实施《深圳证券交易所资产支持证券存续期信用风险管理指引（试行）》和《深圳证券交易所资产支持证券定期报告内容与格式指引》有关事项的通知	现行有效	行业规定	深圳证券交易所	深证上〔2018〕200号	2018.05.11	2018.05.11
中国证券登记结算有限责任公司关于加强企业债券回购风险管理相关措施的通知	现行有效	行业规定	中国证券登记结算有限责任公司	中国结算发字〔2014〕149号	2014	2014
中国期货业协会关于风险管理公司申请贸易商厂库相关事项的通知	现行有效	行业规定	中国期货业协会		2020.09.30	2020.09.30
《银行间债券市场非金融企业债务融资工具存续期风险管理工作指南》	现行有效	行业规定	中国银行间市场交易商协会	中市协发〔2021〕49号	2021.04.06	2021.08.01
《中国工商银行外汇贷款风险管理试行办法》	现行有效	行业规定	中国工商银行	工银发〔1993〕81号	1993.07.31	1993.07.31

后　　记

不得不指出的是,虽然合规体系在公司法内的适用范围未来可能进一步得到扩张,但公司或者公司内部机关的合规义务进入我国公司法还有几个重要难题亟待解决。

第一是如何避免造成资源浪费,效率和营利如何取舍的问题。合规体系在建设初期会给公司带来巨大的财务压力,也可能影响公司的商业效率,因此很难期待公司会普遍地、积极地引入合规体系并确保其"持续有效地运作"。

同时,合规体系真能有效防止公司违法行为的发生吗?很多先例研究给出的验证结论显示,小规模公司中的合规体系随着投入成本的增加,确实对防范公司违法有着正相关作用;而在大中型公司中,合规体系对于"及时发现不正当行为"的效果并不明显。上述研究结论着实令人喜忧参半,一方面,从实证研究结果来看,合规体系应该是有效的;另一方面,从体系构建所需要的成本来看,大规模企业本有足够的实力构建合规体系,但因为企业经营规模越大,包括事业部制、营业单位,乃至母子公司结构在内的公司集团经营活动就越复杂,纠正合规体系中存在的问题就会越困难。而对于小公司来说,合规体系显然有着正面作用,但很少有公司愿意投入巨大成本,故小规模公司更容易发生因内部控制缺失而导致的公司违法行为。因此,应不应该强制公司构建合规体系,应该要求哪些公司主动构建合规体系,就是一个需要仔细研究的问题。

在这个意义上,我国《公司法》规定要充分发挥企业家精神,就必须鼓励企业家在未知领域进行必要探索,而如果过度要求合规,则可能带来经营效率低下乃至懒政问题,所以合规的最高理想应该是让公司既不丧失商业机会,又控制好经营风险。那么,假设公司法规定了"公司(应建立)合规管理体系",那么对于公司经营管理者因为考虑"经营效率"而不建设相关合规体系的行为,当作何评价? 再假设,如果不合规情况下董事职务执行行为给公司带来(比不合规而受到处罚)更多的业绩,董事等公司经营管理者是否就此免除承担公司法上的合规体系的构建和运用责任? 都需要进行探讨。

第二是董事信义义务认定标准的问题。就目前而言,针对大型公司,尤其上市公司频繁的财务造假行为,我国以及违反董事信义义务的问责与追责机制扭曲失灵问题仍未见改善。康美药业案一审判决、五洋建设案一审判决展现出了司法对董事违反监督义务的苛责态度,严厉的连带责任认定引发了独立董事"寒蝉效应"。有学者总结,我国公司治理实践中管理层问责强调集体责任,不区分不同管理人员具体法律义务的差异等特征。其中比较突出的问题就包括我国法仍未合理设置内部监督管理和风控、合规制度义务(下称"内控义务")、完善董事忠实义务和勤勉义务的具体内容和相关人员责任制度、监督机构改革等。

在康美药业案中,法院运用的裁判法理同中国证监会认定董事行政责任时做法类似,仍然是一种结果归责的逻辑。不过,法院最终以董事的职务为依据,酌情确定了独立董事5%—20%的比例责任,5%的那位还同时考虑了签字情况:"……为兼职的独立董事,过失相对较小,且仅在《2018年半年度报告》中签字,本院酌情判令其在投资者损失的5%范围内承担连带赔偿责任。"可以说,酌情裁判确定董事赔偿比例的方式虽然看似在董事之间进行了区分,但本质上依旧缺乏说服力。

邓峰教授指出我国公司法规定的董事勤勉义务不过是一个"孤词",我也曾试图讨论董事信义义务结构与董事合规义务的相关问题,从域外经验看,包括董事信义义务"二分法"和"三分法"之争很多都与公司合规问题有关。从我国新《公司法》仍保留了忠实义务和勤勉义务二分体系来看,董事合规义务及与之相关的董事监督义务等的定位,或将导致董事违反合规义务或监督义务的审查标准和责任承担等诸多不同。

第三是如何认定合规体系本身的内容合理（即有效或无效），以及如何认定红旗信号的问题。这是认定董事合规责任的不可或缺的两大要素，那么什么样的合规体系才有效呢？2023年10月，我曾到中兴通讯调研，并与中兴通讯的合规总监黄智敏女士进行了长时间交谈，了解该公司的合规建设。可以说，目前的中兴通讯已经自上而下、从高层到业务单元，建立了相对完整的合规体系。首先，在公司顶层，在董事会下设独立的合规管理委员会或其他专项合规管理委员会，同时设置首席法务官，汇聚各线条的重要合规信息和风险信息。其次，在事业部设立法律合规单位，一般根据二级公司或事业部建制独立的业务合规团队，与合规部门平行设置调查部门，专门负责调查。再次，在各业务单位层面，只要业务单位满足一定人数规模，就必须建立合规专项负责人，设置联络人或接头人，专门负责合规风险的上传下达。最后，上述合规单位都有各自的报告义务和责任，形成一个信息传递体系。而在具体的专项合规中，在诸如反商业贿赂领域等专项合规领域，美国《反海外腐败法》等法案要求公司在合规体系建设时必须同时把控子公司、第三方企业（如当地合作机构、分销商等）的违法违规行为，所以包括专项合规在内的合规体系的要求相对都是比较高的。

但即便体系建设相对完整，那什么样的信号才属于红旗信号或者黄旗信号呢？以风险为导向的合规模式要求对风险进行恰当的识别，一方面是不可能将所有信号进行向上传递，另一方面是，也不能将所有信号都屏蔽，必须对风险进行妥当识别，有的在下部解决，有的传递到上层。在具体实操层面，一个不太恰当的例子是，如何理解和把握（当地）政策对企业经营影响往往非常大，但政策有时比较模糊，对于新政策，要不要管？不管的话会有什么效果？这些都是极具企业经营实践性的问题，而如何把握红旗信号也必须在商业实践中不断积累经验，当然有一点可以确定的是，曾经已经在公司经营过程中出现过的违规事项或者风险，一定属于重点管控的关键风险，因此，合规体系也应当是一个防止不合规行为再次发生的管控体系。

在这个意义上，合规体系的内容本身也必须随着实践变化而不断完善。一方面，像中兴通讯那样能在合规领域投入如此之多人力成本的企业毕竟不是普遍性的,作为公司来说,ISO 等合规标准或国资委的规则可以作为最基础的要求,但合规体系如果仅参照 ISO 标准或者国资委的规则,那也只能做到"纸面合规",而实质合规要求公司必须将合规与公司业务相结合,同时结合公司的人事体系,且要包含内部处罚机制,做到合规闭环,即合规体系的理想状态其实是构建一种 PDCA(Plan-Do-Check-Act,计划—执行—稽查—处理)循环的模式,做到"合规规则的制定""全面培训""坚决执行"及"有效稽查"。另一方面,有效的合规要求公司必须将合规真正嵌入公司业务,公司必须在业务流程中融入关键风险点或者管控点,确保合规规则得到有效执行。最好还要结合企业业务管理的情况和企业发展的实际情况,结合企业资源状况和成本等,不断完善和调整合规体系的方案与内容,使合规体系符合公司战略和业务发展的新要求、新特点,以此达到合规融入公司业务流程的效果。

此外,在公司法兼具契约法和组织法的双重层面讨论合规也是有意义的。一方面,有必要从公司契约论以及组织论的角度理解公司及其内部机关合规责任背后的法理基础,结合包括证券法在内的各部门法背后所保护的法益揭示合规责任的法律属性;另一方面,针对合规责任最终由谁承担的问题,必须从契约法和组织法的角度进行更加具象分析。

合规的问题领域远远不止上面这些,可以说,未来公司法引入合规体系,不仅是为督促公司建立有效的合规体系,进而满足外部行政监管和刑事司法的要求,更是希望合规能成为上市公司自身持续健康、高质量发展的内在自觉,从而为公司实现个体经营战略,以及为我国资本市场高质量发展提供法律保障。只有将合规体系的重要功能定位在防控合规风险,同时还要保持企业的可持续发展两个层面,才有可能真正发挥合规为公司经营保驾护航,作为维护企业核心竞争力的一项重要生产力的功能。

图书在版编目(CIP)数据

公司法视域下合规体系基础研究/梁爽著.—上海：
上海人民出版社,2024
ISBN 978 - 7 - 208 - 18823 - 5

Ⅰ.①公… Ⅱ.①梁… Ⅲ.①公司法-研究-中国
Ⅳ.①D922.291.914

中国国家版本馆 CIP 数据核字(2024)第 058202 号

责任编辑 夏红梅
封面设计 一本好书

公司法视域下合规体系基础研究
梁　爽　著

出　　版　上海人民出版社
　　　　　　(201101　上海市闵行区号景路 159 弄 C 座)
发　　行　上海人民出版社发行中心
印　　刷　上海商务联西印刷有限公司
开　　本　720×1000　1/16
印　　张　27
插　　页　2
字　　数　390,000
版　　次　2024 年 11 月第 1 版
印　　次　2024 年 11 月第 1 次印刷
ISBN 978 - 7 - 208 - 18823 - 5/F・2870
定　　价　108.00 元